四·柱·通·辯·核·心·講·義·錄

사주통변 핵심강의록

이동규

- 권말부록 -
간이점단법(簡易占斷法)

미숙한 재주를 앞세워...

엉성한 몇 권의 책으로 사주팔자 이야기를 이리 저리 풀어 봤으나 답답증을 해결하기에는 턱없이 모자란다는 사실을 잘 알기에 독자님들에게 죄를 짓는 심정임을 솔직히 고백합니다.

입 싹 닦고 나 몰라라 배 내밀 수도 있겠지만 그랬다가는 천벌을 면하기 어려울 것 같고... 허당(虛堂)도 진퇴양난입니다. 어쨌거나

이미 저지른 일이요, 엎질러진 물이라 되돌릴 수도 없으니 뭔가 작은 지푸라기 하나라도 잡는 간절한 소망을 이 책에 담았습니다.

四柱를 풀어 통변하는데 필요하다고 생각되는 중요한 핵심 응용 사항 몇 토막을 따로 모아 항목별로 정리해 봤습니다. 가능하면,

기존의 역서에서 자세히 말하지 않은 내용들을 위주로 하고...

허당(虛堂)의 체질과는 맞지 않는 쓸데 없이 어려운 설명은 빼고...

이미 내공이 충분히 쌓여 거칠 것 없는 도사님들에게는 필요 없는 뻔한 내용일 수도 있습니다. 그러기를 축원합니다.

밑도 끝도 없는 잡다한 넋두리나 잔소리들이 중간 중간에 뜬금없이 너무 많이 끼어든 것 같습니다. 대개 모자라는 사람이 변명거리로 엉뚱한 소리들을 잘 늘어놓는 습관이 있지요? 같은 맥락입니다.

항상 절실하게 느끼는 것이지만... 정말 어렵습니다.

자칭, 타칭 도사도 많고 팔자 사용설명서도 많지만 정답이 없습니다.

쉽지 않겠다는 짐작을 하고 덤비긴 했으나... 그래도 너무 어렵습니다. 독자님에게는 쉽게 풀렸으면 합니다.

虛 堂

차 례

01. 사주명리학은 ·· 7
02. 생극(生剋)의 조화 ·· 21
03. 天干 地支의 형상 ··· 33
04. 日柱의 형상 ··· 47
05. 남자의 재성, 여자의 관살 ··· 65
06. 土 이야기 ··· 79
07. 合과 沖 ··· 93
08. 상생(相生)과 정편(正偏)의 작용 ······························ 115
09. 궁위(宮位)의 의미와 역할 ·· 123
10. 식상과 궁위의 관계 ·· 131
11. 水火의 작용과 관재 송사 ··· 143
12. 용신 이야기 ··· 153
13. 없는 五行과 육신 ··· 165
14. 육신(六神)의 속살 ··· 179
15. 식품 五行과 기신 병 ·· 195
16. 天干과 地支. 육신의 연계 ······································· 207
17. 육신의 변화 1 ··· 215
18. 육신의 변화 2 ··· 225
19. 얼굴 형상 ·· 237
20. 몸의 형상 ·· 253
21. 삼재(三災) 귀신 탈 ··· 267
22. 신살(神殺)의 응용 ··· 277
23. 四柱 해설 1 ··· 317
24. 四柱 해설 2 ··· 327
☯ 권말 부록 – 길흉 간이점단법(吉凶 簡易占斷法) ················ 337

01.

사주명리학은

일반적인 논리학도 수리학도 과학도 아닙니다.
자연논리학이요, 자연수리학이요, 자연과학입니다.
자연환경학이요, 자연조건학이요, 자연이치학입니다.
자연의 변화를 부르는 계절학입니다.
음양오행학의 이론적 바탕은 천문학(天文學)이라고 할 수 있겠습니다.
특히 사주명리학은 우주의 순환질서와 자연 변화의 원리를 바탕으로 하고 있으면서 만물의 생장멸장(生長滅藏)을 주관하는 생명학입니다.
만물의 생명이 탄생하고 소멸하는 자연의 역사학이면서 만물의 생장멸장 조화를 부리는 자연의 음양(陰陽)학입니다.
음양은 기(氣)의 상대적 운동성 즉 상대적 기운(Power)을 말합니다.
하늘과 땅이요, 불과 물이요, 수컷과 암컷의 관계입니다.
인간도 자연의 일부이므로 자연의 영역을 벗어날 수 없습니다.
따라서 사주명리학은 어떠한 종교적 또는 이념적인 편향성도 없으며 미신(迷信)적이거나 무속(巫俗)적인 요소도 없습니다.
사주명리학을 인간의 운명 흐름에 연계시켜 해석하는 것도 이 기본원리에서 크게 벗어나지 않는 것이 좋습니다.

지나치게 왜곡(歪曲)되면 억지가 되고 사술(詐術)이 될 수 있습니다.
같은 팔자를 타고 났다고 해서 똑같이 생기거나 똑같이 살다가 한 날 한 시에 죽는 것도 아닙니다. 그럴 수는 없습니다.
그래서 四柱八字 해석을 할 때는 사실적이고 솔직한 것이 좋습니다.
四柱가 만사를 다 품고 있는 것은 아니지만 많은 것을 품고 있습니다.
품고 있는 것을 다 드러내 놓고 가르쳐 주는 것도 아니고 다 가르쳐 준다고 해도 포괄적이요, 암시적이라 결코 인간의 능력으로 그 내용을 세부적으로 다 알 수도 없습니다. 큰 틀의 가능성과 그 범위를 제시해 주는 것일 뿐 단답형의 정답을 찍어 주는 것이 아니라는 말입니다.
지나온 족적을 살피고 현재 처해진 환경을 분석해서 그 중 최선의 선택을 할 수 있도록 객관적인 입장에서 도와주는 카운슬러(counselor) 역할을 충실히 하는 것이 역술인이 가져야 할 덕목입니다. 물론, 선천적이거나 후천적 훈련에 의한 탁월한 직관력이 발동되면 선택의 폭을 최대한 좁히고 단순화시켜 좀 더 분명한 길을 찾아 줄 수도 있겠으나 최종 결정은 당사자의 몫이고 그 책임 또한 당사자에게 있습니다.
여러 운명학을 묶어 역학(易學)이라는 용어를 쓰는데 易(역)이라는 글자는 변하거나 바뀐다는 뜻입니다. 변수가 많다는 것이지요.
같은 땅에, 같은 시간에, 같은 사람이 심고 가꾼 똑같은 종류의 곡식이라도 심은 땅에 영향을 주는 환경의 아주 작은 차이에 따라 열매의 크기와 질이 완전히 달라질 수 있습니다. 하물며, 기름진 땅에서 자란 것과 척박한 땅에서 자란 것과는 전혀 다른 결과가 나타날 수밖에 없는 것 또한 당연한 이치입니다. 환경 조건입니다.
좀 심하게 어긋나면 유자나무에서 탱자가 열릴 수도 있는 것이고... 물가에서 태어나고 자란 놈은 당연히 수영을 잘 할 수밖에 없을 것이고, 산골에서 태어난 놈은 산을 잘 타고 나무를 잘 오를 수밖에 없겠지요.
이래서 四柱를 놓고 현실적으로 풀이하는 것이 쉽지 않습니다.

우선 성급한 선입견이나 어지러움이 판단을 어렵게 합니다.
토막적으로 이해하던 이런 저런 지식마저 막상 四柱를 들여다보면 어디론가 모조리 도망가 버리고 행방이 묘연해져 머릿속이 텅 비어버리는 경우가 많습니다. 기억 재생 능력의 마비를 부르는 것입니다.
심하면 입까지 경련을 일으키거나 아예 굳어버립니다.
어려운 문제를 쉽게 풀어내는 사람이 있고 쉬운 문제를 어렵게 풀어내는 사람이 있습니다. 물론, 어려운 문제를 쉽게 풀어내는 일보다 쉬운 문제를 어렵게 풀어내는 일이 쉽기는 합니다.
그러나, 진정한 고수는 어려운 문제를 쉽게 풀어 결론을 내립니다.
복잡하고 애매모호한 것을 단순명료하게 정리하는 훈련이 필요합니다.
쉬운 건 아닙니다. 그렇게 하면 되니 그렇게 하라고 하는 말은 누구나 할 수 있으나 누구나 그렇게 할 수 있는 것은 아닙니다.
충분한 습득과 훈련으로 직관력을 키워 내공을 쌓으면 전혀 불가능한 것도 아니지만 세상만사에 쉬운 건 없습니다. 공짜도 없습니다.

팔자를 감정할 때는 기초이론인 기본 원칙에 충실하되 그 원칙을 버려야 할 때가 많습니다.
이론이 1차 방정식이라면 그 해석은 2차, 3차 방정식으로 넘어갑니다.
미적분까지 동원됩니다. 똑 같은 四柱를 가지고도, 어떤 사람에게는 이성관계가 복잡하니 결혼을 늦게 하라고 조언하고 어떤 사람에게는 이성문제로 곤란을 겪을 수 있으니 빨리 결혼해서 안정을 찾으라고 충고할 수도 있다는 말입니다.
희신 기신의 해석이 전혀 딴판으로 흘러가기도 하고 天干 地支의 변화작용이 엉뚱한 쪽으로 굴러가기도 합니다. 응용의 다양성입니다.
그 답은 살아온 오랜 경험과 경륜에서 튀어나오는 경우가 많습니다.

20대가 50대의 인생을 논한다면 그것도... 좀... 어불성설 아닌가요?
장가도 안 가 본 스님이나 신부님이 인생 강의를 하는 것도 좀 그렇고.
인생은 이론적인 말잔치, 글잔치로 사는 게 아닙니다.
아주 미세한 세균은 현미경으로만 볼 수 있고, 아주 먼 곳의 물체는 망원경으로만 볼 수 있습니다. 육안으로는 불가능합니다. 하물며, 현미경도 망원경도 아닌 인간의 안목으로 인생을? 더더욱 어렵습니다.

어느 지방에 유명한 젊은 여자 문둥이 점쟁이가 있었답니다.
문둥이라 얼굴이 보이지 않게 발을 쳐놓고 상담을 했다는데... 하루는 어떤 여자 손님을 앞혀놓고 점괘를 뽑아 보더니 대뜸 "뱃속의 아이는 우찌할꼬?!" 하며 혀를 끌끌 차더랍니다.
이 여자는 임신 3개월 된 몸으로 남편이 갑자기 죽자 살길이 막막해서 용하다는 점쟁이를 찾아온 것입니다. 점쟁이의 말을 듣고 깜짝 놀란 여자가 자초지종을 털어 놓으며 어떻게 살아야 할지를 물었는데 잠시 입맛을 다시며 뜸을 들이던 점쟁이가 조용히 말했습니다.
"그 아이는 남자 아이로 나이 서른 살이 되면 온 고을이 떠들썩할 만큼 벼락출세를 할 것이니 힘들어도 참고 살면 좋은 날이 올 것이여."
그렇게 해서 용하기로 소문난 점쟁이의 말을 믿고 온갖 고생을 다하며 자식을 키웠으나 그 자식은 완전 개망나니였다고 합니다.
그래도 아들이 서른이 되면 출세한다는 점쟁이 말을 철석같이 믿고 살았는데 드디어 아들 나이가 서른이 되었더랍니다. 어떻게 됐을까요? 아들이 출세를 했을까요? 망나니 아들이 딱 서른 살이 되자 그 어머니는 바로 급사(急死)해 죽었습니다. 이 점쟁이... 엉터리인가요?
점쟁이가 거짓말을 한 것입니다. 다 알고 있으면서... 이것이 활인활생(活人活生)이요, 역술인이나 점술인이 갖추어야 할 기본 정신이요, 덕목입니다. 진정한...

❖ 예를 들어 비겁입니다.

신약하면 희신이 되고 신강하면 기신이 된다고 일단 봅니다.
말하자면 기본 이론입니다. 맞는 말이긴 하지만 주위 환경이나 상황에 따라 전혀 엉뚱한 그림이 나오는 경우도 많습니다.
식상이 너무 많아 신약한 경우 대부분의 비겁은 기신이 될 가능성이 큽니다.
日干의 힘이 되 주는 척 하면서 오히려 식상을 生합니다. 이중 첩자입니다.
경계해야 하는 위험인물이요, 위험한 동지가 됩니다.
특히 나를 돕는 척 내편인 척 갑자기 또는 지나칠 정도로 친절한 알랑방귀를 날리는 인간일수록 경계하는 것이 좋습니다.
비겁 중에서도 天干의 비겁은 더더욱 날도둑놈 끼가 많습니다.
속을 알기 어려우니 무조건 색안경을 끼고 관찰하는 것이 안전합니다.
평소에 공식적이거나 남 앞에서는 절친한 아군으로 위장을 하고 접근하지만 먹을 게 나타나면 안면 몰수하고 등지는 경우가 대부분입니다.
주로 재성이 목표가 되고 관살도 대상입니다.
月干에 비겁이면 도둑놈이 꽁무니에 따라다니며 괴롭히거나 호시탐탐 기회를 노리는 것이고 時干에 비겁이면 도둑놈이나 경쟁자가 앞을 가로 막는 방해꾼이 됩니다. 비견보다 겁재가 더 위험합니다.

❖ 예를 들어 재성입니다.

신강하면 일단 재성을 희신으로 보는 것이 기본입니다.
여복으로 돈복으로 보는 것이지요. 다만 天干의 재성이 뿌리가 없으면 빛 좋은 개살구 격이 되기 쉽습니다. 天干의 어떤 육신 육친이건 地支에 뿌리가 없거나 부실하면 뜬구름입니다. 天干이 地支에 자리를 잡지 못하는 형상이라 언제 떠나거나 빼앗길지 모릅니다.
특히 재성은 地支에 숨겨 두는 것이 안전합니다. 地支에 뿌리도 없이 天干에 떠 있으면 몇 푼 안되는 돈을 자랑하거나 과시하는 꼴이 되고 아무 데나 던져 놓은 지갑 꼴이 됩니다. 마누라 자랑, 돈 자랑입니다.
언제 어느 놈이 업어가거나 들고 튈지 모릅니다.
天干에 여러 재성이 있으면 소득도 시원찮으면서 돈, 여자 쫓아다니느라 바쁘기만 하고 골병만 듭니다. 그리고 지쳐 쓰러집니다.

❖ 예를 들어 관살입니다.

돈이나 여자는 감추는 것이 좋지만 명예요, 권력인 관살은 天干으로 튀어 올라야 관운이 있고 명예를 부른다고 봅니다. 노출이 돼야 빛이 나므로 사방팔방에 위력을 과시할 수 있는 것이지요.
그러나 地支에 뿌리가 없으면 안정적이지도 못하고 잠시 우쭐대다가 마는 일장춘몽이 되기 딱 좋습니다.
정관보다 편관이 부담스럽지만 편관이라고 다 같은 편관도 아닙니다.
日干을 잡아먹는 무서운 호랑이가 있는가 하면 적대적이면서 日干과 동거하는 우호적인 호랑이도 있습니다.
乙木에 辛金, 甲木에 庚金, 丁火에 癸水, 또는 辛金에 丁火처럼 저승사자보다 무서운 편관이 있고 丙火에 壬水나 戊土에 甲木처럼 상호 의존 보완적인 관계도 있습니다.
月干에 무서운 편관이 있으면 어떤 놈이 따라다니며 뒤통수를 쇠망치로 내리 치는 격이 되는 것이고 時干에 무서운 편관이 버티고 있으면 어떤 놈이 도끼를 들고 문 앞에 대기하고 있는 꼴이 됩니다. 감옥 인생이지요.
아버지한테 얻어터지고 자식한테 귀싸대기 맞고... 뒷집에서 내리치고 앞집에서 올려치고... 상사에게 얻어맞고 부하에게 조롱당하고... 어제도 박살나고 내일도 박살날 예정이고...

깜냥이라는 말이 있지요? 분수(分數)요, 그릇입니다.
능력이요, 재능이요, 감당할 수 있는 역량입니다. 추진력입니다.
사주명리학에서 가장 중시하는 대목입니다. 힘이요, 체력입니다.
힘이 없으면 이루기도 어렵고 이룬다고 해도 감당이 안되는 것이지요.
오히려 되치기 당해 고꾸라집니다. 역극(逆剋)입니다.
먼저, 日主의 크기와 힘을 봅니다. 月支에 뿌리를 내리면 튼튼하다고 보는데 月支가 도와주기만 하면 무슨 일이든 성취하고 처리할 수 있을까요?
月支는 태어난 바탕입니다. 홀로서기 위한 기본 환경일 뿐입니다.
일단 건강한 몸과 정신으로 부모의 사랑과 지원을 받고 태어난 것은 맞습니다. 그러나 그것이 평생을 보장하는 것은 아닙니다.
부잣집에서 태어나거나 공부 많이 했다고 해서 탄탄대로의 장래가 열리는 것은 아니라는 말입니다. 굴곡 없는 인생은 없지요.
인생의 결산은 말년을 봐야 하고 최종 판단은 죽을 때 합니다.
아무리 잘 먹고 잘 살았다고 해도 중년 이후 특히 말년이 비참하면 그 인생은 실패한 인생이 됩니다. 대운의 흐름을 보면 압니다.
짧게는 10년 주기로 변하고 길게는 30년을 주기로 급변하기도 합니다.
아무리 길어야 60년 연속인데... 그것도 대부분 이론일 뿐입니다.
그래서 日柱와 時柱가 중요합니다. 중장년 이후의 인생행로입니다.
젊어 고생은 사서라도 한다는 속담이 있습니다.
四柱도 대운도 세월이 갈수록 꽃이 피는 상승운이라야 좋습니다.
덕을 쌓고 자기 관리를 하면서 인위적으로 길을 닦을 수 있다지만 쉬운 게 아닙니다. 무책임한 주둥이 도사님의 '말씀'으로만 쉬울 뿐입니다.
역시 분수입니다. 분수도 운의 흐름에 따라 변합니다.
인생의 굴곡을 크게 만드는 가장 흔한 위험 요소가 재성과 관살입니다.
사는 게 어차피 짐이긴 하지만 재성과 관살은 특히 관리가 필요한 짐입니다.

누구나 탐하지만 덮어놓고 취해서는 안되는 것이 재성과 관살입니다.
분수에 맞아야 합니다. 백억을 담을 수 있는 그릇의 크기가 있고 백만 원을 담을 수 있는 그릇의 크기가 있습니다.
장관 감투를 감당할 수 있는 역량의 크기가 있는 것이고, 동사무소 서기감투를 감당할 수 있는 그릇의 크기가 있습니다.
어느 날 벼락부자가 되더니 하루아침에 알거지가 되는 경우를 봅니다.
어느 날 벼락감투를 쓰더니 하루아침에 감옥 가는 경우도 많이 봅니다.
가져서는 안되는 넘치는 것을 가진 탓입니다.
감당이 안되는 것이고 관리가 안되는 것인데 보약인지 독약인지도 모르고 우선 먹고 보는 인간의 탐욕이 만들어내는 드라마입니다.
분수를 알고 그릇을 알면 사양 할 줄도 알고 한발 뒤로 물러날 줄도 알겠지만 인간이 가진 욕심이라는 근본 성분이 판단력을 마비시킵니다.
알고 보면 참 쉽고 간단한 건데... 질기거나 딱딱한 것을 먹으려면 치아가 튼튼해야 하고 큰 것을 먹으려면 입이 커야겠지요? 많이 먹으려면 위장이 크고 튼튼하면서 소화력이 왕성해야 하는데... 이 너무나 당연한 상식중의 상식을 이해하고 실천하면 치아도 안전하고 속도 편하고 인생살이가 안전해집니다.
한쪽에서는 허욕에 치어죽는 줄도 모르고 설치다가 결국 시궁창에 처박혀 여기 저기 터지고 찢겨져 만신창이 꼴로 사라지는데도, 또 다른 쪽에서는 새로운 허욕에 취해 품 잡고 어깨에 힘주는 연습 하느라 분주한 모습을 보면서 팔자와 비교해 이런 저런 생각을 해봅니다.

동양철학의 본질인 천지인(天地人) 삼재(三才) 사상은 조화 사상입니다.
天... 하늘의 뜻이요 재능입니다. 인간이 관여할 수 있는 영역이 아닙니다.
地... 땅의 뜻이요 환경 여건입니다. 인간의 의지가 영향을 줍니다.
人... 인간의 뜻이요 노력과 어울림입니다. 오롯이 인간의 몫입니다.

서양에는 '띠'라는 것이 없지만
동양의 한자문화권에서는 12개의 '띠'로 그 해를 표시하는 관습이 있습니다.
올해는 戊戌년 개띠입니다.
왜 띠는 12년을 주기로 반복되는 것일까요?
木星의 공전 주기가 12년이기 때문이랍니다.
木星은 대략 12년마다 태양을 한 바퀴 돈다는 것이지요.
木星은 태양계의 행성 중에서 크기가 가장 큽니다. 크기가 크다는 것은 그만큼 인력(引力)도 비례해서 크기 마련이니 해와 달 다음으로 지구에 영향을 가장 많이 미치는 별이 木星인 셈입니다. 木星이 어느 방향에 있느냐에 따라 지구에 미치는 영향력이 각기 다르다는 것입니다.
12支는 木星의 공전 주기 때문에 생긴 것이고 12개의 띠는 木星의 위치를 가리킨다는 것인데... 고대 중국에서는 木星을 세성(歲星)이라는 이름으로도 불렀답니다.
子, 丑, 寅, 卯, 辰, 巳, 午, 未, 申, 酉, 戌, 亥의 12支에 쥐, 소, 호랑이, 토끼, 용, 뱀, 말, 양, 원숭이, 닭, 개, 돼지 등과 같은 12종류의 동물을 상징적으로 갖다 붙인 것은 대략 기원 후 150년 무렵이라고 합니다.
중국의 왕충(王充)이라는 사람이 쓴 논형(論衡)에 처음 나온답니다.

삼류는 자신의 능력만 활용하고, 이류는 타인의 능력을 활용하는데, 일류는 타인의 능력을 이끌어 낸답니다. 살면서, 특히 나이가 들면서 가지고 놀 심심소일거리 노리개 하나쯤은 있어야겠다는 생각이 있었습니다.
그래서 사주명리학을 선택했습니다.
그런데... 너무 어려운 과목을 선택한 것 같습니다.
진짜... 어렵습니다.

출발하자면 배부터 든든히 채워야겠지요?
전설 같은 옛날이야기 한 토막 맛있게 배불리 먹고 가겠습니다.

조선조(朝鮮朝) 초기 세조(世祖) 시절에 홍계관(洪繼寬)이라고 하는 유명한 점쟁이가 있었답니다. 어느 날, 홍계관은 스스로 자신의 신수를 보고는 안색이 흙빛으로 변하더니 땅이 꺼질듯 한 깊은 한숨을 내쉬었습니다.
모년, 모월, 모일에 자신이 극형(極刑)을 당해 죽을 운이 나온 것입니다. 명(命)이 다해서 죽는 거야 어찌할 도리가 없는 일이지만 하필이면 극형을 당해 죽는다는 것이 너무도 기가 막혔던 것입니다.
한숨을 들이쉬고 내쉬면서도 무슨 방도가 있지나 않을까 하고 면액(免厄)의 길을 찾느라 골몰하고 있는데 드디어 길이 보였습니다.
토성(土姓)인 황씨(黃氏)에게서 죽이지 않겠다는 불망수기(不忘手記 ; 약조문서)를 받아두면 극형으로 죽음을 당하는 것을 면할 수 있다는 답이 나온 것입니다. 그리하여 그날부터 홍계관은 황씨 중에서 후일에 형조판서가 될 만한 인물을 찾아 헤매게 되었는데 황씨 성을 가진 사람을 만나기만 하면 누구를 막론하고 점을 쳐봤으나 그럴만한 인물이 없었습니다. 그렇게 노심초사하며 끙끙대고 있는데 황희(黃喜)대감에게 여러 아들이 있다는 소문을 듣게 되어 단걸음에 찾아가 아들을 만나보니… 맏아들 보신(保身)과 둘째아들 치신(致身)이는 아무리 뜯어보고 찢어봐도 큰 재목감이 아니었습니다. 그러나 셋째아들 수신(守身)을 바라보니 바로 자신이 그토록 찾아 헤매던 형조판서 깜이었습니다.
"대감마님, 셋째 아드님께서 후일 반드시 형조판서가 되시겠습니다."
"그래? 허허, 그 소리를 들으니 기분은 좋으이."
천하가 알아주는 점쟁이 홍계관에게서 그런 말을 들은 황희 대감은 흐뭇한 미소로 허연 수염을 쓰다듬으며 셋째아들 수신을 그윽히 바라보았습니다.

그러나 당사자인 수신은 그 말을 듣고도 시큰둥했습니다.
"서방님께서는 분명 형조판서가 되십니다. 그래서 한 가지 간청을 드리려고 이렇게 찾아 뵈온 것입니다."
홍계관이 한발 앞으로 다가가 허리를 굽히자 수신은 달갑지 않다는 표정으로 퉁명스럽게 물었습니다.
"대체 무슨 근거로 그런 말씀을 하시는 게요?"
"지금까지 소생의 점이 틀린 적은 없었습니다. 모년 모월 모일에 소생이 어떤 죄를 지어 반드시 서방님 앞으로 끌려가게 될 것입니다.
그때 서방님께서 소생을 살려 주시겠다는 불망수기 한 장을 좀 써 주시옵소서."
홍계관이 머리를 조아리며 간청을 하자 옆에서 듣고 있던 수신의 형들이 피식 피식 웃으며 빈정거렸습니다.
"여보시오. 우리 형제들이 모두 아둔해서 벼슬할 생각은 아예 하지도 말라는 아버님의 말씀까지 계셨소. 그런데 뭐? 형조판서라고?
예끼, 여보시오. 당치도 않소."
"아니올시다. 사람의 운명이란 한치 앞을 모르는 것이옵니다.
그저 사람 하나 살려주시는 셈 치시고 부디 한 장 써 주십시오."
이렇게 너무도 간곡하게 청하자 수신이 입을 열었습니다.
"나 같은 인격도 학문도 모자라는 사람이 형조판서가 될 리도 없겠지만, 설령 된다고 해도 죄를 지은 사람을 어찌 벌하지 않는단 말이오.
죄인은 당연히 벌을 받아야 하는 것 아니겠소?"
말인즉 옳았습니다. 그러자 황희 대감이 아들에게 일렀습니다.
"수신아, 유명한 점쟁이인 저 사람이 저렇게 간청을 하는 데는 그만한 무슨 연유가 있을 것이다. 굳이 거절만 하는 것도 덕인(德人)의 소행은 아닌 듯 싶구나. 그러니 한 장 써 드리도록 하여라."
이렇게 황희의 분부로 불망수기를 얻는데 성공한 홍계관은 안도의 숨을 내쉬며 집으로 돌아왔습니다.
당시 홍계관의 집은 점을 치러온 사람들로 언제나 문전성시를 이루고 있었습니다. 그 소문은 대궐에까지 퍼져서 마침내 세조의 귀에도 들어가게 되었습니다. 불교를 숭상하던 세조는 무당이나 점쟁이를 몹시 싫어하여 이 유명하다는 점쟁이를 제거해 버리려고 홍계관을 불러들이도록 명하게 되었습니다. 세조는 홍계관이 입궐하기 전에 미리 준비한 주머니 속에다 죽은 쥐 한 마리를 넣어 두었습니다. 홍계관이 대궐에 들어와 어전에 엎드리자 세조는 추상같은 호령을 했습니다.
"네가 그토록 점을 잘 친다는 홍계관이렸다? 지금 바로 이 주머니 안에 무엇이 들어있는지 알아 맞혀 보아라. 만약, 맞히지 못한다면 혹세무민(惑世誣民)한 죄로 당장 너의 목을 벨 것이다."
세조의 명이 떨어지자 홍계관은 담담한 표정으로 산통을 꺼내어 점을 친 후 이렇게 대답했습니다.
"전하, 그 주머니 안에는 죽은 쥐가 들어 있사옵니다."
세조는 깜짝 놀랄 수밖에 없었습니다.
"흐음, 그래? 그렇다면 몇 마리가 들어있는지 말하라."
"예, 모두 세 마리이옵니다."
"만약 틀리면 목숨을 잃어도 여한이 없으렸다?"
"틀리면 어떤 벌이라도 달게 받겠나이다."
홍계관은 자신만만했습니다. 그러나 주머니를 열어보자 그 안에는 죽은 쥐 한 마리가 들어있을 뿐이었습니다. 그 순간 홍계관의 얼굴은 사색(死色)으로 변하였고 세조의 진노한 목소리가 터져 나왔습니다.
"에잇! 요망한 놈 같으니라구. 여봐라! 당장 저놈을 끌고나가 목을 베어 버려라!"
홍계관은 포졸들에게 포박당하여 형조판서 앞으로 끌려갔습니다.
과연, 그의 점대로 형조판서는 황희대감의 셋째 아들인 황수신이었습니다.

공교롭게도 그날 아침에 형조판서로 임명되어 있었습니다.
형조판서가 황수신이라는 사실을 확인한 홍계관은 일단 안도하고 품속에 간직하고 있던 불망수기를 꺼내어 그 앞에 내밀었습니다.
"대감, 소인을 알아보시겠습니까? 이 문서를 보아주십시오."
사형수인 홍계관의 거동을 의아한 눈빛으로 살펴보던 황수신은 그제서야 눈을 크게 뜨고 그의 면면을 자세히 살폈습니다.
"아아! 당신이 바로 그 유명한 점쟁이구려. 그렇지 않아도 오늘 내가 갑자기 형조판서가 되어 신통하게 여기던 참이요. 그래, 대관절 어쩌다가 이 지경이 된 것이요?"
황판서의 말에 홍계관은 지금까지의 사정을 자초지종 설명하였습니다.
"대감, 분명히 그 주머니 안에는 세 마리의 쥐가 들어있다는 점괘가 나왔습니다. 그런데 어찌된 영문인지 쥐는 한 마리 뿐이었습니다.
대감께서 한 번 더 자세히 조사를 해 주시옵소서."
"알겠소. 내 당신과의 약조도 있고 하니 어전에 나가 다시 한 번 자세히 알아보리다."
황수신은 곧바로 세조를 배알하고 홍계관에게 약조문서를 써 주었던 사연을 설명하였습니다. 그런 후에 주머니 속에 넣었다는 쥐를 한번 보여주십사 하고 청하였습니다.
"흐음, 그것 참 신통하군. 여봐라. 그 쥐를 다시 내 오너라."
세조의 명을 받은 내관이 죽은 쥐가 들어있는 주머니를 가지고 왔으나 분명히 한 마리였습니다. 그러나 유심히 들여다보니 쥐가 유난히 살이 찌고 통통해 보였습니다. 황수신은 내관에게 명하였습니다.
"내관은 그 쥐의 배를 갈라보아라."
이윽고 쥐의 배를 갈랐습니다. 그것을 지켜보던 세조와 황수신의 입에서는 신음소리와도 같은 외마디 비명이 동시에 터져 나왔습니다.
"아앗! 아니, 이럴 수가!"

쥐의 배 속에는 새끼 두 마리가 들어 있었습니다.
과연 홍계관의 점괘대로 세 마리의 쥐가 들어 있었던 것입니다.
그리하여 홍계관은 죽음을 면하고 풀려나게 되었으며 황수신도 일을 신중하게 처리한다는 신뢰를 세조에게 주어 출세의 기반을 닦는 계기가 되었다는... 그런 이야기입니다.

❖ 잠깐,

아랫수가 보는 수는 윗수의 눈에 바로 들어오지만 윗수가 훤히 내려다보는 수를 아랫수는 짐작조차 하기 어렵습니다.
아랫수는 지식으로 보지만 윗수는 지혜로 보기 때문입니다.
아랫수에 계속 머무는 사람은 자만과 오만에 빠진 사람입니다.
윗수는 자신의 부족함을 알고 계속 배우고 노력한 사람입니다.
윗수인 고수(高手)와 아랫수인 하수(下水)의 차이입니다.
때로는 사소할 수도 있지만 대부분 엄청난 차이가 납니다.

02.

생극(生剋)의 조화

바둑에서 고수(高手)가 되면 정석(定石)을 버려야 한다고 하지요?
바둑에서만 해당되는 말이 아니라 세상만사 인생살이에 적용 됩니다.
사주명리학을 비롯한 역학에서도 마찬가지입니다.
정형화(定型化)된 일정한 형식의 틀이 짜여 지면 거기에 색을 입히고 장식을 하고 그 속을 채우는 다양한 응용(應用)에 따라 전혀 다른 결과물이 다양하게 쏟아져 나옵니다. 학술(學術)의 조화입니다.
학(學)으로 이론적인 토대가 갖추어지면 술(術)이라는 고단수의 현실적 해석으로 응용(應用)과 변용(變容)이 나오는 것입니다.
지식(知識)과 지혜(智慧)의 조화이기도 합니다.
지식은 도서관에 가면 얻을 수 있지만 지혜는 생활과 경험에서 익힙니다.
인생을 지식으로만 운영할 수는 없습니다. 지혜가 필요한 것입니다.
생극(生剋) 이론에서 木生火 또는 木剋土라고 봅니다.
木은 火를 생하면서 土를 剋한다는 것인데… 그렇기만 할까요?
아니지요. 원칙적인 기본 이론일 뿐입니다. 환경의 조건에 따라 정 반대의 결과가 나타나기도 합니다. 환경의 변화에 따라 生하면서 剋하기도 하고 剋하면서 生하기도 하는 살아있는 자연의 조화입니다.

❖ 木生火입니다.

木이 火를 生하는 것은 일단 맞지만 환경적 조화를 이룰 때입니다. 즉, 木이 火를 生할수 있는 적당한 조건을 갖춘 경우입니다. 건조한 산림 지역에서 나무끼리 부딪쳐 불이 나는 것도 木生火입니다. 그러나 木이 너무 많거나 강하고 火가 너무 적거나 약하면 木은 오히려 火를 헨합니다. 연료 과다입니다. 작은 불씨 하나가 타고 있는 아궁이에 큰 통나무를 통째로 쑤셔 넣어 그나마의 불씨마저 죽이는 식화(熄火) 작용입니다. 木, 火의 균형이 조화롭다고 해도 木이 많은 水에 젖어 있거나 차가운 水에 얼어 있다면 火를 살리기 어렵고 오히려 불을 끕니다.

火生木이 되어 火가 木을 살리기도 하지요. 지열(地熱)과 태양의 빛은 木을 비롯한 모든 생명의 씨앗을 틔우고 무럭무럭 키웁니다.

❖ 火生土입니다.

火가 土를 生해서 살린다는 말입니다. 따뜻한 온기가 있는 땅이라야 살아있는 땅이 되어 생명을 생육(生育)할 수 있다는 것인데 이 또한 균형이 조화로워야 합니다. 좁은 土에 너무 많은 火를 퍼부으면 火生土가 아니라 반대로 火헨土가 되어 생명의 생육은커녕 아예 생명이 살수 없는 못 쓰는 땅이 돼버립니다. 죽은 사토(死土)가 되고 사막화(砂漠化) 초토화(焦土化)가 되는 것이지요. 반대로, 너무 넓은 땅에 지열과 태양의 온기가 너무 적거나 없으면 북극 지방의 툰드라(tundra) 지역처럼 황량한 동토(凍土)가 됩니다. 우리가 살고 있는 지구의 땅은 모든 생명이 나고 자라는 고향이지만 물과 불의 조화로운 도움이 없으면 불모지(不毛地) 황무지(荒蕪地)일 뿐입니다.

土生火가 되어 土가 火를 살리기도 합니다. 水헨火의 작용으로 불을 끄는 물을 土헨水해서 火의 생명을 살리고 보호하는 것입니다.

❖ 土生金입니다.

土가 金을 生해서 낳고 키운다는 말입니다. 흙이 오랜 세월동안 다져지고 굳어서 금은보석을 비롯한 온갖 광석 물질이 생성(生成)됩니다.
일단 맞습니다. 그러나 너무 많은 土는 작은 金을 매몰시켜 오히려 숨을 못 쉬게 합니다.
드러나서 뽐내야 하는 金을 土가 방해하고 金에 해코지 하는 꼴입니다. 이렇게 되면 土剋金의 역작용(逆作用)이 일어나는 것이지요. 많은 土가 金을 묻어 버리는 매금(埋金) 작용입니다.
또한 金生土가 되어 金이 오히려 土를 살리기도 합니다. 땅이 만물을 생육하기 위해서는 풍부한 산소가 공급되고 수분으로 흡수하는 영양분이 충분해야 옥토(沃土)가 되어 생명을 키울 수 있습니다. 괭이, 호미, 포크레인 등의 金은 土를 갈아엎고 파 뒤져 땅이 숨을 쉬게 합니다.
살아 있는 땅이라야 생명이 자랄 수 있습니다. 또한 金은 金生水의 작용으로 땅에 수분이 마르지 않게 합니다.

❖ 金生水입니다.

金이 水를 生한다는 말입니다. 예부터 지하에서 솟아나는 광천수(鑛泉水)인 온천수로 병을 치료하기도 했는데 그 효능이 오랜 세월에 걸쳐 입증되어 현대에 와서는 더 많이 활용되고 있습니다. 미네랄이 풍부한 천연샘이요 천연수(天然水)입니다. 바위나 광석의 온도가 차면 물방울이 생깁니다. 그러나 金이 너무 많으면 어떻게 될까요?
물이 오히려 탁해져 못 쓰는 탁수(濁水)가 되고 철분이 많아 먹을 수 없는 물이 되겠지요. 금극수(金剋水)입니다.
水生金의 작용을 하기도 합니다. 보석은 소금물에 닦으면 녹이 슬지 않고 영롱한 빛이 납니다. 귀한 대접을 받고 값이 나갑니다.

❖ 水生木입니다.

水가 木을 生한다는 말이니 물이 나무를 비롯한 모든 생명을 만들고 낳고 키운다는 말입니다. 맞습니다. 물은 인간을 비롯한 모든 동식물의 원재료입니다. 여기에 적당한 온기를 더해주면 됩니다.

그러나 물이 너무 많으면 어떻게 될까요? 水剋木이 되어 오히려 木을 죽입니다. 木이 부목(浮木.腐木)되어 자리를 못 잡거나 뿌리부터 썩어버리겠지요. 냉수(冷水)가 되어 물이 너무 차가워도 木은 죽습니다.

생명은 원재료인 水氣와 첨가물인 火氣의 화학 작용으로 생육 됩니다.

木生水가 될 수도 있습니다. 땅의 물이 증발 돼야 비가 되어 다시 내립니다. 그 연결 작용을 木이 합니다. 木이 물을 설기(泄氣) 흡수하여 하늘로 증발시켜 비가 내리도록 하는 순환 작용을 일으킵니다. 밀림의 효과입니다. 木剋水가 되기도 합니다. 수분은 적은데 木이 너무 많으면 水氣를 오히려 고갈 시켜 버립니다. 결과적으로는 木도 물 쟁탈전을 벌이다가 말라 죽게 되는 자업자득입니다.

이렇게 木生火 ,火生土, 土生金, 金生水, 水生木하고 다시 木生火로 순환되며 돌아간다고 하지만 그렇게 단순하지가 않다는 것입니다.

음양오행학인 四柱명리학은 단순한 글자 놀음이 아닌 자연이치학이요 자연환경학이기 때문입니다.

결론은 이렇습니다.
상생은 좋고 상극은 나쁘다? 아닙니다. 그렇기도 하고 아니기도 한...
상생상극(相生相剋)에 길흉이라는 개념은 처음부터 두지 말아야 합니다.
상극보다 상생이 사람을 죽이는 경우도 많습니다.

生의 이론을 붙잡고 여러 작용을 비틀어가며 시비를 걸어 봤습니다만 剋의 이론도 물고 늘어져 보겠습니다.

木剋土, 土剋水, 水剋火, 火剋金, 金剋木하고 다시 木剋土로 순환되며 돌아간다고 하지만 이 역시 다양한 변화를 일으킵니다.

❖ 木剋土입니다.

木이 土를 剋한다는 말이니 木이 土를 파괴하고 무너뜨리고 내치고 죽이기까지 할 수도 있다는 말입니다. 그러기만 할까요?

원칙적으로 木과 土의 전쟁에서 土가 무너지는 것인데 木에 비해 土가 너무 많거나 강하면 상황은 오히려 역전됩니다. 土剋木이 됩니다.

작고 여린 나무 한그루는 많은 土에 역극(逆剋) 되어 쓰러지거나 파묻혀 버리는 현상입니다. 주도권이 있는 입장이라고 해서 호기롭게 제압하려다가 오히려 당하는 꼴입니다.

木生土가 되기도 합니다. 나무의 뿌리가 땅을 파 뒤지고 들어가 뒤섞어 줌으로 해서 산소 공급이 원활해진 땅이 기름지게 됩니다.

土生木이 되기도 하지요. 나무를 비롯한 모든 생물은 땅을 터전으로 해서 생기고 자랍니다. 생명의 고향입니다.

❖ 土剋水입니다.

土가 水를 剋한다는 말이니 흘러야 하는 물길을 흙이나 언덕이 막고 방해한다는 것이고 흙탕물을 만들어 엉기고 흐리게 한다는 말입니다.

그러나 반대의 작용이 일어나기도 합니다. 水剋土의 작용입니다.

土에 비해 水가 많거나 水의 힘이 강하면 土는 힘을 못 쓰고 유실됩니다. 역극(逆剋) 작용으로 미련한 土가 우람한 덩치만 믿고 나서다가 홍수의 위력에 붕괴되고 무너져 무릎을 꿇는 것입니다. 모든 전쟁에서는 일단 강한 놈이 이기게 마련입니다.

土生水가 될 수도 있습니다. 완만하게 흐르도록 안전하게 물길을 잡아주고 조절해 주는 것입니다. 이로우면 生의 작용입니다.

水生土가 되기도 하지요. 水가 메마른 土를 적셔주는 생명수 역할을 하여 기름진 옥토로 만들어 주는 것입니다. 물이 없는 대지는 사막일 뿐입니다. 土를 매개로 해서 간접적으로 水生木을 하는 것입니다.

❖ 水剋火입니다.

水가 火를 剋한다는 말이니 물이 불을 끈다는 의미입니다.

그러나 불의 위력이 더 강하면 오히려 물이 증발되어 사라집니다. 火剋水가 되어 거꾸로 역극(逆剋)되어 열 받은 불기운만 커지는 것이지요.

水生火는 안될까요? 水剋火와 비슷한 결과를 만나는데 큰 불을 끈다고 작은 물을 끼얹으면 액체인 물이 기름 작용을 해서 불길이 오히려 커집니다. 물이 강한 불길을 건드려 열받은 불이 미쳐 발광을 하는 꼴입니다.

강한 놈을 잘못 건드린 왕신충발(旺神衝發)이라고도 합니다.

세상살이에서 미친놈이나 성질 더럽고 급한 놈 건드려서 득 될 거 없고 조폭이나 막가는 건달 등등 잡탕 쓰레기 같은 인간도 가까이 하지 않는 것이 좋습니다. 모진 놈 옆에 섰다가 벼락 맞습니다.

생명의 생육에 가장 중요한 요소인 물과 불이 서로 상극관계라는 것인데 이 균형이 수화기제(水火旣濟)가 되어 조화를 이루기도 하고 화수미제(火水未濟)가 되어 조화가 깨지기도 합니다.

❖ 火剋金입니다.

火가 金을 剋한다는 말이니 불이 쇠를 녹여 망가뜨린다는 것입니다.

가느다란 전선에 너무 많은 전기를 흘려보내면 전선이 녹아버립니다.

훼한다는 것은 밉고 꼴 보기 싫어 심하면 쳐내고 밀어낸다는 말도 되는데 그렇기만 할까요? 철광석이나 금은보석은 火를 만나야 합니다.

용광로 불을 만나야 부드러워지고 두드려 맞아야 제련되어 기물이 되고 장신구가 되므로 火生金의 작용이 더 강하다고 볼 수 있습니다. 오히려 金을 재탄생 시키고 다듬어 살리는 작용을 하는 것입니다. 물론, 火에 비해 金이 너무 많으면 金헨火로 역극(逆剋)되어 오히려 불이 꺼집니다. 작은 용광로에 너무 많은 광석을 쳐 넣으면 金이 녹아 제련되기는커녕 과부하에 걸려 용광로가 작동을 멈추는 것입니다. 또한, 너무 굵은 전선에 작은 전기를 흘려보내면 전기가 다 새버립니다.

火인 용암이 분출되어 굳으면 金인 암석이 되므로 火生金이 되고, 부싯돌처럼 쇠나 돌이 부딪쳐 불이 일어나면 金生火가 됩니다.

❖ 金剋木입니다.

金이 木을 훼한다는 말이니 쇠톱이나 칼, 도끼 등의 쇠붙이에 의해서 목초나 나무가 잘리고 쪼개진다는 의미입니다. 살아있는 나무가 죽을 수도 있는 것이지요. 그러나 녹슬고 물러빠진 쇠톱이 박달나무처럼 단단하거나 아주 큰 나무를 만나면 상황이 달라집니다. 나무를 자르기는커녕 오히려 쇠톱이 망가지는 역극(逆剋) 현상이 일어나 木剋金이 됩니다.

金生木의 작용도 있습니다. 나무가 너무 많으면 간벌을 해 주어야 잘 자라고 큰 나무는 벌목을 해서 다듬어야 비로소 재목이 되어 제구실을 할 수 있습니다. 金剋木이 오히려 金生木의 작용을 하는 것이지요.

따라서 밑둥치가 잘려 죽어야 사는 큰 나무인 甲木은 死木이 되고 잘리면 그것으로 끝이라 쓰레기가 되는 작은 나무나 화초 넝쿨 등인 乙木 은 生木입니다. 거목인 甲木은 金을 만나야 하는 것이고 乙木이 金을 만나면 생명은 종치는 꼴입니다.

이렇게 生剋의 관계를 여러 방향으로 비틀고 뒤집어 늘어놓고 보니 역시 덮어놓고 단순하게 木生火가 되고 木剋土가 되는 건 아닙니다.
얽히고 설켜 좀 복잡하게 돌아가는 것 같지만 자연의 이치가 그렇고 사람이 사는 세상의 순리가 그렇습니다.

❖ 함정은 또 있습니다.

음양이 같은 글자끼리 生하거나 剋하는 작용력이 강하다고 하지요?
그래서 음양이 같은 글자끼리 剋하면 沖으로 보는 것이고... 그러나 육신으로 응용해 보면 좀 다릅니다. 五行의 상생 작용으로는 甲은 丙을 잘 生하고 丙은 戊를 잘 生하고 戊는 庚을 잘 生하고 庚은 壬을 잘 生합니다. 육신으로는 비견 식신 편재 편관 편인입니다.
비견은 식신과 친하고 식신은 편재와 친하고 편재는 편관과 친하고 편관은 편인과 친하고... 그렇다는 말인데... 여기에 변수가 좀 있습니다.
육신으로는 길성은 길성을 잘 따라가고 흉성은 흉성을 잘 따라갑니다.
길성이라고 하면 착한 성분을 가진 비견 식신 정재 정관 정인이 되고 흉성이라고 하면 모난 성분을 가진 겁재 상관 편재 편관 편인입니다.
이렇게 성분이 비슷한 육신끼리 잘 어울리고 잘 연결 됩니다.
육신으로 바꾸어 보면 글자의 음양이 같은 놈 끼리 서로 잘 밀어주고 끌어주는 것은 아니라는 말입니다.
비견은 식신을 잘 生하고 식신은 정재를 잘 生하고 정재는 정관을 잘 生하고 정관은 정인을 잘 生합니다.
겁재는 상관과 더 친하고 상관은 편재와 더 친하고 편재는 편관과 더 친하고 편관은 편인과 더 친합니다.
비견은 상관을 더 싫어하고 상관은 정재를 더 싫어하고 정재는 편관을 더 싫어하고 편관은 정인을 더 싫어합니다.

겁재는 식신을 더 싫어하고 식신은 편재를 더 싫어하고 편재는 정관을 더 싫어하고 정관은 편인을 더 싫어합니다.

좀 더 구체적인 형상으로 응용해서 연결해 보면, 바른 성분인 비견은 식신으로 바르게 살면서 정재로 정당한 돈을 벌고 정관으로 정도를 걸으며 정인으로 명예를 얻는 것이고... 모난 성분인 겁재는 상관으로 편법을 이용해서 편재로 일확천금을 벌지만 편관으로 무리해서 골병만 들어 편인으로 무너지고... 식신은 편관을 剋해 日干의 적을 물리치지만 상관은 정관을 剋해 사회의 규범인 법을 위반해서 범죄로 연결되고... 비견은 식신으로 베풀고 좋은 일을 하면서 정재로 정당한 돈을 벌어 정관 정인이라는 명예가 따르고 편관이라는 재앙도 물리칠 수 있지만 겁재는 상관으로 혼자 살겠다고 편재로 무리한 욕심을 부리면 편관편인이라는 마(魔)가 끼어 쇠고랑이나 차고... 그런 거 아닌가요?

사주명리학은 인간이 살아가는 도리학(道理學)입니다.

궁위(宮位) 사이의 五行 상생 상극관계도 참고합니다.

日干이 月柱를 生하면... 부모를 봉양하거나 도와주는 형상이 됩니다. 도와주어야 하는 부모이므로 무능력한 부모로 연결될 수도 있습니다.

月柱에서 日干을 生하면... 내리 사랑으로 부모의 사랑과 지원을 받는 형상입니다. 어긋나면 자립심이 약하거나 기대어 사는 무능으로 연결될 수도 있습니다.

月柱에서 日干을 剋하면... 잘못 태어나거나 부모가 엄하므로 日干이 주눅이 들 수도 있습니다.

日干이 月柱를 剋하면... 부모를 무시하거나 부모의 뜻을 어기는 형상이 됩니다.

年柱에서 月柱로 日柱로 時柱로 生生연결되면... 조상으로부터 대대로 내리 사랑을 받는 형상이 되고 무슨 일이 터져도 비교적 수월하게 해결되고 무난하게 풀릴 수 있는 형상입니다.

年柱에서 月柱로 日柱로 時柱로 剋해 내려가면... 대대로 잘못 태어났습니다. 대대로 조상 덕을 보기는 글러먹었습니다.

時柱에서 日柱로 月柱로 年柱로 剋해 올라가면... 거꾸로 치받아가며 올라가야 하는 형상이라 사는 게 힘들고 불평불만이 많습니다. 대대로 부모 조상을 무시하는 후레 집안 꼴입니다.

時柱에서 日柱로 月柱로 年柱로 生해 올라가면... 역류해서 올라가야 하는 것이 자신의 본분임을 알기에 역경을 이겨내며 길을 내고 성취하는 성향입니다. 거꾸로 된 길을 바로 잡아 놓는 형상이므로 망해가는 기업을 맡아 정상으로 돌려놓는 형국이 될 수 있습니다.

팔자를 감정하는 역술인에 따라 전문 특성이 있습니다.
예를 들어 본인의 四柱에서 인성이 튼튼한 희신으로 잘 구성되면... 부동산 매매나 이사운 또는 학업이나 진학 관계 상담에서 주로 실력을 발휘하는 경우가 많습니다.

본인의 四柱에서 재성이 튼튼한 희신으로 잘 구성되면... 사업운이나 돈 문제 여자 문제에 귀신이라는 말을 듣기 쉽습니다.

본인의 四柱에서 관살이 튼튼한 희신으로 잘 구성되면... 직업이나 직장 취업 승진 문제 또는 선거 당선 문제에 기량을 발휘하는 경우가 많습니다. 여성 역술인이면 여성 고객의 남자 문제 전문입니다.

여성 역술인 四柱에 식상이 많으면... 유흥업이나 식음료업 종사자 또는 자녀 문제로 찾는 고객이 많습니다.

인생사에는 웃을 일도 있고 울 일도 있습니다.
웃고 싶을 때 웃고, 울고 싶을 때 울면 됩니다. 웃다가 울거나, 울다가 웃거나, 웃음과 울음이 뒤죽박죽되어도 상관없습니다.
참고 참으면서 일 년 치 웃음이나 울음을 모아 두었다가 특별히 날을 잡아 한꺼번에 웃거나 울 필요도 없습니다.
웃고 우는 건 방법을 특별히 배우거나 연구해야 하는 것도 아니고 웃거나 우는데 적당한 계절이 따로 있거나 웃거나 울기에 좋은 장소가 따로 있는 것도 아닙니다.
언제 어디서나 웃고 싶을 때 웃고, 울고 싶을 때 울면 됩니다.
이 세상 떠나면 웃을 곳도, 울 곳도 없을지 모릅니다.
아니, 웃고 울 여가도 없을지 모릅니다.

웃음(기쁨)은 양이라 위로 증발합니다.
울음(슬픔)은 음이라 아래로 가라앉습니다. 가라앉으면 앙금이 됩니다.
그래서 기쁨보다 슬픔이 오래가고 상처로 남습니다.
행복해서 웃는 게 아니라고 하지요? 웃어서 행복한 거랍니다.
만물 만사에 음양의 이치가 숨어 있습니다.

잘난 것도 특별한 것도 없이 그저 그런 일상을 살면서 내가 어디 서 있는지도 모르고 끝이 어디라는 걸 뻔히 알면서 그 끝을 향해 뛰고 걷는 것이 우리네 인생입니다. 잊어서 좋은 것도 있습니다.
그러나 결코 잊어서는 안되는 것도 있습니다.
힘들어도 해야 하는 일이 있고 쉬워도 하지 말아야 하는 일이 있지요.
성가신 인연은 피할 수 있으면 피하는 것이 좋습니다. 피할 수 없으면 보듬고 사랑하거나 그것이 안 되면 버리는 방법이라도 찾아야 합니다.

사람 사이는, 마주보면 세상에서 가장 가까운 사이지만 돌아서면 지구 반 바퀴를 돌아야 만날 수 있을 만큼 멀고 먼 사이랍니다. 나를 뜯어먹는 마귀 같은 인연이나 허망한 미련 같은 건 하루라도 빨리 기억의 장례식을 치러 주는 것이 좋습니다. 모질게 마음먹고 그냥 확 밀어내 버리면 될 것을 차마 놓지 못하고 끙끙 앓는 경우가 많습니다. 병만 되는데... 다 마음에서 일어나는데도... 조절이 잘 안됩니다.

바위에 침을 뱉거나 오줌을 싸도 아무도 시비할 사람이 없지만 거기에 부처상이나 예수상을 그려 놓으면 성스러운 기도 자리가 됩니다.

본시 그냥 돌덩이일 뿐인데... 아니, 오사리 잡승(雜僧) 땡초나 사이비 하나님 제자들의 사기적 장사 밑천으로 제공 되느라 땀을 뻘뻘 흘리고 서있느라 고생만 하고... 간단히 정리하면 됩니다. 다 허상들입니다.

살면서, 이리 뻗고 저리 튀고 제멋대로 날뛰는 생각들을 가만히 붙들어 둘 수 있으면 좋으련만 그게 말처럼 쉽지가 않습니다.

그래서 온갖 만성 두통이 생기고... 힘이 듭니다.

03.

天干 地支의 형상

❖ 天干의 형상.

天干을 형상(形象)으로 그려서 이해를 하면 四柱가 좀 더 솔직하게 보입니다. 기본 성분이나 모양을 설명하는 것이므로 주위의 干支 환경과 어울리면 그림이 더 선명해집니다. 사주명리학은 귀신학이 아닙니다.
살아있는 사람의 살아있는 이야기를 설명하는 고차원의 이치학입니다.
고전스럽고 유식스러우면서 어마어마한 우주적 비밀이라도 튀어 나올듯한 냄새를 풍기는 그런 쓸데 없이 어려운 설명은 말고...

❖ 甲木입니다.

먼저 큰 나무가 연상됩니다. 통나무요 거목(巨木)입니다.
좀 무뚝뚝하고 고집스러운 냄새가 납니다. 丙火가 없으면 상냥하거나 애교가 넘치는 등의 아기자기한 분위기와는 거리가 좀 멀어 보입니다.
길고 쭉 뻗은 체형에 火氣의 영향을 받으면 비쩍 마른 형상이고 水氣의 영향을 받으면 투실 투실하게 살찐 형상이 눈앞에 아른거립니다.
天干의 첫 글자라 머리가 되고 높이 올라가는 성향입니다. 어디를 가나 앞서

고자 하고 나서려는 선두형 기질이 강합니다. 아무데나 걸리면 가지를 걸치고 아무데나 흙(土)만보면 거기에 뿌리를 내리거나 퍼질러 앉아 버리니 오지랖 또한 넓습니다. 土는 木의 재성입니다. 남자 팔자면 여자만 보면 거기 앉으려고 합니다. 잘 감추는 성품도 약간 보입니다.

기획이나 창작 능력이 뛰어 납니다. 기발 빠꼼한 아이디어입니다.

자신의 의지를 관철 시키려고 한 방향으로 밀고 나가는 고집이 있는데 잘 굽히지 않는 힘입니다. 인체의 머리입니다.

기본 성격은 고결하고 청렴하면서 이성과 수양을 겸비한 성품으로 관대 인자하고 온화하며 근면 독실하면서도 고집이 세고 화를 잘 내며 의심이 많은 경향 이 있습니다. 장식하기를 좋아하고 자아관념(自我觀念)이 강합니다.

❖ 乙木입니다.

甲木과 같은 木이지만 용도는 물론 생김새나 하는 짓이 딴판입니다.

같은 성씨지만 종파가 달라 유전자 차이가 심한 격입니다.

甲木은 죽어야 재목(材木)으로 부활해서 빛을 발하고 밥값을 하는 사목(死木)이지만 乙木은 살아서 아름다운 꽃을 피우거나 열매를 맺어야 제 값을 하는 생목(生木) 입니다. 그래서 꽃나무요, 화초요, 잔디요, 넝쿨이요, 곡식이요, 약초요, 흔들리고 흔들림을 유발하는 바람입니다.

연약한 듯, 흔들리는 듯, 넘어질 듯 하늘거리지만 끈질긴 생명력으로 버티는 유연성과 환경 적응력이 뛰어난 잡초 근성이요 이끼 근성입니다.

싹싹한 참모나 비서 성향이라 더 나가면 기생스러운 기질이 됩니다.

흐느적거리는 춤과 노래가 되고 뭐든 잡히거나 걸리기만 하면 기대서 타고 올라가려는 성분으로 의존성과 의타성도 보입니다. 비비고 문지르고 뚫고 올라가는 성분인데 대상으로는 주로 甲木이 만만하고 편합니다.

굴신성(屈伸性)에 의한 적응력이 나타납니다. 많은 사람들에게 말로 설명하며 먹고사는 직업적 특성을 가지고 있으니 크게는 언론이나 방송 또는 문예 쪽으로도 인연이 연결됩니다. 인체의 목입니다.

기본 성격은 온화 온유하고 외유내강에 참을성이 많고 이지적이지만 투쟁성이 약한 경우가 많습니다. 소극적이라 진취성이 약하고 편파적이면서 이기적인 면도 있습니다. 질투심 강하면서 이해타산에 빠른 특징도 보입니다.

❖ 丙火입니다.

하늘의 불인 태양입니다. 빛입니다. 만물을 생육시키는 광체로 사람이건 동식물이건 모든 생명을 키우는 양육 양식 성분입니다.

활짝 펼치는 성향입니다. 밝은 태양처럼 대체로 인물이 훤한 편이지만 유아독존(唯我獨尊)형이라 자만심이 강해 좀 거만해 보이는 경우가 많고 남을 무시하거나 얕보는 경향이 있습니다. 어디나 밝게 비추려고 하므로 오지랖이 넓고 불쑥 불쑥 잘 나서기도 합니다. 모르는 게 없는 '아는 체' 형으로 스스로 안목이 있는 줄 알고 덤비다 낭패를 보는 경우도 많습니다. 성질이 급해 바로 밖으로 튀어 나가고 보는 등 좀 경솔하기 쉬운 성향이지요. 활달한 활동성입니다. 인체의 어깨입니다.

기본 성격은 열성과 열정적이며 감성이 풍부합니다. 민첩하고 기교가 있으면서 권세를 좋아하고 조급성이 강한데 쉽게 노하기도 하지만 쉽게 풀어지기도 합니다. 과시성이 강하면서 명랑하고 체면을 중시합니다.

❖ 丁火입니다.

땅의 불이요 모든 인공적인 불입니다. 밝고 화려한 성분으로 문명 문화적 성향입니다. 은근히 고상(高尙)을 떠는 경향도 있고 신경질적입니다.

혀로 상징되기도 하고 남성에게는 생식기로 연결되기도 합니다.
丙火가 빛이라면 丁火는 터지고 폭발하는 열입니다. 폭죽입니다.
용접불처럼 강하고 순간적인 발산성의 열이라 멀리 튀어 나갑니다.
순간적인 폭발성이 강한 폭탄 성분이라 높이뛰기나 단거리 육상선수 기질입니다. 강한 순발력입니다. 생각도 말도 행동도 반짝반짝 튑니다.
앞뒤 안 가리고 (불을)질러버리는 특성이 있습니다. 내 뱉어 버립니다.
흔들리는 촛불이라 변덕성이 좀 심한 편에 자기 몫은 확실히 챙깁니다.
차가운 壬水에 분위기를 달구는 열을 살살 올려서 따뜻하게 하여 굳은 壬水를 흐물거리게 해놓고 꼬시는 습을 합니다. 인체의 심장입니다.
기본 성격은 가볍고 경솔한듯하면서 온화하고 신중하며 예의를 중시합니다.

❖ 戊土입니다.

크고 높은 산 모양이라 넉넉하고 풍족함으로 덤직한 무게와 좀 우직스러운 냄새가 납니다. 체격이 크거나 아니면 말수라도 적은 경우가 많고 한쪽으로 치우치지 않는 중용 성분이 강합니다. 옆구리를 찔러도 꿈쩍 않고 눈만 껌뻑이는 미련 곰퉁이 같은 답답함이 보이기도 합니다.
지치지 않고 달리는 마라톤 선수 같은 기질에 충직성도 강한 느낌이지만 이것도 저것도 아닌 어정쩡한 태도로 실리를 찾는 음흉성(?)도 좀 보입니다. 발산 성분의 마무리 기운이라 감정적으로 감추기 좀 어렵고 구체적이고 우직한 실천력이 강합니다. 행동력입니다. 나이가 충분히 들어 무르익은 것이고 보수적인 성향입니다. 인체의 옆구리입니다.
기본 성격은 성실 중후하고 온후해서 의지하고 기대고 싶습니다. 침착하고 아량과 포용력도 있습니다. 절개 굳고 신용과 동정심까지 있어 봉사심도 강합니다. 제어력도 있는 외유내강형입니다. 충효(忠孝) 성분입니다.

❖ 己土입니다.

戊土와 같은 土 성분이면서도 많이 다른 평지 모습입니다. 대지 전답처럼 만물을 기르는 어머니 품입니다. 물론 水火의 조력이 있어야 하지만 양육이나 양식이 본분이지요. 희생하고 주는 데는 선수 급인데 교체성도 있습니다. 土라 묵직할 것 같으나 일어나서 바로 뛰는 단거리 성분으로 음흉한 구석이 있으면서도 언행은 오히려 그 반대로 가벼운 경우가 많습니다. 己土는 가만히 있지 못하고 달삭거리는 입이요 입술입니다.

그러나 알면서도 말을 안 하고 입을 닫아버리는 무서운 면도 있습니다. 음기가 슬슬 일어납니다. 튀어 나가고 발산하려는 속성이 마무리 되고 내부적인 수축운동이라 자기표현이 강하지 않는 편입니다. 안으로 기르는 기운입니다. 교육적이거나 양육적인 성분입니다. 인체의 배입니다.

기본 성격은 온화하고 인내심도 강하면서 신의와 의리도 있고 감정이 풍부한데 고정적이면서 시기심과 질투심도 강합니다. 고집이 강하고 작은 이익에 집착하며 오히려 옛것을 싫어하고 새것을 좋아하는 경향도 있습니다.

❖ 庚金입니다.

무섭고 강건한 냄새가 물씬 풍깁니다. 무쇠로 보면 창검(槍劍)의 무기가 되고 큰 바위덩이가 됩니다. 힘 있는 권력이나 명예로 연결되므로 정치적인 성분이요 상대를 제압하려는 기운이 강해 남을 차갑게 무시하는 독선적인 성향이 보입니다. 스포츠로 연계하면 주먹이 단단하고 쎈 권투선수나 격투기선수 같은 기질입니다. 고치고 바꾸는 성향입니다.

환경에 따라 번쩍이는 칼이 되기도 하고 녹슬어 쓸모없는 고철로 무시와 기피의 대상인 동네 건달 격이 될 수도 있습니다. 水를 생하는 시커먼 먹구름이요 인체의 피를 만드는 조혈(造血) 작용입니다.

시비 판단이 분명하고 결실을 주워 담는 성분입니다. 인체의 배꼽입니다. 기본 성격은 용감하고 과단성이 있으며 백절불굴의 기백에 의리도 있습니다. 정치성이 강해 권모술수에 능하며 맹렬한 기운입니다. 융통성이 없고 무정하며 승부욕이 강합니다. 아군 적군을 확실히 구분하고 네 것 내 것을 분명히 가리는 속성입니다.

❖ 辛金입니다.

庚金을 제련해서 다듬고 가공한 것으로 보석, 칼, 침, 못, 자갈, 흰구름 등등에 연결됩니다. 섬세하고 예리하고 예민하고 날카로운 성분으로 찌르는 특성의 검도 펜싱 같은 스포츠가 연상됩니다. 확실하고 맵습니다. 정밀성이나 세밀한 분야에 강합니다. 새로운 것이고 깨끗한 성분입니다. 庚辛 金은 냉정하고 차가운 특성이 있습니다. 아니면 짤라버립니다.

베어버리고 떨어뜨리고 분리하는 성분입니다. 인체의 허벅지입니다.

기본 성격은 겉으로는 유연하고 부드러우며 청아하고 수려하지만 온건하면서도 강건하고 인내심이 강합니다. 사교적이지는 못합니다. 꾸미고 장식하는 것을 별로 좋아하지 않는 편입니다. 손아귀의 악력(握力)이 쎄고 손때가 유난히 매운 편입니다. 상대가 아프거나 말거나 일단 찔러버립니다.

❖ 壬水입니다.

넓은 바다요 큰 강이나 큰 호수입니다. 땅의 물입니다.

겉으로는 잔잔하고 조용한 것처럼 보여도 속으로는 조류(潮流)의 특성으로 끊임없이 궁리하고 움직입니다. 창안력과 기획력 성분입니다.

깨끗한 물 더러운 물 가리지 않고 받아들이는 포용성으로도 보고 만물을 낳고 키우는 재료요 영양소가 될 수도 있지만 癸水의 지원에 의존하는 경향이 있습니다. 둥글둥글한 성분으로 청탁(淸濁)을 가리지 않고 다 주어 담고 끌어 모으니 부자가 될 조건은 일단 갖춘 셈입니다.

어두워 밖으로 펼치는 기운은 약하지만 일단 주워 담고 본다고 했으니 심하면 도둑 성분으로 연결 될 수도 있습니다. 인체의 종아리입니다.

기본 성격은 지혜가 뛰어나고 영리하며 기민합니다. 충동적인 면이 있고 격렬하게 약진하는 기상이기도 합니다. 무서운 홍수 기질이 나타날 수 있습니다. 변화가 많으며 쉽게 골이 났다가도 쉽게 풀어지는 성분도 있는데 재물과 권세를 좋아하지만 이루기도 잘 하고 실패도 많습니다. 명예심이 강하고 시비가 많이 따르는 편입니다. 수집성이 강합니다.

❖ 癸水입니다.

하늘의 물입니다. 땅에 닿으면 壬水에 흡수됩니다. 심한 변화를 의미하며 빗물, 안개, 이슬 등입니다. 역시 만물을 생장시키는 작용을 하지만 비밀스러운 기운이 강합니다. 사람을 잘 다루는 특성도 있는데 壬水에 물을 계속 공급해 줘야 하므로 잘못 나가면 피곤한 치닥꺼리 팔자가 될 수도 있습니다. 좌우나 높낮이 등을 조정하고 맞추는 평형(平衡) 성분으로 수평을 이루는 본성인 법(法)과도 연결 됩니다. 인체의 발입니다.

기본 성격은 담력이 적고 내성적이며 온화하지만 인내력은 강합니다. 침착하고 절약정신도 강하며 지혜롭고 영민한 기지에 다정다감한데 작은 이익을 탐하는 경향이 있습니다. 과다한 음기로 인한 응축성입니다. 표면적인 음흉 성과 내면적인 결벽성을 같이 가지고 있습니다. 더러운 꼴을 못 보는 성분이라 특히 여자 팔자면 남편의 외도 문제에 걸리면 우선 정신적으로 감당이 잘 안됩니다.

❖ 地支의 형상.

태어난 띠(年支)를 중심으로 해당 동물의 특성을 연결시켜 감정하던 당사주 풍습이 아직도 남아있어 무슨 띠는 어떻고 저떻고 하는 얘기가 여전히 세간에 흘러 다니는듯합니다. 12地支 동물의 특성을 참고한다고 해도 띠보다는 日支를 중심으로 보는 것이 좋겠습니다. 日支는 日干이 가장 편하게 앉은 안방 자리요 바탕입니다. 당연히 영향을 받을 수 있겠지요.
물론, 연월일시의 地支 영향을 다 참고 합니다. 전체적으로 봐서 밝은 낮의 활동 중심인지 어두운 밤의 활동 중심인지를 보는 것입니다.
해당 육신 육친에게 적용하기도 합니다.
간단히 요약해서 살펴봅니다.

❖ 子일생...

차가운 냉수의 특성과 야행성인 쥐의 특성입니다. 드러나지 않는 활동과 비밀성입니다. 냉수이므로 木을 生하는 水生木 작용은 어렵겠지만 水剋火로 불은 잘 끄겠지요. 쥐처럼 약삭빠른 면이 있을 수 있습니다.
강한 생식력과 번식력을 나타내기도 합니다.

❖ 丑일생...

얼어붙은 동토(凍土)의 특성과 우직하게 일하는 소의 특성입니다.
농사를 짓기에 불리한 땅이므로 더 많은 수고와 노력이 필요합니다.
헛수고를 할 수도 있습니다. 근면한 황소의 뚝심과 고집에다 코뚜레에 묶인 소이므로 자유롭지 못하고 구속된 형상으로도 보입니다.
年支에 丑土가 있으면 조부모 조상 중에 소처럼 일한 사람이 있는 것이고 月支에 丑土가 있으면 소처럼 일한 부모 형제가 있는 것이지요.
일한 대가를 못 받고 거의 봉사만 할 수도 있습니다.

❖ 寅일생...

시작인 봄이요 새벽 기운이라 포부도 스케일도 큽니다. 활짝 피기전의 꽃봉우리입니다. 寅午戌 火局의 시작점이요 발화점(發火點)입니다.
속에 불이 들어있어 폭약이 될 수도 있고 연료나 나무가 될 수도 있습니다. 교육 계획 기획 등이 되고 꾸미는 장식 인테리어입니다.
불을 일으키는 전기 전자계통이요 호랑이 꼬리에 불이 붙었으니 항공 통신 자동차 등입니다. 木生火도 잘하고 木剋土도 잘합니다.

❖ 卯일생...

살아있는 生木이요 젖은 습목이라 심하게 흔들리는 초목이요 차가운 바람입니다. 요령꾼에 눈치 빠르고 동작 빠른 토끼입니다. 번식력입니다. 토끼는 숨을 굴을 하나만 파지 않습니다. 제2 제3의 계획까지 세웁니다. 폴짝 폴짝 뛰면서 잘 옮겨 다니는 형상이라 이사를 자주하는 습성입니다. 기획 계획 장식 인테리어 조경 등등입니다. 寅卯는 꾸미는 장식 쪽입니다. 봄에는 아직 결실이 없으니 현찰이 없는 격이기도 합니다. 습목(濕木)이라 木生火로 불을 생하기는 좀 어렵고 木剋土는 잘합니다.

❖ 辰일생...

땅 속에 물을 모아 감추고 있습니다. 검고 어두운 것을 감춘 것입니다.
겉으로 보이는 모습과 달리 말 못할 속사정을 가지고 있을 수 있습니다.
겉과 속이 다른 이중성이요 표리부동으로 연결 될 수도 있습니다.
봄의 습토라 농사를 짓기에 가장 좋은 옥토(沃土)입니다. 용(龍)입니다. 좋은 씨를 뿌리고 일조량만 충분하면 큰 결실을 거둘 수 있습니다.
뇌성(雷聲)입니다. 지진이 일어나거나 큰 소리를 유발합니다. 잘되면 용이요 못되면 지렁이입니다. 土生金을 잘 하지만 土剋水는 어렵습니다.

❖ 巳일생...

여름입니다. 언변이 뛰어난 따발총입니다. 혀에 불붙은 뱀입니다. 뱀은 혀가 두 갈래입니다. 한 입으로 두말하는 격이라 거짓말도 잘하고 변덕이 심해 잘 바꾸는 습성이 있다고도 봅니다. 활동하기에 유리한 여름이라 활발한 기운입니다. 항공 통신 자동차 전기 전자 총기류 등의 인연입니다. 발 없이도 갈 곳은 다 갑니다. 해야 할 일은 하고야 마는 성향입니다.
물었다 하면 잘 놓지 않습니다. 巳, 寅, 戌 등은 이빨이 무기입니다. 뱀은 다리가 없어 巳일에 먼 여행을 하면 다치기 쉽다고도 봅니다.
火生土를 잘하지만 火剋金에는 장애가 따를 수 있습니다.

❖ 午일생...

뜨거운 태양아래 갈기를 휘날리며 달리는 말입니다. 정열을 뽐내는 격인데 의심 많은 바람 꾼 성분도 있습니다. 정열적이고 요염한 끼를 발산합니다. 장애물을 넘을 때 뛰어서 넘기는 해도 고개를 숙이거나 기어서 넘지는 않는 말의 특성으로 고개를 숙이거나 무릎을 꿇는 법이 없습니다. 火剋金을 잘합니다. 火生土를 잘하지만 土를 태워 죽일 수 있습니다.

❖ 未일생...

건조한 땅에 드문드문 난 마른풀을 뜯어먹는 양입니다. 불타는 땅이라 물이 필요하고 물이 있어야 농사를 지을 수 있는 대지가 되는데 특이하게도 물을 싫어하는 경우도 있습니다. 水를 剋하는 것인데 물을 싫어하는 사람은 세수도 잘 안하는 경향이 있지요? 土는 동그란 모양이라 눈 모양이 동그란 사람이 많고 눈이 동그랗게 생긴 사람은 질투와 샘이 많다고 보기도 합니다. 미진해서 뭐가 좀 모자라는 데가 있어 보입니다.
土剋水는 잘 하지만 土生金은 좀 어렵습니다.

❖ 申일생...

가을입니다. 무더위도 외부 활동도 서서히 물러나면서 형체를 감추고 뒤로 사라지는 기운입니다. 申子辰 三合의 시작점입니다. 수원지(水源池)요, 발원지(發源地)입니다. 물이 약이면 金은 물을 담는 약병입니다.

애정이나 비밀스러운 기운입니다. 원숭이입니다. 재주꾼입니다. 자기 재주에 자기가 걸려 넘어질 수도 있는 성분입니다. 열매 결실 금전 금융 금속 등입니다. 특별한 재능이나 능력 또는 기술입니다.

먹을 것과도 인연이 많습니다. 金生水도 잘하고 金剋木도 잘합니다.

❖ 酉일생...

결실입니다. 잘되면 봉황이요 못되면 닭입니다. 닭은 모래를 파헤치며 모이를 찾아 먹는 특성이 있어 살림을 파헤친다고 며느리 감으로 꺼리기도 합니다. 申酉는 金의 성분으로 금융이요 돈입니다. 가을은 결실이요 열매라 현찰입니다. 본인이 아니면 해당 육친이나 주위에라도 해당됩니다.

깨끗한 미인 형상이지만 구설도 많이 따라다니는 편입니다. 관상학적으로 입이 뾰족하게 튀어나오면 구설이 많이 따른다지요?

❖ 戌일생...

개입니다. 개코입니다. 냄새를 잘 맞는 특성이 있습니다. 개는 입이 따뜻해야 하므로 이불을 뒤집어쓰고 자는 버릇이 있기도 합니다.

천문 화개입니다. 사람을 살리는 활인활성 기운이 강합니다. 의료계 역술계 종교계 등입니다. 예지력이 뛰어나고 중재 중개도 잘 합니다.

금속 금융 공장 대장간 등입니다. 안으로는 지켜야 하고 밖으로는 짖어야 하는 이중성이요 속에 불을 숨겨둔 말 못할 속사정이 있습니다.

물면 놓지 않습니다. 늑대 성분입니다. 土剋水를 잘 합니다.

❖ 亥일생...

돼지입니다. 먹성이 좋아 식복이 있다고 봅니다. 무엇이든 먹고 무엇이든 주워 담고 봅니다. 먹을 것은 많은데 정리가 잘 안되고 뒤죽박죽입니다. 시기적으로도 곳간이 가득 찬 때입니다. 말을 잘 듣고 질서도 잘 지키는 영리한 형상입니다. 천문입니다. 예지력이 뛰어납니다.
戌亥는 기도 성분입니다. 戌은 토신(土神)이요 亥는 수신(水神)입니다.

전체를 보고 하나의 결론을 찾아내는 연습이 필요 합니다.
예를 들어 四柱의 地支에 亥, 子, 寅, 丑 네 글자를 가지고 태어났으면... 겨울과 초봄에 해당하는 글자들이 몰려 있습니다. 초봄도 아직 춥지요.
음기가 강한 환경을 바탕으로 깔고 태어난 것이니 사는 것이 어두운 것이고 사는 곳이 어두운 곳이고 활동 무대가 밤이거나 어두운 쪽일 가능성이 큽니다. 남의 눈에 잘 뜨이지 않는 곳에서 활동하며 기반을 닦은 다음 밝은 곳으로 나오고자 하지만 계속 어두운 곳입니다. 또한, 추운 쪽으로 끌려 갈 수도 있습니다.
卯, 巳, 子, 戌 네 글자를 가지고 태어났으면... 봄, 여름, 가을, 겨울이 다 들어 있습니다. 여러 기운이 섞인 것이니, 사는 모양이 복잡한 것이고 직업도 왔다 갔다 할 것이고 이 동네 저 동네 옮기며 살 것이고 가족이나 주위에는 이런 저런 여러 계층의 사람들이 뒤섞인 환경일 것이고 지식도 한 가지가 아닌 이것저것 들은 풍월이라도 많을 테니 만물박사급이겠고 등등의 기운이 나타납니다. 사주명리학의 본질이 계절인지라 주로 계절적 환경의 특성으로 나타나게 됩니다.

하나의 육신에 하나의 육친만 해당 되는 건 아니지요?
같은 육신에 해당되는 육친끼리는 성품이 좀 닮는 경향이 있습니다.
주로 내리 닮습니다. 비교해 보면 재미있는 현상을 발견할 수 있습니다.

❖ 남자 팔자에서…

상관은 조모요 장모요 손녀가 됩니다. 조모 스타일의 장모를 만날 수 있고 손녀는 친할매를 닮거나 외할매를 닮는 경향이 있습니다.
편인은 조부인 할배입니다. 증손자도 됩니다.
증손자가 조부 성품을 닮거나 하는 짓이 비슷하기도 합니다.
조부가 살아 있으면 증손자가 잘 되기도 합니다.
재성은 부친이요 마누라입니다. 부친 성품을 닮은 마누라 인연입니다.

❖ 여자 팔자에서…

식상을 조모 및 자식으로 보면 자식이 조모를 닮는 경향이 있습니다.
재성이 부친 및 시모지요? 부친 스타일의 시모를 만나기도 합니다.
이렇게 어느 육신에 해당하는 육친끼리 내리 연결하면 닮은 성품이나 모습 또는 사는 형태의 특징이 나타나는 경우가 많습니다.

오늘 시작하지 않으면 내일도 쉬어야 합니다.
오늘 걷지 않으면 내일은 뛰어야 합니다.
어리석은 사람은 항상 내일 바쁩니다.
고지서 관리가 엉망이니 맨날 연체료 내러 다니느라 바쁘고…
제대로 도(道)가 터지면 6가지 신통력(神通力)이 생긴다지요?
상대방의 속마음을 읽는 타심통(他心通)이 생기고 전생을 아는 숙명통(宿命

通)이 생기고 앉아서 천리 밖을 내다보는 천안통(天眼通)이 생기고 하늘의 소리를 듣는 천이통(天耳通)이 생기고 축지법을 쓸 수 있는 신족통(神足通)이 생기고 정액을 비롯한 몸의 수분이 새지 않는 누진통(漏盡通)이 생긴다는데... 가장 어려운 누진통이 되면 남자의 생식기 쪽에 몰려있던 양기(陽氣)가 머리 쪽으로 올라가 생식기가 번데기처럼 쪼그라든다고 합니다.

도인(道人)이라면서 반 푼 어치라도 색을 밝히면 엉터리라는 말씀이고 제대로 도가 터질라면 생물학적 인생살이는 접어야 한다는 말씀입니다.

그래서... 뼛속 골수까지 속물인 허당(虛堂)은 수컷으로서의 본능적 정체성을 충실히 확인하는 것이야 말로 조물주에 대한 당연한 예의요 도리라는 착하고 효성스럽고 충성스러운 생각에 한 치의 고민도 망설임도 없이 일찌감치 도(道) 터지는 걸 포기했습니다.

04.

日柱의 형상

하늘 기운인 天干과 땅의 기운인 地支의 조합입니다. 天干 地支의 각각 형상에 天干 地支가 짝을 이루면 또 다른 모습이 나타납니다. 日柱 뿐 만 아니라 어느 궁위 기둥이건 해당 육신 육친이나 형상을 좀 더 넓게 볼 수 있어 실전에 응용하면 풍성한 통변이 될 수 있습니다. 물론, 고정된 모습은 아닙니다. 年柱, 月柱, 時柱 등 주위 환경과 刑, 沖, 合 등의 변화로 인해 그림이 완전히 달라질 수 있습니다.

❖ 甲子...
썩은 나무 아니면 젖은 나무로 물위에 둥둥 떠다니는 통나무요 겨울나무입니다. 상황에 따라서는 나무로 만든 배인 목선이나 범선이 됩니다.
뻣뻣합니다. 특히 겨울生이면 팅팅 불은 비만형이 많으며 생활이나 정신적 안정을 찾기 어려운 경우가 많고 기도하는 모습도 엿보입니다.

❖ 甲寅...
튼튼한 거목이요 우람하고 큰 나무입니다. 상냥한 애교나 멋 같은 것과는 거리가 먼 뻣뻣한 통나무입니다. 큰 대들보입니다. 봄 나무라 가을까지 기다려야 하므로 시행착오를 거친 후에 결실을 보는 모양입니다.
寅木은 그 안에 丙火가 있어 아직 피지 못한 꽃 봉우리입니다.

❖ 甲辰...

기름진 옥토에 뿌리를 튼튼하게 내린 거목입니다. 역시 아기자기한 재미나 상냥한 애교성은 없는 뻣뻣한 통나무로 비만형이 많습니다.
남자면 아무데나 뿌리 내리고 걸터앉으려고 껄떡이는 넓은 오지랖이 특징이라 좀 추하게 보일수도 있습니다. 辰土는 甲木의 재성이요, 여자입니다.
여자면 돈만 보면 우선 쓰고 보는 기질을 보이기도 합니다.
명예를 중시하거나 명예를 중시하는 척하는 청룡(靑龍)입니다.
모친의 무덤을 깔고 앉아 있습니다. 어른이요, 장로, 연장자입니다.
노인네들을 잘 관리합니다. 노인 상대하는 실버산업 인연입니다.

❖ 甲午...

활짝 핀 꽃나무라 화려한 취향입니다. 속살이 곱습니다. 甲木이지만 훤한 인물에 애교도 있는 편입니다. 배우자궁에 불이 났습니다. 배우자 인연이 불리합니다. 불 때는 火木인 연료가 되면 성질이 불같습니다.
까탈스럽고 더러운 성질이라 다스리기가 좀 어렵습니다. 바짝 마른 불탄 고목이 될 수도 있습니다. 머리가 잘 돌아가고 다재다능합니다.

❖ 甲申...

죽은 나무요, 부러진 나무라 절름발이 모양입니다. 나무 타는 원숭이 형상으로 다재다능한 재주꾼입니다. 쇠를 나무로 다듬거나 쇠로 나무를 다듬는 모양도 됩니다. 뿌리가 잘려 안정성이 좀 부족해 보입니다.

❖ 甲戌...

앙상한 가을 소나무요, 가을 고목입니다. 사철 소나무요, 절간 소나무인데 독신으로 홀로 우뚝 선 모양이라 고독하고 쓸쓸한 분위기입니다.
회색 가사를 걸친 스님 모습입니다. 목재로 만든 창고로 볼 수도 있습니다. 식상(재성)을 입묘시켰습니다. 어린 아이나 제자를 모아 잘 다스립니다. 물면 놓지 않는 늑대나 개입니다. 독단성이 강합니다.

❖ 乙丑...

생명력이 질긴 겨울 잔디요, 겨울 화초라 약초입니다. 겨울나무인 매화나 얼어붙은 진흙 속에 핀 연꽃으로도 보입니다. 끈질긴 인내성과 초지일관 모습입니다. 자식이나 공무원의 무덤입니다. 여자 팔자면 관청 공무원이나 남자(남편)의 무덤을 깔고 앉은 형상입니다. 창고에 가두어 둔 것이지요. 남자를 치마폭에 가둔 격이므로 남자를 가지고 노는 꼴이요, 남자 관리의 달인입니다. 죽거나 병든 무덤속의 남자(남편) 또는 공무원이라 말을 잘 듣습니다. 관공서도 공무원도 우습게 봅니다.

❖ 乙卯...

넓은 잔디 숲입니다. 약초로도 보이고 곡식으로도 보입니다. 튼튼합니다. 태풍이 몰아쳐도 끄떡없는 강한 생명력으로 끈기와 고집이 엿보입니다. 干支로 바람이라 거센 바람이거나 바람을 몰고 다닐 수 있습니다.

❖ 乙巳...

꽃나무입니다. 꽃핀 화초입니다. 메말라 시드는 꽃이 될 수도 있습니다. 새를 입에 문 뱀의 모양이기도 합니다. 여름 풀밭의 뱀입니다. 혀가 둘인 뱀이 식상으로 매달려 화려하고 현란한 입놀림이 그려집니다.

❖ 乙未...

고목이요, 죽은 나무입니다. 살아있으면 분재가 될 수도 있습니다. 여름 대나무라 무당집 대문간에 세워둔 대나무 모양으로도 보입니다. 갈대밭이거나 사막의 선인장 형상이 될 수도 있습니다. 자기 묘지를 깔고 앉아 있습니다. 자신을 감춘 것입니다. 재성 土에 木이 갇힌 것으로 남자 팔자면 마누라나 여자 부친에 발목이 잡힌 꼴이요, 여자 팔자면 시모에게 꼼짝 못하는 형국입니다. 돈 문제로 고통을 겪을 수도 있습니다. 사회적으로 활동 범위가 좁은 경우가 많습니다.

❖ 乙酉...

잘린 꽃나무요, 부러진 꽃나무요, 꺾인 화초라 절름발이 형상입니다. 자갈밭에 힘겹게 버티고 서있는 화초요, 바위틈에 아슬아슬하게 선 가을 코스모스입니다. 경계심이 강해 신경질적이고 예민하며 까다롭습니다. 자존심이 강합니다(장애인의 자존심이 강한 편입니다).

❖ 乙亥...

물위에 떠다니는 수초요, 수경화입니다. 방랑하는 떠돌이 모양입니다. 불안정합니다. 해외 인연입니다. 흔들리는 춤이요, 노래입니다. 춤추는 가무(歌舞)입니다. 천문 인성을 깔고 앉아 있습니다. 신비로운 분야에 관심이 많고 공부를 하거나 책을 봐도 신비성이 강한 분야입니다.

❖ 丙子...

숨은 태양이요, 밤을 비추는 백야(白夜)입니다. 호수를 비추는 태양으로도 보입니다. 밤길을 밝히는 빛이요, 밤에 피는 꽃이 될 수도 있습니다. 실속이 없습니다. 겉으로는 화려 명랑한 성분이지만 속은 아닙니다.

❖ 丙寅...

생기가 솟는 새벽 태양입니다. 나무위의 태양 빛입니다. 화나거나 열 받은 호랑이 모습입니다. 넘치는 생기로 일상을 시작하기 위해 기지개를 켜는 형상입니다. 진취적이요, 강한 학구열도 보이는 중심적 지도자 모습입니다. 대낮의 호랑이라 쉴 수가 없어 좀 피곤하기는 합니다.

❖ 丙辰...

상쾌한 아침 태양입니다. 구름 뒤의 태양으로도 보입니다. 만물을 낳고 길러내고 지도하고 거느리는 형상입니다. 활발한 생산성과 양육성입니다. 적룡(赤龍)입니다. 관살이 식상에 입묘되어 있습니다.
여자 팔자면 남편의 무덤을 깔고 앉았습니다. 착하고 말 잘 듣는 알뜰한 남편의 사랑을 받지만 자식 낳고 남편과의 인연에 문제가 생깁니다.
남자면 공무원이나 자식을 무덤 속에 가두었습니다. 꼼짝 못합니다.

❖ 丙午...

정오의 지글지글 끓는 태양입니다. 모든 걸 녹여 버릴 듯한 열기가 펄펄 끓는 용광로입니다. 뜨거운 벌판을 내달리는 말의 기상도 보입니다.
한낮에 높이 뜬 태양이라 가장 높은 자리에 앉은 모양으로 자아(自我)가 강한 독존성(獨尊性)이 보입니다. 폭군성도 있습니다.
여자면 중성이요, 선머슴이요, 여걸입니다. 양인입니다.

❖ 丙申...

저물기 시작하는 오후 태양입니다. 석양을 향한 태양이라 기울어지는 모습입니다. 한낮의 원숭이라 바쁘면서 다재다능하고 모방성이 강합니다. 돈도 여자도 돌아다니며 만납니다. 자식도 여기저기 뿌려 놓습니다.

❖ 丙戌...

일몰(日沒)의 태양입니다. 지는 해입니다. 외화내허(外華內虛)로 겉으로는 화려해 보이지만 속은 빈 모습입니다. 일몰 후 백호가 기지개를 켜는 모습이기도 하고 뒤늦게 분주한 형상이기도 합니다.

자기 무덤을 깔고 앉아 있습니다. 식상에 입묘되어 여자 팔자면 자식 때문에 활동에 지장을 받는 것이고 자식에게 발목이 잡힌 꼴이요 자식에 갇힌 격입니다. 사회적인 활동 영역이 좁은 경우가 많습니다.

❖ 丁丑...

겨울 난방이요, 온실입니다. 여름 냉장고가 될 수도 있습니다. 냉장고 안의 소고기입니다. 불에 굽는 소고기 구이입니다. 대낮의 일하는 소라 일복은 타고 났습니다. 겨울 한밤중의 등잔불 격입니다.

재성이 입묘되어 재물 창고를 깔고 앉은 형상이라 알뜰한 알부자요 여자 팔자면 시모를 잘 다스리는 형상인데 재성이 식상에 갇혀 발목이 잡힌 격이니 시어미는 손자 때문에 제대로 움직이지 못하는 격입니다.

❖ 丁卯...

풍전등화(風前燈火)입니다. 바람에 꺼질 것 같은 모닥불이요, 촛불입니다. 젖은 나무에 붙은 불이라 연기입니다. 달 속의 토끼 모양이 연상되기도 하므로 정겨운 모습입니다. 내숭입니다. 훨훨 벗은 모습이기도 합니다.

❖ 丁巳...

활활 타는 큰불입니다. 붉게 끓는 용광로입니다. 열입니다.
폭약으로 연결되기도 합니다. 열기가 치솟는 불덩이 모양입니다.
입술과 혀가 둘인 뱀의 형상이라 성질 급한 따발총입니다.

❖ 丁未...

폭탄입니다. 불꽃입니다. 용광로입니다. 논밭을 태우는 불입니다.
불붙은 입술과 불붙은 혀입니다. 빠르고 현란한 언변입니다.
여자 팔자면 식상 자궁이 제자리에 앉았으나 불타고 메말랐습니다.
주위 환경이 도와주지 않으면 자궁 건조증으로 부부생활이 어렵습니다.
인성 木이 식상 土에 입묘되어 있습니다. 여자 팔자면 모친 인성이 식상 자식에게 입묘된 격이라 자식에게 모친이 갇힌 꼴입니다.
친정 모친이 외손주 돌보고 키운다고 골병드는 형국이 됩니다.
인성을 입묘시켜 무덤에, 창고에 가둔 격이라 노인 어른들 관리하는데 재능을 발휘합니다. 죽거나 병든 늙은이들이라 말을 잘 듣고 잘 따릅니다.
양로원 관리를 자식이나 제자 후배에게 맡겨도 좋겠습니다.

❖ 丁酉...

쇠와 불이 만난 용접불입니다. 폭탄이요, 폭발물입니다. 총알이요, 대포알입니다. 불에 구운 치킨 불 닭입니다. 달밤의 닭입니다. 민첩한 형상에 다듬어진 미모입니다. 입출금이 잦은 현찰을 깔고 앉았습니다.

❖ 丁亥...

물 위를 떠다니는 수중등화입니다. 떠돌이 방랑입니다. 호수위의 달빛입니다. 깜박이며 흔들리는 모습이라 조명입니다. 유흥성으로 춤추는 모양으로 연결됩니다. 하늘을 향한 촛불 모양이라 남자의 생식기에 비유하기도 합니다. 丁火가 꺼지면 발기불능입니다. 빛과 어둠이 왔다 갔다 합니다.
조명발 받는 미녀 모습입니다. 천문성이라 두뇌가 명석하고 예지력이 뛰어납니다. 촛불 켜 놓고 정한수 떠 놓고 기도하는 모양입니다. 물가에서 용왕제(龍王祭) 지내는 형상입니다.

❖ 戊子...

물가의 섬이요, 강변 땅이요, 해변입니다. 돈 따라 떠돌아다니는 무역상 모습입니다. 물과 흙의 조합입니다. 재성이 흘러(떠나) 갑니다.

❖ 戊寅...

봄의 태산입니다. 큰 산을 호령하는 호랑이입니다. 용맹한 개척성과 지도력이 보이지만 외롭습니다. 경계가 분명합니다. 주위에 절대적인 추종자뿐이라 영역 확장성에 극단성이 보입니다. 자기 함정에 빠질 수 있습니다.
너무 강해 한번 꺾이면 급격히 무너집니다. 추락입니다.

❖ 戊辰...

큰 산입니다. 듬직해 보입니다. 토질이 좋은 육산(肉山) 옥토입니다.
임금님의 황금 빛 용포로도 보입니다. 태산속의 진흙입니다. 겉으로는 헐벗은 모습이지만 알참니다. 포용성과 비밀성 조심성이 혼잡합니다.
두툼한 입술이 돋보이는 모습입니다. 황룡(黃龍)입니다.
재성이 비겁에 입묘되어 있습니다. 재물 창고를 형제나 친구에게 맡겨 두었으나 내가 깔고 앉아 위험해 보이지는 않습니다. 부친을 가두어 둔 꼴이라 부친을 두려워하지 않습니다. 부친이 병들거나 꼼짝 못합니다.
남자 팔자면 돈 마누라(여자)를 창고에 가두어 두었습니다. 돈 마누라(여자)가 고분고분 말도 잘 듣는 형국입니다. 돈 여자 관리 도사입니다.

❖ 戊午...

고원의 메마른 사막입니다. 사막 고원을 달리는 말입니다. 뜨거운 불덩어리 용암이 치솟는 화산입니다. 유아독존입니다. 거만하고 완고한 고집불통입니다. 여자 없이는 못사는 강한 정력가 체질입니다.

水 재성이 들어가면 다 흡수되어 흔적도 없습니다. 여자가 무한정 필요합니다. 돈 날려 먹는데도 선수입니다. 여자면 여걸이거나 중성입니다.
배우자 자리에 불이 나서 다 타버렸습니다. 배우자 인연에 문제가 있고 특히 여자 팔자면 자궁 건조증이라 더더욱 부부생활이 어렵습니다.

❖ 戊申...

골산(骨山)이요, 바위산입니다. 광산입니다. 암반위의 얇은 땅입니다.
땅 깊이가 얕아 만물을 생육하기 어려우므로 많은 노력이 필요합니다.

❖ 戊戌...

큰 산이요, 큰 땅입니다. 황량하고 건조한 땅입니다. 높은 고산이요, 쓸쓸한 가을 대지로 보입니다. 깊은 고산 늑대요, 들개입니다. 가사 걸친 산중 수행자 모습입니다. 고독의 그림자가 깊습니다.
인성의 무덤이요, 자기 무덤이요, 비겁의 무덤입니다. 육친의 덕이 없는 것이고 인덕이 없는 것입니다.

❖ 己丑...

얼어붙은 동토입니다. 한겨울의 못 쓰는 잡토입니다. 봄을 기다려야 합니다. 소를 키우는 축산입니다. 논밭을 가는 소의 모습입니다. 근면성은 보이지만 언 땅을 개간하는 모양이라 장애가 많고 소득도 약해 보입니다.
두툼한 입술이 보입니다. 비겁에 식상을 입묘시켰습니다. 아이들이 꼼짝 못 하고 갇힌 꼴입니다. 여자 팔자면 자식 하나는 잃기 쉽습니다.
병들거나 갈 곳 없는 아이들을 모아 잘 관리하고 키우는 형국입니다.
혼자 버거우면 형제자매에게 맡기면 됩니다. 형제자매와 같이 어린이집 또는 유치원, 고아원, 보육원 등을 운영하는 모습입니다.

❖ 己卯...

초원의 전답입니다. 잡초밭입니다. 분재로 보이기도 합니다. 들판의 토끼 모습이라 자유분방합니다. 토끼를 키우는 형상입니다. 유랑성에 민첩성도 보입니다. 己 입술을 卯 실로 꿰맨 모양이라 표현력이나 언변에 장애를 가질 수 있습니다. 강한 바람 때문에 좀 스산합니다.

❖ 己巳...

메마른 전답입니다. 사막의 모래밭입니다. 사막의 뱀입니다. 입과 혀가 만나고 혀가 둘인 뱀이라 언변이 뛰어납니다. 조류 양식이나 뱀 미꾸라지 지렁이 등을 양식하는 형상입니다. 성격이 급하고 말투도 빠른 경우가 많습니다. 정규 공부를 많이 하지 않아도 일반상식 쪽으로 아는 게 많고 책을 잘 보지도 않으면서 책을 끼고 살기도 합니다.

❖ 己未...

건조한 전답입니다. 넓은 사막의 모래언덕입니다. 들판의 양이나 염소요, 양이나 염소를 양식하는 축산입니다. 메마른 입술이 두툼합니다.
관살 木을 비겁 土에 입묘시켰습니다.
여자 팔자면 남편(남자)을 (모아) 가둔 꼴입니다. 남편 인연은 박하지만 남자는 바글바글합니다. 말 잘 듣는 남자들이거나 병든 남자 또는 죽은 남자들입니다. 남편을 잡아먹거나 뒷방에 쳐 박아 두고 다른 남자와 어울려 수상하게 돌아갑니다. 남자를 많이 필요로 하는 사업에 유리할 수 있습니다. 비겁에 남자를 묻었습니다. 공동 사용하는 남자입니다.
남자 팔자면 자식을 묻은 격이요, 관공서 공무원입니다. 자식 하나는 포기해야 할 수도 있고 (남의)자식들을 잘 관리합니다. 공무원들이 꼼짝 못합니다. 심하게 잘못되면 관청 상대 브로커가 될 수도 있습니다.

❖ 己酉...

자갈땅이라 잡토입니다. 광산으로도 보입니다. 추수가 끝난 가을 들판입니다. 자갈과 철근의 조합으로 튼튼한 철골 토목의 건축물이기도 합니다. 뛰어 다니는 닭의 모습이라 분주다사합니다. 닭이나 오리를 양식 하는 축산입니다. 아니면 닭고기를 위주로 하는 음식업입니다.
식신 상관이 같이 암장돼 있습니다. 쌍나발 따발총입니다.
여자 팔자면 자식을 끼고 사는 형국이고 잘 퍼주는 성분입니다.

❖ 己亥...

수중 섬이거나 습한 토양입니다. 물에 잠긴 전답입니다. 바닷가나 강가 호숫가입니다. 여행을 좋아하거나 떠돌이 성분도 보입니다.
돼지 양식업, 축산업이나 어류 수산물 양식입니다. 입술이 물위로 둥둥 떠다닙니다. 입만 살아있는 모습입니다. 재성인 亥水 천문을 깔고 앉아 있습니다. 亥 재성(여자나 돈벌이)에 대한 직관력이 뛰어 납니다.

❖ 庚子...

시커먼 먹구름입니다. 수중 암반입니다. 풀어진 입이 혼잡스러운 따발총입니다. 말이 많아 주위로부터 기피 당할 수도 있습니다. 침금(沈金)되면서 차가운 냉성이 강해 여자면 자궁 유방 관리 잘 해야 합니다.
침금 되면 쓸모없는 외화내빈입니다. 하극상 기질이 보입니다.

❖ 庚寅...

숲속의 암반입니다. 백호 성분으로 개척성과 사업성이 강해 보입니다.
주로 수리에 밝은 유통분야 인연입니다. 바쁩니다. 돈도 여자도 돌아다니며 만납니다. 자식도 여기 저기 뿌리고 다닙니다.

❖ 庚辰...

큰 바위요, 험한 암반입니다. 짙은 먹구름입니다. 괴강이라 극단성이 강해 한번 실패하면 재기가 어렵기도 합니다. 남성적이라 활동성과 독단성이 강합니다. 정치성이 강한 독불장군입니다. 술(水)통 입니다.

여자면 남녀 공학이요, 중성이요, 선머슴입니다. 백룡(白龍)입니다.

식상을 인성에 입묘시켰습니다. 죽거나 병든 아이들입니다. 여자 팔자면 자식이나 남의 아이들을 모아 모친에게 맡겨 키우는 형상입니다.

❖ 庚午...

갈기를 휘날리며 달리는 백마의 모습입니다. 용광로에서 펄펄 끓는 쇳물입니다. 강한 火氣에 녹아버리면 기물이 되지 못하고 빛 좋은 개살구가 됩니다. 열매가 곪아터져 못쓰게 되는 헛고생에 죽 쑤어 개줍니다.

수분 함량이 적은 흰 구름입니다.

❖ 庚申...

먹구름입니다. 흉기요, 큰 칼입니다. 철광석입니다. 크고 험한 바위입니다. 혁명성이 강해 중화가 안되면 막가는 건달이요, 중화가 되면 무관 영웅으로 임전무퇴의 강건한 기상입니다. 여자면 과부이거나 생활 전선을 누비는 가구주로 보이고 무당이나 스님 모습으로도 보입니다.

❖ 庚戌...

악산이요, 고산 바위입니다. 사냥개입니다. 바위에 치인 개나 늑대로도 보입니다. 노천 광산입니다. 극단성이 강해 형액수가 따라다니기 쉽습니다.

여자면 중성이요, 여걸이요, 선머슴이요, 기갈찬 과부입니다. 특히 남자(남편)를 입묘시켰습니다. 남편이 편하게 숨쉬기 어렵습니다.

관공서 공무원들을 모아 놓고 가두어 버린 꼴입니다. 공무원을 손아귀에 넣고 관리합니다. 남자나 공무원은 고분고분 말을 잘 듣습니다.
깡패(庚)가 가사(戌)를 걸친 꼴인데 아무리 봐도 위장 같습니다.

❖ 辛丑…

잡석입니다. 버려진 보석입니다. 차갑고 단단한 차돌입니다. 만물이 자라기 어려운 동토입니다. 봄을 기다려야 합니다. 소의 뿔로도 보이는데 소가 땅 갈이 한다고 바쁘기만 하고 소득이 허무합니다.
인성 丑土에 입묘되어 있습니다. 모친에 발목이 잡힌 인생입니다.
辛金이 丑土에 입묘되어 죽었다가 土生金으로 다시 살아납니다. 부활재생의 기운입니다. 모친이 辛金을 죽였다가 다시 살려내는 꼴입니다.
병원이나 감옥에 들어가도 곧 퇴원하거나 석방될 팔자입니다. 공부를 해야 하고 선배나 모친과 상의해야 하고 배신한 인성 선배와 척을 지면 불리합니다. 그 선배가 다시 살려줍니다. 언변이 날카로워 눈치나 앞뒤 안보고 차갑게 찔러버리는 잔인성(?)이 엿보입니다.

❖ 辛卯…

못과 송판입니다. 목수입니다. 인테리어입니다. 바늘과 실입니다. 재봉사입니다. 天干 地支가 어긋나 꿈과 현실의 부조화입니다. 길을 잘못 잡아 엉뚱한 길로 가면 허망합니다. 지나친 조심성도 보입니다.

❖ 辛巳…

불에 구운 도자기요, 기물입니다. 유기그릇입니다. 수술 칼이요, 한의사의 침입니다. 날카롭고 현란한 뱀의 혀놀림입니다. 쇳물이라 강한 듯하면서 여린 면도 나타납니다.

❖ 辛未...

사막의 모래요, 사막의 자갈입니다. 예리한 입입니다. 흙을 불에 구운 도자기라 소리가 통통 튀거나 청아합니다. 논밭의 허수아비로도 보입니다. 재성 木을 인성 土에 입묘시켰습니다. 남자 팔자면 짠돌이 체질에 마누라를 뜨거운 불구덩이에 가두어 놓고 달달 볶는 형국입니다.
마누라의 우울증이나 정신 질환이 우려됩니다.

❖ 辛酉...

단단하고 강한 차돌이요, 금강석이요, 다이아몬드입니다. 침이요, 예리한 칼입니다. 강하고 단단해 찔러도 피한방울 나지 않는 모습입니다.
차가운 냉성에 결실의 열매로도 보입니다. 말투도 상대 눈치 안보고 일단 찔러버리는 성분입니다. 보석 주머니로도 보입니다.

❖ 辛亥...

예쁘게 다듬어진 조약돌이요, 주옥입니다. 곱고 차지고 쫀득쫀득한 피부가 연상됩니다. 지혜로운 예지력이 번득이는 모양인데 침금 돼버리면 만사가 허망한 폐인으로 주색에 빠져 헤매는 꼴이 될 수 있습니다.
상관 천문을 달고 앉아 입이 보살입니다. 주둥이 놀리는 대로 됩니다.

❖ 壬子...

큰 바다요, 큰 강호입니다. 넓고 깊은 물입니다. 뭐든지 가리지 않고 받아들입니다. 수집성도 강합니다. 깊고 캄캄한 속을 들여다 볼 수 없어 무슨 생각을 하고 있는지 알기 어려워 가까이 가기 두렵습니다. 차갑고 어두운 성분이라 비사교적이고 배타적 기운이 강해 보입니다. 의심증이 많은 편이고 안하무인에 잔인성도 보입니다. 홍수가 되어 다 휩쓸고 뒤집어 엎을 수 있습니다. 그런 성정으로 인한 독선과 고집으로 일을 그르칠 수 있습니다. 여자면 여걸이요, 여장부 기질도 보입니다.

❖ 壬寅...

숲속의 강호입니다. 생명을 키우는 젖줄인 물입니다. 호숫가에 웅크린 호랑이 모습으로도 보이고 밤에 숲을 어슬렁거리며 누비는 호랑이 모습이 연상됩니다. 입(호랑이; 식상) 놀림이 사람을 죽일 수도 있습니다.

❖ 壬辰...

습지의 강호입니다. 모습을 감춘 수룡(水龍)이요, 흑룡(黑龍)입니다.
만물을 생장시키는 품으로 보입니다. 독선성과 유아독존의 기질도 보이고 물이 마르지 않는 습지라 정력적인 냄새가 강하게 납니다.
관살에 자신을 묻었습니다. 여자 팔자면 남편(남자)에 발목이 잡혀 움직이기 어려운 격이고, 남자 팔자면 자식 때문에 마음대로 활동하기 어려워 보입니다. 자신을 감춘 격이라 사회적으로도 활동 범위가 좁습니다.

❖ 壬午...

얕은 바다요, 얕은 강호입니다. 끓는 물입니다. 깊이가 얕아 언행이 빠르고 가벼워 보입니다. 감추어도 속이 드러나기 쉽습니다. 아무 놈이나 들어가 휘저을 수 있어 피곤합니다. 건강도 좀 피곤합니다.
호수에 잠긴 달빛 모습입니다. 어둠과 밝음이 교차합니다.

❖ 壬申...

바위틈에서 끊임없이 물이 샘솟는 깊은 호수요, 광천수입니다. 아무리 퍼내도 마르지 않는 물이라 정력적인 체질에 언변도 좋아 보입니다.

❖ 壬戌...

사막의 호수요, 오아시스입니다. 지하수로도 보입니다. 지하에서 솟아나는 석유로도 보이고 강물을 막아 발전기를 돌리는 수력 발전소로도 보입니다.
자기 과신성이 강해 스스로 오판에 빠지기 쉬운 성향입니다.
아무데나 잘 들이밀거나 삽질하는 경향이 있습니다.
재성 火를 묻은 것이고 관살 土를 묻었습니다. 외로워 보입니다.
남자 팔자면 여자를 잘 만나고 잘(?) 다스리고 잘(?) 관리합니다.
여자면 과부 팔자로 여길이거나 중성입니다. 짠순이로 알뜰하기는 하지만 돈이 모이기는 어렵습니다. 재성이 재가 되어 흩어집니다.

❖ 癸丑...

한겨울에 내리는 차가운 비입니다. 얼어붙은 시베리아 벌판에 내리는 비바람이요 눈보라입니다. 잔인성이 보이고 캄캄한 동굴을 벗어나려는 몸부림과 집념이 그려집니다. 응결성이 강해 신경이 굳을 수 있습니다.
굳으면 마비입니다. 여자 팔자면 마비되거나 남자 기능을 발휘하기 어려운 남편 인연입니다. 관살 인연이 얼어붙은 동토라 불리합니다.
관살 土에 인성 金이 입묘되었습니다. 여자 팔자면 남자(남편.土) 때문에 모친(金) 잡을 팔자입니다. 여자면 더더욱 험한 팔자입니다.

❖ 癸卯...

바람을 동반한 봄비입니다. 차가운 비바람입니다. 인생살이에 풍파를 부릅니다. 비 맞은 토끼 모습입니다. 응결성이 강해 卯木이 얼어 굳습니다. 신경이 굳는 것입니다. 굳은 입이요, 굳은 손발이요, 굳은 몸입니다. 자율신경의 마비입니다. 여자면 자식에게 해당될 수도 있습니다.
火氣가 도와주지 않으면 인생이 통째로 마비됩니다.

❖ 癸巳...

오뉴월의 지나가는 소낙비요, 이슬비입니다. 끓는 물이요, 흰 구름입니다. 만물을 기르는 초여름 비라 바쁘게 사는 모양인데 좀 힘겹고 피곤해보입니다. 겨울 태양이나 밤하늘의 달빛으로도 보입니다.

❖ 癸未...

한여름 소낙비요, 이슬비입니다. 전답에 내리는 단비입니다. 비 내리는 논밭입니다. 비 맞은 염소나 양입니다. 비의 양이 적어 애만 쓰고 오히려 욕을 먹거나 원망을 들을 수도 있어 좀 고단해 보입니다.
관살 土에 식상 木을 입묘시켰습니다. 자식을 남편에게 맡긴 꼴이요, 자식을 공무원에게 맡긴 꼴입니다. 공립 어린이집이나 유치원입니다.
어린이를 잘 모으고 잘 관리합니다. 급하면 남편에게 맡기면 됩니다.

❖ 癸酉...

가을비라 쓸모없는 비입니다. 비 맞은 닭입니다. 술 항아리로도 보여 주색에, 색정에 빠진 형상이 될 수도 있습니다. 신장병 냄새가 납니다.

❖ 癸亥...

밤비요, 겨울비요, 폭우입니다. 넘치는 바다요, 넘실대는 강호입니다.
캄캄한 망망대해입니다. 차가워 응결성이 강합니다. 암흑입니다.
천재적인 지혜와 예지력도 보입니다. 천문의 영향입니다.

四柱에 간지동(干支同)으로 앉은 五行 육신은 강한 것이고, 운에서 干支 同으로 들어오는 것 또한 강한 五行 육신의 등장입니다.
四柱에 干支同이 많으면 기갈 쎈 가족들로 구성된 집안 꼴입니다.

인연(因緣 ; 人緣)! 누구나 쉽게 말하지만 인생사에서 가장 중요하면서도 가장 어렵고 두려운 문제입니다. 특히 오래 머물지 못하고 스쳐가는 인연의 뒤에는 미움이나 원망 또는 슬픔이나 아픔이 숨어있는 경우가 많습니다. 나중에 미움이나 원망을 가지지 않고 슬프거나 아프지 않을 자신이 없으면 다 사양하고 만나지도 말고 시작도 하지 않는 것이 좋을 수 있습니다.

좀 외롭긴 하겠지만… 놓치기 싫은 인연도 마찬가지입니다.

산다는 게 쉽지 않지요? 특히, 마음대로 되지 않는 인연 관리가 어렵습니다.

나침반 바늘은 정확한 방향을 가리키기 전에 항상 흔들립니다.

인생도 마찬가지입니다.

지금 당신이 흔들리고 있다면… 그래도 걱정할 필요 없습니다.

바른 방향을 가리키기 위한 준비운동입니다.

바른 인연을 찾기 위한…

05.

남자의 재성, 여자의 관살

재성은 군림, 통제, 관리하는 것입니다. 살림을 사는 것입니다.
총무, 경리 등이므로 관련 업종에서 직장 생활을 할 수도 있습니다.
무식하거나 겁이 없어야 돈을 잘 번다고 하지요? 부자는 세 가지가 없는 삼무(三無)라야 한다는 말도 있습니다.
1. 일자무식에
2. 자기 재산이 얼마인지도 모르고
3. 마누라가 몇 명인지도 모르고… 그렇다고 합니다.
여자를 만나는 것도 마찬가지입니다.
용감한 자가 미인을 만난다는 속담이 있습니다.

❖ 남자 四柱에서 木이 재성이면…

키가 크고 인자하거나 인정이 많은 마누라를 만나기 쉽습니다.
나이가 어린 여자를 만나 키워서 데리고 사는 형상이 되기도 합니다.
충성스러운 마누라입니다.
재성이 甲木이면 애교는 별로 없는 통나무 같은 마누라이기 쉽습니다.
목재, 가구, 의류, 지업, 목축업, 육림, 조경업, 장식, 양식업 등의 사업 쪽으로 인연이 연결되거나 관심이 많을 수 있습니다.
교육에도 인연입니다.
돈은 부동산에 묻어 두거나 차근차근 꾸준히 저축하면서 나무를 키우고 생명을 키우듯 인내를 가지고 장기전으로 천천히 키워서 잡아먹어야 합니다. 나무는 자주 옮겨 심으면 위험하므로 잦은 변동은 금물입니다.

❖ 남자 四柱에서 火가 재성이면...

날씬하거나 이마가 넓은 편이면서 성격이 급하고 화통한 마누라를 만나기 쉽습니다. 명랑하고 예의 바르면서 말 잘하는 따발총 마누라입니다.
좀 소란스럽고 어수선하게 늘어놓아 분주하고 정신없는 마누라입니다.
변덕쟁이 마누라지만 시간이 지나면 잊어버리고 뒤끝이 없는 편입니다.
전기, 전자, 조명, 유류, 냉난방, 광고 등의 사업 쪽으로 인연이 연결되거나 관심이 많을 수 있습니다. 火는 분산되고 흩어지기 쉬우므로 노출이 되지 않게 장기 저축이나 부동산 등에 묻어 두는 것이 안전합니다.

❖ 남자 四柱에서 土가 재성이면...

키가 작은 편이고 살집이 토실토실한 비만 체질이거나 얼굴이 동글동글하면서 성격도 신용을 중시하는 무던한 마누라를 만나기 쉽습니다.
자식 교육에도 정성을 다 바치는 마누라입니다. 종교 신앙심이 강한 마누라 인연입니다. 역학이나 종교 무속성도 강합니다.
부동산, 농업, 골동품 등의 사업으로 연결되거나 관심이 많을 수 있습니다.
돈은 부동산에 묻어두는 것이 좋지만 습토라야 합니다. 건조하고 메마른 조토는 흩어질 우려가 많습니다.

❖ 남자 四柱에서 金이 재성이면...

냉정하고 차가우면서 강하거나 피부가 두꺼워 야무지고 좀 남자스러운 성격과 모습을 가진 마누라를 만나기 쉽습니다. 사회 활동력이 강하고 의리를 중시하는 마누라입니다. 정치적인 성향의 마누라입니다.
철강업, 기계업, 금은보석, 금융업 등의 사업 쪽으로 연결되거나 관심이 많을 수 있습니다. 현금성이 강하므로 돈 놀이에도 인연입니다.

❖ 남자 四柱에서 水가 재성이면...

출렁이는 물살 체질이거나 어둡고 냉하면서 꾀 많고 지혜로운 마누라를 만나기 쉽습니다. 亥水가 재성이면 신앙심이 강하거나 역학, 무속에 인연이 많거나 관심이 많은 마누라입니다. 수산업, 해운업 또는 어류 양식업, 양돈업 등의 사업에 인연이거나 관심이 많을 수 있습니다.
물은 흐르는 성분이므로 돈 관리, 마누라 관리 잘 해야 합니다.
흘러가면 다시 돌아오기 어렵습니다. 마누라를 가두어 두면 생병이 납니다. 물은 갇혀 있거나 가두어 두면 썩어버리는 특성이 있습니다.
냉하므로 한번 틀어지면 돌아오는데 시간이 많이 걸리는 마누라입니다.
재성 水氣가 너무 많아 四柱가 어두우면 좀 음흉하거나 어두운 성격을 가진 마누라를 만나기 쉬운데 우울증에 걸리기 쉬운 마누라를 만나기도 합니다.
비밀이 많고 뭘 깊이 감추는 걸 좋아하는 마누라입니다.

육신을 정할 때 좀 어지럽습니다.
모계(母系) 중심이 맞다 부계(父系) 중심이 맞다 말장난 말싸움으로 발전하고... 이것도 저것도 음양 이치의 왜곡이나 혼란이 일어나고... 재성을 부친으로 보고 인성을 모친으로 보면서 궁위를 참고합니다.

연월의 재성은 부친으로 보고, 일시의 재성은 마누라로 보고, 여자 팔자의 경우 연월의 재성은 친정 부친으로 보고, 일시의 재성은 시가 또는 시모로 보면 됩니다.

❖ 여자 四柱에서 木이 관살이면...

키가 큰 편이고 인정 많은 남편을 만나기 쉽습니다. 신뢰가 보입니다.
火氣가 튼튼하면 키 크고 늘씬하지만 水木이 지배하면 비만형의 남편 인연이기 쉽습니다. 조림, 육림, 조경업, 양식업, 목재가구, 지물, 교육계, 인테리어 등에 인연으로 연결되거나 관심이 많은 남편입니다.

❖ 여자 四柱에서 火가 관살이면...

명랑하고 예의바르며 이마가 훤하게 넓은 남편을 만나기 쉽습니다.
전기, 전자, 조명, 광고, 사진 등 문화 관광 계열의 직업에 인연을 가진 남편을 만나기 쉽습니다. 밝고 화끈한 남편 인연입니다.

❖ 여자 四柱에서 土가 관살이면...

키가 작은 편이거나 통통한 비만 체질에 얼굴이 둥글넓적한 남편을 만나기 쉽습니다. 남편이 색을 밝히기도 합니다. 체격이 크거나 말수가 적어 신용 있어 보이는데, 심하면 둔해 보이고 융통성이 없어 좀 답답해 보이기도 하지만 믿을 수 있는 남편일 수는 있습니다. 부동산, 토건업, 농업 등에 인연을 가지거나 관심이 많은 남편입니다.

❖ 여자 四柱에서 金이 관살이면...

체격이 단단하고 야무지게 생긴 사각형 인상의 남편을 만나기 쉽습니다.
냉정하고 결단력 있으면서 의리와 원리 원칙을 강조하는 남편 인연인데 정치에 관심이 많은 남편을 만날 수도 있습니다.
철강업, 기계업, 금속업, 석재, 귀금속, 금융업 등에 인연을 가지거나 관심이 많은 남편을 만날 인연입니다.

❖ 여자 四柱에서 水가 관살이면...

지혜롭고 냉철하면서 속을 잘 드러내지 않는 성격의 남편을 만나기 쉽습니다. 정력이 강한 남편이거나 뒤로 비밀을 많이 가질 수도 있는 남편입니다.
해운, 수산, 어류(양식), 양돈업, 주류업 등등의 관계업이나 법조계에 인연을 가지거나 관심이 많은 남편을 만나기 쉽습니다.

신강하고 合으로 局을 이룬 관살이거나 튼튼한 관살이면 관청의 공직이나 법을 다루는 고위 공직자 남편을 만날 수 있습니다.
태약하고 관살이 강하면 가분수격이 되어 감투도 일도 감당하기 어려워 오히려 지배 통제를 받는 하급직의 남편을 만나기 쉽습니다.
관살이 너무 강하면 좋은 남편을 만나기도 어렵지만 만난다고 해도 감당이 안돼 헤어지거나 배신당하는 경우가 많습니다.

예를 들어 金 日干 여자 팔자에서 관살인 남자 인연을 보면

❖ 丙寅을 만나면...

인덕도 있고 튼튼합니다. 똑똑하고 능력 있는 남자를 만나기 쉽습니다.

❖ 丙戌을 만나면...

자기 식신인 화개를 달고 있어 신앙심이 깊은 남자를 만나기 쉽습니다.

❖ 丙辰을 만나면…

자기 식신을 달고 있지만 설기되어 능력도 없으면서 퍼주기 좋아하는 남자를 만날 수 있습니다. 자식 인연이 혼잡합니다.

❖ 丙申을 만나면…

자기 재성을 깔고 앉아 여자가 많은 바람둥이나 유부남 인연입니다.

❖ 남자 팔자에서

신강한 四柱에 관살이 허약하면… 자신감은 넘치지만 직장이 시원찮거나 마음에 들지 않아 직장 변동이 많고 아예 무위도식(無爲徒食)하기도 합니다.

❖ 여자 팔자에서

신강한 四柱에 관살이 허약하면… 서방이고 나발이고 남자가 시원찮아 눈에 차지도 않고 눈에 보이지도 않으므로 자신이 생활 전선에 뛰어들어 활동하기 쉬운 팔자입니다.

여자 팔자에서 남자를 만나기 어려운 경우를 보면…
식상이 없으면… 섹시하지 않거나 여자로서의 매력이 없는 꼴입니다.
관살이 없으면… 주위에 남자가 없어 만날 기회가 없는 꼴입니다.
재성이 없으면… 남자에게 잘해 주거나 챙겨 주며 살림 살 마음이 없는 꼴입니다. 가정이나 남자를 관리하는 일에 관심이 없습니다.
四柱가 너무 뜨거워 불바다가 되거나 너무 차가워 얼음 덩어리가 되어도 어렵습니다. 남자를 만나면 뼈가 몰랑몰랑해지도록 온 삭신이 녹아내리고 풀어져야 하는데 오히려 더 딱딱하게 경직되거나 메마른 사막처럼 건조해지는 선천적인 나무 토막체질이요, 돌덩어리 체질입니다.

三合이 六合 方合보다 우선입니다. 부부 사이도 특히 日支에서 三合으로 엮이면 부부 생활의 성적 만족도가 비교적 높은 편입니다.

신왕한 四柱에서... 남자는 식상운이나 재성운에 결혼하기 쉽고 여자는 식상운이나 관살운에 결혼하는 경우가 많습니다.
신약한 四柱에서... 남녀 모두 인성운에 결혼하는 경우가 많습니다. 干合, 三合, 六合 등이 많으면 조혼(早婚)하는 경우도 많지요.

재성 관살이 투출되면 바람피우다 들킬 가능성이 큰 것이고 지장 간에 숨어 있는 재성 관살과 암합(暗合)되면 어느 정도 안전(?)할 수 있지만 刑, 冲을 만나면 숨어 있던 재성 관살이 놀라 엉겁결에 튀어 나왔다가 들통나기도 합니다.
팔자에서 바람을 피우는 것도 水火의 영향을 많이 받습니다.
火氣가 많으면 마음만 굴뚝이요 관심이 많아 '작업'은 열심히 하지만 성공적(?)인 결실(?)을 거두기에는 어려움이 있습니다. 실천적 정력은 水氣의 영향을 많이 받습니다.

남자가 바람을 피우면 능력으로 인정받고 영웅호걸의 조건이 되기도 하면서 여자가 바람을 피우면 음란으로 매도되는 것이 오랜 기간 이어져 온 전통 가치관이었습니다. 그러나 이제 아닙니다.
여성도 사회활동이 활발해지면서 남성의 통제에서 벗어나고 있습니다. 여성도 이성관계가 많을수록(?) 능력 있는 여자로 평가받는 세상입니다.
화려 찬란한 여성 사랑으로 뭇 남성들의 로망(?)이요 우상(?)이 되어버린 호색가(好色家)의 대명사 카사노바를 비롯한 천하의 바람꾼들은 천재적이요 천부적이요 선천적인 작업(?) 기술을 소유한 본능적인 꾼의 표상이겠지만 이 위대한 선배들의 유훈을 받들어 아예 '연애술', '바람둥이학', '작업론' 등의 대중적 학문 영역으로까지 진화 발전 중입니다.
대중매체의 지원을 받아 발전 속도 또한 걱정스러울 정도로 빠릅니다.
사랑도 연애도 불륜도 그 경계마저 무너지고 애매해져 四柱 팔자에서 '바람돌이', '바람순이'를 가려낸다는 것 자체가 어려워지고 있습니다.

바람은 바람이라 완전한 강제적 통제 관리가 어렵습니다.
바람은 감정적이라 변덕이 죽 끓듯 하므로 더더욱 어렵습니다.

부부사이란 참으로 어려운 관계입니다.
주역의 64괘중 수화기제(水火旣濟) 하나만 제대로 조화를 이루고 있습니다.
다시 말해서, 64쌍 중에서 한 쌍 정도가 제대로 산다는 말이 됩니다.
인스턴트(instant) 음식이 유행인 시대에 인스턴트 사랑이라는 유행어가 생기더니 인스턴트 결혼까지 생겨났답니다. 인생이 장난인지…

서둘 거 없습니다. 아니, 천천히 서두는 것이 좋습니다.
빨리 간다고 멀리 가는 건 아닙니다. 좀 늦으면 어떤가요.
한 걸음 더 걸으면 되는 것을… 뒤를 자꾸 돌아본다고 더 빨리 달릴 수 있는 것도 아니지만 서둘러 빨리 가면 인생의 종점이 더 가까워질 뿐입니다.
종점이라… 죽음에 대한 두려움은 인간의 원초적 본능입니다.
자살하려고 절벽위에서 막 뛰어내리려고 하는 사람도 뒤에서 바위가 굴러오면 깜짝 놀라 일단 비켜서고 봅니다. 참 희한하지요?
바위에 맞아 죽으나 뛰어내려 죽으나 죽는 것은 마찬가지인데도… 어쨌거나, 무사히 죽는 일이… 정말 어려운 과제입니다.
어차피 죽을 걸… 뭐하러 태어나 가지고…
그래서 충고합니다.
죽기 싫으면 태어나지 마라.
멋모르고 태어나 별 생각 없이 한세상 살았으나 이제 삶은 마감하고 죽어야 한다는 게 참으로 감당하기 힘드는구나.
그동안… 죽음은 남의 이야기였는데…

벼와 보리의 음양 이야기 좀 해볼까요?

벼는 음이라 여성적 성질을 가지고 있어 수염이 없고, 보리는 양이라 남성적 성질을 가지고 있어 수염이 있다는데…

쌀밥은 음이라 부드럽고 감미로워 먹기가 편하고 좋으나 보리밥은 양이라 거칠고 쌀밥처럼 달콤하지 않아 먹기가 껄끄럽습니다.

그런데… 벼와 보리의 음양 성질을 다르게 보기도 합니다.

여름 양기를 받고 자란 벼는 양성이라 음기의 계절인 겨울에 먹고, 겨울 음기를 받고 자란 보리는 음성이라 양기의 계절인 여름에 먹으면 음양의 조화를 일으켜 좋다고도 하는데… 음양 구분이 좀 이상합니다.

또한 계절에 상관없이 쌀과 보리쌀을 적당히 섞어 먹으면 보양식인 음양식이 되는 거 아닐까요? 제대로 정리합니다.

건조한 밭은 불인 火性입니다. 습한 논은 물인 水性입니다.

보리는 양입니다. 남성적인 보리는 양이라 건조한 밭에서 생장합니다.

벼는 음입니다. 여성적인 벼는 음이라 습한 논에서 생장합니다.

보리가 습한 논을 만나면 썩어 죽고, 벼가 건조한 밭을 만나면 말라 죽습니다. 고유의 터전입니다. 여기에 음양의 조화를 위해 양성인 보리는 음기가 극성하는 한겨울 땅을 택해 자라는 것이고 음성인 벼는 양기가 극성하는 한여름 땅을 택해 자랍니다.

벼와 보리는 어릴 때는 다 같이 고개를 숙이지 않지만 벼는 익으면 고개를 숙이고 보리는 익어도 고개를 숙이지 않습니다.

그래서 보리의 성분을 가진 남자는 젊어서나 늙어서나 아내에게 고개를 숙이지 않는 천성을 가지고 있지만 벼의 성분을 가진 여자는 나이가 들고 교양이 있어 속이 꽉 차면 스스로 자신을 낮추는 미덕과 품성을 갖추어 남편에게 고개를 숙입니다.

이렇게 벼가 익을수록 고개를 숙이듯 나이 든 여성은 굽힐 줄 모르는 남성의 천성을 체험을 통해 알고 이해하면서 머리를 숙이고 감싸주고 참아 준답니다. 여인의 이런 품성 때문에 부부의 애정이 변함없이 유지되고 가정의 평화를 지킬 수 있는 것이겠지요. 그런데... 시간이 지나도 고개를 숙이지 못하고 꼿꼿이 서있는 벼가 있습니다.
쭉정이지요? 마찬가지로, 나이가 들어서도 고개를 숙일 줄 모르는 뻣뻣한 여성이 있다면 좀 미안한 표현이지만 속이 텅 빈 쭉정이라는 말입니다.
시국이 어느 시국인데... 무슨 뚱딴지같은 소리냐구요?
사랑하고 존경하는 천하의 뻣뻣한 쭉정이 여성 여러분에게 정중히 변명합니다. 허당(虛堂)이 지어낸 이야기가 절대 아닙니다.
간이 부어 배 밖으로 튀어나온 선배 역학자께서 하신 말씀입니다.
그분께서는 이 이야기를 한 후 뒤늦게 사태의 심각성을 제대로 깨닫고 겁을 집어먹은 나머지 바로 죽어버렸습니다.
하여간, 허당(虛堂)에게는 죄가 없음을 밝힙니다.

외로움은 길 잃은 인연이지만 그리움은 길 잡은 인연이랍니다.
외로움은 누군가가 채워줄 수 있지요.
그러나, 그리움은 그 사람이 아니면 채워줄 수가 없습니다.
그리움은... 사람을 들었다, 놨다, 웃겼다, 울렸다, 가지고 놀지요?
인연법입니다.

'삼천갑자동방삭(三千甲子東方朔)'이라는 말이 기억나는 것은 옛날 배삼룡 구봉서가 펼쳤던 코미디였습니다. 자손의 수명을 길게 한다며 이름을 길게 지어서 불러 숨 넘어가게 하던... 동양에서 장수의 대명사로 불리는 '동방삭'이 삼천 甲子를 살았다는 것인데 한 甲子가 60년이니 여기에 3천을 곱하면 무려 18만년이 됩니다.

기독교 구약성서에 나오는 '무드셀라(Mudesallra? Methuselah?)'가 서양에서 가장 오래 산 사람으로 969년을 살았다고 하던가요?

동방삭에 비하면 어림 반 푼어치도 없는 잠시요, 순간입니다.

역시, 중국의 허풍이 쎄고 크긴 큽니다.

그러면, 동방삭이 어떻게 해서 그렇게 오래 살았다는 것일까요?

동방삭은 중국 도교의 신화에 나오는 불사(不死)의 여신 '서왕모(西王母)'의 복숭아를 훔쳐 먹고 삼천갑자를 살았다고 하는데... 자그마치 18만년 동안이나 저승사자를 피하고 따돌리는 도망자 생활을 하면서 살았다는 것입니다. 갑자기 존경스럽기까지 합니다.

열받은 염라대왕의 인내심이 바닥까지 고갈되어 거액의 포상금을 걸고 결국 동방삭을 잡아들이기는 했으나 저승의 어두운 밤길을 이용해 다시 이승으로 도망쳐 나왔다지요? 카리스마 넘치는 염라대왕님의 체면까지 사정없이 밟아 버린 꼴입니다. 그래서 생각해 봅니다.

우리는 얼마나 살고 있을까요?

사실, 수십억 년 전 등장한 지구 최초의 생명으로부터 단 한 번도 생명의 바통을 떨어뜨리지 않고 지금까지 살아서 이어 왔습니다. 자식을 대타로 내세워 계속 생명을 이어오고 이어가는 이어 달리기 중이지요.

태어나면 반드시 죽는 모든 생명은 자손을 생산해 대를 물리는 방법으로 자신의 생명을 계속 연장시키는 것입니다.

수컷이 암컷과 짝짓기에 목숨을 거는 이유입니다. 암컷이 잉태와 출산의 고통을 다 감수하면서까지 수컷을 받아들이는 이유이기도 합니다.

죽음을 인정하기란 참으로 어렵습니다. 당연한 과정인 것처럼 해탈한 도사 같은 소리를 하지만 다 거짓입니다. 순수한 자발성(自發性) 인정을 하는 것이 아닙니다. 피할 수가 없다는 것을 알기에 할 수 없이 고개를 끄덕일 뿐입니다. 다른 사람의 다른 죽음은 몰라도 특히 나의 죽음은 더더욱 순순히 인정하기 어렵습니다. 아닌 것 같습니다. 뭔가 잘못된 것만 같고 어딘가 착오가 있는 것 같습니다. 그러면서... 그렇게 계속 대를 물려 가면서 변칙적인 연장을 거듭하면서 빙하기도 극복하고 가뭄과 홍수의 습격을 비롯해서 극심한 굶주림까지 이기며 온갖 풍상을 다 겪고도 살아온 우리들은 사실상 모두 같은 씨족입니다.

그리고 우리 모두는 또한 나이가 같은 동갑내기입니다.

그렇게 쉬지 않고 계속 이어 왔고 앞으로 언제까지 계속 이어 갈지는 알 수 없지만 인류의 멸종을 막기 위한 특히 수컷들의 피눈물 나는 분투와 노력을 감안할 때 당분간은 별 문제 없지 싶습니다.

적어도 앞으로 380년 동안은...

06.

土 이야기

土는 땅입니다. 토질입니다. 땅에서 태어났으니 땅을 딛고 살아야 하므로 고향이 되고 앉은 자리가 되고 기초 토대가 됩니다.

土가 전혀 없는 팔자는 기본 바탕이 약한 것이고 안정성이 좀 떨어지는 불안정성이 있는 셈입니다. 작은 일에도 잘 놀라는 경향도 있습니다.

만물을 심어 키우는 땅이므로 地支의 土는 여자 팔자에서 자궁으로 연결됩니다. 辰丑 土는 습한 땅이고 未戌 土는 마르고 건조한 땅입니다.

메마른 사막인 未土나 얼어붙은 동토인 丑土가 자궁으로 연결되면 생식기관에 문제가 있을 수도 있습니다. 辰土면 좋겠습니다.

辰戌은 양입니다. 사찰에 비유하면 남자스님 사찰 격이요, 무속에 비유하면 남자인 박수무당이거나 남자스러운 여자 무당 격입니다.

丑未는 음입니다. 사찰에 비유하면 여자스님인 비구니 사찰 격이요, 무속에 비유하면 여자 무당 격입니다. 화개의 성분으로 연결해 본 것입니다.

天干의 土는 뿌리가 없거나 태약하면 얕은 땅입니다. 공중에 뜬 땅이라 무너지기 쉬운 불안한 땅입니다.

土는 五行의 중간 글자라 어느 쪽으로도 기울어지지 않는 중심이요, 중용의 성분입니다. 심지어 서로 상극이 되는데도 沖으로 안보기도 합니다.

누구하고나 서로 척지지 않고 무난한 사이라는 것이지요.

그러나 뒤집어 볼 필요도 있습니다. 土 日干이 태왕하거나 태약하면 더욱 좀 수상합니다. 겉보기와는 다른 경우가 많습니다.

중용과 중화라는 가면을 쓰고 위장을 했을 뿐 이것도 저것도 아니므로 주관이 없는 성분으로 볼 수도 있고 상황에 따라 여기 저기 가리지 않고 유리한 쪽으로 기울어지는 이중성과 변덕성도 심합니다. 土를 신의 신뢰로 보지만 오히려 신뢰하기 어려운 구석이 많다는 말입니다. 辰戌丑未의 재주는 변화무쌍합니다.

어느 글자를 만나도 흔들리기 쉽습니다. 三合, 六合, 方合으로 전혀 엉뚱한 짓을 합니다. 음흉한 구석도 많아 속아 넘어가기 딱 좋습니다.

하긴 어느 五行 육신 육친이건 한쪽으로 기울어지면 문제는 있지요.

辰戌丑未가 沖이 되면 창고 문이 열리고 무덤 문이 열리고 내부가 다 드러나 공개되는 형상이라 감추어 두었던 비밀이 까발려지는 것입니다.

종교 성분이 부딪치므로 신앙인이면 종교를 바꾸기도 합니다.

日支가 자기 묘고지면 나이에 비해 좀 겉늙어 보이기도 하고 자기 묘지를 깔고 앉으면 자기(天干)를 입묘시킨 그 육신 육친 때문에 갑갑하거나 골치 아픈 경우가 많습니다. 丙戌, 乙未, 壬辰, 辛丑입니다.

사회활동 반경이 좁고 자신의 정체를 숨기거나 속을 잘 드러내지 않는 경향도 있습니다. 日干이 입묘되는 운에 몸이 아프기도 하는데 갇히는 것이므로 병원에 입원을 할 수도 있고 하여간 활동에 장애를 만납니다.

土는 비위장(脾胃腸)이요, 중앙이요, 중심입니다.

비위는 칠정(七情 ; 희喜, 로怒, 우憂, 사思, 비悲, 경驚, 공恐)의 중심을 잡아주는 역할을 하므로 비위장이 나쁜 사람은 중심을 잘 잡지 못합니다.

자신의 감정을 잘 드러내지 못하면서도 감정의 기복이 큽니다.

辰戌丑未를 제대로 이해하면 四柱공부 절반 이상은 한 셈이 됩니다.

❖ 辰土는...

水의 산(땅)입니다. 물이 풍부한 옥토요, 기름진 육산(肉山)입니다.
水의 형상처럼 부드럽고 길게 늘어진 능선이요, 농사에 알맞은 땅입니다.
물을 가두어 두었다가 걸러내는 것이라 비뇨기 계통으로 연결되는데 土의 단맛과 연결되면 당뇨를 부르는 작용을 할 수 있습니다.
여자 팔자에서 辰土가 식상에 해당되거나 日支에 辰土가 있으면 건강한 자궁으로 볼 수 있고 그 기능도 탁월하고 안정된 격입니다. 辰土의 물은 마르지 않습니다. 水를 모으고 가두고 지키는 작용입니다.

❖ 戌土는...

火의 산(땅)입니다. 메마른 산이요, 메마른 땅입니다. 뾰족뾰족하고 날카롭게 솟은 산입니다. 火를 가두어 불씨를 가두고 지키는 작용을 합니다.
위암과 연결되는 경우가 많고 늙은이라 노안이 일찍 올 수가 있습니다.
여자 팔자에서 戌土가 식상에 해당되거나 日支에 戌土가 있으면 건조한 자궁이라 자식 농사에도 불리할 수 있고 서방 농사에도 마(魔)가 끼어 배우자로부터 기피 당하기 쉽습니다. 서로 기피합니다.
고고하고 고상(?)해 보일 수도 있으나 허무와 고독의 대명사입니다.

❖ 丑土는...

金의 산(땅)입니다. 각지고 부드럽지 못한 거친 바위산이요, 토질이 좋지 않아 농사를 짓기에도 불리한 잡석이 뒤섞인 자갈땅입니다.
꽁꽁 얼어붙은 동토(凍土)입니다. 金을 모으고 가두고 보관하면서 지키는 작용을 합니다. 대장암이나 피부질환을 부르기 쉽습니다.
여자 팔자에서 丑土가 식상에 해당되거나 日支에 丑土가 있으면 자궁이 얼고 경직되어 자식 농사에도 불리하고 서방 농사도 꽝이기 쉽습니다.

부부가 서로 기피하는 것인데 특히 관리 잘해야 합니다. 지저분하게 관리하면 자궁 질환을 부르기 쉽습니다. 입묘된 金은 다시 살아납니다.

❖ 未土는...

木의 산(땅)입니다. 木의 씨앗을 지키는 작용도 합니다. 높고 오래된 고목으로 뒤덮인 산입니다. 나무가 불에 타서 앙상한 땅이요, 불타는 땅입니다. 간(木)이 불덩이 속에서 타들어가고 죽어갑니다. 특히 간염을 조심해야 합니다. 간경화로, 간암으로 발전될 수 있습니다.

여자 팔자에서 未土가 식상에 해당되거나 日支에 未土가 있으면 자궁에 불난 격입니다, 자궁 건조증입니다. 통증을 유발하므로 부부생활에 지장이 많습니다. 남편의 접근이 무섭고 남편도 힘듭니다. 四柱에 火氣가 지나치게 많아 뜨거워도 이런 증상이 나타납니다.

木의 고장지(庫藏地)인 未土는 辰戌丑未 중에서 고체(庚辛)와 액체(壬癸)를 함축하지 않은 유일한 土입니다. 未土에는 반도체의 재료인 게르마늄, 규소, 셀렌 등의 성질을 함유하고 있다고 볼 수 있으므로 반도체 관련 업종과 연계시키기도 합니다. 특히 乙未입니다.

辰戌丑未가 재성이 되거나 재성의 고지가 되면 종교 관련 사업으로 돈벌이를 하거나 먹고 살기도 합니다. 역술인으로 연결되기도 합니다.

辰戌丑未는 거두어들이고 모아 감추고 관리하는 성분이라 모아서 꼼짝 못하게 하거나 관리를 잘하는 특성이 있습니다. 군림입니다. 입묘되어 갇히고 죽은 육친이라 힘을 쓰지 못합니다. 시키는 대로 잘합니다.

四柱에 있거나 특히 日支에 있으면 작용력이 더 강합니다.

기신 관살이 바글바글한 四柱에 日干이 입묘되는 운을 만나면 생명을 장담할 수 없다고도 봅니다. 귀신소굴에서 사는 팔자입니다.

❖ 식상의 묘고지가 있으면...

주위에 아이들이 바글바글합니다. 아이들을 가두어 두었습니다.
어린이집, 유아원, 유치원, 고아원 등입니다. 병든 아이들이기도 합니다.
어린이 병동입니다. 남의 자식들입니다. 죽은 아이들이요, 갇혀있는 아이들이라 말도 잘 듣고 잘 따르며 고분고분합니다. 자식이나 부하, 아이, 제자, 신도 등등 남의 자식들입니다. 잘 모으고 관리를 잘합니다.
여자면 자식의 한을 품고 살기도 합니다. 자식 하나는 묻어야 합니다.
식상이 입묘되는 운을 만나면... 손발이 묶이고 입이 묶이는 형상입니다. 활동이 정지되는 것입니다.
집안에 들어앉거나 병원에 입원을 하거나 심하면 수명을 거두어들이는 작용을 합니다. 여자 팔자면 자식이 위험할 수도 있는데 남의 자식이 들어오거나 모이기도 합니다.

❖ 인성의 묘고지가 있으면...

주위에 늙은이들이 바글바글합니다. 경로당, 양로원, 요양원 등입니다.
노인네들을 잘 다루고 관리합니다. 책을 봐도 옛날 책을 잘 보거나 고서(古書)에 관심이 많고 집도 옛날 고가(古家)로 연결될 수 있습니다. 모친도 꼼짝을 못합니다. 내 모친은 묻어야 하는 한이 따릅니다.
인성이 입묘되는 운을 만나면... 모친이 위험합니다. 노인네들이 들어오거나 모입니다.

❖ 재성의 묘고지가 있으면...

마누라는 가두어 놓고 주위에 말 잘 듣는 여자들이 바글바글합니다.
옛날 애인이나 늙은 할매급 여자들이기도 하고 사업가나 금융인들이 되기도 합니다. 돈, 여자, 관리 잘 합니다. 돈, 여자의 집합입니다.

여자 팔자면 시모가 바글바글한 형상이니 바람둥이 시부로 연결될 수 있습니다. 시모 관리를 잘합니다. 죽은 시모라 꼼짝을 못합니다.
부친으로 연결되면 모친의 품행에 문제가 있을 수 있습니다.
재성이 입묘되는 운을 만나면... 부친이 위험합니다. 남자 팔자면 돈은 모일 수 있으나 마누라가 건강이 좋지 못하거나 활동을 못하고 갇힙니다.
심하면 목숨도 위험합니다.
다른 여자를 만날 인연이거나 여자들이 모입니다.

❖ 관살의 묘고지가 있으면...

자식입니다. 공무원입니다. 공무원을 잘 다룹니다. 공무원을 꼼짝 못하게 가누어 놓은 형국 입니다. 법도 무섭지 않습니다. 직장 상사도 함부로 하지 못합니다. 무덤 속에 가두어 놓고 관리하고 군림합니다.
여자면 주위에 남자들이 바글바글합니다. 남자들이 말도 잘 듣습니다. 주로 할배급 남자들이 많습니다. 남편이나 남자를 꼼짝 못하게 휘어잡고 관리를 잘합니다. 남편이나 남자의 무덤입니다. 남편은 뒷방구석에 처박아 놓고 다른 남자들을 끌어 모아 가지고 놀며 어울리는 꼴입니다.
관살이 입묘되는 운을 만나면...
남자 팔자면 자식이 위험하고 여자 팔자면 남편이 위험합니다.
다니던 직장이 망하거나 문을 닫기도 합니다.

❖ 비겁의 묘고지가 있으면...

동년배나 친구들이 바글바글합니다. 이복형제 자매가 되기도 하고 죽은 자들이나 아픈 환자들이 되기도 합니다.
비겁이 입묘되는 운을 만나면...
자신이 위험하고 형제, 친구, 동료, 지인의 문병, 문상을 갈수도 있습니다.

❖ 四柱에 있는 午火가 운에서 戌土를 만나면...

午戌 火局이 됩니다. 불덩이가 커지는 것이지요. 그러나 운에서 들어오는 戌土에 火局으로 강해졌던 火가 서서히 설기되고 입묘됩니다.
火氣가 갑자기 커졌다가 슬슬 약해지는 형국이 됩니다. 어떤 일을 추진할 때 火氣가 용신이라 잡아야 하는 경우에는 특히 여름이 지나기 전에 서두르는 것이 좋습니다. 申酉운 보다 더 고통스러운 亥子丑운이 기다립니다.
火가 용신이면 申酉 亥子丑은 기신입니다. 서둘러 목표를 이루고 정리해야 합니다. 戌운은 반짝 운입니다. 화개의 속성이기도 합니다.
火氣가 거추장스러운 경우에는 특히 여름이 지난 뒤로 미루어 火氣가 약해지기를 기다리는 것이 좋겠습니다. 서둘면 위험합니다.
火局되어 戌土가 사라지므로 土가 필요한 경우 신경 쓰이겠지만 걱정할 것 없습니다. 火局되어 보이지 않다가 다시 火生土해서 나타납니다.
土가 부활되어 살아나는 것이니 늦게라도 土 작용을 합니다.

❖ 四柱에 있는 戌土가 운에서 午火를 만나면...

죽어가는 불씨를 겨우 보관하고 있는데 그 불씨가 큰 불로 살아나는 격입니다. 戌土는 火局으로 불을 키우기 위해 잠시 사라졌다가 火生土로 다시 제자리로 돌아옵니다. 火氣가 필요한 상황이면 중요한 일처리는 때를 기다리는 지혜를 발휘하는 것이 좋겠고 火氣가 부담스러운 기신이면 火氣가 밀려오기 전에 미적거리지 말고 일을 처리하고 정리하는 것이 좋겠습니다.

❖ 四柱에 있는 卯木이 운에서 未土를 만나면...

木局이 되어 木 기운이 강해졌다가 슬슬 약해질 수 있는 것인데 未土는 木 剋土 되어 土의 작용을 하기 어려워질 수 있습니다.
四柱에 있는 未土가 운에서 卯木을 만나면 숨죽이고 엎드려 있던 木이 대장인 주인을 만나 木局으로 크게 살아나는 격이 됩니다.

❖ 四柱에 있는 子水가 운에서 辰土를 만나면...

水局이 되어 水 기운이 강해졌다가 슬슬 약해질 수 있는 것이고 水에 허물어진 辰土는 水를 剋할 수 있는 힘이 없어집니다. 같이 흐릅니다.
四柱에 있는 辰土가 운에서 子水를 만나면 납작 엎드려 기회를 노리던 水가 드디어 때를 만나고 거대한 水局으로 살아나는 격입니다.

❖ 四柱에 있는 酉金이 운에서 丑土를 만나면...

金局이 되어 金 기운이 강해졌다가 슬슬 약해질 수 있지만 丑土가 金을 土生金해서 되살립니다. 金이 입묘되어 죽었다가 다시 살아나는 형국입니다. 저승 문턱까지 갔다가 염라대왕님에게 인사도 못 드리고 되돌아오는 꼴입니다. 화개의 변화무쌍한 변덕이기도 합니다. 四柱에 있는 丑土가 운에서 酉金을 만나면 중립적인 척 이편도 저편도 아닌 행세로 눈치만 보다가 드디어 金局으로 변해 金의 본색을 드러냅니다.

❖ 寅戌 合이되면...

합으로 엮이기보다 오히려 木剋土의 작용이 일어날 수도 있습니다.
丙丁 火가 투간되면 합의 작용이 커진다고도 보는데 丙丁 火의 뿌리가 튼튼해져 火氣가 강해지는 것이지 합력이 강해지는 것은 아닙니다.
寅戌이 합을 하는 척해도 각각 내막적인 주인이 다르다는 말입니다.
寅戌이 합세해 火氣를 키우기보다 각각 따로 따로 丙丁 火의 뿌리가 되어 돕는 형국입니다.

❖ 亥未 合도...

상황에 따라 土剋水의 작용이 일어날 수도 있습니다.

❖ 巳丑 合은…

火生土의 작용이 일어날 수도 있는 것이고

❖ 申辰 合은…

습토(濕土)가 土生金을 해서 金生水로 연결되어 水氣가 강해집니다.

子午卯酉 왕지(旺地)가 빠진 三合의 경우에는 일단 合의 응집력이 약해집니다. 강력한 주인공 리더가 없어 合에 대한 애착도 별로 없고 형식적이라 느슨합니다.
三合의 공동 목표는 子午 卯酉 왕지이고 왕지를 따르는 것이므로 왕지 외의 다른 地支는 원칙적으로 왕지를 위한 보조물이요 희생물인 되는 것인데, 왕지 글자가 희신이면 귀인이 되는 것이고 숨은 은인이 되는 것이지만 왕지 글자가 기신이면 원수가 되는 것이고 배신자가 되는 것이고 숨은 배후의 범인이 되는 격입니다.

❖ 잠깐,

일본을 생각하면 마음이 무겁고 착잡해집니다. 먼저, 식민살이가 생각나고 임진왜란이 생각나지요? 원인을 바로 찾아가면, 남북 분단도 남북 전쟁도 사실은 다 일본 때문입니다.
물론, 우물 안 개구리들인 우리 선조들의 당파싸움도 한 몫 한 것이지만...
지난 5백 년 동안 무려 49차례나 우리를 침략한 일본이 식민 36년 시절 아예 일본 황궁을 한반도로 옮기려고 궁터까지 마련한 적이 있었고 한반도를 영구적인 일본 본토로 삼기 위해 조선인을 전부 만주지역으로 이주시킬 계획까지 세웠었다고 합니다. 등에서 식은땀이 납니다.
나무아미타불!

❖ 재테크의

일번 대상이 부동산이지요? 육신으로는 인성이 부동산에 해당되고 五行으로는 土가 부동산입니다. 여기에 어느 육신과 연계되느냐에 따라 부동산 인연의 특성이 나타나기도 합니다.

비겁.. 뺏고 뺏기는 분쟁과 다툼의 요소가 강하므로 단기 매매가 잦고 이익이 별로 많지는 않으나 양으로 승부하는 도매 스타일입니다. 말썽 많고 복잡한 분쟁지역입니다. 빠르고 민첩함이 무기입니다.

식신.. 큰 밥통이라 먹을 것이 많아 급할 것 없으니 편하고 활동이 느긋하며 규모가 크거나 신개발지, 신축건물 등의 신상품 쪽입니다.

상관.. 원칙도 없고 탈법, 불법도 예사입니다. 전매나 변두리 쪽 또는 시끄럽고 소란스러운 지역 활동입니다. 뾰족한 건물이나 장식도 요란벅적 화려합니다. 남이 망한 자리를 잘 이용하는 성분이라 이익이나 손실의 폭이 큰 편입니다.

편재.. 상가 등 비싼 건물이나 시내 중심가의 요지를 활용하는 성분으로 단위도 크고 그만큼 굴곡도 큽니다. 부동산 임대성분도 됩니다.

정재.. 안정적인 성분이므로 비교적 안전한 상가나 주택의 임대업 활동성입니다. 치밀하고 철저한 계산 하에 움직이는 성향입니다.

관살.. 정부나 공공기관 불하 건이나 공매, 경매 쪽인데 편관은 엄격한 쪽이고 정관은 좀 덜 엄격한 쪽입니다. 남이 망한 거 샀다가 낭패 보는 경우도 많습니다.

편인.. 식신과 반대 성분으로 좁고 구석져 교통도 불편한 부동산으로 처박아 두고 장기간 보유해서 대박을 터뜨릴 수도 있는 성분입니다.

정인.. 편인과 비슷한 성분으로 활용도가 낮아 장기간 보유하는 물건이지만 덩어리가 아주 작지는 않습니다.

❖ 스님 팔자에

辰戌丑未 천문 화개가 많지요?
여기에 어느 육신이 많은가에 따른 특징이 보입니다.
인성이 많으면…
주로 공부하고 참선하는데 진력하는 경우가 많습니다. 끌려갑니다.
식상이 많으면…
주로 대중을 향한 설법에 주력하는 포교승인 경우가 많습니다.
재성이 많으면…
주로 재정관계로 절을 관리하고 절 살림을 사는 경우가 많습니다.
관살이 많으면…
감투를 탐내고 직위를 가지기 위해 진력하는 경우가 많습니다.
비겁이 많으면…
좀 걱정스럽습니다. 구설수가 따라다니는 편이라 뺏고 뺏기는 분쟁이 심하고 잘못되면 왕따 당하는 외톨이가 될 수도 있습니다.
종교인 四柱와 무속인 四柱와 기생 四柱와 딴따라 四柱가 비슷합니다.

김ㅎㄱ(모모증권 투자전략팀장)은 2009년 발간한 '2010년 주식시장전망'이라는 보고서에서 지난 15년간 이익 추정치와 실제 수치의 오차가 10% 이내였던 경우가 3번 뿐 이라고 고백했답니다. 적중률이 20%정도에 불과하다는 것입니다. 세상만사 많이 안다고 유리한건 아닙니다.
오히려 불리할 수도 있습니다. 경제학자라고 주식투자로 돈을 벌 수 있는 건 아니지요. 역학자라고 밝은 미래를 만나는 것도 아닙니다.
이론과 현실의 괴리입니다.

봄은 지기(地氣)를 상승시키는 계절이고 가을은 천기(天氣)를 상승시키는 계절입니다. 그래서 같은 비를 만나도 봄비를 만나는 나무는 새싹을 내고 가을비를 만나는 나무는 낙엽을 떨어뜨립니다.
아무리 봄바람 같은 온화한 가을바람이 불어도 낙엽은 집니다.
음기인 여자는 양기가 시작되는 봄비를 맞으며 남자를 생각하고 찾고 양기인 남자는 음기가 시작되는 가을비를 맞으며 여자를 생각하고 찾으니 서로 어긋나는 형상이면서 또한 서로 조화로운 형상입니다.
봄, 여름은 나무의 기운이 줄기와 잎에 있어 키가 자라는 것이고 가을, 겨울은 나무의 기운이 뿌리에 있어 키가 자라지는 않습니다.
줄기와 잎을 쓰는 약초는 약성이 강해지는 봄, 여름에 캐는 경우가 많고 뿌리를 쓰는 약초는 약성이 강한 가을, 겨울에 캐는 경우가 많습니다.
기운이 몰려 있을 때 약효가 높기 때문입니다. 봄과 여름에는 양기의 보양을 중시하고 가을과 겨울에는 음기의 보양을 중시해야 합니다.
봄, 여름에 태어난 사람에 비해 가을, 겨울에 태어난 사람이 행동에서 좀 굼뜨는 경향도 있습니다. 추워서 움직이기 싫은 것입니다.
사람도 봄, 여름에는 키가 자라고 가을, 겨울에는 움직이지 않아 살이 찝니다. 키가 살이 되기는 어렵지만 특히 성장 시절의 살은 키가 됩니다.
가을, 겨울이라고 살만 찌는 것이 아닙니다. 살이 찐다는 것은 봄, 여름에 키가 자라도록 힘을 모으고 준비를 하는 것입니다.
체형이 뚱뚱한 사람은 수렴 작용을 잘 하므로 밤을 닮은 것이니 체형을 바꾸고 싶으면 낮에 활동을 많이 하면 되는 것이고 체형이 비쩍 마른 사람은 발산 작용을 잘 하므로 낮을 닮은 것이니 체형을 바꾸고 싶으면 밤에 활동을 많이 하면 됩니다.
뚱뚱한 사람은 열 보온이 잘 되므로 추위를 잘 견디고 비쩍 마른 사람은 발산이 잘 되므로 더위를 잘 견딥니다.

어느 분야건 전문성을 필요로 하는 분야라면 그 분야에서 적어도 10년 정도는 머물러야 비로소 입문했다고 볼 수 있겠습니다. 그리고 20년 정도 매달리면 어디 가서 크게 얻어맞지는 않을 수 있을 것이고, 한 분야에서 30년 정도 파묻혀 몰두하면 그 분야에서 어느 정도 대가(大家) 소리를 들을 수 있지 않을까 싶습니다. 물론, 그 이상이면 나라에서도 인정하는 인간문화재 또는 장인이 될 수도 있을 것입니다. 역학의 경우도 마찬가지입니다.

밤을 지나지 않고 새벽을 만날 수는 없듯이 세상만사 무엇이건 쉽게 성취되는 건 없습니다. 물론, 공짜는 더더욱 없습니다. 충분한 스스로의 준비가 필요합니다.

물질적이든 정신적이든 스스로에 충실하지 못하면서 남을 돕거나 지도하겠다고 나서는 것은 무조건 거짓이요, 위선입니다.

급류(急流)에 떠내려가는 놈이 남을 구하겠다고 큰소리치는 꼴입니다.

몸이 비뚤어진 것을 모르고 비뚤어진 그림자를 바로 고칠 수는 없지요.

수박 겉을 대충 핥아보고 수박이 달다, 쓰다 큰소리치는 역술인이 많은 것 같아 주제넘은 걱정과 노파심에 잠시 생각해 봤습니다.

갑자기 정신이 들어 곰곰 생각해보니... 하늘, 땅을 비롯한 세상만사 만물은 다 나로부터 나왔습니다.

모두 내가 태어나면서 내 앞에 나타난 것들입니다. 알고 보니, 내가 살아있는 동안 내가 사용하기 위해 내가 태어나면서 내가 만들어낸 것들입니다. 그리고 내가 죽으면 다 내게서 사라지고 없어질 것들입니다.

따라서 내가 이 세상 모든 것을 만들어낸 창조주입니다.

대 역학자였던 탄허스님께서... 五行의 상극이론으로 인류의 전쟁역사를 비유했습니다.

우주 개벽 이래로 원시시대의 전쟁은 맨주먹이었습니다. 土입니다.

木剋土... 그 이후 시대가 발전하여 나무(木)를 깎아 창을 만들었습니다. 土인 맨주먹을 이깁니다.

金剋木... 그 다음 발전하여 쇠(金)로 창을 만들었습니다. 木을 이깁니다.

火剋金... 더 발전해서 불(火)인 화약으로 총탄과 포탄을 만들었습니다. 金인 쇠창을 이깁니다. 현대의 원자폭탄까지 포함됩니다.

水剋火... 火인 원자탄보다 더 무서운 수소탄(水)이 등장했습니다.

土剋水... 미래는 土인 도덕군자가 나타나 맨주먹(土)으로 수소탄(水)을 이기고 원자탄(火)도 총칼(金)도 모두 무용지물로 만들 것이랍니다.

07.

合과 沖

天干合은 먼저 정신적으로 서로 끌리고 땡기는 사이가 되고 암컷과 수컷이 정상적, 합법적으로 엮이고 묶이는 관계입니다. 홀딱 벗고 같이 잠을 자도 전혀 걸릴 것 없는 합법적 남녀 이성 관계가 되는 것이지요.

공식 음양의 合입니다. 정분으로 또는 다른 五行을 낳고 키우기 위해 合을 하는 관계이므로 각자의 본성을 잃지 않으면서 合으로 낳는 五行을 위한 공동 임무가 우선이라 合에 대한 집착 또는 合으로 묶여 활동에 장애가 따르므로 각각의 독립적인 본연의 임무를 놓칠 수 있습니다.

❖ 甲己 合이면...

土를 낳습니다. 土라는 공동 목표물이 생깁니다. 열매입니다. 남녀가 合 으로 낳는 것이므로 가장 먼저 자식이 됩니다. 甲木이 土로 변하는 것은 아닙니다. 甲이 己를 따르는 작용은 합니다. 土라는 자식을 생산하는 격이므로 자식도 土를 닮는 것이고 甲木이나 己土는 土라는 목표물을 위해 희생하고 매진하는 형상입니다. 土를 生하는 작용입니다.

土 자식은 甲木과는 상극이라 살가운 관계로 보이지는 않고 己土와는 서로 잘 통하거나 己土를 더 닮는 격인데 甲木이나 己土는 서로 멱살이 잡혀 묶여

있는 형국이 되고 슴에 정신이 팔려 자신의 고유 임무를 팽개치거나 놓치기 쉽습니다. 土를 낳는 중정지합(中正之合)입니다.

❖ 乙庚 슴이면...

金을 낳습니다. 金이라는 공동 목표물이 생깁니다. 열매입니다. 가장 중요한 목표물인 자식을 생산하는 것이고 金이라는 자식을 양육하기 위해 자신을 희생하고 노력하는 부모가 됩니다. 乙木이 金으로 변하는 것은 아닙니다. 자식도 金의 성분이 강하고 특히 乙木은 자신의 본성을 포기하고 무서운 金에 군말 없이 따르는 작용을 합니다. 다만, 꽃을 피워야하는 乙木은 슴에 묶여 본연의 임무를 잃을 수가 있고 특히 乙木은 庚金도 金 자식도 두려운 존재라 우울증이나 신경 쇠약에 시달릴 수 있습니다. 庚金이 함부로 날뛰지 못하게 묶어 놓아야 하는 버거운 짐을 지고 있습니다. 물론 庚金(껍질)은 乙木(씨앗)을 보호하는 작용을 합니다. 인의지합(仁義之合) 또는 춘추지합(春秋之合)입니다.

❖ 丙辛 슴이면...

水를 낳습니다. 水라는 공동 목표물이 생깁니다. 열매입니다.
水를 낳고 生하는 작용입니다. 가장 중요 하고 우선적인 목표물은 水라는 자식을 생산 양육하는 것인데 자식 水는 丙火와는 상극이라 보이지 않는 거리가 좀 있겠고 辛金과는 상생이라 아무래도 丙火보다는 辛金과의 유대관계가 양호하다고 볼 수 있습니다. 丙火나 辛金은 슴하느라 정신이 없어 본연의 임무를 놓치거나 망각할 수 있습니다. 丙火 남자면 잘 다듬어 놓은 보석 같은 여자를 찾는 것이고 辛金 여자면 폼 나고 멋있는 미남 남자를 찾게 됩니다. 인연이 어긋나면 하늘만 바라보는 공주병으로 연결될 수도 있습니다. 위엄지합(威嚴之合)입니다.

❖ 丁壬 합이면…

木을 낳습니다. 木이라는 공동 목표물이 생깁니다. 열매입니다. 木은 丁火와도 상생 되고 壬水와도 상생됩니다. 음양의 대표 선수인 水火가 어울립니다. 정분 넘치는 최상의 찰떡 합입니다. 자식 木은 부모의 DNA 희석이 잘 되어 양쪽 유전자를 골고루 이어받는 형국이라 부모 자식 간은 물론이거니와 丁壬은 서로 불만 없이 木이라는 공동 목표물인 자식을 生하는 협심 협조가 나무랄 데 없습니다. 불만도 없고 이기적인 면이 적은 다정다감한 합으로 결혼과 무관하게 생명을 만드는 합입니다.

합의 속도 또한 빠릅니다. 그래서 인수지합(仁壽之合)인 丁壬합을 정합(情合), 연애합, 음란합 등으로 부르기도 합니다.

❖ 戊癸 합이면…

火를 낳고 生합니다. 火라는 공동 목표물이 생깁니다. 열매입니다.

戊土를 나이 많고 듬직한 백두노랑(白頭老郎)에 비유하지요? 이에 대비해서 癸水는 나이가 어리고 예쁜 여자에 비유합니다. 연계(軟鷄) 또는 영계라는 이름으로 불리기도 합니다. 늙은 남자와 어린 여자가 만난 어딘가 좀 비정상적이고 무리가 따르는 합입니다. 정으로 만난 합이 아니고 어떤 이해관계가 얽히거나 계산이 있는 합 또는 계약에 의한 합으로 연결될 수가 있어 무정지합(無情之合)이라는 이름이 붙습니다.

자식인 火는 癸水와는 상극으로 원만한 관계가 아닌 격이라 장래가 창창한 癸水는 정도 없는 늙다리 남편도 버리고 자식도 포기하고 떠날 가능성이 그만큼 크다고 볼 수도 있으므로 좀 불안한 합입니다.

부부(애정)합으로 볼 수 있는 天干 합이나 六합은 양성(남성적 기질)이 강하게 나타나고 三합은 음성(여성적 기질)이 강하게 나타납니다.

四柱의 天干이 운에서 만나는 天干과 合이 되면 四柱에 있는 天干이 사라지거나 운의 天干이 묶여서 끌려 들어오는 형국이 되기도 합니다. 四柱의 天干이 사라진다는 것은 인연이 끝나거나 도둑맞는 꼴이 될 수도 있고 운의 天干을 合으로 끌고 들어온다는 것은 빼앗거나 훔쳐오는 새로운 인연으로 엮이는 경우가 될 수도 있습니다.

天干 合을 정신적인 合이라고 보면 地支 合은 육체적인 合이요, 실질적인 合으로 더 밀착되고 진한 合으로 볼 수 있겠습니다.
三合이나 六合에서 合으로 사라지는 地支는 본연의 임무를 포기하고 자취를 감추는 형상이 되므로 은인이나 배신자로 연결될 수 있습니다.

기반(羈絆)이라는 말이 있지요?
合으로 묶인 글자는 그 고유의 역할을 할 수 없다는 말입니다.
주로 干合에서 기반이 되는 경우를 두 가지로 봅니다.
첫째, 合 五行이 같은 경우에는 기반으로 보지 않는다는 이론입니다.
예를 들어 甲己 合으로 土를 낳습니다. 己와 土는 같은 五行입니다.
따라서 甲은 기반이 되어 甲으로서의 五行과 육신의 작용을 못하지만 己는 기반이 안 된다는 것입니다.
둘째, 음간(陰干)만 기반 되어 작용력을 잃는다는 이론입니다.
예를 들어 丙辛 合이면 丙火는 양이라 문제가 없지만 辛金은 음이라 기반되어 무력해지므로 작용을 못한다는 것입니다. 예외는 있습니다.
바로 밑 地支에서 酉金이나 丑土가 받쳐주면 음간도 기반이 안 된다고 보는 것입니다. 좀 애매하지요?
어느 이론이건 법적으로 확정되는 정답은 없습니다.

❖ 午未 합입니다...

서로 상생되는 生합입니다. 합력이 강합니다. 드러나고 노출된 사회적인 합이요 공적인 합입니다. 또한 두 글자가 가까이 붙어 있어 가까운 듯하지만 형식적일 뿐 서로 강한 발산력을 가지고 있고 성질이 더러워 가까이가 아닌 모양입니다. 巳午未 方합의 반합으로 火局입니다.

火局이 되면 未土가 午火에 흡수되어 土로서의 기능이 어려워 보이지만 火局이 되어 다시 火生土로 土를 살려냅니다. 죽었다가 살아납니다.

午火는 未土를 생하면서 火局이 되어 土를 데리고 가거나 훔쳐 갔다가 다시 데려다 놓는 것이고 土는 희생되었다가 부활되는 격입니다.

팔자에서 火가 좋으면 보람있는 희생이 되겠지만 火가 불리하면 죽쑤어 개 주는 꼴 됩니다. 午火는 합에 정신이 팔려 金을 훼하는 역할을 하기 어려워 보이지만 더 큰 불덩이인 火局이 되어 金을 확실히 제압하면서 계절적으로 연결해보면 未월 다음으로 만나는 (申)金을 향하고 생하는 작용을 하는 형상으로 볼 수도 있습니다.

❖ 寅亥 합입니다...

서로 상생되는 生합입니다. 합력이 강하다고 봅니다. 木局이 됩니다.

三합의 크기 보다는 덩어리가 좀 작기는 하지만 제법 큰 局을 이룹니다. 亥水는 寅木을 생하면서 木局에 흡수되어 木을 위한 희생양이 되는 형상입니다. 亥水는 독립적인 水의 작용이 어려워지는 것으로 火를 훼하는 기능보다 오히려 木局 되어 火를 생하려고 합니다. 火가 기신이면 원수 집안을 간접적으로 돕는 꼴이 될 수도 있습니다. 亥水는 木을 위해 봉사 희생하고 조용히 사라지는데 木이 용신이면 숨은 은인이 되는 것이고 木이 기신이면 배신자가 됩니다. 상황에 따라서는 亥水를 잃거나 도둑맞는 상황도 됩니다. 역마성이 강합니다.

❖ 辰酉 合입니다...

서로 상생되는 生합입니다. 합력이 강하다고 봅니다. 金局입니다.
辰土는 酉金을 生하면서 金局에 흡수되어 큰 판인 金局을 위해 사라지는 희생양이 됩니다. 辰土는 金을 生하는 역할에 매진 할뿐 水를 剋하는 土의 작용은 어렵습니다. 金局을 위한 희생양입니다. 합이 좀 질기면서 진하고 깊습니다. 어정쩡하지 않고 확실하고 분명한 합입니다. 힘으로 밀어붙이는 강압적인 합으로 연결될 수도 있습니다.

❖ 巳申 合입니다...

서로 상극되는 剋합입니다. 합력이 약합니다. 合水라고 하는데 합으로 엮이기는 하지만 水로 변하거나 水局이 되는 건 아닙니다. 각자 五行의 기능은 변하지 않으면서 묶여 협조가 잘 되는 듯한 관계인데 형살과 겹치는 문제가 있습니다. 형합(刑合)입니다. 반대 성분의 상반되는 작용이 일어나 만남과 이별의 반복이요, 화합과 불화의 반복입니다. 뜻이 맞는 것 같아 동업하다가 깨져 법원에서 원수되어 헤어지는 격이고 일이 잘되는 듯하다가 무너지는 격이라 결과는 배신으로 마무리 되는 경우가 많습니다. 의심하면서 합하는 격이라 뒤가 걱정되는 불안한 합입니다.

❖ 卯戌 合입니다...

서로 상극되는 剋합입니다. 합력이 약합니다. 合火라고 하는데 합으로 엮이기는 하지만 局이 되기는 어렵습니다. 火로 변하거나 火局이 되는 것도 아닙니다. 각자 五行의 기능은 변하지 않으면서 묶여 비교적 협조가 잘되는 관계지만 찰떡 사이는 아니라는 말입니다.
예술성이 강한 편이고 신분적으로나 연령적으로 차이가 심한 합입니다. 한창 물오른 여인과 산전수전 세상물정 다 겪은 늙은이의 합입니다.

❖ 子丑 合입니다...

서로 상극되는 剋합입니다. 합력이 약한 편입니다. 어두운 合이라 비밀스러운 合입니다. 가까운 곳의 合입니다. 合土라고 하는데 合으로 엮이기는 하지만 土로 변하거나 土局이 되는 건 아닙니다. 水局으로 봐야 합니다.
亥子丑의 方合으로 보는 것이 현실적입니다. 丑土는 土의 기능을 하기 어렵습니다. 子水에 제대로 대항하기도 전에 유실되거나 흡수 됩니다.
계절적으로 연결해보면 丑월 다음의 (寅)木을 향하고 生하는 작용을 할 수 있습니다. 기다리면 봄이 옵니다. 서두르면 빈손입니다.

子午 冲... 음양 冲이요, 도화 冲이요, 남북 冲이요, 심장 신장의 충돌로 인한 질병입니다. 근본적 冲인 남녀 분쟁이요, 분주다사합니다.

卯酉 冲... 도화 冲이요, 앞문 뒷문의 충돌로 부부, 가정 불안입니다. 가족 간의 이별수를 부르고 수족(手足) 질병수가 생깁니다.

寅申 冲... 도로 신(神)인 역마 冲으로 교통사고나 남녀 불화입니다. 길흉을 떠나 발동이 빠릅니다.

巳亥 冲... 역마 冲으로 근본적인 변화를 부르면서 작용이 빠릅니다. 목적한 바를 구하지 못하고 손실을 보는 경우가 많습니다.

辰戌 冲... 화개 冲이요, 물창고 불창고의 冲이라 길흉이 크기가 극단적입니다. 아랫사람의 도주나 토지, 가옥 등의 문제가 생깁니다.

丑未 冲... 화개 冲으로 활력이 없습니다. 서로 의지가 달라 되는 것이 없고 형제간의 분쟁이요, 토지나 가옥으로 인한 분란입니다.

❖ 三合과 六合과 方合의 크기와 작용.

三合과 六合은 각각 성질이 다른 이질적인 성분끼리의 合이고 方合은 각각 성질이 비슷한 동질적인 성분끼리의 合입니다.

三合은 남과 어울리는 사회적인 合이고 六合은 가까운 동향이나 이웃과의 合이고 方合은 가족이나 친족 간으로 뭉친 혈연(血緣)의 合입니다.

方合은 三合에 비해 지역적이라 노는 활동 범위가 좁은 편입니다.

合은 변화요 움직임입니다. 없는 것이 들어오거나 있는 것이 나갑니다.

각각 合의 변화와 움직임의 크기가 다릅니다.

三合은 크고 멀리 움직이고 법위가 크고 넓게 움직이는 것입니다.

六合은 三合보다 작고 가까이 움직이는 것이고 方合은 三合 六合 보다도 가깝고 작으면서 움직이는 범위가 좁습니다.

三合局이면 가장 큰 규모이고 六合局이면 작은 규모인데 方合局은 더 작은 소규모이지만 合의 위력으로 보면 方合이 가장 강합니다.

그러나 특히 현대의 사회생활에서는 方合보다 三合의 작용과 영향을 훨씬 더 많이 받습니다. 三合이 이질적인 合이긴 해도 목표가 같고 이해관계가 얽힌 관계로 궁합이 맞고 잘 뭉치면 方合보다 더 강합니다.

시멘트와 물과 모래가 만나서 단단한 콘크리트가 되는 것과 마찬가지로 이질과 이질이 만나 강력한 동질이 되는 것이지요.

合이나 沖이나 옆에 나란히 붙어 있어야 그 영향을 많이 받는 것이고 떨어져 있으면 合의 작용도 沖의 작용도 약해집니다.

거리가 멀면 인연의 거리도 멀어지는 법이니 특히 沖은 한 칸 이라도 떨어지는 것이 좋을 듯합니다. 완충지역을 두는 것입니다.

四柱에 沖이 있을 때는 운에서 더 강해지는 놈이 이깁니다.

四柱에 刑沖이 많으면 시끄러운 분위기이거나 시끄러운 환경입니다.

三合으로 뭉치는 경우 地支의 성분이 변질됩니다. 예를 들어,

❖ 申子辰 三合되면

申金은... 子水에 흡수되어 水氣를 강하고 크게 키워 놓고 사라집니다.
子水를 위한 희생입니다. 배후의 인물로 보이지 않는 은인이나 조력자 또는 보이지 않는 손이거나 경우에 따라서는 배신자 또는 범죄의 배후 주범이거나 조종자가 될 수도 있습니다.
본질과 본색과 본바탕과 본 기질이 잘 바뀌고 왔다갔다 변화가 심한 생지(生地)의 본성이요, 특성입니다.

子水는... 커지고 강해집니다. 본질의 특성이나 범위를 벗어나지 않으므로 한 우물을 파는 성분이며 범위를 이탈한다고 해도 본질과 비슷한 계열입니다. 주인공이요, 대장격인 왕지(旺地)의 특성입니다.

辰土는... 子水와 합세하여 水를 모으고 키워서 가두고 저장합니다.
모으고 정리하고 새로운 길을 모색하는 고지(庫地)의 특성입니다.

寅午戌 三合도 亥卯未 三合도 巳酉丑 三合도 같은 변화가 일어납니다.
생지인 **寅申巳亥**가 三合을 만나면 독자적인 본질의 특성을 잃는 것이고,
왕지인 **子午卯酉**가 三合을 만나면 더 커지고 더 강해집니다.
묘지인 **辰戌丑未**가 三合을 만나면 왕지 五行을 모으고 키워서 가두고 저장합니다.

合으로 들어오는 육신 육친은 엮이는 것이고, 끌어당기는 작용입니다.
沖은 四柱에 있는 육신 육친을 밀어내는 작용이라 대립과 분쟁을 부르고 흔들리는 것인데 운에서 들어오는 놈이 세군(歲君)이라 이기는 것이고 四柱에 있는 놈이 대부분 밀려나고 깨지고 다친다는 말입니다.

❖ 비겁이 合으로 들어오거나 沖으로 깨지면…

비겁이 合으로 들어오면 형제나 친구 동료 동업자가 찾아오는 것이고, 비겁이 沖으로 깨지면 형제 친구 동업자간에 분쟁이나 사고수가 생길 수 있습니다. 형제나 친구, 동료 때문에 낭패 보거나 이사수도 있습니다.

❖ 식상이 合으로 들어오거나 沖으로 깨지면…

식상이 合으로 들어오면 자식이나 후배, 제자 등이 찾아오는 것이고 식상이 沖으로 깨지면 자식이나 제자, 후배 등이 흔들리므로 분쟁이나 사고수가 생깁니다.

❖ 재성이 合으로 들어오거나 沖으로 깨지면…

재성이 合으로 들어오면 돈이나 여자가 들어오는 것이고 四柱에 있는 재성이 合으로 묶이면 여자가 떠나는 것인데 압류 등으로 재산이 나가거나 묶이기도 합니다.

재성이 沖으로 깨지면 돈이 나가고, 마누라가 나가고, 여자가 나가고, 분쟁이라 재산 문제나 이혼수 등등 송사가 일어나기도 합니다.

❖ 관살이 合으로 들어오거나 沖으로 깨지면…

관살이 合으로 들어오면 직장이 들어오는 것이고, 관공서에서 찾아오는 것이고, 자식이 찾아오는 것이고, 여자 팔자면 남자가 들어옵니다.

관살이 沖으로 깨지면 직장이 흔들리는 것이고, 자식이 흔들리는 것이고, 여자 팔자면 남편이 흔들리므로 이별수가 생기거나 직장이 불안합니다. 외간 남자 문제로 골치 아프거나 파탄날 수도 있습니다.

❖ 인성이 合으로 들어오거나 沖으로 깨지면...

인성이 合으로 들어오는 것은 부모가 찾아오는 것이고, 선배가 찾아오는 것이고, 문서가 들어오는 것이고, 부동산이나 집이 생기는 것입니다.
인성이 沖으로 깨지는 것은 부모나 귀인이 다치거나 떠나는 것이고, 집이나 부동산으로 인한 분쟁으로 관재나 송사 등의 문서 사고가 터지거나 이사수에 걸리기도 합니다. 부동산 등기부 확인이 필요합니다.

地支가 沖되면 天干도 흔들립니다. 기본적으로 강한 놈이 이기지만 강한 놈도 상처를 면하기는 어렵습니다. 약한 놈은 뿌리째 날아갑니다.

년운에서 沖되거나 合되면...

❖ 日支가 沖되거나 合되면...

沖되는 운은 앉은 자리가 흔들리므로 기본적인 생활환경이 흔들리는 것이고 변화가 오는 것입니다. 매사에 되는 게 없고 짜증나는 운이며 변동수에 부부궁 沖이라 배우자까지 긁어대고 부딪칩니다.
타의에 의한 변동으로 원하지 않거나 갑자기 일어나고 대부분 불리한 변동입니다. 동분서주하지만 일이 꼬이고 뒤틀리는 경우가 많습니다.
合되는 운은 자의에 의한 변동으로 기분 좋은 변동이 되는 경우가 많은데 이사 전근 등 역시 앉은 자리의 변동입니다. 바쁘게 돌아다니는 운입니다.
合으로 인한 변동은 예상했던 변동수인 경우가 많습니다.

❖ 時支가 沖되거나 合되면...

沖되는 운은 자식 문제나 아랫사람과 관련된 불화 분쟁이나 변동수가 생기고 사고수가 생길 수도 있으며 집 밖이므로 사업장 문제로 분쟁이 일어나거나 갑작스러운 활동무대의 변동수가 생길 수 있습니다.
合이 되는 운에도 비슷한 일이 생길 수 있는데 예정된 일인 경우가 많습니다. 자식이나 아랫사람과의 뜻이 잘 맞는 운입니다.

❖ 月支가 沖되거나 合되면...

沖되는 운은 부모 형제궁의 沖이요, 가정궁의 沖이라 흔들리고 불안합니다. 직장이나 주위 환경의 변화가 생길 수 있습니다.
合되는 운도 이사 등의 가정적인 변화가 일어납니다. 부모와 뜻이 잘 맞는 경우가 되기도 하고 상사나 윗사람 덕이 있기도 합니다.

❖ 年支가 沖되거나 合되면...

沖이 되는 운은 산소나 제사 등 조상 문제가 생기고 부동산 문제가 생길 수 있는데 조상 문제의 분쟁이나 조상 제사도 안 지내는 등 좋은 일이 아닌 경우가 많습니다.
合이 되는 운에도 비슷한 일이 생길 수 있지만 예정되거나 계획된 일이 될 수 있습니다. 조부모와의 뜻이 잘 맞는 것입니다.

合과 沖은 변화라 움직임입니다.
운에서 四柱를 沖하면 대부분 四柱에 있는 놈이 얻어맞고 날아갑니다.
年支가 合 沖되면... 조상궁이 흔들리거나 움직이는 것이고
月支가 合 沖되면... 가정궁 부모 형제궁이 흔들리거나 들썩입니다.
日支가 合 沖되면... 배우자가 흔들리거나 움직이는 것이고
時支가 合 沖되면... 자식궁이 흔들리거나 들썩입니다.
변동수가 생겨도 六合운에 걸리면 묶여서 이동을 못할 수도 있습니다.

❖ 三合과 方合의 生剋 작용.

巳酉丑이 만나도 金局이 되고 申酉戌이 만나도 金局이 됩니다.
巳酉丑 金局에서 酉金 쇠를 巳火 용광로에 넣어 녹이면 丑土라는 이물질이 나오는 것이고 이 이물질을 걷어내면 단단하게 제련된 辛金 강철이 나옵니다. 申酉戌 方合에는 金을 제련할 火가 없습니다.
戌土중에 丁火가 있어 火氣를 보호하는 화로 역할을 하지만 불씨를 보관하는 정도입니다. 따라서 申酉戌의 金은 강철이라기보다 원광석이거나 고철 덩어리에 불과한 정도로 볼 수 있습니다.
寅午戌 火局이면... 火生土를 잘 하지만 불속의 土인 메마른 조토(燥土)라 흙이 흩어지므로 사막의 흙이요, 모래흙입니다.
申子辰 水局이면... 水剋火는 잘 되지만 水生木은 어렵습니다.
다만 辰土는 水生木을 잘 하는데 辰월이라야 유리합니다.
卯未 木局이나 亥未 木局의 未土는 여름 土라 木生火가 잘 되지만 亥卯未 木局은 젖은 습목(濕木)이라 木生火가 어렵고 木剋土는 잘 됩니다.
寅卯 木局은 불인 丙火가 있어 木生火가 잘 됩니다.

합의 관계는 협조와 타협을 불러 오는 것이고 沖은 공격이라 죽기 살기 식의 분쟁과 충돌을 불러올 수도 있습니다. 기본 작용입니다.
합이란 남녀 암수가 만나 짝 짓기를 해서 자식을 낳는 것처럼 음양오행의 속성이 다른 두 天干(地支)과 만나 다른 五行을 만들어내는 것입니다.
또한, 서로 묶어 놓는 상태를 만들기도 하지요. 묶이면 자기 실체가 없어지는 것도 아니고 각각의 본질이 변하거나 상실 되지는 않지만 고유의 임무 수행 능력이나 역량이 약해지면서 강한 세력의 집단을 형성합니다.
沖이란 머무는 것을 움직이게 하거나 집단을 해산 분리시켜 변화를 일으키는 작용을 합니다. 흔들리는 불안정을 의미하는 것이니 뒤집어 해석하면

(발전적인)긴장을 불러일으키는 작용을 할 수도 있습니다.
따라서, 沖으로 파괴되는 글자가 무조건 죽는다고만 볼 수는 없습니다.
싸움이 벌어지는 것이므로 오기로 인해 없는 힘도 생길 수 있는 것이고 투쟁성이 발휘되어 자신의 개성이나 주특기가 살아 날수도 있습니다.
약자라고 깔보고 함부로 건드렸다가 낭패 보는 경우가 많지요?
파괴의 과정을 거치면서 새로운 충전과 재생의 기회가 될 수 있습니다.
다만 노년기로 갈수록 무엇인가 깨질 가능성이 더 커집니다.
변화가 오는 것은 분명하지만 변화라고 다 나쁜 변화도 아닙니다.
잘 나가던 사람이 沖을 만나면 밥그릇이라도 깨지기 쉬운 것이고 바닥을 기던 사람이 沖을 만나면 바닥 탈출의 새 기회를 잡아서 인생역전의 반전 기회를 만나기도 합니다. 궁즉통(窮卽通)의 꾀도 생깁니다.
물론 沖으로 인한 흔들림과 고통은 피하기 어렵습니다.
天干의 沖은 승부가 간단히 보입니다. 정신적인 면이 강해 속으로 이빨만 갈고 있을 수도 있지만 地支의 沖은 뿌리까지 沖이라 같은 하늘 아래 살기 어려운 형상입니다. 끊임없는 갈등이요, 치고받는 전투입니다.

寅申巳亥, 子午卯酉, 辰戌丑未가 地支에 다 몰려 있으면 전부 沖입니다.
대통령 四柱라고도 하고 과부, 홀아비 四柱라고도 합니다.
寅申巳亥는 沖과 刑과 合이 얽혀 복잡하게 돌아갑니다. 혁명가의 팔자라고 합니다. 남들이 가지지 못한 능력의 소유자로 보는 것인데 그것 때문에 심하면 단명을 부르는 등 형액수가 따르는 것입니다.
辰戌丑未는 沖과 刑이 얽혀 돌아갑니다. 과부 四柱, 스님 四柱, 무당 四柱, 기생 四柱, 딴따라 四柱로 끼가 많다고 봅니다.
子午卯酉는 독야청청 오직 沖 한길입니다. 자기중심적인 사고가 강한 네 글자가 몰리면 일단 가족이 사는 모양이 따로국밥이요 흩어진 형상입니다. 만났다 하면 沖이라 서로 티격태격입니다.

야자시(夜子時) 조자시(朝子時)...
이런 유식해 보이는 용어가 튀어 나오면 좀 갑갑하지요?
갑갑할 것 없습니다. 도대체 언제 누가 만든 이론인지는 잘 모르겠으나 쓸데없는 짓들을 해서 여러 사람 헷갈리게 하고 있습니다.
밤 12시를 하루의 시작이라고 정한 것은 중국의 춘추전국 시대라고 합니다.
하루의 시작을 밤 12시로 정한 것은 인간의 편리를 위해서입니다.
하루의 시작을 해가 뜨는 아침 7시로 정한다면 전卯시 후卯시로 구분해야 할까요? 그런 건 아니겠지요.
숫자의 개념이 언제 발생되어 오늘날 사용되고 있는지는 몰라도 태양이 머리위에 있을 때를 午시로 하고 반대쪽에 있을 때를 子시로 합니다.
이 당연한 원칙은 자연의 이치에 의해 태양을 기준으로 하는 것이지 사람이 인위적으로 만들어 놓은 기준에 의한 것이 아닙니다.
하루를 열두 등분하여 하루를 시작하는 첫 시가 子시면 23:00~01:00시 이므로 23시 이후면 다음날이 됩니다.
四柱八字는 태어난 연월일시의 태양계 기운을 부호로 기록한 것입니다.
따라서 자연의 이치에 맞아야 하는 것이지 인간의 이치에 맞추어서는 안 된다는 당연한 답이 나옵니다. 그리고 日柱를 기준으로 時柱를 세우는 게 맞지요? 그런데 야자시를 전일로 본다면 時柱가 日柱를 세우는 이상한 모양이 됩니다. 뭔가 거꾸로 가는 것 같고 좀 어색하지 않은가요? 여기서 결정적인 의심을 해야 합니다. 아무생각 없이 그냥 따라다니지 말고...
답은 간단합니다. 각각 四柱를 세워서 살아온 과거와 비교 확인해 보면 알 수 있습니다. 이론을 위한 이론이 참 많습니다.
역학에서도...

가상(家相) 인테리어 상식에서.. 현관을 들어서면서.. 보여서 좋은 경우와 보이면 좋지 않은 경우가 있다고 봅니다.
삼견(三見)..
　　적색이 바로 보이면.. 기쁨이 두 배가 되면서 집안이 온화해지고
　　녹색이 바로 보이면.. 안목이 좋아져 훌륭한 귀인을 만나게 되며
　　좋은 그림이 바로 보이면.. 좋은 기운이 응집 발산된다고 봅니다.
삼불견(三不見)..
　　주방 부엌이 바로 보이면.. 재물이 나가며 식탐(食貪)이 심해지고
　　화장실이 바로 보이면.. 색(色)을 탐하고 명예도 추락하면서 건강도 해
　　　　　　　　　　　친다고 봅니다.
　　거울이 바로 보이면.. 들어오든 복 기운이 발길을 돌린다고 봅니다.

가택(家宅) 가까이에 지붕의 키를 넘어설 정도로 키가 큰 나무가 있으면 가족이 중풍이나 사고 등으로 특히 수족을 크게 다치기 쉽고 그 외의 악병을 만날 수도 있다고 봅니다.
형체가 없는 귀신도 살아있는 생명체처럼 땅을 기반으로 해서 서식한다고 하는데 이렇게 전통적으로 중시한 토신(土神 ; 터신)을 목신(木神)인 나무가 木剋土해서 강하게 충극하면 머물 곳이 붕괴되어 불안해진 귀신들이 머리를 들고 일어나 인간과 충돌한다는 것입니다.

호랑이는 호랑이 새끼를 낳고, 고양이는 고양이 새끼를 낳습니다.
호랑이가 고양이 새끼를 낳을 수는 없고, 고양이가 호랑이 새끼를 낳을 수 없습니다. 양계장에서 독수리가 태어날 수도 없지요.
뿌리가 중요합니다. 부모, 조상과 스승을 잘 만나야 하는...

좌청룡(左靑龍) 우백호(右白虎)라는 말을 모르는 사람은 없습니다.
풍수지리에서 주로 쓰는 말인데 좀 유식하고 뭔가 있어 보이는 말이라 '뻥수'나 '뻥도사'들이 '뻥'치는데 유용하게 사용합니다.
정면을 바라봐서 좌측이 청룡이요, 우측이 백호입니다.
청룡이면 푸른(木) 용이므로 동쪽 木 방위가 되는 것이고, 백호면 흰(金) 호랑이므로 서쪽 金 방위가 됩니다.
청룡인 木은 봄이니 씨앗을 뿌리는 남자로 보고 양성인 관살이라 귀(貴)인 명예로 봅니다.
백호인 金은 가을이니 씨앗을 받아 키운 열매로 결실을 거두는 여자로 보고 재성이라 부(富)인 재물로 봅니다. 음성입니다.
좌우가 잘 어우러져 균형을 이루면 음양의 조화라 그야말로 부귀(富貴)가 겸전(兼全)하는 것인데... 그게 그렇게 쉽지는 않지요.
음양은 고정돼 있으면서 고정돼 있지 않습니다.
우리의 몸도 좌우의 음양으로 나누어 봅니다.
왼쪽은 양인 木이요, 오른쪽은 음인 金입니다. 운에서 사고를 당해도 木이 다치는 운의 사고는 몸의 왼쪽이 주로 다치기 쉽고 金이 다치는 운의 사고는 몸의 오른쪽이 주로 다치기 쉽다고 봅니다.
팔, 다리를 비롯한 눈과 귀, 콧구멍 등 좌우로 나뉘는 부위를 비교해 보면 좌우가 대충 같아 보이지만 완전히 똑 같은 경우는 없습니다.
팔다리의 길이도 다르고 눈이나 콧구멍의 평수도 다릅니다.
인간의 사주팔자도 五行의 균형이 딱 맞는 50: 50은 결코 없습니다.
좀 엉뚱한 비유를 해 보겠습니다.
남자는 기(氣)가 어깨로 모입니다. 기가 강한 남자일수록 어깨에 힘이 들어갑니다. 그런데 이 어깨의 높이도 한쪽이 낮거나 높습니다. 좌우가 똑같은 높이는 없습니다. 여기에 재미있는 현상이 있습니다.

남자의 고환(불알)이 두 알이지요? 하나인 사람은 없습니다.
이 쌍방울의 무게는 같을까요? 요놈들도 좌우의 무게와 크기가 다릅니다.
그런데… 신기하고 희한한 것은 왼쪽 방울이 조금이라도 크거나 무거우면 왼쪽 어깨가 쳐지고 오른쪽 방울이 조금이라도 크거나 무거우면 오른쪽 어깨가 쳐집니다.
아주 미세한 차이 때문입니다.
확인해 보시고 만약 아니면 확실한 증거 자료와 함께 아래의 필수 서류를 첨부하여 허위 낭설(浪說)을 유포한 혐의로 허당(虛堂)을 고발해도 좋습니다.

ⓧ 30세 이상 50세 이하의 건강한 대한민국 남자로 30명을 선정하여
① 당사자 얼굴 명함판 칼라사진 1매.
② 쌍방울의 좌우 크기를 정확히 측정한 증거 및 칼라 사진 1매.
③ 좌우 무게 또한 정확히 측정한 정부 공인 전자저울 실측 증서 1부.
④ 정부 공인 정확한 어깨의 좌우 높이 실측 증서 1부.
⑤ 주민등록등본 1부.
⑥ 가족관계등록부 1부.
⑦ 보증인 20세 이상 50세 이하 남녀 각각 7명 이상.
　보증인의 자격 조건은 재산세 3천만 원 이상 납부자라야 함.

낮은 양입니다.
음양의 조화를 위해 낮에 활동을 할 때는 옷을 입는 게 좋습니다.
밤은 음입니다.
음양의 조화를 위해 밤에 잠을 잘 때는 옷을 벗는 게 좋습니다.
홀딱 벗고 자면 건강에 좋다는 의학적 처방도 있습니다.
옷을 입는 것은 음이고 옷을 벗는 것은 양입니다.

❖ 사람이 죽으면

돌아 가셨다고 하지요?

태어난 곳으로 되돌아갔다는 말입니다. 귀환(歸還)입니다.

연어 같은 회유어(回遊漁)가 태어난 곳으로 돌아와 죽음을 맞이하는 것처럼 인간도 태어난 곳으로 돌아가기를 바라는 것은 어쩌면 당연한 본능적 희망일 것 같기도 합니다. 그래야 거기서 다시 태어나는 환생(還生)의 기쁨을 누릴 것 같은 심리적 기대도 있을 것이고…

모든 생명은 땅에서 났으니 땅으로 돌아간다는 것이겠고 또한 여자의 자궁으로부터 태어났으니 여자의 음부(陰部) 모양을 닮은 곳을 음택(陰宅)의 최고 명당자리로 보는 것이기도 하겠습니다.

씨앗은 또 하나의 우주라고 하지요? 자궁은 씨앗을 품는 고향입니다.

생기(生氣)가 모였다는 혈(穴)자리 조금 아래에 묘 자리를 잡는데… 여기가 핵(核)이라 그 바로 아래에 있는 자궁(子宮, 胞宮)으로 가는 통로인 질(膣) 속으로 쉽게 들어가기 위함인 듯합니다. 모르긴 해도… 혈(穴)이란 구멍을 의미하는 것이니 질(膣)을 말합니다.

따라서 여자에게만 해당되는 것이고 땅으로 보면 태어난 고향인 대지(大地)의 자궁으로 들어가는 입구가 명당이 되는 것이지요. 혈의 앞부분인 평평한 두덩 언덕 부위가 마당이요, 명당입니다.

내리뻗는 두 다리가 만나는 사타구니 부위의 전체 경관이 내명당, 외명당으로 무덤 자리입니다. 더 세부적으로 안산, 조산은 물론 좌청룡, 우백호 등등 명당의 요건에 해당되는 부위의 이름을 기가 막히게 비유하여 다 붙여 놨습니다. 성기(性器) 숭배 전통의 한 단면으로도 보이지만 그보다도 자연을 몸으로 보고 자연에서 태어나 자연으로 돌아간다는 소박한 농경문화의 잔재가 명당 사상에 녹아 있는 건 아닌가 하는 생각도 해 봅니다.

더불어 생각나는 이야기가 있습니다.

유명한 여근곡(女根谷 ; 玉門谷) 전설을 들어 보셨는지요?
삼국유사(三國遺事)가 전하는 신라 선덕여왕이 징조를 보고 앞일을 예측한 세 가지라는 지기삼사(知機三事) 전설 중 두 번째로 등장하는 옥문지(玉門池) 이야기입니다.
여기에는 음양적, 풍수적 의미도 담겨 있는 것 같아 소개합니다.
이미 드러난 현실도 그 사정 내막을 제대로 파악하기 어려운 법인데, 일이 일어나기 전에 미리 안다는 것은 대단한 지혜의 소유자가 아니면 불가능한 것이고 이에 여자로서 왕위에까지 오른 것이 그냥 단순히 금수저 덕분이거나 줄서서 된 것은 아니었겠다는 생각도 듭니다.
초능력의 예지라기보다 자연의 이치를 바탕으로 명쾌한 지혜와 세심한 관찰력을 상징적으로 설명하는 일화인 것도 같고... 일찍이 남다른 면이 돋보였던 선덕여왕은 왕이 된지 5년 째 되는 해에 개구리 울음 소리를 듣고 적을 물리쳐 신하들을 다시 한 번 놀라게 했다는 그야말로 전설 따라 삼천리 같은 이야기입니다.
경주 성진리 강가에 있던 영묘사라는 절의 옥문지(玉門池)에 겨울인데도 개구리들이 모여들어 3~4일 동안 계속 울어댄 일이 있었답니다. 이를 괴이하게 여긴 백성들이 왕에게 이 사실을 고했답니다.
그러자 왕은 급히 두 각간(재상 급 벼슬)에게 명하여 정예병력 2,000명을 뽑아 속히 서쪽 교외로 가서 여근곡(女根谷)이 어딘지 물어 찾아가면 반드시 적병이 있을 것이니 급습하여 모두 죽이라고 했습니다.
두 각간이 명을 받고 각각 군사 1,000명씩을 거느리고 서쪽 교외로 달려가 수소문했더니 과연 부산(富山 ; 지금의 오봉산)이라는 산 아래에 여근곡이 있었고 백제군사 500명이 거기에 숨어 있었으므로 이들을 다 죽이고 뒤따라온 후속부대 1,200여명까지 몰살했다는 것입니다.
여러 신하들이 놀랍게 여겨 왕에게 아뢰었습니다.
"어떻게 개구리가 우는 것으로 변이 있다는 것을 아셨나이까?"

왕께서 대답하시기를…

"개구리가 성난 모양을 하는 것은 병사의 형상이니라. 옥문(玉門)이란 곧 여자의 음부(陰部)요, 여자의 음경(陰莖)이니 여근(女根)이 아니더냐. 여자는 음(陰)이라 그 빛은 흰 것이고 흰 빛은 서쪽을 의미하므로 군사가 서쪽에 있다는 것을 알았던 것이로다. 또한, 성난 남근(男根)이 여근(女根)에 들어가면 반드시 죽는 법이니 백제의 군사가 여근곡에 숨어 있어 잡기 쉽다는 것을 알 수 있었느니라."

이에 신하들은 모두 왕의 위엄스러운 지혜에 탄복하였다고 합니다.

선덕여왕의 지혜로 신라는 간단히 백제군을 무찌른 것입니다.

여근곡(女根谷)은 실제로 경주 근교 건천에 소재한 골짜기로 그 모양이 여성의 성기와 비슷한 형상을 하고 있어 여근곡이라는 이름이 붙여졌다고 합니다. 경부 고속도로를 타고 경주 IC를 지나 건천 터널을 통과할 무렵 좌측 오봉산 골짜기에 묘하게 생긴 계곡이 선명하게 보입니다. 여성의 음부와 허벅지를 제법 사실적으로 클로즈업 시킨 모습인데 경부 고속도로가 개통되면서 일반인에게도 유명해진 곳이지요. 선덕여왕께서는 여성의 생식기를 의미하는 옥문지(玉門池)의 '옥문'과 여근곡(女根谷)의 '여근'을 연결시키고 '성난 개구리'와 '백제군'을 연관시켰습니다.

실제로 건천 오봉산의 여근곡에도 가운데에 물이 마르지 않는 옥문지(玉門池)가 있다고 합니다. 또한 여기에, '여성=음=백색(金)=서쪽'이라는 음양의 원리를 적용하여 적군의 위치를 정확히 지목해낸 것입니다. 마지막으로, "남근(男根)이 여근(女根)에 들어가면 반드시 죽는 법이다."라고 말한 부분은 단연 이 전설의 압도적 백미라고 할 수 있을 것 같습니다. 성적으로 자유분방한 날라리 시대인 오늘날에도 공적인 자리에서 말하기 어려운 이야기를 무려 1,400년 전에 선덕여왕은 남자 신하들 앞에서 거침없이 이를 자세히 풀어 설명했다는 것인데…

여왕의 설명을 들은 신하들의 반응은 어땠을지... 궁금합니다. 오히려 신하들이 당황했을 것 같기도 하고 그러면서 선덕여왕의 지혜와 담대함에 경탄할 수밖에 없었을 것이라는 짐작을 해봅니다.

하여간 그건 그렇고, 이제 현대적인 확실한 명당은 화장장(火葬場)으로 자리 잡고 있어 수많은 전설을 낳으면서 명맥을 이어오던 이런 저런 황당한 전설 같은 이야기도 그야말로 전설 속으로 사라지고 있습니다.

구슬픈 상여가(喪輿歌)가 소리는 이미 문화재로만 남아 있지요?
오랜 전통 문화가 현대화에 묻혀 하나하나 보이지 않고 있습니다.

어느 소설 속에 나오는 시 구절입니다.

풍수쟁이란 원래가 허황된 것들
남북을 가리키며 혀 바삐 돌리지만
만약 청산에 명당(明堂)이란 게 있다면
왜 네 아비는 거기 묻지 않았느냐

08.

상생(相生)과 정편(正偏)의 작용

五行상 상생관계라고 해도 글자의 어울림에 따라 전혀 엉뚱한 결과로 나타나기도 합니다. 몇 가지 예를 들어 보겠습니다.

❖ 寅午... 木生火...

木生火로 寅午 火局으로 완벽한 관계입니다. 寅木은 오직 午火를 위해 불타는 연료가 되어 기꺼이 희생하고 죽어 줍니다. 午火는 寅木의 살신성인 적 희생을 딛고 크게 일어나는 형상입니다. 午火는 寅木의 식상으로 寅木의 자식입니다. 자식을 위한 희생이기도 합니다.
火가 기신이면 木은 보람 없는 희생이요, 오히려 원수요, 적군이 됩니다.

❖ 寅巳... 木生火...

五行의 작용으로만 보면 서로 상생되는 유정한 관계입니다. 그러나 그것은 표면적으로 나타나는 형상일 뿐 속내는 그 반대일 수 있습니다.
서로 지향점이 다르고 추구하는 목표가 다릅니다. 寅木은 寅午戌로 火局이 되려고 하는데 반해 巳火는 巳酉丑으로 金局되는 것이 목표입니다.

火와 金은 상극되는 관계로 寅木과 巳火는 어긋나는 상생입니다.
겉으로는 협조하는 좋은 관계로 보이지만 노리는 속셈은 완전히 다른 따로 국밥입니다. 그래서 형(刑)입니다. 무정한 부모자식 관계입니다.

❖ 亥寅… 水生木…

水生木으로 寅亥 합으로 木局으로 큰 木이 됩니다. 亥水는 木을 위해 희생하고 사라집니다. 木이 기신이면 亥水는 원수요, 배후의 숨은 원수 입니다. 뒤에서 적군을 부추겨 장난질 쳐놓고 입 싹 닦는 오리발입니다.

❖ 子寅… 水生木…

형식적으로는 水生木이지만 子水는 차가운 냉수(冷水)라 寅木을 生하기 보다 오히려 얼게 하거나 썩게 할 우려가 있습니다. 生하는 척만 하는 것으로 사실상 서로는 남남이나 마찬가지입니다. 속셈이 완전히 다르기 때문입니다. 子水는 申子辰으로 水局이 되기를 원하고 寅木은 寅午戌로 火局이 되려고 합니다. 북쪽으로 가려고 하는 水局과 남쪽으로 가려고 하는 火局은 반대방향이라 서로 어울리지 못하는 상극관계입니다.

寅木을 기준으로 살펴봤으나 다른 글자의 상생관계도 마찬가지입니다.
글자의 본성과 본질에 따른 관계로 보면 한 차원 깊은 내밀한 감정을 할 수 있습니다.

어느 분야에서나 약한 놈은 강한 놈의 밥입니다.
약한 쪽이 강한 쪽에게 실속 없는 일방적인 무료봉사를 하면서 이용만 당하는 것이지요. 인간 세계라고 다른 거 없습니다.

❖ 육신을...

크게 두 종류로 구분하지요?
길성(吉星)과 흉성(凶星)으로 구분하고 **정편(正偏)**으로도 구분합니다.
비견, 식신, 정재, 정관, 정인 등은 길성으로 바른 정(正)이 되고
*겁재, 상관, 편재, 편관, 편인 등은 흉성으로 삐딱한 편(偏)*입니다.
두드러진 특성을 보면

정(正)... 길성쪽은... 자연스럽고 순리적인 면이 강합니다.
편(偏)... 흉성쪽은... 좀 억지스럽고 강제적인 면이 강합니다.

정(正)... 오고 감이 서서히 움직입니다.
편(偏)... 오고 감이 빠르고 급하게 움직입니다.
정(正)... 예견된 일이 벌어집니다.
편(偏)... 의외로 예상치 못한 일입니다.
정(正)... 적당한 것이고 바른 것입니다.
편(偏)... 너무 크거나 너무 많은 것입니다.
정(正)... 합법적인 내 것입니다.
편(偏)... 불법적이고 대중적이고, 공용입니다.
정(正)... 정법이고 정도입니다.
편(偏)... 불법이고, 편법이고, 편도입니다.
정(正)... 완전하고 온전한 내 것입니다.
편(偏)... 대중적이라 잡는 놈이 임자입니다.
정(正)... 상대하기 편합니다.
편(偏)... 상대하기 껄끄럽고 불편합니다.

육신은 서로 어울림 관계가 좋아야 합니다.

식상은...
재성과의 친밀도가 깊으면 좋습니다. 식상생재(食傷生財)입니다.
물론 신왕하고 튼튼해서 돈을 쥘 수 있는 장악력이 있어야 합니다.
여기에 관살과도 잘 지내면 금상첨화가 되겠습니다.
식상은 돈을 버는 능력이요, 재주요, 기술입니다.
재성은 돈벌이 마당이요, 식상이 벌어들인 돈을 담는 그릇입니다.
관살은 도둑놈인 비겁을 막아 돈이 새지 않도록 지켜냅니다.
명예는 물론 권력까지도 누릴 수 있는 것이지요.

재성은...
관살과의 친밀도가 깊으면 좋습니다. 재상관(財生官)입니다.
여기에 인성과도 잘 지내면 금상첨화가 되겠습니다.
재성으로 모은 돈을 함부로 낭비하지 않고 명예롭게 쓰도록 관살이 관리합니다. 인성은 관살의 명예를 더 크게 빛나게 합니다.

관살은...
인성과의 친밀도가 깊으면 좋습니다. 관인상생(官印相生)입니다.
관살의 명예와 권력을 크고 높게 새기는 역할을 인성이 합니다.
관직의 고위직으로 결재자의 지위를 누릴 수 있습니다.

인성은...
식상과의 친밀도가 깊으면 좋습니다.
인성으로 배우고 공부하고 가지는데 그치지 않고 그것을 주고, 베풀고, 가르치고, 봉사하는 일을 식상이 합니다. 실천입니다.

일등 하는 놈은 일등을 할 수 밖에 없는 짓을 골라서 하고 꼴등 하는 놈은 꼴등을 할 수 밖에 없는 짓을 골라서 합니다.
마찬가지로 흥하는 놈은 흥할 수밖에 없는 짓을 골라서 하고 망하는 놈은 망할 수밖에 없는 짓을 골라서 합니다.
되는 놈은 되는 놈을 따라다니며 되는 방법을 배우고 되는 연습을 하는데, 안되는 놈은 안되는 놈을 따라다니며 안되는 방법을 배우고 안되는 연습을 합니다.

눈물의 무게나 땀방울의 무게가 다 같을 수는 없습니다.
눈물도 땀방울도 함유된 소금의 농도부터 다릅니다. 다 같이 운다고 그 슬픔의 무게가 같을 수 없듯이 다 같이 땀을 흘린다고 그 수고가 같을 수는 없는 것이지요. 노력한다고 다 되는 것은 아닙니다.

五行이 구비된 팔자가 특색이 없고 두루뭉술하다고 했지요?
이와 비슷한 이야기로 날다람쥐가 생각납니다.
달리기는 기본이고 나무 타기에도 선수이면서 헤엄을 칠 수도 있고 나무에 구멍도 잘 파는 등 만능 재주꾼이랍니다. 옆구리에는 엷은 막이 있어서 네 다리를 활짝 펼치면 마치 행글라이더처럼 나무 사이를 이리 저리 마음대로 활공(滑空)할 수도 있습니다. 이렇게 다섯 가지의 재주가 있다고 해서 오기서(五技鼠)라는 별명도 있답니다.
재주가 많으니 자연계의 생존 경쟁에서 유리한 위치를 차지하고 있을 것 같지요? 인간에 비유하면 영어, 수학, 국어, 과학, 도덕, 사회, 미술, 음악, 체육 등등 모든 과목을 다 잘하는 격입니다.

그런데... 아이러니하게도 날다람쥐는 멸종위기에 처해 있는 동물이랍니다. 이유는 바로 그 여러 가지 재주 때문이라고 합니다.

재주가 많기는 하지만 하나같이 어중간한 재주로 특별한 게 없다는 것입니다. 소문난 잔치에 먹을 것 없는 꼴입니다.

하늘을 날 수 있지만 지붕을 넘지도 못하고, 나무를 잘 타지만 꼭대기 끝까지 올라가지도 못한답니다. 헤엄을 치기는 하지만 계곡을 건널 정도도 못되고, 나무에 구멍을 잘 파지만 자기 몸 하나 숨기기에도 부족한 수준이면서 달리는 속도 또한 어중간하다고 합니다. 각 분야의 한 가지 전문가를 이길 수 없다는 것이고 어딜 가도 4등이라는 말입니다.

이것저것 못하는 게 없지만 특별히 잘하는 전문이 없다는 것이고 주특기가 없다는 것이 단점이라는 말이니 현대적으로 해석하면 여러 재주를 가진 사람은 한 가지 특출한 재주를 가진 사람보다 오히려 성공하기 어렵다는 말이 될 수 있습니다. 특히 현대 사회에서는 남의 재주를 부러워하지 말고 자기 재주 하나를 잘 갈고 닦아 활용하는 지혜가 필요하다는 말이 되겠지요. 박사학위라는 것도 한 가지 분야의 전문가에게 주는 인정서입니다. 그야말로 모든 걸 다 잘 아는 만물박사가 아니라는 말입니다.

어린 아이를 밤늦게까지 이 학원, 저 학원으로 뺑뺑이 돌린다고 훌륭한 사람이 되는 건 아닙니다. 전문 주특기와 특별한 유용성이 필요한 시대입니다. 우리 속담에 '열 가지 재주에 저녁거리가 없다'는 말이 있습니다.

水는 씨앗의 원재료가 되고 씨앗이 되면서 씨앗을 생산하고 보관하는 역할을 합니다. 亥子입니다. 돼지와 쥐입니다. 번식력이 가장 뛰어난 동물 중에 쥐와 돼지가 포함되어 있습니다. 체중에 비해 정액을 가장 많이 쏟아내는 동물이 돼지랍니다.

씨앗은 차가운 환경에서 보관합니다.

사람도 동물도 씨앗 주머니인 고환(불알)을 몸 밖에 매달아 놨습니다. 이 쌍방울을 둘러싸고 있는 피부가 쪼글쪼글한 주름과 털로 뒤덮인 것은 내부 온도 조절을 위한 최첨단 과학적 장치입니다. 완전 자동입니다.

쪼글쪼글한 부분이 늙어서 반질반질하게 다림질되어 펴지면 인생 볼일 다 본 셈이 됩니다. 수컷은 꼬리 바로 밑에 고환을 매달아놨고 암컷도 꼬리 바로 밑에 생식기가 설치되어 있습니다. 서로 땡기거나 필요할 때는 꼬리를 쳐서 흔들어 신호를 보냅니다.

잘 만들어 놨지요?

세상만사에 절대라는 건 없습니다. 절대로... 부부간의 성생활은 인류의 영속적인 생존을 위한 위대한 임무를 수행하는 숭고한 의식이지만 바람난 잡돌이들의 방탕한 성생활은 인간의 존엄성을 파괴하는 패륜(悖倫)이 됩니다.

술을 마셔도 깡패 건달이 마시는 위스키나 소주는 취하여 세상을 어지럽히고 혼탁하게 하는 술이지만, 농부가 새참으로 마시는 막걸리는 피로를 풀어주는 간식이요, 음식입니다. 전혀 다른 용도지요.

잡초(雜草)? 혹시 여러 가지를 다 잘하지 못한다고 다른 인간들이 당신을 잡초 취급하나요? 잡초란 어리석은 인간들의 무지와 무식으로 그 유용성이 다 밝혀지지 않은 풀이랍니다. 원초적인 자연이지요. 지구상의 모든 생명이 멸종을 한다고 해도 잡초나 이끼는 맨 마지막 순서랍니다.
혹시라도 당신을 잡초라고 무시한다면 그것은 당신의 유용성을 찾지 못한 그의 무지와 무식 탓입니다. 잡초는 잡초의 특성을 잃지 않으면 됩니다.

크다고 유리하거나 안전한 것도 아닙니다.
덩치가 큰 맘모스나 공룡은 사라진지 오래지만 박테리아처럼 작고 미세한 생명은 아직도 건재합니다. 박테리아까지 갈 것도 없습니다.
모기도 있고, 빈대, 벼룩도 있습니다.

09.

궁위(宮位)의 의미와 역할

❖ 年柱…

꽃피던 봄 시절이요, 첫 20년 대운격입니다. 조부모 및 조상자리입니다.
뒷방이요, 가장 높은 어른 자리요, 늙은 원로원(元老院) 격입니다.
어제보다 더 지난 그제입니다. 한참 지난 과거입니다. 추억입니다.
유년시절입니다. 집안의 맨 뒷방입니다. 가장 구석진 골방입니다.
뒷 별채입니다. 뒷집의 뒷집입니다. 뒤 샛문 쪽문입니다.
몸의 등 뒤쪽입니다.

❖ 月柱…

열정의 활발한 여름 시절이요, 두 번째 20년 대운격입니다.
부모자리입니다. 어른, 선배자리입니다. 태어난 고향이요, 본가입니다.
어제입니다. 지나온 뒷길입니다. 바로 뒤 과거입니다. 젊은 청년 시절입니다. 가정궁이요, 결혼궁입니다. 집안의 안방, 큰방입니다. 바로 뒷집입니다.
후문입니다. 뒤통수입니다. 몸의 엉덩이와 등 쪽입니다.

❖ 日柱...

전성기입니다. 푹 익었습니다. 결실의 가을 시절입니다. 세 번째 20년 대운 격입니다. 중년 시절입니다. 짝지인 배우자 자리입니다. 떼려야 뗄 수 없는 껌딱지입니다. 지금 걷고 있는 길입니다. 현재입니다.

자기 자리, 자기 방, 자기 집입니다. 부부가 앉는 자리요, 부부가 생활하는 방입니다. 몸의 중심입니다. 배우자궁과 가정궁인 월일이 형충되면 결혼이 늦거나 좋은 인연을 만나기 어려워집니다.

❖ 時柱...

황혼의 겨울 시절입니다. 네 번째 20년 대운격입니다. 자식자리입니다. 후배, 부하, 제자, 신도 등 아랫사람 자리입니다. 늙은 말년의 시절입니다. 내일입니다. 미래입니다. 앞길입니다. 집안의 문간방입니다. 대문 밖입니다. 대문입니다. 앞집입니다. 사회활동 공간입니다. 사업장입니다. 몸의 앞쪽, 배 쪽입니다. 최종적으로 무덤이 됩니다.

배우자궁과 후반기인 일시가 형충되면 부부 인연의 후반기 상황이 좋게 이어지기 어렵습니다.

앉은 자리가 편안하고 안정돼야 좋습니다. 터전입니다.
호랑이는 깊고 숲이 울창한 산 속에서 살아야 하고 선인장은 사막에서 살아야지요. 사람에게는 더더욱 중요합니다.
팔자에 따라 필요한 환경을 따라가야 하는 것이고 음양의 조건을 쫓아가는 것입니다.

육신과 궁위의 관계를 연계해서 응용해 보겠습니다.

❖ 年支에 인성이 있으면...

모친이 뒷방 할매 방에 앉아 있습니다. 모친의 나이가 좀 많은 편인 경우가 많습니다. 아니면 모친이 할매 짓을 하거나 어쩐지 할매 같습니다.
생각이 깊고 철이 들고 지혜로운 모친이거나 조모의 인자한 덕으로 볼 수도 있습니다.

❖ 月支에 인성이 있으면...

모친이 제자리에 제대로 자리 잡고 앉아 있습니다. 똑똑하고 능력있는 모친입니다. 모친이 가정의 중심이므로 모친의 영향을 많이 받을 수밖에 없습니다. 여자 팔자면 부모나 친정의 유산을 받을 수도 있습니다.
月支의 인성이 너무 강하면 상대적으로 약해지는 재성인 부친이 앉을 자리가 없거나 뒷방으로 밀려납니다.

❖ 日支에 인성이 있으면...

배우자가 앉아 있어야 하는 안방 아랫목에 모친이 버티고 앉아 있습니다. 배우자는 앉을 자리가 없습니다. 모친을 모시고 살아야 합니다.
남자 팔자면 부부 갈등은 피할 수 없습니다. 인성과 재성은 조합이 어렵습니다. 고부(姑婦)사이는 전생의 처첩(妻妾)사이라지요? 쫭입니다.
모친이 살림 간섭 다하고 마누라 행세까지 하려고 듭니다. 옛부터 부엌의 주인은 하나라야 된다고 했습니다.
여자 팔자에서도 모친을 모시고 살거나 모친 또는 친정을 끼고 사는 경우가 많습니다. 배우자가 열심히 거두어 먹여야 합니다.

❖ 時支에 인성이 있으면…

모친이 자기 자리인 月支에 있지 못하고 대문 밖, 집 밖에 나가 있거나 문간방에 앉아 있습니다. 모친이 쫓겨난 꼴이고 자식 자리에 있으니 철이 없거나 철없는 짓을 잘합니다. 부친의 작첩끼로 인해 어린애 같은 모친 또는 첩이나 계모일 수도 있습니다. 모친이 日干을 일찍 낳은 형상도 됩니다. 아이처럼 잘 삐지고 까다롭게 굴어 모시기 어려운 모친입니다.
덕있는 자식이나 부하 또는 아랫사람으로 연결되기도 합니다.

❖ 年柱에 재성이면…

마누라가 조부모 자리에 앉은 꼴이라 마누라 나이가 많거나 철이 들어 할배, 할매짓을 합니다. 부친의 나이가 많거나 할배, 할매짓을 합니다.

❖ 年柱에 관살이면…

자식이 조부모 자리에 앉은 꼴이라 자식이 할배, 할매 같은 짓을 하거나 철이 든 애늙은이입니다. 여자 팔자면 남편이 나이가 많거나 헛기침이나 하는 뒷방 늙은이 행세를 합니다.

❖ 時柱에 재성이면…

마누라가 나이가 어리거나 잘 삐지고 철없는 짓을 잘합니다.
여자 팔자면 나이 어린 남자 인연으로 연결되기도 합니다.

❖ 年柱에 비겁이면…

나이 차이가 많이 나는 위 형제나 자매가 있는 경우가 많습니다.

❖ 月柱, 時柱의 인성에 포위가 되면...

아래위로 인덕(?)이 있어 얻어먹기만 하므로 급할 것도 없고 느긋하며 배만 튀어 나옵니다. 모친들이 경쟁적으로 거두어 먹이는 꼴입니다.
기대 사는 팔자가 될 수도 있는 것이지요. 인성이 많으면 옷을 많이 입은 꼴이라 남자면 포경(包莖)이 많습니다.

육신과 五行을 연결해 보겠습니다. 인성의 경우입니다.

❖ 인성이 木이면...

火氣가 받쳐주면 모친이 날씬하고 인물이 있으며 키가 큰 경우가 많고 水木이 강하면 체격이 크거나 비만형 모친인 경우가 많습니다.
기본적으로 무뚝뚝한 편인데 인자하고 인정이 많으면서 고집이 센 경우가 많습니다. 인내와 끈기라 꾸준한 성품입니다.

❖ 인성이 火이면...

모친이 마른 체형인 경우가 많고 화끈하면서 밝고 명랑한 성격에 말솜씨도 뛰어난 편입니다. 좀 급하고 가벼운 성격에 가족이나 가까운 주위를 달달 볶는 스타일이기도 합니다. 사람을 한 눈에 간파하는 안목이 있는 편입니다. 시력도 좋습니다.

❖ 인성이 土이면...

모친의 키가 작거나 통통한 비만형인 경우가 많고 얼굴도 둥근 편입니다. 신용 있는 성품에 옛날 고릿적 이야기를 잘합니다. 음식 맛을 잘 아는 특징이 있습니다. 말수가 적거나 참는 인내성이 강한 편입니다.

❖ 인성이 金이면...

모친이 중성적 기질로 의리파에 냉정하고 냉철하면서 결단성이 있습니다. 뼈대형 체격이거나 얼굴이 모난 사각형으로 활동성이 강한 모친인데 코의 기능이 튼튼해서 냄새를 잘 맡는 특징이 있습니다.

❖ 인성이 水이면...

모친이 지혜로우며 눈물도 많은 사람인데 한 자리에 가만있지 못하고 잘 돌아다니는 편입니다. 움직이지 않으면 썩거나 냄새가 나기 때문인데 가만히 있다고 해도 속으로는 끊임없이 궁리하고 움직입니다.
모친의 귀가 튼튼하고 장수하기 쉽습니다. 청력도 좋습니다.

다른 육신, 육친의 경우에도 같은 방법으로 봅니다. 주의해야 할 점은, 형제자매가 많은 경우 육친간의 인연 관계가 모든 형제자매에게 다 같이 연결되는 것은 아닙니다. 그 중의 한 형제자매에게 연결되는 경우가 많은데 주로 장남이 잘 걸립니다.

❖ 부(富; 재성)와 귀(貴; 관살)의 차이

관살은 天干에, 재성은 地支에 있는 것이 좋다고 했습니다.

자기 여자나 자기 밥그릇을 잘 뺏기는 사람이 있지요? 대개 이런 사람은 재성이 뿌리도 없이 天干에 노출되어 있는 경우가 많습니다.

天干은 얼굴마담 격이고 地支는 속마음 격입니다.

天干은 공식적이지만 地支는 비공식적이면서 실제적입니다.

天干보다 地支의 실질적인 영향력이 강합니다.

따라서 만방에 자랑해야 하는 관살은 天干에 노출될수록 좋은 것이고 재성을 天干에 드러내 자랑하면 日干이 재성을 노린다는 것이 들통나는 꼴이 되므로 경쟁자들인 똥파리들 비겁과 효신인 도둑들이 재성을 내버려 둘리 없지요. 빼앗지 않으면 훼방이라도 놓습니다.

재성이 天干에 노출되어 있으면 日干은 속으로 애만 태우다 기회를 놓치는 경우가 많습니다. 재성은 地支에 있는 것이 좋고 아예 지장 간에 숨어 있으면 실속이 있다고 볼 수 있겠습니다.

地支에 있으면 은밀하게 속마음을 확인하는 것이고 비밀스럽게 재성을 취하기 때문에 누구도 눈치를 못챕니다. 안전하게 깔고 앉으면 평생 돈 걱정, 여자 걱정은 없는 셈이지요. 뒤로 호박씨는 까겠지만... 그러나 관살이 地支에 있으면 소용이 없습니다. 양심적이고 인격적인 실력자 日干이라고 해도 아무리 노력해도 승진조차 어렵습니다.

관살이 天干으로 올라가지 못한다는 것은 숨어서 덕(德)을 쌓는 것과 같으므로 알아주는 사람이 있을 리도 없습니다. 양심적이고 실력이 있다고 해도 공식적인 명함이 없는 관살은 무의미합니다.

관살이 天干에 투출되면 누구도 함부로 대하지 못합니다. 부당한 대우를 받으면 바로 쳐버리거나 칼을 휘두르므로 주위 사람들이 두려워하기 때문입니다. 남자 팔자를 중심으로 본 것입니다.

기계도 사용설명서대로 쓰면 수명도 길어지고 성능도 좋아지게 마련입니다. 그러나 2018년도에 만들어져 첨단 전자 부품으로 떡칠을 한 자동차를 분해하면서 수십 년 전에 만들어져 전기와 기름과 물만 있으면 굴러가던 포니 자동차 설명서를 펼쳐놓고 더듬을 수는 없습니다.

자동차가 달릴 도로 사정도 마찬가지입니다.

옛날에는 흙길, 자갈길 뿐이었지만 지금은 흙길, 자갈길은 구경조차 하기 어렵습니다. 불과 몇 십 년 사이에 천지가 개벽할 만큼이나 환경이 바뀐 것입니다. 첨단 디지털 시대에 살고 있는 사람의 四柱를 해석하면서 구식 아날로그 시대에 만들어진 이론을 고집할 수는 없는 것이지요.

팔자 해석도 마찬가지라는 말입니다. 따라서 몇 백 년 또는 몇 천 년 전의 옛날 중국인 四柱를 놓고 따따부따하는 짓은 이제 그만했으면 좋겠다는 생각입니다.

10.

식상과 궁위의 관계

앞 장에서 인성과 궁위와의 관계를 간단히 봤습니다만 인성과 대칭적 관계인 식상과 궁위와의 관계를 정리해 보겠습니다.

❖ 年柱에 식상이면...

장모의 나이가 많거나 나이 많은 할매짓을 합니다. 조상이나 연로한 어른을 섬기고 봉사하는 형상입니다. 경로당, 양로원 봉사입니다.
여자 팔자면 자식이 할배, 할매 자리에 앉아 있습니다. 애늙은이로 늙은 노인네 행세를 하는 꼴이거나 철이 든 자식입니다.
주로 늙은이를 유혹하는 모양도 됩니다. 뒷골방 문을 열어 놓은 형상입니다. 입이 등짝에 달린 꼴입니다. 손발도 뒤로 잘 움직입니다.

❖ 月柱에 식상이면...

장모가 모친 자리에 앉아 있습니다. 간섭하고 부모 노릇을 합니다.
상사나 선배 등 윗사람 또는 부모를 잘 섬기고 봉사하는 형상입니다.
여자 팔자면 주로 연상의 남자를 유혹하는 모양이고, 뒷문을 열어 놓은 격입니다. 자식이 부모 행세를 합니다. 입이 엉덩이 쪽에 달린 꼴입니다. 뒷집에 잘 퍼줍니다. 손발이 뒷짐을 진격입니다.

❖ 日柱에 식상이면...

배우자를 섬기거나 봉사하는 형상입니다. 배우자를 배려하고 먹여 살리는 모양입니다. 턱 밑에 입이 달린 꼴입니다. 입이 보살이라 남편이 위험합니다. 장모가 日干과 비슷한 동년배인 꼴이고 장모가 마누라 자리에 앉아 마누라 노릇을 하는 꼴이라 헷갈립니다. 아주아주 잘못되면 장모와 바람날 수도 있는 모양이 됩니다. 어린애가 마누라 자리에 앉은 형상이라 나이가 어린 딸 같은 마누라 인연으로 돌아가기도 합니다.
여자 팔자면 안방 문을 열어 놓은 꼴이요, 안방에서 벗고 대기 중입니다.

❖ 時柱에 식상이면...

장모의 나이가 어리거나 어린애 같은 장모라 잘 삐지고 철이 없습니다. 자식이나 후배, 부하, 제자 등 아랫사람을 잘 챙기고 돌보는 형상입니다. 고아원이나 어린이를 잘 거두어 먹이고, 키우고, 가르치는 것입니다.
밖에만 나가면 인심이 후한 형국인데 특히 여자 팔자면 주로 연하의 어린 남자를 유혹하는 꼴입니다. 대문 밖에서 대문을 열어놓고 남자를 기다립니다. 입이 배꼽에 붙어 있습니다. 앞집에 잘 퍼줍니다.

❖ 月柱, 時柱에 식상이면...

앞으로 새고 뒤로 새고, 앞집에 퍼주고 뒷집에 퍼주고, 아래 위로 다 퍼 주는 꼴이라 퍼주다가 볼일 다 봅니다.
여자 팔자면 앞문 뒷문 다 열어 놓고 앞으로 뒤로 늙은이 젊은이 가리지 않고 유혹하고 바치는 꼴입니다. 집 앞에도 뒤에도 식상을 걸어 놓고 앞집에 사는 놈, 뒷집에 사는 놈, 젊은 놈 ,늙은 놈 안 가립니다.
앞뒤로 입이 달린 쌍나발입니다. 식상이 天干에 노출되면 드러내 놓고 자랑하고 잘난 척합니다. 식상이 沖이면 굴신성(屈伸性), 신축성(伸縮性)이 탁월한 기능을 가진 여자로 탐색(貪色)하는 경향이 있습니다.

식신은 계산 없이 순수하게 주는 것이고, 상관은 온갖 이해득실 계산을 다 해보고 뭔가 꿍꿍이를 가지고 주는 것이라 뒤가 좀 꺼림칙합니다.
식상이 너무 많으면 식신도 상관 행세를 한다지요?
식상은 발산성이 강하므로 일을 벌이기는 잘하는데 재성이 없으면 마무리 하는 기능이 약해 흐지부지 밑천만 날리고 만세 부르기 딱 좋습니다.
유시무종이라 결실이 허무한 것이고 결과물이 시원찮은 것이지요.
식상이 노리는 것은 재성이므로 재성으로 마무리해야 하기 때문입니다.
식상이 너무 많으면 오지랖이 넓어 아무데나 삽질하고 다니거나 여기 저기 잘 끼어들고 남의 걱정도 유난히 많습니다. 간덩이가 크고 변태성도 강합니다.
관살을 剋하므로 높은 사람도 무섭지 않고 법도 무시할 수 있습니다.
제멋대로요, 제 잘난 맛에 사는 사람이 되기 쉽습니다.
식상이 많지 않다고 해도 신약한 팔자에 月柱에만 상관이 차고 있어도 좀 그런 편입니다.
특히 月柱에 상관과 겁재가 동주하면 정말 대책 없는 빈둥 건달로 탐욕의 덩어리가 될 수 있습니다.
세상에는 무조건 다 좋은 것도 없고 무조건 다 나쁜 것도 없습니다.
좋은 인간이라도 나쁜 짓을 하면 나쁜 놈이 되는 것이고, 나쁜 인간이라 도 좋은 일을 하면 좋은 사람이 되는 것이지요.
무서운 칼도, 독약도 사용하는 처방에 따라 사람을 살릴 수도 있는 것이고, 죽일 수도 있는 것이고... 그렇습니다.

튼튼한 四柱에 식상도 튼튼하고 튼튼한 재성까지 받쳐주면 금상첨화입니다. 이른바 식상생재(食傷生財)가 되는 것입니다. 그러나 식상생재가 되도 四柱가 허약하면 말짱 도루묵이 되기 쉽습니다.
체력이 달리는 형국이라 죽을힘을 다해 돈을 벌어도 감당이 안되니 내 돈이 되기는 어렵습니다.
남 좋은 일만 하는 것이고 죽 쑤어 개주는 꼴입니다. 돈이 된다고 해도 일시적이요, 잠시 머무는 것일 뿐 어차피 다 나가고 흩어질 돈이기 쉽습니다.
동서남북 대문 쪽문에 샛문까지 다 열어 놓은 격이라 다 새버립니다.
나도 배고픈 판에 그놈의 인정을 버리지 못해 이러 저리 다 퍼주고 굶어 죽거나 망하는 꼴입니다.
식상은 설기하는 기운이므로 서서히 새고, 망하고, 무너지므로 표도 나지 않습니다. 자각을 못하는 것이라 어느 날 건강 진단을 받아보니 3년 전부터 시작되어 이미 말기까지 진행된 암이라 손을 쓸 수도 없는 상태에까지 온 그런 형상입니다. 진짜 무섭습니다.

자기 아이가 머리 좋다고 동네방네 자랑이 늘어지는 부모 많지요?
성장하고 발전하는 과정의 관리가 제대로 안되면 머리 좋고 재주 많은 것이 오히려 독이 되어 팔자를 말아 먹을 수 있습니다.
세상살이에 쓰러지지 않고 계속 걸으려면 무조건 정신적 육체적 체력이 받쳐 주어야 합니다. 四柱에서 안되면 운에서라도 힘이 생겨야 합니다. 운에서 힘이 생겨 이룬다고 해도 다음 운을 잘 봐야 합니다. 운의 굴곡입니다.
다음 운이 조금이라도 불리하거나 수상하면 관리를 잘 해야 하는데... 그게 어렵습니다.
계속 잘 나갈 줄 알고 '고! 고!' 부르짖다가 골로 가는 사람 많습니다.

❖ 여자 팔자에서…

식상을 자식으로 보고 자식을 잉태하고 생산하고 양육하는 생식기관으로 봅니다. 자궁, 유방 쪽입니다. 그렇다면 자식을 직접 생산할 수 없는 남자 四柱의 생식기관은 뭘까요?

역시 식상으로 보면 됩니다. 남자는 자식을 직접 생산할 수가 없으므로 여자의 몸을 빌어 재료를 공급하고 간접 관리하는 형태로 위탁 생산합니다. 재성인 여자에게 의뢰해 재성의 자식인 관살을 생산하는 하청시스템입니다. 물론 원재료는 남자가 제공해야 합니다. 여자의 자궁에 재료를 투입하는 도구가 바로 식상입니다. 따라서 남자 팔자에서도 식상을 생식기관으로 보면 됩니다.

문제는, 아무리 제조 시설이 좋다고 해도 재료의 질이나 성분에 하자가 있거나 투입과정에 문제가 있으면 상품성 있는 완제품이 나오기 어려운 것이고, 마찬가지로 아무리 특급 재료를 공급한다고 해도 제조 시설이 낡거나 관리가 안 돼 엉망이면 재료만 버릴 수도 있다는 것입니다.

관리가 깔끔한 새로운 제조 시설에 확실하게 정제된 재료를 투입해야겠지만 잘못되면 이물질이 섞인 불량 재료가 투입되거나 엉뚱한 재료와 뒤섞일 수도 있고 드문 경우이긴 하지만 전혀 다른 재료가 주입되어 엉뚱한 놈이 제조, 가공되어 튀어나오기도 한다는 것입니다.

❖ 아참,

엄밀히 따지면 식신과 상관의 기르는 행위가 좀 다릅니다.
식신은 자연적인데 비해 상관은 인공적인 행위가 강합니다.
따라서 꼭 구분을 하자면 인공 양식이나 축산, 육림 등은 상관 성분이 됩니다.

❖ 여자 팔자에서...

자식을 스스로 생산해야 하는데 식상과 五行의 상관관계 및 악살(惡殺)의 개입 여부에 따라 자식 농사에 문제가 생길 수 있습니다. 자식으로 이어지는 유전적인 대물림은 모계(母系)의 영향을 더 많이 받는 편입니다.
씨앗도 중요하지만 땅의 토질이 영향을 주는 것이겠지요.
五行과 육신을 연계해서 보면,

❖ 木 日干이면...

火가 식상으로 자식입니다. 木의 잘못된 기운을 물려받으면 신경계의 이상이나 수족에 문제가 있는 자식을 가지거나 간 질환을 가지는 자식을 낳을 수도 있습니다.
식상 火가 깨지거나 악살에 걸리면 심장계통이나 정신계에 이상이 있는 자식을 낳기 쉽습니다. 시력에 문제가 있는 자식을 낳기도 합니다.

❖ 火 日干이면...

土가 식상으로 자식입니다. 火의 잘못된 기운을 물려받으면 심장계통이나 정신계에 문제가 있는 자식을 낳기 쉽고 시력에 문제가 있는 자식을 낳기도 합니다.
식상 土가 깨지거나 악살에 걸리면 소화기능이 부실하거나 척추에 이상이 있어 하반신 장애를 가진 자식을 낳거나 심하면 곱사나 난장이를 낳을 수도 있습니다. 성장에 장애가 따르는 자식입니다.

❖ 土 日干이면...

金이 식상으로 자식입니다. 土의 잘못된 기운을 물려받으면 척추이상 등으로 성장에 장애를 가지는 자식을 낳을 수 있습니다.

식상인 金이 깨지거나 악살에 걸리면 백혈병 등 혈액 질환이나 호흡기에 이상이 있는 자식을 낳거나 뼈의 이상으로 성장에 장애를 가지는 자식을 낳을 수 있습니다. 아토피 등 만성 피부질환도 우려됩니다.

❖ 金 日干이면...

水가 식상으로 자식입니다. 金의 잘못된 기운을 물려받으면 뼈의 성장이 부실해서 성장 장애를 앓거나 폐, 기관지에 문제가 있는 자식을 낳기 쉽고 아토피 등 피부 질환을 이어 받는 자식을 낳을 수도 있습니다.

식상인 水가 깨지거나 악살에 걸리면 청력 장애가 있을 수 있어 심하면 농아(聾兒)를 낳거나 성적 불구자를 낳을 수도 있습니다.

❖ 水 日干이면...

木이 식상으로 자식입니다. 水의 잘못된 기운을 물려받으면 청력에 문제가 있거나 성적으로 장애를 가진 자식을 낳기 쉽습니다.

식상인 木이 깨지거나 악살에 걸리면 신경계나 수족에 이상이 있는 자식을 낳을 수 있고 간 질환을 가진 자식을 낳기도 합니다.

日干 문제는 자신의 문제이면서 자식에게까지 유전적인 영향을 주는 것이고 식상 문제는 자식의 문제이면서 자신의 문제이기도 합니다.

신장, 방광, 자궁, 유방 등 생식기관인 식상은 해당 五行과 연계됩니다.

모든 五行 육신이 生하고 剋하면서 연결되듯이 모든 신체 부위와 오장육부 또한 生하고 剋하면서 상호 연결됩니다.

日干과 식상에게만 시비를 걸어 봤으나 日干과 식상 외의 다른 五行 육신에 문제가 있어도 자식에게로 인계 연결됩니다.

여자에게만 해당되는 것도 아닙니다. 남자 팔자에서도 걸려듭니다.

❖ 여자 팔자에서

식상과 인성이 地支로 合이 되면 결혼이 되고 연애가 됩니다.
특히 日支입니다.
인성은 남자인 관살의 식상이라 식상과 식상의 合이 됩니다.
예를 들어 己酉 日柱 여자가 인성 巳火를 만나면 巳酉 合입니다.
예를 들어 丁未 日柱 여자가 인성 卯木을 만나면 卯未 合입니다.
여자 팔자에서 식상과 인성이 地支로 沖이 되면 식상과 식상의 沖입니다.
탐색(貪色)의 작용이 되면서 남자를 만나기는 하되 결과는 깨지기 쉬운 형상입니다.
예를 들어 乙巳 日柱 여자가 인성 亥水를 만나면 巳亥 沖입니다.
예를 들어 癸卯 日柱 여자가 인성 酉金을 만나면 卯酉 沖입니다.

자궁을 포함한 대장기능이 발달한 소음인(少陰人) 체질의 여성에 남성 호르몬의 분비가 특히 활발하면… 평소에는 얌전하다가도 부부생활에서 거칠어지는 경우가 많습니다.
폭발하지 못하고 될 듯 말 듯 감질나서 야성적으로 돌변하는 것이지요.
이것은 金성분인 대장기능이 너무 강해서 상대적으로 木성분인 담낭기능이 약해져 흥분기능이 약하므로 흥분기능을 담당하는 담낭의 욕구를 끌어내려고 난폭해지거나 공격성이 강해져 공격적인 상위(上位)를 원하기도 하는 것인데 심하면 대장 기능이 치아(金)에 몰려 상대를 물어뜯기도 합니다.
병적인 증세로 돌변하는 것입니다. 특히 이런 여성에게는 충분한 예열이 필요하며 담낭 기능(木)과 연계된 엉덩이와 배꼽 부위의 자극이 중요합니다.
소홀하면 다칩니다.

남자 四柱에서 식상인 비뇨기(생식기)의 모양을 보면,
木이 식상이면… 비교적 길쭉하게 생긴 경우가 많습니다.
火가 식상이면… 몸통은 가늘고 끝(귀두)이 좀 큰 편입니다.
土가 식상이면… 비교적 짧고 통통하게 굵은 경우가 많습니다.
金이 식상이면… 비교적 단단하고 야무지면서 각진(?) 모양이 많습니다.
水가 식상이면… 몸통에 비해 끝(귀두)이 가늘고 작은 경우가 많습니다.
확률이 높은 편은 아니지만 손가락과 연계해서 보면 거의 맞습니다.
몸에서 가장 많이 사용하는 도구가 손가락이지요?
도구는 도구끼리 닮습니다. 모양도…

머리털이 돼지털 같은 남자는 머리를 잘 쓰지 않습니다.
머리털이 부드러운 남자가 머리를 많이 씁니다.
머리털이 부드러워지면 정력이 약해집니다.
남자가 머리를 너무 많이 쓰면 정력이 약해집니다.
식상(食傷)이 과도해지는 것이니 日干은 허약하고 식상의 생조를 받는 재성이 강해져 여자 앞에만 서면 빌빌대는 꼴이 됩니다.
여자가 머리를 너무 많이 쓰면 남자 잡습니다.
왕해진 식상(머리, 유방, 자궁)이 관살(남자, 남편)을 박살내 버립니다.

남녀 불문하고 몸과 얼굴에서 자신 있는 부위나 가려진(?) 부위를 특히 이성에게 드러내고 싶어 하고 노출 시키고자 합니다.
자신 있는 부위 쪽에 접근하면 그 부위를 은근히 들이밀기도 합니다.
주로 성적으로도 민감한 부위입니다.
반대로 자신 없는 부위는 감추려고 하는 당연한(?) 본성을 가지고 있습니다. 자신 없는 부위 쪽으로 접근하면 긴장하게 되고 경직되므로 거부하는 경향이 강한데 주로 성적으로도 둔감한 부위입니다.

❖ 손가락으로 특징을 봅니다.

엄지손가락(무지拇指, 벽지擘指, 대지大指, 거지巨指)

으뜸 자리로 조상을 의미합니다. 서양에서는 유전적인 면을 본다고 합니다. 엄지가 길면 신중하고 행동력이 있으며 엄지가 짧으면 성미가 급하고 감정에 치우치기 쉽다고 봅니다. 엄지가 가늘면 의지가 약하다고 봅니다.

둘째손가락(집게손가락, 검지, 식지食指, 인지人指, 염지鹽指, 두지頭指.)

길면 야심가로 어떠한 역경을 만나도 좌절하지 않는다고 봅니다.

뾰족하면 어학에 소질이 있고 종교적 신앙심이 깊고 욕심내지 않으며 담백한 성품으로 봅니다. 가리키거나 삿대질할 때 쓰는 손가락으로 시지(示指)라고도 합니다. 따라서 손바닥을 펼칠 때 이 손가락만 따로 떨어져 내밀면 배타적이고 비사교적인 사람으로 봅니다.

가운데손가락(중지中指, 장지長指, 장지將指)

자신을 나타냅니다. 휘어있으면 의타심이 많다고 보고 유난히 길면 바람기가 많다고 봅니다(바람기가 많은 사람은 피부도 하얗고 눈빛이 우수적인 경우가 많습니다). 또한, 중지가 길면 끈기가 있고 자아(自我)가 강하다고 보기도 합니다.

약손가락(약지藥指, 무명지無名指)

중지와 비슷할 정도로 길면 승부수가 강한 특징이 있는데 투기성과 사행심이 강해 도박을 좋아하는 경향이 있다고 봅니다.

예술적인 감각도 뛰어나다고 봅니다.

새끼손가락(소지少指, 계지季指, 수소지手少指)

자식 복을 나타냅니다. 생식력과 연관이 깊다고 해서 길면 정력이 좋은 것으로도 알려져 있습니다.

손가락의 길이에 따른 특징이 있습니다.
대부분의 남자는 검지보다 약지가 약간 긴 편이고 대부분의 여자는 검지와 약지의 길이가 거의 비슷합니다.
약지가 검지보다 길면 수학이나 공학 등의 성적은 별로지만 예술적인 재능은 비교적 앞서는 경우가 많습니다.
약지가 검지보다 특별히 긴 남자는 테스토스테론에 많이 노출된 결과 남성적이 되어 품질 좋은 정자를 만들고 상대적으로 아들을 많이 낳는다고 보기도 합니다.
이런 사람은 공격성이 강해 주식투자 등에서도 손익 폭이 큰 편입니다.
손이나 손가락에 해당되는 육신은 식상입니다.

❖ 식상은

수족(手足)이고, 활동의 도구입니다. 주는 것이고, 감당이 안 되면 나가는 것이고 새는 것인데 천천히 나가는 것이고, 서서히 새는 작용입니다.
새는 줄 모르게 새는 것이고, 나가는 줄 모르게 나가는 것이고, 더 심하면 망하는 줄 모르게 망하는 작용으로 연결될 수 있습니다.
서탕입와(徐湯入蛙)라는 고사성어가 있지요?
'변화무지 증후군' 또는 '삶은 개구리 증후군'이라고도 합니다.
뜨거운 물에 개구리를 바로 집어넣으면 화들짝 놀라 뛰쳐나오겠지만 물이 아주 천천히 끓어가는 미지근한 냄비 속에 들어앉은 개구리는 온도의 변화를 느끼지 못하고 당장의 따뜻함에 취해 익숙해지면서 안주하다가 서서히 익어가 마침내 자신이 죽는다는 사실을 자각하지 못한 채 삶겨 죽는다는 말입니다. 변화하는 환경에 적극적으로 대응해서 최악을 준비해야 하지만 뒷짐지고 탱자탱자 하다가 시기를 놓치는 것입니다.

요즘 말로 하면 시대의 흐름을 읽고 혁신의 변화를 꾀해야 하지만 현실에 안주하면서 우물쭈물하다가 기회를 놓치고 결과적으로 치명상을 만난다는 말입니다. 그렇게 슬그머니 사라진 기업들도 많지요?

비슷한 사자성어로는 침윤지참(浸潤之譖) 또는 침윤지언(浸潤之言)이라는 말도 있습니다. 물이 아주 조금씩 조금씩 스며드는 것처럼 아주 조금씩 조금씩 서서히 일러바치고 고자질해서 믿도록 한다는 의미입니다.

세상살이에서 뒤늦게 '어?! 어?!' 하다가 무너지는 경우가 많습니다.

식상의 설기(泄氣) 작용을 순수한 우리말로 형상적인 표현을 하면 '가랑비에 옷 젖는 줄 모른다'는 말이 되겠습니다.

우리가 사는 지구도 그렇게 서서히 천천히 망가져 가는 것 같고... 허당(虛堂)도, 우물쭈물하다가 인생 우습게 끝나게 생겼습니다.

11.

水火의 작용과 관재 송사

모든 생명은 물을 원재료로 해서 적당한 온기(溫氣)로 가열해 만들어집니다. 숫자가 정신을 차릴 수 없어 세는 걸 포기할 정도로 많고 많은 별들 중에서 유일하게 충분한 물이 있는 별이 지구라지요? 여기에 지구 내부에서 펄펄 끓는 지열의 영향과 태양의 빛으로 열을 주어 만물이 생장합니다.

水氣를 보조하는 五行은 金이고 火氣를 보조하는 五行은 木입니다.

젖은 辰丑 土는 水氣 편이고 마르고 건조한 戌未 土는 火氣 편입니다.

丑土는 음기가 되고 未土는 양기가 되지만 문제는 辰戌 土입니다.

辰土는 水氣의 고지가 되면서 습토(濕土)라 음기의 작용을 하는데 계절적으로 보면 따뜻한 양기가 일어나는 봄으로 木의 계절입니다.

戌土는 火氣의 고지가 되면서 조토(燥土)라 양기의 작용을 하는데 계절적으로 보면 서늘한 음기가 일어나는 가을로 金의 계절입니다.

四柱 구성에 따른 주위 환경의 영향으로 음양의 기운이 달라질 수 있는 이 중성입니다. 이 때문에 조후를 살피는데 골치 아픈 경우가 생깁니다.

계절을 따라가면 될 것 같지만 봄 같은 겨울이 될 수가 있고, 가을 같은 여름이 될 수도 있습니다.

음양의 특성을 水火의 특성으로 연결해 보면 水는 물질이요 지혜가 되고, 火는 명예요 정신이 됩니다.
水氣가 너무 많아 火氣가 다치면 정신이 다치고 명예가 다칩니다. 정신이 깨져 박살나는 것이니 어두워져 머리가 띵하고 멍청해지는 것이지요.
많은 火氣에 水氣가 다치면 지혜가 다치고 물질이 다칩니다. 지혜가 깨져 박살나면 흐리멍텅해져 판단에 문제가 생기는 것이고... 반대 성향의 한쪽으로 기울어져 깨지면 문제가 생기고 사단이 납니다.
이것이 음양의 균형이 깨지는 화수미제(火水未濟)입니다.
아래로 흐르는 水氣와 위로 솟구치는 火氣가 서로 만나야 합니다.
그것이 수화기제(水火旣濟)입니다. 몸의 하체는 음이라 水氣가 강하고 상체는 양이라 火氣가 강하지요? 따뜻한 머리 쪽은 시원하게 해주고 서늘한 발쪽은 따뜻하게 해 주는 것이 수화기제입니다. 그래서 발을 덥혀주는 족욕(足浴)은 있어도 손을 덥혀주는 수욕(手浴)은 없습니다.
음양의 조화를 이룬다는 것이 이론적으로는 쉽지만 현실적으로는 참으로 어렵습니다. 대부분 한쪽으로 추의 무게가 쏠려 왜곡되고 따로국밥이 되어 어긋나는 것이 인생입니다. 맞춰 보겠다고 한평생 발버둥 쳐보지만 해결은 커녕 더 무거워진 숙제 보따리만 끌어안고 끙끙대다가 저승길로 가고... 여기에 역술인의 역할이 필요해집니다.
四柱를 감정해서 五行의 균형을 조화, 중화시키는 방법을 제시해 주고 좀 더 밝은 길로 안내해 주는 것입니다.
활인활생(活人活生)하는 에너자이저(Energizer)역할입니다.
좀 거창해 보이지만 그렇게 어려운 것도 아닙니다. 운이 암시하는 핵심을 짚어 미리 대비하거나 예방할 수 있으면 더욱 좋겠지요.

❖ 관재 송사는

누구나 피하고 싶어 합니다. 운에서 걸려드는 경우 형충되는 운이나 상관운 또는 편관운을 중시해서 봅니다.
특히 기신이 겹쳐 발광을 하는 운이 더 위험한데 여기에 어느 육신 육친이 얽혀 있느냐에 따라 그 특성이 나타나기도 합니다. 예를 들어,

❖ 비겁이 연관되면...

다른 사람의 고발이나 고자질에 의해 사단이 터지는 것인데 군중심리에 휘말려 법인 관살과 맞장 뜨다가 걸려드는 형상이기도 합니다.
친구나 동료, 동업자 등 주위의 잘 아는 사람이 걸고 넘어지는 경우가 많습니다. 형제간이나 친구, 동료 간의 어긋남입니다.

❖ 식상이 연관되면...

말 실수나 글 실수 또는 손발을 잘못 놀려 사단이 일어납니다.
자식이나 부하, 제자, 신도 등 아랫사람의 실수로 벼락 맞거나 걸려들기도 합니다. 지켜야 하는 사회의 규범인 법을 무시하거나 법을 이기려고 덤비다가 일이 벌어지는데 여자 팔자면 출산을 해도 제왕절개 하는 수술수가 많습니다.

❖ 재성이 연관되면...

돈 문제입니다. 아니면 마누라나 여자 문제입니다. 부친 때문에 걸려들기도 합니다. 이혼수면 소송으로까지 연결되기 쉽습니다.
분(分)에 넘치는 욕심의 발동으로 인해 벌어지는 것입니다.
四柱 명리학이 기본적으로 가르쳐 주는 것이 바로 분(분수)입니다.

❖ 관살이 연관되면…

자식 또는 직장의 업무관계로 일이 벌어지거나 관청이나 공무원과의 충돌입니다. 법과 한판 붙습니다. 여자 팔자면 남편이나 남자 문제입니다.

❖ 인성이 연관되면…

문서 문제로 집을 비롯한 부동산에 관련됩니다. 도장 잘못 찍어 일어나는 사단입니다. 부모 문제가 일어나기도 합니다.

집 수리나 옷 수리와도 연결 되는데 인성이 헝클어지면 기록도 서류도 관리가 엉망이라 일에 두서도 없고 닥치는 대로입니다.

인성이 형살에 걸리면 집이 고장나거나 집수리 정도로 끝날 수 있지만 沖이 되면 아예 집이 날라가거나 쫓겨나는 등의 이사로 연결될 수도 있습니다.

❖ 교통사고로 인한

관재송사도 많지요? 사고가 일어난 일진이나 연운의 육신을 참고하여 교통사고의 유형을 짐작할 수 있습니다.

(식)**상관**운의 사고는 과속이나 신호위반 등등 교통법규를 위반해서 발생하는 사고가 많은데 동승자 친구가 있어 부추김을 당하거나 들떠서 안정을 잃는 경우도 많습니다.

(비)**겁재**운의 사고는 실수에 의한 사고입니다. 친구나 동료가 동승하는 경우가 많은데 자차 보험을 안 드는 등 손재수가 따르므로 돈으로 해결해야 합니다. 대체로 겁재와 엮이면 손재가 나게 마련입니다.

(정)**편관**운의 사고는 느닷없이 나타난 호랑이한테 물린 격으로 상대에 의해 당하거나 상대의 사고 유발에 의한 경우가 많습니다.

(정)**편재**운의 사고는 자기 통제인 인성이 파극되므로 브레이크 작동 미숙으로 미끄러지거나 차량 결함 또는 여자가 원인인 경우입니다.
(정)**편인**운의 사고는 어두운 환경이므로 잘 보지 못해서 일어나는 사고이며 딱지(문서) 끊는 날입니다.

水火는 五行의 음양 대표입니다.
현실적인 관점으로 보면 질(質)과 기(氣)를 대표하는 것이지요.
남남 같은 반대 성분이면서 결코 남이 될 수 없는 동반자 관계입니다.
밝은 丙丁 火와 어두운 壬癸 水를 놓고 丙丁이면 성품도 밝다고 보고 壬癸이면 성품도 어둡다고 봅니다.
여기서 오해가 일어날 수 있습니다.
그렇다는 게 아닙니다. 그렇게 보인다는 말입니다.
丙丁이 밝다고 해서 속을 다 까발리고 드러내는 건 아니라는 말입니다.
펼치고 발산하고 떠벌리는 성향이 강해 그렇게 보일뿐입니다.
壬癸를 어둡고 갇힌 성분이라고 해서 엉큼하다고 보지요?
심지어 음흉(陰凶)하다고까지 봅니다. 그냥 표현을 하지 않을 뿐인데… 엉큼해 보이는 사람 중에 부자가 많습니다.
甲乙 木은 튀어 나오고 솟아나니 생산이요, 번식입니다.
丙丁 火는 밖으로 튀어나가 뛰고 걸으며 펼치고 선전하는 활동입니다.
戊己 土는 음양을 중개, 중재, 중화하고 화해합니다. 노력입니다.
庚辛 金은 수확하고 정확히 분배, 정리하는 관리, 지배, 통치입니다.
壬癸 水는 외부로 나가지 않고 내부에 들어앉아 머리 쓰는 일입니다.
木이 많고 金이 부족하면 시작은 창대하되 마무리가 약한 것이고,
火가 많고 金이 부족하면 바쁘기만 하고 소득이 적은 꼴이 됩니다.

대한민국은 동북 艮方으로 보고 五行상 木으로 봅니다. 당연히 토종 한국인은 木의 간 기운이 왕성하겠지요? 간 기능이 왕성한 사람은 성질이 조급하고 쉽게 분노하는 경향이 있습니다. 木 기운을 통제하고 조절 관리할 金 기운이 필요하다는 말입니다. 金은 흰색이지요?
그래서 우리는 운명적으로 흰색을 좋아하는 백의민족(白衣民族)입니다.
대체로, 생각이 단순한 사람은 복잡 요란한 무늬의 옷을 좋아하고 생각이 복잡 다양한 사람은 단순한 무늬의 옷을 좋아하는 경향이 있습니다.
특히, 빨강이나 녹색 등의 짙은 단색 옷을 즐겨 입는 사람은 튀고 싶어 하는 성분이 강한 편입니다.

참고로 지역 산세의 위엄이나 토착 거주민들의 성향으로 보아 전라도는 음으로 볼 수 있고 경상도는 양으로 볼 수 있습니다.
따라서 음성이 강해 여성적인 성분이 강한 전라도 여자와 양성이 강해 남성적인 성분이 강한 경상도 남자가 만나면 일단 최고의 궁합입니다.
허당의 판단입니다.

❖ 육신의 성분 중에서

상관, 겁재, 편관 등을 주로 위험하고 무서운 귀신(?)처럼 보는데… 허당(虛堂)에게는 그 중에서도 특히 상관의 두려움이 좀 큰 편입니다.

상관(傷官)이라 정관에 상처내는 짓을 합니다.

정관을 긁기나 약 올리는 것이고 정관에 대항하는 것이고, 정관과 맞짱뜨는 것이고, 정관을 무시하는 것이니 사회의 법을 파괴하는 것이고, 사회 규범을 무너뜨리는 것이고, 사회의 질서를 깨뜨리는 것이고, 공무원만 보면 특히 경찰관을 보면 원수라도 되는 양 꼭지가 돌아버리는 정신적 스트레스가 폭발하여 돌멩이라도 던지고 싶은 것이고, 남편만 보면 열 받아 전쟁을 일으키는 것이고, 자식과 분쟁을 유발하는 것이고, 직장이나 조직과도 등진 사람이라 가정도 사회도 엉망진창으로 만들어 깽판 치는 작용을 하는 것이 바로 상관 성분이기 때문입니다.

말하자면, 기존 틀을 다 뒤집어 엎어버리는 것입니다. 세상에서 진짜 무서운 사람은 가진 것도 잃을 것도 없어 법이고 나발이고 신경 안 쓰는 사람입니다. 감옥도 겁나지 않는 것이고, 까짓 거 죽이든 살리든 맘대로 하라는 것입니다. 배째라는 거지요.

정관을 훼하는 것은 나를 통제, 관리하는 어떤 것이거나 높은 자와는 체질적으로 맞지 않는다는 말입니다. 아이러니하게도 그러면서 오히려 자기가 모든 대상을 통제, 관리하려 듭니다.

특히 잘나고 군림하는 인간들이나 세상 돌아가는 꼬라지 모두가 무조건 못마땅하고 불만이라 옳고 그름도 혼자 결정하는 독불장군입니다.

반골 기질이 춤추는 반항의 화신으로 변할 수도 있습니다.

못 먹는 호박 찔러나 본다는 속담처럼 어디나, 아무데나 삽질이요, 간섭이요, 걱정이요, 온갖 곳에 나름대로의 정의(?)를 심느라 바쁩니다.

한쪽만 보는 외눈박이 성분이라 그 정의(正義)라는 것도 수상합니다.
반항으로 얻은 정의이므로 자기만의 정의요, 주관적 정의요, 배타적 정의요, 기울어진 정의입니다.
객관성과 상식성이 결여된 정의입니다.
그렇게 편 가르기에 성공하면 정의의 상징이 되어 민주투사가 되고 인권론자가 되고 영웅이 되고 국가 유공자도 되고... 더 발전하면 스스로 권력자가 되어 지방의회 의원이나 국회의원이 되고 엉뚱하게도 새로운 고위 관리가 되어 어깨에 힘도 주며 군림하고... 더더욱 용맹 정진하여 앞뒤 안 가리고 밀고 나가는 고집과 인내력을 발휘하고 쇼맨십을 활용해서 때를 잘 만나면 대통령도 되고... 아니면, 사회의 암 덩어리가 되거나 막장 인생으로 끝나는 것이고... 무시무시하지요? 그러나 겁낼 것 없습니다.
심각한 기신인 경우에 일어나는 극단적인 현상들입니다.
그렇습니다.

인간이 알아차리지 못할 뿐, 예고 없는 자연재해는 없답니다.

남자보다 여자가 예지력이 강한데 특히 가을 겨울生인 경우랍니다.
대식가(大食家)는 남녀 불문하고 꿈의 정확도가 떨어지는데 반해 소식가(小食家)는 예감이 날카롭고 꿈의 예지력(豫知力)도 강하다고 합니다.
한편으로는 유전적인 영향도 있다고 하는데 모친이나 조모의 신앙심이 깊고 평소 기도를 많이 한 경우 그 자녀가 예지몽을 잘 꾼답니다.
소식(小食)을 한다고 해도 육식(肉食)을 많이 하면 영적인 능력이 퇴화되어 기감(氣感)이 떨어진답니다.

❖ 자연재해를 예고했다는 몇 가지 실례를 들어봅니다.

1975년 중국의 랴오닝(遼寧)성 하이청(海城)에서 거위가 이리저리 날아다니고 겨울잠을 자던 뱀들이 기어나오는 기현상이 일어나 이것을 지진의 조짐이라고 판단한 당국이 백만 주민을 대피시켰는데 2~3일 뒤 진도 7.3의 초대형 강진이 일어났다고 합니다. 이것은 동물 덕분에 지진의 피해를 줄인 최초의 사례랍니다.

1976년 중국 허베이(河北)성의 탕산(唐山)에서 잠자리와 새 수 만 마리가 떼를 지어 수백 미터를 날아갔는데 사람들이 이를 눈여겨보지 않았고 며칠 뒤에 대지진이 일어나 27만 여명이 사망했다고 합니다.

2004년 인도네시아에서 22만 여명의 목숨을 앗아간 쓰나미(지진해일) 직전에 해안의 동물들이 줄지어 언덕으로 대피하는 모습이 목격 되었다고 합니다. 쓰나미 때 지진의 균열로 생긴 전자기(電磁氣)의 변화를 동물들은 감지했다는 분석입니다.

2008년 지진으로 중국의 쓰촨(四川)성을 뒤흔들기 사흘 전에 진앙지의 인근 마을에서 두꺼비 수만 마리가 거리로 쏟아져 나오는 사진이 보도된 적이 있답니다. 마을 사람들은 불안에 떨었지만 당국은 산란기의 이동이니 환경이 좋아졌다는 소식이라는 엉뚱한 해석을 늘어놓으며 오히려 반가워했다고 합니다. 본능에 의해 어미가 사는 산으로 올라가야 하는데 도심으로 쏟아져 나왔다는 것은 분명 대 재앙을 예견하는 이상 징후였는데도 이 증거적 현상을 놓쳤다는 것입니다.

우리나라에서도 신라 혜공王때 잉어 떼가 다른 연못으로 옮겨간 뒤 지진이 일어나 백여 명이 사망했다는 기록이 있다고 합니다.

메기는 1Km 밖의 1.5볼트 전류를 감지하고 방울뱀은 1000분의 1도의 온도를 감지한다고 합니다.

도롱뇽이 논바닥에 알을 낳으면 그해는 가뭄이 일고 흐르는 물 옆의 바위에 알을 낳으면 그해는 홍수가 심하다고 합니다.

개구리가 얕게 월동을 하면 그해 겨울이 따뜻하다고 합니다.

인간도 이렇게 자연의 재해가 닥쳐오는 징조를 알아차리는 본능적인 기감(氣感)을 가지고 있었으나 음식을 익혀먹기 시작하고 문명이 발달하면서 퇴화되어 사라졌다고 합니다. 심성(心性)이 사악(邪惡)해진 때문이라는 것이지요. 고상한 말로 하면 영혼이 탁해진 탓입니다.

바닷물을 다 마셔봐야 짠지 싱거운지 알 수 있는 건 아닙니다.

12.

용신 이야기

❖ 비겁이 용신이면...

친구 동료가 귀인입니다. 공부해서 결판을 내야하고 힘들어도 직장생활을 해야 합니다. 차근차근 모아서 자수성가해야 하는데 신약하므로 사업은 위험합니다. 사실은 인성이 필요하지만 인성이 없어 비겁이 용신이 되는 것이나 마찬가지라 부모덕은 없는 편입니다. 공부를 해도 친구와 어울려 같이 하면 효과적일 수 있습니다. 연배가 비슷한 친구나 동창, 동료나 형제 등이 좋겠지요. 후배보다는 선배가 좋습니다.

비견이 튼튼한 용신이면 온건하고 화평한 성분이고 겁재가 튼튼한 용신이면 솔직하고 적극적인 성향입니다.

비견이 태왕하면 오히려 대중과 잘 어울리지 못하는 경향도 있고 겁재가 태왕하면 성격이 급하고 좀 경박한 성향도 보입니다.

기본적으로는 인성 비겁운이 좋지만 비겁운보다 인성운이 더 좋은 경우가 많습니다. 기운의 중화가 답입니다.

독초(毒草)도 적당히 쓰면 약이 될 수 있고 약초(藥草)도 과도하게 쓰면 독이 되는 법입니다. 따라서 희용신이나 기신 등등의 이름도 의미가 고정되어 있는 게 아닙니다. 원칙적일 뿐이고 환경에 따라 변합니다.

❖ 식상이 용신이면…

재성을 노리는 것이고 재성이 목표요, 희망입니다. 재성으로 살고 싶은 것입니다. 돈이요 여자입니다. 부자가 되고 싶은 것이지요.

재성을 生할 수 있는 환경이 되면 식상생재가 되어 노력의 대가를 기대 할 수 있습니다. 머리가 보물이므로 아이디어로 승부해야 합니다.

좋은 머리로 보필해서 남을 사장으로 만들어주는 기술인 격인데 재성과 인연이 어긋나면 주는 것으로 끝내야 하고 대가를 기대하기 어려우므로 직접 경영하는 것은 위험합니다. 먼저 주어야 합니다.

부하, 제자, 신도, 후배가 귀인이니 사업을 해도 이들과 인연을 맺으면 좋은 것이고 연장자나 선배는 곤란합니다.

식상은 손발입니다. 木도 수족입니다. 식상이 木이면서 용신이 되면 뽑기나 추첨에 유리한 작용을 할 수 있습니다.

식신이 튼튼한 용신이면 온화하고 선량한 성분이며 상관이 튼튼한 용신이면 총명, 영리하고 재주가 많은 편입니다.

식신이 태왕하면 고집이 강하고 겉으로는 도덕군자 흉내를 내기도 하고 특히 상관이 태왕하면 고집불통에 잘난 척 많이 하고 불평불만이나 반발심 또한 강한 편입니다.

❖ 재성이 용신이면…

관살을 노립니다. 관살이 목표요, 희망입니다. 관살의 성분으로 살고 싶습니다. 명예요, 감투입니다. 돈을 벌어 어깨에 힘도 주고 폼 잡으며 살고 싶습니다. 돈으로 감투와 명예를 만들고 싶습니다.

돈이 우선이고, 마누라가 우선이고, 여자가 우선입니다. 가정적이면서 돈 관리하고 돈 버는 데는 선수입니다. 지배 의식이 강해 관리 감독하고 군림하려는 성분이 강합니다. 마누라나 마누라의 형제자매와 엮이면 좋겠습니다.

살림하는 성분이므로 여자 팔자에 재성이 없거나 재성이 불리하면 가정 살림이 반듯하기 어렵습니다. 시모에 해당 되지만 본질적으로 고부 사이는 장기 동거가 위험합니다.

정재가 튼튼한 용신이면 검소, 근면하고 보수적인 살림꾼이며 편재가 튼튼한 용신이면 민첩하고, 기교 있고, 총명 영리하며 기민합니다.

정재가 태왕하면 인색하고 나약하면서 무능한 면도 보입니다.

일 하기도 싫어하고 놀기를 좋아하는 경향도 있습니다.

편재가 태왕하면 풍류가 있고 다정하면서 강개심(慷慨心)도 강한데 허영심이 심해 낭비벽으로 연결되기도 합니다. 위험한 재주꾼입니다.

❖ 관살이 용신이면...

인성을 노립니다. 인성이 목표요, 희망입니다. 인성의 성분으로 살고 싶은 것이고 관직으로 나가서 고위직으로 올라가고 싶은 것입니다.

점잖게 헛기침도 하면서 결재자가 되고 싶습니다. 폼 잡으려 하고 어깨에 힘도 주는 체면과 명예가 우선입니다. 마누라보다도 자식과 직장이 먼저입니다. 공직자나 공직자 출신과 엮이면 좋겠지만 사업은 위험합니다.

사업을 하면 관청의 지배 감독을 받아야 하므로 세금을 비롯해서 관에 퍼주다가 볼일 다 볼 수 있습니다. 재생관(財生官)의 작용입니다.

인성으로 연결되어 관인상생이 되면 총명해서 공부운도 좋고 관운도 열립니다. 여자 팔자면 남자 없이는 못 삽니다.

정관이 튼튼한 용신이면 공명 정직하고 성격이 온화하며 성실한데 반해 편관이 튼튼한 용신이면 의리가 있고 승부욕이 강합니다.

정관이 태왕하면 의지가 굳지 못한 면이 있고 편관이 태왕하면 위축되므로 추진력이나 진취력이 부진합니다.

관살이 혼잡 되면 성정이 좀 불안합니다.

❖ 인성이 용신이면...

식상을 노립니다. 식상이 목표요, 희망입니다. 식상의 성분으로 살고 싶습니다. 공부해서 가르치고 싶고 베풀고 싶습니다.

인성과 재성이 엮이면 돈 벌기 위해 공부하는 것이고, 인성과 관살이 엮이면 관직으로 나가 감투 쓰고 출세하기 위해 공부하는 형국입니다.

무조건 공부해서 살길을 찾아야 합니다. 직장 생활을 해야 합니다.

선배나 윗사람의 조언이나 지도에 따르는 것이 좋고 책을 가까이 해야 합니다. 부모 급의 연장자나 은사, 선배 등의 조력입니다.

순진한 편이고 결단력이 없으며 체면을 중시해 사업하면 망하기 딱 좋습니다.

정인이 튼튼한 용신이면 인자하고 단정한 성분입니다.

편인이 튼튼한 용신이면 두뇌가 명석하고 현명하면서 매사 정확합니다.

정인이 태왕하면 평상지인(平常之人)으로 성공력이 약한 편입니다.

편인이 태왕하면 욕심이 많고 인색한 성분이 강합니다.

인성이 멋진 용신인데 강한 재성에 파극 되면...

탐재괴인(貪財壞印)이라고 하지요? 재성 욕심 부리다가 인성이 무너지는 것입니다. 구체적으로 나타나는 증상들을 보면 日干의 생명줄인 인성이 깨지므로 식량 보급로가 차단되는 격입니다.

인성은 은인이요, 귀인입니다. 귀인이 떠나거나 쫓겨나거나 맞아죽는 꼴입니다. 인성은 도장 찍힌 문서 등 부동산 서류입니다. 문서가 휴지 조각이 되는 것이고, 집을 날리는 것이고, 매사 부도나는 형상이 됩니다.

부모가 불화하는 형상이요, 학업이 깨지므로 공부하다가 중도 하차하고 돈벌이 하는 격입니다. 뇌물 받아먹으면 관재 나고 쇠고랑 찹니다.

돈, 여자가 기신, 귀신이라 돈, 여자에 억지 부리고 욕심 부리다 망신당하고 부도나고 망쪼납니다.

관살이 너무 강해 신약한 四柱에 인성이 있으면 관살을 설기해서 약한 日干을 生하는 인성 용신으로 관인상생(官印相生)이라고 하지요?
日干을 훼하는 기신 관살을 日干편으로 끌어 들여 오히려 인성과 더불어 희신 작용을 하도록 유도하는 형국입니다.
인성이 적군인 관살을 설득하여 아군 편으로 만드는 격이니 인성의 절대 적인 공로입니다. 인성으로 공부를 잘하는 총명함이 뛰어나고 더불어 관운까지 끌고 들어오는 것입니다. 관살로 공직에 들어가 인성으로 도장 찍는 결재자의 위치로 올라가는 것이지요. 관운이라고 하면 관청을 비롯한 공직운입니다. 공직운이 좋은 것이고 정부 또는 공기업에서 시행하는 시험이나 추첨 등인데 나라의 돈이나 은행의 돈도 잘 활용할 수도 있는 것이고 학생이라면 정부에서 주는 장학금으로 공부하거나 국·공립학교 인연입니다. 정부 또는 직장에서 공부시켜 주는 것이지요.
또한 관살인 정부나 공기업 또는 직장에서 인성인 집을 마련해 주는 것이므로 공공주택 당첨이나 사택에 인연이 좋을 수 있습니다.
대인관계에서 설득력이라는 탁월한 재능을 발휘할 수 있으므로 협상의 기술자요 귀재가 되는 것인데 전쟁이 나면 적진으로 가서 적장을 설득하여 평화를 이끌어낼 수 있는 능력입니다.
여자 팔자면 남녀공학 인연입니다.

음양으로 정인 편인을 나누지요? 음양이 같으면 편인입니다.
그런데, 예외가 있습니다. 丙火에는 卯木보다 寅木이 오히려 정인 노릇을 더 잘하는 경우가 많습니다. 물론 丁火에는 寅木이 제대로 정인입니다.
甲乙 木에는 子水보다 亥水가 정인 노릇을 더 잘할 수 있는 것이고
戊己 土에는 丁火보다 丙火가 실질적인 정인 작용을 더 잘합니다.
庚辛 金에는 戊未 土보다 辰丑 土가 진정한 정인이 되는 것이고…
생모(生母)보다 계모(繼母)가 더 소중한 경우도 많습니다.

❖ 용신 내정법

상담인이 무슨 용건으로 내방했는지를 추정하는 방법은 많습니다.
일부 점술인들이 보는 '눈치 내정법'을 '사주통변강의록 상' 192쪽에 소개했으나 상담일 일진(日辰)의 용신으로 보는 내정법을 소개합니다.
먼저 상담 당일 四柱를 뽑아 용신을 찾아둡니다.

2018년 양력 1월 11일입니다.   . . . 庚 己 戊 丁 丙 癸 癸 丁
(이 글을 쓰고 있는 날입니다.)   . . . 申 未 午 巳 辰 **卯 丑 酉**
                              . . . 시 시 시 시 **시 일 월 년**

어느 시를 만나건 우선 추워서 얼어 죽을 판입니다. 옆에 있는 사람까지 얼려버릴 태세입니다. 시에서 들어오는 火 기운을 받아야 사람 노릇 하고 살 수 있습니다. 특히 地支로 들어오는 午火 편재가 용신입니다. 癸水와의 사이에 다리를 놓아 연결해 줄 식상 甲木이 없어 天干으로 만나는 丙丁 火는 반갑지 않습니다. 전쟁 아니면 티격태격입니다.

상담자의 四柱를 세워 午火가 무슨 육친인지를 봅니다. 午火가 비겁이면...
형제, 친구, 동료, 동업자 또는 배우자의 이성문제입니다.
분실이나 손재 분쟁 문제입니다.
식상이면... 여자 팔자면 자식 문제 또는 생식기관의 질환 문제입니다.
        남자 팔자면 부하나 아랫사람 또는 종업원 문제입니다.
재성이면... 남자 팔자면 여자(마누라) 문제나 사업문제입니다.
        여자 팔자면 돈 문제나 시가(시모)와의 분쟁입니다.
관살이면... 남자 팔자면 직장 문제나 관청 또는 자식 문제입니다.
        여자 팔자면 남자(남편) 문제나 며느리 문제입니다.
인성이면... 문서(부동산) 문제나 주택 또는 부모 문제입니다.
        여자면 문서나 부동산 또는 친정(모친) 문제입니다.
상담자 四柱의 희기신과 대조하여 종합 판단을 합니다.

木은 간담과 눈을 관장합니다.
　눈을 보면 간담의 상태를 알 수도 있습니다. 木이 왕하면 눈이 작은 편으로 겁이 없고 무서움을 잘 안타는 경향이 있습니다.

火는 심장, 소장과 혀를 관장합니다.
　火가 왕하면 입술이 두텁고 주름이 깊고 굵은 경우가 많습니다.
　火가 태약하면 반대 형상이 있고 눈물도 많은 편입니다.

土는 비위장과 입술을 관장합니다.
　土가 왕하면 살찐 비만이 많고 배가 나오는 경우가 많습니다. 입술이 두텁고 위가 건조하면 입술이 타고 물을 자주 찾는 경향이 있습니다.

金은 폐, 대장과 코를 관장합니다.
　폐활량이 원활하면 대장이 건강합니다. 金이 왕하면 어깨가 크고 가슴이 벌어진 형상입니다. 피부도 두꺼운 경우가 많습니다.

水는 신장, 방광과 귀를 관장합니다.
　배출기관입니다. 水가 왕하면 머리숱이 많고 소변이 잦으며 흰머리가 일찍 나는 경향이 있습니다.

예 : 土가 강하고 水가 약하면 비만을 부르면서 약한 水가 土剋水 되어
　　 정력 이 부실하고 청력이 약해질 수 있습니다.

日干을 중심으로 해서 가장 가까운 자리가 日支입니다.
희용신이 가깝고 기신이 멀면 아군이 가까이에서 日干을 지키는 모양이 되고 적군이 멀리서 호시탐탐 기회를 노리는 형상이 됩니다.
반대로, 희용신이 멀고 기신이 가까우면 日干이 적군에 포위되어 위험한데 아군은 멀찍이서 구경만 하고 있는 답답한 꼴이 되겠지요.

❖ 용신찾아 3만리... 왔다갔다 6만리... 돌고돌아 9만리...

이렇게 헤매느라 관절염 걸리고 없던 두통에 어지럼증까지 생겨 고생하는 사람 많을 줄 압니다. 용신이 뭘까요?

용신, 희신, 기신, 구신, 약신, 한신, 병신, 길신, 흉신, 이런 신, 저런 신... 헷갈립니다. 간단히 정리해 버리면 희신(길신)과 기신(흉신)입니다.

용신은 인생살이에서 활용하고 부릴 수 있는 도구요, 무기입니다.

기본적으로 필요한 좋은 인연을 말합니다. 코끼리에게는 코가 절대적인 용신이 되는 것이고, 문어에게는 먹물이 용신이 되는 것이고... 심부름을 시키거나 부탁을 할 때, 또는 중요한 업무 지시나 협의를 할 때도 그렇고 대리인으로 내세울 때도 용신을 참고합니다.

물론 상대의 성향에 따라 악연이 될 수도 있습니다. 상대가 나의 용신인 五行 육신 육친이 많으면 금상첨화가 되겠지요. 궁합입니다.

四柱 감정은 균형을 잡는 일인데 용신이 지렛대요 저울입니다. 기운의 균형이요, 조후의 균형이요, 五行의 균형이요, 육신 육친의 균형입니다.

月支가 四柱의 큰 형태를 결정하고 용신은 지렛대나 저울 구실을 하는 것입니다. 그리고 대운이 운행합니다. 기본적으로 그렇습니다.

四柱 여덟 글자가 선천운이라면 대운은 후천운이라고 봐도 됩니다.

좋은 운을 만나면 건강은 물론 없던 자신감이나 능력도 살아납니다.

나쁜 운을 만나면 건강도 무너지는 것이고 있던 능력도 죽습니다.

四柱가 태약해서 빌빌대다가도 좋은 운을 만나면 힘이 나는 것이고

四柱가 태왕한데 나쁜 운을 만나면 힘쓰다가 망하거나 죽는 것이고...

그렇습니다.

지렛대가 부실하면 四柱가 죽는 것이라 건강을 비롯해서 만사 엉망진창으로 꼬이는 것이고 지렛대가 튼실하면 四柱가 살아나는 것이라 돈도 잘 벌고 직장 생활도 잘 되고 건강까지도 좋아지는 것이지요.

물론 가정도 안정되고 편합니다.
튼튼한 용신이라도 四柱 안에 있어야 제구실을 하고 제대로 힘을 쓸 수 있습니다. 四柱가 튼튼하면서 지렛대가 튼튼하면 개성이 뚜렷하고 매사에 자신감이 있어 박력 있게 살 수 있는 것이지만 四柱가 허약하면 가분수가 되어 목이 부러지고, 허리가 부러지고, 만사가 한바탕 꿈입니다. 무리하다가 건강도 부실하고 매사에 박력도 없고 자신감이 없어 술에 물 탄 듯, 물에 술 탄 듯 흐리멍덩해서 제 것도 제대로 못 찾아 먹고 이리 터지고 저리 밟히고 저리 터지고 이리 밟히며 남 좋은 일만 하거나 죽 쑤어 개 주는 등 남의 종살이 팔자가 될 수 있습니다.
그래서 그릇인 분수를 먼저 봐야 합니다.
대개 그릇대로 담고 살지요. 四柱의 크기요, 용신의 크기입니다.
그 이상은 어렵습니다. 이루어진다고 해도 넘치는 꼴이라 거기에 치어 죽습니다. 재앙을 부르는 신호입니다. 주위에 그런 사람 많습니다.
인위적인 조화를 이룰 수도 있지만 현실적으로 쉽지가 않습니다.
현명한 사람만 가능합니다. 욕심이 눈을 가리고 손발을 마비시켜 엉뚱한 곳을 보고 엉뚱한 짓이나 하며 헛 삽질 하다가 대부분 종칩니다.
그런 사람일수록 세상 탓하고, 조상 탓하고, 서방 탓하고, 마누라 탓하고, 목사 탓하고, 스님 탓하고, 무당 탓하고, 대통령 탓하고, 그래도 분하고 억울하다며 동사무소 서기 탓하고… 남 탓하기에 바쁜 사람들 많지요?

좋지 않은 내용을 말할 때도 좋은 말로 표현하면 효과가 있습니다.
당의정(糖衣錠) 화법입니다.
모든 대인관계에서 그렇지만 상담을 할 때도 마찬가지입니다.

운(運)이 전개되는 과정을 가만히 살펴보면

寅월에 조짐이 보이다가 卯월에 이루어지거나
   년운의 地支와 三合되는 월운에 확정이 되는 경우가 많습니다.
巳월에 조짐이 보이다가 午월에 이루어지거나
   년운의 地支와 三合되는 월운에 확정이 되는 경우가 많습니다.
申월에 조짐이 보이다가 酉월에 이루어지거나
   년운의 地支와 三合되는 월운에 확정이 되는 경우가 많습니다.
亥월에 조짐이 보이다가 子월에 이루어지거나
   년운의 地支와 三合되는 월운에 확정이 되는 경우가 많습니다.

우리가 걱정하는 96%는 쓸데없는 걱정이라고 하지요?
그 중 40%는 절대 현실로 일어나지 않을 일들이고 30%는 이미 일어난 일에 대한 것이며 22%는 아주 사소한 걱정들이라는 것입니다.
나머지 4% 또한 우리가 해결할 수 없는 것들에 대한 걱정이라 어쩔 수 없는 일이 대부분이라고 하니 사실상 걱정할 필요가 있는 것은 없다는 말입니다.
걱정을 해서 걱정이 없어지면 걱정이 없겠으나 걱정을 할수록 걱정만 쌓일 뿐입니다.
위험은 소소하고 작은데서 옵니다.
미국인이 일 년 동안 테러로 죽는 사람은 평균 33명인데 반해 교통사고로 죽는 사람은 평균 40만 명이나 되는데도 잦은 교통사고는 일상사처럼 지나치지만 테러의 공포는 상상 이상입니다.

역학이 무식자의 미신이라고?
제갈공명이나 공자가 무식한 미신학자인가요?
엘빈토플러만 미래학자인가요?
희한한 것은 전부 자기 이야기인데도 전부 아닌 줄 알고 있습니다.
인정하기 싫은 것이고 인정하지 않는 것이지요.

말은 수레를 끌게 하고 닭은 새벽을 알리게 해야 하며 고양이는 쥐를 잡게 해야 합니다. 천리마에게 쥐를 잡으라고 내몰거나 닭에게 수레를 끌게 하거나 고양이에게 새벽을 알리라고 할 수는 없습니다.
똥개에게 호랑이를 잡으라고 할 수는 없듯이 깜이 있고 용도와 용량이 있습니다. 그릇이요, 자격이요, 능력입니다.
사주명리학은 그것을 가르쳐 줍니다.

천당과 지옥의 거리가 먼가요? 행복과 불행의 거리가 먼가요?
알고 보면 가깝습니다. 바로 옆입니다.
가진 것 보다 **덜** 원하면 행복한 부자요,
가진 것 보다 **더** 원하면 불행한 가난뱅이입니다.
'덜'과 '더'는 'ㄹ'받침 하나 차이인데...
폼 나는 헬스클럽 대신 자연 속을 거닐며 여유로운 운동을 하는 사람은 우아하게 가난한 것이지요. 인간이란, 만원 지하철 속에서 사람들에게 부대끼는 건 불쾌하게 생각되면서도 나이트클럽에서 사람들에게 부대끼는 건 기분 좋은 밀착감으로 다가오기 마련입니다. 희한하지요?

❖ 후회합니다.

모든 것은 변한다는 것과 그것이 사실상 진리의 전부라는 것을 알기는 했으나 절실하게 챙기지는 못했습니다. 멍청한 허당(虛堂)은, 불과 몇 십 년 전까지도 말도 안되는 헛소리를 충고라며 떠들었습니다.

어이없는 실수지만 앞을 내다보지 못한 우매함 탓이기도 합니다.

어쩌면 속았는지도 모릅니다.

주위의 많은 남편들에게 호소했습니다. 마누라한테 잘 해주라고… 그 마누라, 부모형제 다 두고 오직 당신 하나 바라보고 당신 품에 안겼노라고… 그리고 당신의 씨를 소중히 받아 정성껏 열심히 키우지 않느냐고… 당신이 있어 생전 처음 만난 당신 부모까지 봉양하지 않느냐고… 당신을 믿기에 얼굴도 모르는 당신 조상 제사까지 모시지 않느냐고… 이제 와서 당신이 안아주지 않으면 어찌 하느냐고… 당신에게 올 때 아예 호적까지 파가지고 왔노라고… 이제 돌아갈래야 돌아갈 곳조차 없는 당신 마누라라고… 그런 마누라가 불쌍하지도 않느냐고… 그랬습니다. 그런데… 아니었습니다.

오히려 남자들이 쫓겨나 거리를 헤매고 있었습니다.

남편 가족이 방귀만 좀 크게 뀌어도 그 아내는 돌아서고 있었습니다.

돌아갈 데가 없는 줄 알았는데… 아니었습니다.

이혼하기 딱 좋은 나이라며, 혼자살기 딱 좋은 나이라며, 오히려 탱탱하게 더 잘살고 있었습니다.

천하의 남편 여러분, 미안합니다.

무식한 허당(虛堂)의 헛소리를 사과합니다.

13.

없는 五行과 육신

五行이 골고루 구비된 四柱가 좋다고 하지만 장단점이 있습니다.
五行의 세력이 균형을 이루면 평탄한 팔자로 볼 수는 있으나 두루뭉술해서 특징도 없고 특기도 없어 어느 한 분야에서 뛰어난 능력을 발휘하기 어려울 수 있습니다. 전문성이 없다는 말이지요.
특별히 많아 강한 五行이 있는 경우에 대해서는 많이 따지면서 四柱에 전혀 없는 五行이 있는 경우에 대해서는 별 신경을 안 쓰는 것 같기도 하므로 빠진 五行이 있는 팔자의 특성을 정리해 봅니다.

❖ 木이 없으면...

木의 특성이 모자라는 셈입니다. 적극성, 창의성, 기획성, 설계성을 비롯한 긍정적인 활동성이 좀 부족한 편입니다. 새로운 일을 계획하고 추진하는 기운이 약한 것입니다. 木이 없는데 木의 천적인 金이 많으면 金의 특성이 발휘되어 의협심이 강하고 타협을 모르는 경향이 있습니다.

木 日干이거나 木이 있으면서

木이 중화를 이루면 인자하고 중후하면서 선량합니다. 이성적이고 정직하며 청렴한 성품으로 정의감도 강하다고 봅니다.

木이 태왕하면 고집이 강하고 완강하여 융통성이 없습니다.
木이 태약하면 냉정하고 무정하며 시기심이 강하고 나약하거나 무능하다고 보는데 질투심과 심술도 심합니다.

❖ 火가 없으면...

火의 특성이 모자라는 셈입니다. 火는 낮이요, 정신이요, 문명이요, 예절이고 화려한 변화를 의미합니다. 낮이 없으니 갑갑합니다. 어둡고 침침한 것이니 활동성이 약해 매사에 소극적이고 시력도 약하며 우울증 증상도 심해집니다. 과묵하다는 평을 들을 수는 있는데 움츠리는 음성이 강해 성취가 좀 더디기 쉽습니다. 응결성(凝結性)이 강해 종양성 질병을 부르기도 쉬운 토양입니다. 재성 金이 있다고 해도 제련할 수가 없어 무용지물이요 원광석이나 폐철 고철을 끌어안고 있는 꼴이 됩니다.
火가 없는데 火의 천적인 水가 많으면 좀 음흉하고 음침한 구석이 있는 것으로 보이는 경우도 있습니다.

火 日干이거나 火가 있으면서
火가 중화를 이루면 낙관적이고 적극적이며 진취적이고 명랑합니다.
열정적이고 호방하며 재치도 넘치면서 예의와 정의를 중시합니다.
火가 태왕하면 폭발물과 같아 급하고 충동적이며 경거망동합니다.
용감하고 투쟁성도 있으나 그로 인해 화를 부르기도 합니다.
火가 태약하면 소극적이고 상심하기 쉬워 우울합니다.
각박하여 정도 없고 냉혹하며 무지한 경향도 있습니다.

❖ 土가 없으면...

土의 특성이 부족한 셈입니다. 땅을 딛고 살아야 하는 인간에게 土가 없다는 것은 기본 토대가 약한 격이라 불안증세로 잘 놀라는 경향이 있고 삶의 기복이 심할 수 있습니다.

土의 특성인 수렴과 발산의 이중적인 중화 작용력이 약해 중재역할 기운이 약하고 직업도 잘 바뀌거나 이것저것 잡동사니 성분입니다. 부동산 인연도 약하다고 봅니다.

土 日干이거나 土가 있으면서

土가 중화를 이루면 성실 중후하며 은인자중합니다.

신의가 강해 믿음직스럽고 관용과 도량이 넓습니다.

土가 태왕하면 우매하고 우둔한 미련 곰통이로 나태합니다. 노는 것 좋아하고 노력하기를 싫어하는 경향도 있습니다.

土가 태약하면 신용이 없고 고집이 강하며 남을 경시하기도 합니다. 우선 자기에게 편리한대로 해버리고 멀리 앞을 내다보지 못하는 경향이 있습니다.

❖ 金이 없으면…

金의 특성이 부족한 셈입니다. 결단성과 혁명성이 약하면서 마무리하고 정리 정돈하는 성분의 부족으로 용두사미의 특성을 보이고 거절을 잘 못하는 성향입니다. 金이 재성이면 현금성 재물이거나 귀금속인데 金이 없으니 원활한 현금 융통이나 유통에 장애를 만날 수도 있습니다.

金 日干이거나 金이 있으면서

金이 중화를 이루면 의지와 의리가 강합니다. 용감하고 과단성이 있으면서 기백이 강건합니다.

金이 태왕하면 인자함이나 의리가 없고 신용도 없으며 말이 가볍고 살벌 험악합니다. 무절제한 방종 성향이라 가혹한 성품입니다.

金이 태약하면 우유부단하고 정도 의리도 없으면서 마무리가 약합니다.

❖ 水가 없으면...

水의 특성이 부족한 셈입니다. 쉴 수 있는 밤이 없는 꼴이라 항상 활동해야 하므로 피곤합니다. 학문이나 지혜가 흐리기 쉽고 자식 생산성이 부족하면서 융통성도 좀 모자랄 수 있습니다. 水가 재성이면 물 찾아 돈 찾아 대양으로 나가는 국제 무역상 기질도 보이는데 흘러 다니는 재성이라 들어온 재성이 머물지 못하고 또 흘러가는 꼴이 되기도 합니다.

돈이 모이기 어렵고 여자 또한 머물지 못해 잘 바뀔 수 있다는 말입니다. 水 운을 잘 만나면 야간 업무나 야간 사업에서 돈이 들어오는 형국인데 水가 편인이면 밤기운이 더 강합니다. 편인도 밤입니다.

水 日干이거나 水가 있으면서

水가 중화를 이루면 지능이 높고 총명하며 다재다능합니다.

기민하고 반응이 민감합니다.

水가 태왕하면 성정이 불안정하고 음모와 책략에 능하며 사이비 역학이나 사교에 물들기 쉬워 총명함이 오히려 병을 부르기도 합니다.

水가 태약하면 소심하고 작은 이익을 탐하는데 투기를 좋아하고 담력이 작아 기량이 협소한 편입니다.

어느 五行이나 육신이 강하면 그 五行이나 육신의 성격이 더 두드러지게 나타나는 것이고 주위 환경에 따라 활동 양상이 달라지는 것인데 그렇다고 해도 근본 성품은 달라지지 않습니다.

예를 들어, 辛金 日干이 火에 포위되어 火氣가 강하면 차갑고 냉정한 辛金 日干 자체의 성정으로는 사교적인 면이 떨어지지만 강한 火의 영향을 받게 되므로 사회 활동 면에서는 원만한 처세로 활발한 활동을 하게 된다는 말입니다. 남녀의 차이는 있습니다. 총체적으로 보면, 양성이 강한 남자 팔자에는 木火보다 金水가 더 필요할 수 있는 것이고 음성이 강한 여자 팔자에는 金水보다 木火가 더 절실할 수 있습니다.

연월일시의 어느 자리에 어느 五行이 있고 없는지에 따른 시기적 특성도 나타납니다.

예를 들어, 연월에 木과 金이 전혀 없고 水와 火 뿐이면 성장 과정에서 木과 金의 기능을 발휘하기 어렵고 火와 水의 기능이 주로 발휘된다는 말입니다. 木은 손발이 되고 金은 결실인 열매가 되면서 木과 金은 나무와 쇠붙이로 만든 농사 도구인 쟁기도 됩니다.

木과 金의 실질적인 실천력 행동력이 부족하면서 水와 火의 기능에 의지하므로 두뇌적 변화성에 의한 융통성이나 적응력이 강하겠지요.

반대로, 연월에 水와 火가 전혀 없고 木과 金 뿐이면 열심히 노력하고 땀을 흘리지만 융통성이나 적응력의 부족으로 미련곰퉁이 소리를 들을 수도 있다는 말입니다. 주위를 둘러보면, 부지런한 놈은 흥하는 것도 부지런해서 빨리 흥하지만 망하는 것도 부지런해서 오히려 빨리 망하는 경향이 있습니다.

반면에, 게으른 놈은 게을러서 빨리 흥하지는 못하지만 망할 때도 천천히 망합니다.

재미있는 사연을 예로 들어 볼까요?

오래전 부모로부터 물려받은 시골 구석진 땅을 가지고 있는 두 사람이 있었습니다. 부지런한 한 사람은 부모가 세상을 떠나자마자 그 땅을 팔아서 사업 한답시고 까불다가 홀랑 날려 먹었습니다.

게으른 한 사람은 값나가는 땅도 아니라 신경 쓰고 관리하는 게 귀찮아서 그냥 쳐 박아 두고 그 땅을 한번 찾아보지도 않았습니다.

그런데... 어느 날 세상이 뒤집어졌습니다. 정부 시책에 의한 대규모 공업단지로 개발이 되면서 게으른 사람은 엄청난 재산가가 된 것입니다.

실화입니다.

없는 육신의 특징도 있습니다.

어느 육신이 없다는 것은 해당 육친이 없다는 것이고 그 육친과의 인연이 기본적으로 약하다는 의미가 되면서 그 육친은 당연한 육친적 역할을 발휘하기 어렵다는 의미입니다.

❖ 비겁이 없으면...

사회적 동물이요 정치적 동물인 인간에게 비겁이 없으니 무인도에 혼자 사는 격입니다. 친구도 형제자매도 없고 동료도 없습니다.

혼 삶이요, 혼 밥이요, 혼 술이요, 혼 잠입니다. 고독성이요, 항상 혼자요, 독방신세라 단체성이 약하고 사회성이 부족한 것이지요. 경쟁력이 약하기 쉬운 것이 고 사고방식이나 해결 방식이 자기본위입니다. 나 스스로만 존재하므로 스스로 격는 고뇌에도 익숙하고 자기중심이요 가족 중심적이라 심하면 폐쇄적일수도 있습니다. 따라서 조심성이 강한 편입니다.

특히 겁재가 없으면 투쟁성이나 활동성이 더 약합니다.

팔자에 비겁이 없는데 운에서 비겁이 들어오면 경쟁자의 등장이라 긴장 상태가 되니 없던 경쟁력도 살아나고 어울림도 좋아질 것 같지만 오히려 어색하고 불리한 경우가 많습니다. 평소에 익숙하지 않던 환경이요 훈련 되지 않은 경쟁이라 불편하고 나눠 먹어야 하니 스트레스 만발입니다.

그래도 비견은 어느 정도 도움이 되고 서로 협조하면서 어울릴 수 있지만 겁재는 더욱 항상 시끄럽고 복잡한 상황이라 껄끄럽습니다.

주눅이 들 수도 있습니다.

신강한 팔자면 日干이 주체가 되므로 내가 단체의 중심이 될 수 있겠지만 신약한 팔자면 비겁이 주체가 되므로 나는 단체의 일원이 될 뿐입니다.

❖ 식상이 없으면...

입도 없고 손발도 없습니다. 표현력에 제약을 받을 수 있습니다.
손발 없이 성취해야 하니 뭔가 비상하고 기발 특별한 재주를 가지기도 합니다. 식상은 주는 것이므로 줄 생각도 없고 배려심도 없는 꼴입니다.
관살을 건드리지 않으려고 하므로 무리하지 않습니다. 그대로 보존하려고 하므로 적극성이 약합니다. 제조 생산성이 약해 잘 안되고 사람을 많이 써야 하는 사업도 잘 안됩니다. 금전 활동 분야의 제약도 따릅니다.
식상이 없으면 남녀 불문하고 애정 표현이 서툴고 약한 편입니다.
식상은 자상함이요 이성을 끌어당기는 성적 매력입니다.
식상이 없는 여자는 결혼도 늦는 경우가 많습니다. 여성적인 매력이 약한 것이고 자식 생산의 뜻이 약한 탓입니다.
특히 상관이 없으면 불법적인 짓을 잘 못하는 경향이 있습니다.
식신은 사업이나 경영 소질이고 상관은 창조적이면서 미적 감각도 뛰어난데 상관격에 재성이 없으면 재주는 많아도 가난한 경우가 많습니다.
여자 팔자에서 四柱에 식상이 없는데 운에서 식상을 만나면 그동안 몰랐던 식상의 기능을 알게 되어 색을 밝히는 경우가 많습니다.
신강한 팔자면 日干이 주체가 되므로 식상은 내가 활용하는 도구가 되는 것이고 신약한 팔자면 식상이 주체가 되므로 나는 식상이 활용하는 도구일 뿐입니다.

❖ 재성이 없으면...

관리 감독하고 지배할 대상이 없다는 의미입니다. 펼칠 무대가 없는 격입니다. 사업성 금전 융통성이 약합니다. 현금 재산과도 인연이 약하고 부동산이나 문서재산, 임대 수익 등에 의존하는 성향입니다.

여자 팔자에 재성이 시가인데 재성이 없으면 시가의 발전이 없습니다.
정재가 없는 남자는 처와의 인연이 늦어지는 경우도 많습니다.
특히 편재가 없으면 사업성이나 투기성이 더더욱 약한데 남자면 연애 능력의 부족으로도 연결될 수 있습니다.
정재는 안정성이 우선이라 복잡하거나 사교적인 일에는 맞지 않습니다.
편재는 모험심과 활동성이 강해 도전적인 일에 적격입니다.
남자 팔자에서 四柱에 재성이 없는데 운에서 재성을 만나면 여자나 돈에 대한 맛(?)을 알게 되고 본격적으로 밝히게 되는 경우가 많습니다.
신강한 팔자면 日干이 주체가 되므로 내가 지배하는 것이고 신약한 팔자면 재성이 주체가 되므로 내가 지배 받는 것입니다.

❖ 관살이 없으면…

감독자가 없는 것이고, 어른이 없는 것이고, 법이 없는 것이므로 내가 어른이고 법입니다. 직업 변화가 많습니다. 조직성이 약합니다.
여자 팔자에 관살이 없으면 남자 사귀기도 어렵습니다.
정관의 성분은 사회적 지위나 권력에 집착하는 경향이 있고 편관의 흉을 통제하지 못하면 편파적이고 분쟁이나 싸움을 좋아하는 시정잡배나 건달 폭력배 등으로 연결되기도 합니다.
여자 팔자에서 四柱에 관살이 없는데 운에서 관살을 만나면 남자에 대한 맛(?)을 알게 되고 본격적으로 남자를 밝히는 경우가 많습니다.
신강한 팔자면 日干이 주체가 되므로 관살의 통제를 극복할 수 있는 것이고 신약한 팔자면 관살이 주체가 되므로 관살의 통제에 순종해야 합니다.

❖ 인성이 없으면…

집도 없고, 고향도 없고, 자기 공부방도 없고, 학업도 없고, 문서 재산도 없습니다. 과거도 없고 기록도 없으니 증거도 흔적도 없어 행적을 알기도 어렵습니다. 과거가 없으니 당연히 현재도, 미래도 없고 반성도 없습니다. 반성이 없으니 개선도 없습니다.

단기적인 성과에 매달립니다. 식상이 관리 제어 통제가 안 됩니다.

자동 브레이크가 없거나 약해 행동에 극단성이 나타날 수 있습니다.

정인이 없으면 엄마 없이 자란 격이라 피해의식과 애정결핍 증상이 나타날 수 있고 편인이 없으면 순발력과 재치가 부족합니다.

정인은 지적이면서 인내력이 보이고 편인은 다양한 변화를 부르면서 낮에는 자고 밤에 활동하는 올빼미 성분입니다.

신강한 팔자면 日干이 주체가 되므로 빼앗아 오는 것이고 신약한 팔자면 인성이 주체가 되므로 후원자가 많은 것입니다.

진정한 도둑놈 팔자는 인성과 관살이 없는 팔자입니다.

엄마가 없으니 엄마 말도 안 듣고 법이 눈에 안보이니 법도 무시하고…

없는 五行 육신이 있다는 것은 그 五行 육신의 특성이 없거나 부족하다는 의미가 됩니다.

식신은 댓가 없이 베푸는 것이고 상관은 기존 질서를 깨는 것입니다.

정재는 계산이 밝고 치밀하며 편재는 통제성과 공간성입니다.

정관은 합리적이며 소속감이 있고 편관은 헌신적이며 보수적입니다.

정인은 직관적이고 순응적이며 편인은 의심과 신비의 성분입니다.

기본적으로 신왕하면 자영업 등 자기 사업이나 관리직으로 지배하는 쪽이고 신약하면 기술직, 전문직으로 관리를 받는 월급쟁이 쪽 인연입니다.
五行이 한쪽으로 편중 왜곡되면 일단 인생행로에 파란이 많습니다.
연월일시의 어느 자리에 어느 육신이 있고 없는지에 따른 시기적 특성이 나타나기도 합니다.
예를 들어, 연월에 관살이 없으면 인생 준비 기간에 공직이나 명예 쪽에는 관심도 인연도 없었다는 말이 됩니다. 물론 조직성이나 단체성도 약하겠지요.
공부하고 미래를 준비해야 하는 연월에 인성이 없고 오히려 인성을 파괴하는 재성이 있으면 공부와는 남이고 여학생 꽁무니나 따라 다니며 오직 돈벌이 궁리에 몰두할 것입니다. 재성이 용신이라고 해도 연월의 재성은 별로 반갑지 않다는 의미가 될 수 있겠습니다.
재성 용신이 일시에 있으면 사서도 한다는 젊은 시절의 고생을 뒤로 하고 중년 이후에 넉넉한 재물운을 가진다는 의미입니다.
특히 시는 인생 후반기요 말년이라 결실입니다.

四柱에 나타나지 않는 육친은 만날 인연이 없을까요? 그렇지 않습니다.
四柱에 인성이 전혀 없다고 엄마 없이 하늘에서 뚝 떨어져 생겨날 수는 없지요. 다만 육친간의 인연이 좀 희박하거나 각박한 경우가 많습니다.
비겁은 식상을 生하고 낳고 식상은 재성을 生하고 낳고 재성은 관살을 生하고 낳고 관살은 인성을 生하고 낳습니다.
즉, 비겁이 튼튼하면 식상을 만들어내고 키울 능력이 충분하다는 의미이니 식상이 없다고 걱정할 건 없습니다.
다만, 식상이 없는데 비겁이 전혀 없고 日干이 태약하면 좀 걱정이 됩니다. 제 코가 석자 댓발이라 식상을 生할 힘이 없어 식상 인연이 불리합니다.

식상이 튼튼하거나 온전하면 재성을 生해서 만들어낼 수 있는 것이고
재성이 튼튼하거나 온전하면 관살을 生해서 만들어낼 수 있는 것이고
관살이 튼튼하거나 온전하면 인성을 生해서 만들어낼 수 있는 것이고
인성이 튼튼하거나 온전하면 비겁을 生해서 만들어낼 수 있는 것이고…
그렇습니다.

자녀의 진학 문제로 철학원을 찾는 경우가 많지요?
여기서도 이판사판(理判事判) 해야 합니다.
전공이나 직업을 선택할 때는 적성이나 재능부터 점검해 봐야 합니다.
본인의 희망이나 취향부터 참고하는 것이 좋다는 말입니다.
재미를 알고 좋아하는 쪽으로 가면 유리한 길이라 성취도 쉽고 만족도에 따른 발전도 크겠지만 그 유리한 길을 찾는다는 게 쉽지 않지요.
그래서 四柱 이론을 참고해서 반죽합니다. 기본적으로, 四柱가 신강해서 식상이 희신이면 식상에 맞는 공부를 하고 식상에 맞는 직업을 선택하는 것이 좋습니다. 이과(理科) 계통입니다.
자영업 등 자기 사업이나 기업체 관리직으로 지도, 지배하는 쪽입니다.
四柱가 신약해서 인성이 희신이면 인성에 맞는 공부를 하고 인성에 맞는 직업을 선택하는 것이 좋습니다. 문과(文科)계통입니다.
기술직이나 전문 영역으로 남의 지배, 관리를 받는 쪽이 좋겠지요.
비견이 희신이면 남의 도움으로 성취할 수 있습니다.
같은 비겁이라도 비견에 비해 겁재는 겁탈의 성분이라 일이 복잡하고 힘겹습니다. 비견, 식신, 정재, 정관, 정인 등 길신이 비교적 튼튼한 희용신이면 내무직이요 내근직이 좋으면서 문화, 교육, 종교, 문서, 자선 등 쪽이고 겁재, 상관, 편재, 편관, 편인 등 흉신이 비교적 튼튼한 희용신이면 외무직

외근직이 좋으면서 영업, 무역, 제조, 가공, 기술, 건축, 관광, 유흥, 운송 등 쪽으로 소질을 발휘할 수 있다고 봅니다.
식신 상관을 묶어서 같이 보면 기술 계통이나 사업 쪽인데 四柱가 깔끔하면 문학, 예술 쪽으로 인연이고 四柱가 어지러우면 기술자 팔자가 되는 것이지요. 재성으로 연계되면 사업화 되는 것이고 재성으로 연결되지 못하면 어느 쪽이건 재물과는 거리가 먼 것이고...
四柱가 한쪽으로 기울어져 왜곡되면 직업을 비롯해 인생살이가 평탄치 못하고 파란곡절이 많습니다. 대학 진학을 할 때, 요즘은 여러 학교 여러 학과에 복수지원을 할 수 있어 어느 학교에 지원 하느냐는 중요하지 않을 수도 있습니다.
일단 日干이 튼튼하고 인성과 식상이 조화롭거나 관인상생이 되면 욕심을 좀 부려 볼만 합니다. 인성이 三合局을 이루면 큰 학교 인연이요, 유학으로 연결되기도 합니다. 三合이 되면 자동적으로 역마 하나는 걸리지요?
인성은 국공립학교에 해당되면서 분교가 아닌 본교에 해당됩니다.
金水가 강해 四柱가 어두우면 야간 학교로 연결되기도 합니다.
재성과 연결되면 여학교요, 사립학교요, 상고요, 상대요, 경영계열입니다.
여자 팔자에서 괴강과 엮이면 남녀공학이요, 형살이면 기술계입니다.
木은 한의학, 건축, 제지, 의류, 섬유, 교육계열 등에 인연입니다.
金은 기계, 금속, 금융, 정치, 행정계열 등에 인연입니다.
火는 화공, 약학, 광고, 디자인 등의 계열입니다.
水는 해양 수산계열이요, 외국어나 법학 등의 계열입니다.
土는 토목, 부동산 등의 계열입니다.

❖ 의료계 전공 인연.

내과... 火土가 튼튼하면 유리합니다. 위장인 土를 火가 生해줍니다.
외과... 金(뼈)이 튼튼하고 신강하며 형살이나 양인이 있으면 좋습니다.
안과... 木火가 튼튼하면 유리합니다.
치과... 辛金 日干이나 辛金이 튼튼하면 유리합니다.
마취과... 金水가 튼튼하면 좋습니다. 水는 어둠이라 잠자는 마취입니다.
정신과... 木 日干에 火가 튼튼하면 유리합니다.
소아과... 식상이 튼튼하면 유리합니다.
산부인과... 남자면 재성이 있어야 유리한데 바람둥이 기질이 있습니다.
이비인후과... 金(코), 水(귀), 木(인후)이 튼튼하면 유리합니다.
피부비뇨기과... 金(피부), 水(생식기관)가 튼튼하면 유리합니다.
방사선과... 木火가 튼튼하면 유리합니다.
한의사... 木이 튼튼해야 하고 탕화와 연결되면 유리합니다.
약사... 水木火가 튼튼하면 유리하고 탕화와 연결되면 좋습니다.
법의학... 水 日干에 水가 튼튼하면 유리합니다.
戌亥 천문이 있으면 의료계 인연입니다. 천문은 생명 구제입니다.
丑寅이 있으면 의료계 인연입니다. 새벽인 동북 간방(艮方)입니다.
丑午寅은 탕화입니다. 寅木 한약을 달이는 탕제원입니다.
공통적으로 의사는 신강 해야 하고 신약하면 어렵습니다.
정신과 의사가 신약하면 환자와 같이 돌아버릴 수 있습니다.
치과의사는 강도를 잘 만나는 특성이 있습니다.
개업의사는 대운의 흐름이 좋아야 합니다.

먼저 국물뿐인지 건더기가 있는지부터 봐야 합니다.
인간을 볼 때나 인생을 볼 때나 마찬가지입니다.
당연히, 팔자 감정을 할 때도 참고해야 합니다.
잊지 말아야 하는 것은 잘 잊는 습성이 있습니다. 잊어도 상관없는 것을 붙들고 끙끙대는 경우도 많지요.
물에서만 사는 물고기가 물의 중요성을 알 길이 없을 것이고 산속 개울에서만 사는 개구리가 태평양의 깊이와 넓이를 알 턱이 없듯이 항상 맑은 공기 속에서 살면서 공기의 중요성을 절실히 느끼기는 쉽지 않습니다.
역경이 사람을 강하게 단련시키는 것은, 절대적으로 소중하면서 너무도 당연한 것을 잠시 빼앗는 것입니다.

四柱를 펼쳐 놓고 한마디...
甲甲 글자가 늘어져 있으면 ... 사주가 좀 갑갑하네.
丑丑 글자가 늘어져 있으면 ... 사주가 좀 축축하구만.
未未 글자가 늘어져 있으면 ... 사주가 좀 미미하네.
未辰 글자가 붙어 있으면　... 사주가 좀 미진하네.
비겁이 많으면　　　　　 ... 사주가 좀 비겁하네.
식상이 없으면　　　　　 ... 사주가 무식하구만.
식상이 많으면　　　　　 ... 사주가 유식하네.
己未가 동주하면　　　　 ... 기미가 보이는구만.
午卯가 붙어 있으면　　　... 사주가 오묘하네.
.
.
.

14.

육신(六神)의 속살

❖ 비겁(比劫)...

전쟁을 방불케 하는 세상살이에 주변에 우호적이고 협조적인 아군만 있는 것은 아닙니다. 오히려 아군으로 위장한 적군이 더 많은 세상이기도 합니다. 겁재 같은 도둑놈들이 더 잘 사는 세상 아닌가요?

비겁이 너무 많으면 정리가 잘 안되는 경향이 있습니다. 물건도 여기저기 되는대로 쑤셔 넣어 찾으려면 땀이 납니다.

자주 쓰는 것만 옆에 두고 챙기므로 가끔 쓰는 것은 어디에 뒀는지 알 수가 없는 것입니다. 용도도 불분명한 물건들이 사방팔방에 늘어져 있는 꼴입니다. 그릇이 너무 큽니다. 다 먹으려는 욕심으로 인한 강한 경쟁의식에 상대를 견제하고 의심하는 본성이 강합니다. 치열한 경쟁에 비해 소득은 적은 편인데 나누어 먹어야하기 때문입니다. 부자 팔자와 도둑놈 팔자가 비슷한 경우가 많습니다.

주위에 사람은 많지만 대부분 도둑놈 기질을 가진 자들이라 덕 되는 놈도 없습니다. 나와 같은 놈들이 많다는 것이니 못된 패거리들입니다.

특히 겁재는 내 것 뺏어가는 도둑입니다. 돈, 마누라, 권력, 명예 등등... 여럿이 모이면 군중 심리가 발동되고 간덩이도 커집니다. 무슨 짓을 벌일지 모릅니다. 가장 먼저 법이요, 사회의 규범인 관살을 우습게 볼 수밖에 없으니 사고를 칠 가능성이 높아집니다. 나를 부추겨 망치는 앞잡이가 비겁입니다. 경쟁자들이요, 바람잡이들이요, 도둑놈들입니다.

의심증이 발동하고 의처증, 의부증입니다. 뺏고 뺏기는 분쟁과 분탈의 전쟁판입니다. 먼저 재성을 두고 격돌합니다. 관살 분쟁도 일어납니다.

시기 질투심의 발동과 너 죽고 나 살기 식이라 못 먹는 감 찔러 라도 보는 기질입니다. 분수에 맞지 않게 남의 흉내를 잘 내는 성분도 있습니다.

비겁은 日干 편이라 신강하게 해 준다고 하지만 명색일 뿐입니다.

특히 天干의 비겁은 적군입니다. 비겁이 많아 신강하면 관살을 먼저 찾아 비겁을 통제해야 한다고 하지만 상황에 따라 다릅니다. 비겁을 혼내겠다고 매질을 하면 오히려 열 받는 비겁이 폭발해 버립니다.

식상으로 용돈과 먹을 걸 줘 가면서 살살 달래고 구슬러야 합니다.

관살을 잘못 활용하면 술집이나 유흥업소에 빌붙어 뜯어먹고 사는 치사 빠꼼한 건달 조폭이나 기둥서방이 될 수 있고 악덕 경찰관이나 못된 공무원이 될 수도 있습니다. 인덕 없는 짓을 주로 하고 사는 인간입니다.

미련을 버리지 못해 쥐고 아끼면 똥 되고 날아가기 쉽습니다. 똥파리들이 냄새 맡기 전에 속전속결로 먹어치우거나 깊숙이 감추어야 하는데…

그것이 잘 안됩니다. 혼자 잘나고 혼자 똑똑한 자만심과 현실 상황을 무시하는 똥 뱃장으로 남을 무시하거나 얕보고 돌진하다가 박치기 하면 심하게 엎어져 심하게 다칩니다. 몰빵하다가 박살납니다.

건강은 좋다고 볼 수 있으나 이것이 오히려 화를 부릅니다. 건강하다는 자만심으로 몸을 함부로 굴려 하루아침에 골로 가기도 합니다. 주로 몸을 많이 쓰는 직업을 택해 힘을 빼고 힘 조절을 하는 것이 좋습니다.

빌빌 백년이라고 하지요? 건강이 부실한 사람은 평소에 조심하므로 오히려 장수하는 경우가 많습니다. 地支의 비겁이 건강입니다.

비겁이 많아 골치 아픈 四柱에 운에서 또 비겁을 만나면 도둑놈 소굴에서 힘들게 살고 있는데 또 도둑놈들이 들이닥치는 꼴입니다. 돈 내 놓으라는 놈들이니 형제 친구 동료를 비롯한 지인 등 주위를 조심해야 합니다.
재성이 파괴 되므로 돈 빌려 주거나 보증서면 위험천만이 됩니다.
손재수라 무조건 돈이 나가는 것이고 돈을 쓰게라도 되는데 헛돈 쓰는 꼴이라 돈 쓰고 바보 병신 되고 욕이나 먹는 것이지요.
비겁운에는 취직 시험도 경쟁자가 많아 불리하고 돈 받기도 어렵고 결혼도 어렵거나 사기 결혼에 걸려들기 쉽습니다.
비겁일에 물건을 사면 속아서 사는 등등 사기 당하기 딱 좋습니다.
사기 모략에 걸려 고통을 당하거나 직장인이면 앉은 자리가 흔들리기도 합니다. 그동안 감추어져 있던 비밀이 들통 나 낭패를 보기도 하고 소속 단체에서 사고가 터지기도 합니다. 겁재운에 부도가 많이 납니다.
여자 팔자면 만사를 남편과 상의하는 것이 좋고 남자 팔자면 아들이나 직장 상사의 조언을 듣는 것도 현명한 처방이 됩니다. 비겁이 많아 태왕하거나 日干이 태약하면 배고픈 것을 못 참는 특성이 있습니다.
비겁이 많으면 나눠 먹을 사람이 많아 못산다고 보기보다 오히려 동작이 빠르고 경쟁력이 강해 잘산다고도 주장합니다. 그럴까요?
생존력이 강하다는 말인데... 어렵습니다.
남을 파괴하는 사람은 결국 자기도 파괴합니다. 일시적으로 재성을 장악한다고 해도 관리력을 갖추지 못하면 그것은 그야말로 일시적이요 남의 것입니다. 허망한 결과를 부르는 것이지요.
돈 사업을 한다면 기본 원칙이 있습니다. 특히 제조업을 할 때는, 시기적으로 투자를 늘리고 벌여야 할 때와 관리에 들어가 구조 조정을 해야 할 때가 있는 법인데 이것이 잘 안됩니다. 정말 어렵습니다.
특히 팔자에서 비겁이 많아 신강한 사람은 상황 판단에 객관적이지 못한 경우가 많습니다. 분산, 파괴, 낭비성으로 연결되면 비견은 자의적 성분이 강하고 겁재는 타의적 성분이 강합니다.

❖ 식상(食傷)...

식상은 응용력이요, 추리력이요, 직관력이요, 상상력이요, 기획력이요, 창안 창의력입니다. 생각의 표출이요, 표현력입니다. 입질이건 손발질이건 표현하고 드러내는 것은 전부 해당 됩니다. 기본적으로는 식신이면 착한 생각이 나타나는 것이고 상관이면 못된 생각이 표출되는 것입니다.

식상은 배설입니다. 식신이 건전한 생리적 배설이라면 상관은 유흥, 잡기 등등으로 연결되는 변칙적 불륜적 배설입니다.

식상이 너무 많으면 나름대로 정리 정돈이 되기는 하는데 작은 공간에 너무 많은 물건을 쑤셔 넣어 주로 쓰는 주인이 아니면 찾기가 어렵습니다. 용도별로 구분이 안되는 것입니다. 매번 새로 정리해야 합니다.

식상 그릇이 너무 큽니다. 주로 머리를 제공하는 그릇이지만 태약한 日干에 식상이 너무 강하면 제 발등 찍는 잔머리가 되고 오히려 식상이 없는 것과 같습니다. 머리 쓴다고 머리만 아플 뿐 소득은 별 볼일 없습니다.

가식이요, 허세를 부리는 것입니다. 내 코가 석자인데 남 걱정하고 간섭하고 지도 편달하려는 기질입니다. 대변인입니다.

입이 많은 것이요, 손발이 많은 것입니다. 시끌 요란 벅적이라 입으로 설치는 것이고, 손발이 설치는 격입니다. 관살이 힘을 쓰지 못하는 것이니 겁날 것도 없어 거칠어지기도 합니다. 통제 관리 순화가 안 되니 제멋대로 돌아가는 주둥이가 화를 부르는 것이고 손발이 재앙을 초대합니다.

상관은 말을 해도 함부로 하는 경향이 심하고 웬만하면 반말입니다.

천의 얼굴을 가진 형상입니다. 머리만 쓰는 꾀보요, 잔머리의 대가급이 되기 쉽고 관살을 가지고 노는 꼴이라 법을 우습게 알고 윗사람을 무시하고 대항하는 하극상이요, 배반 배신입니다.

윗사람을 몰아내려는 기질에 데모 잘하는 반항아로 직장 생활이 어렵습니다. 취업도 어렵습니다. 입으로는 모르는 게 없는 만물박사라 아는 척 하다가 되치기 당하기도 하는데 그렇다고 해도 눈 하나 깜짝하지 않습니다.

외눈박이 기질이 강한 독선 독행성이면서 이론적 투쟁성, 반발성이 강합니다. 오지랖이 넓어 남 걱정 많고 남의 일에 간섭이나 삽질도 심합니다.

종업원이나 아랫사람을 거느리기 어렵습니다. 자신의 머리만 믿고 혼자 설치다가 아랫사람에게 당하기 쉽고 아랫사람에게 안방을 내주는 꼴이 나기도 합니다. 떠벌리는 데는 도사이니 종교인이면 헛소리 설교나 법문 등을 잘할 것 같지만 대부분 알맹이 없는 허세요, 위장 위선인 가식이라 심하면 사기꾼이요 사이비 교주감입니다. 둘러내는 임기응변 재주도 뛰어납니다. 특히 상관의 천재성이 뛰어난 편입니다.

여자 팔자면 먼저 관살부터 박살나므로 들어오는 남자마다 잡아먹는 과부 팔자요, 기생 작부 팔자가 될 수도 있습니다. 남자가 자꾸 바뀌는 것이고 잘 퍼주는 인정(?)이 많아 찬밥 더운밥 안 가리고 아무한테나 잘 끌려 들어갑니다. 특히 상관은 다양성입니다. 공식이 없습니다.

남자 팔자면 식상이 아랫사람이기는 하되 내가 낳은 내 자식은 아니므로 제자가 되고, 부하가 되고, 종업원이 되고, 남의 자식이 됩니다.

식상이 많아 골치 아픈 四柱에 또 식상운을 만나면 직장 사표 내는 운입니다. 특히 상관운입니다. 불평불만의 폭발이라 뒤집어 엎어버리고 깽판 놓고 싶어지는 운입니다. 상사와 불화로 보따리 싸는 꼴인데 직장 그만두고 퇴직금으로 사업 한다고 설치다 망합니다. 기가 빠지는 운이므로 기력이 쇠해져 일도 안 되고 건강도 나빠집니다.

본인이나 아랫사람 잘못으로 옷 벗을 수도 있습니다. 그만둔 직장의 그 자리는 아랫사람 차지입니다. 주객전도(主客顚倒)입니다. 식상의 배신이라 아랫사람인 제자, 신도, 종업원이 다 도둑놈이요 배신하고 떠납니다.

여자가 상관운을 만나면 남편 꼬라지도 보기 싫어 이별수가 따르기도 하는데 남편이 직장을 그만 두기도 합니다. 이른바 상관견관(傷官見官)작용입니다.

❖ 재성(財星)...

재성은 정복하고 지배하고 군림하는 것이고 통솔 관리하는 것입니다.
식상과 연결되면 술(術)이라 배짱과 모험심이 연관되어 경영 쪽이 되고 식상생재가 되는데 식상과 인연이 없으면 학(學)이라 경제 쪽으로 흘러 갈 수 있습니다. 통제하고 관리하는 살림살이가 되고 계산이 됩니다.
식상생재에 돈벌이가 잘 안되면 종업원 임금 착취라도 합니다.
月柱에 재성이면 수학에 인연이고 상경계 인연이 되기도 합니다.
재성은 마누라이므로 마누라가 똑똑하면 굶어 죽지는 않는 것이고 마누라가 어벙하면 돈 벌이도 잘 안되는 형국이 됩니다.
여자 팔자에 재성이 있어야 살림꾼이 되는 것이고 관살을 生해서 서방을 거두어 먹이면서 시집 살림을 일구어 키울 수 있는 형상이 됩니다.
식상이 먹는 음식이라면 재성은 밖에서 사먹는 외식이 됩니다.
정재는 합리적 순리적으로 버는 돈이요 홀딱 벗고 같이 잠을 자도 법이나 양심에 걸리지 않는 합법적 내 여자이니 조강지처가 되는 것이고, 편재는 억지요 무리수를 두며 전쟁하듯 버는 돈이고 비윤리적 비합법적으로 탐하는 여자라 꽃뱀이거나 같이 홀딱 벗고 자면 'Me Too' 운동에 걸려 패가망신하고 심하게 잘못 걸리면 자살이라도 해야 합니다.
재성이 너무 많으면 살림꾼이라 계획적이요 정리 정돈이 깔끔하고 확실합니다. 버릴 것도 없어 공간 활용도가 뛰어난 것입니다. 재성 그릇이 너무 큰 것이고 돈 버는 사업가 그릇인데 태약한 日干에 재성이 너무 강하면 오히려 재성이 없는 꼴이라 돈도, 여자도 없는 거지 팔자가 됩니다.
있어도 푼돈이요, 떠돌이 여자입니다. 날아갈 재성입니다. 재성은 계산입니다. 재주를 심하게 부리는 격이라 거짓말도 그만큼 잘 할 수 있어 기만이나 사기로 연결될 수도 있는 빗나간 장사꾼 기질입니다. 돈의 노예로 사는 뛰어난 상술입니다. 신약하므로 힘이 부치는 것이고 능력이 달리는 것이니 재성을 剋하고 쟁취하려다가 오히려 거꾸로 역극 당하고 되치기 당하는 것입

니다. 주인이 주인 행세를 못하고 하인이나 종업원에게 끌려 다니는 꼴인
데 억지와 똥고집으로 무리하다가 망하거나 재성에 치여 죽을 수도 있습니
다. 정재는 고정무대요 편재는 넓은 전국 무대입니다.
돈 줍겠다고 바닥을 긁고 다니다가 日干을 잡는 호랑이인 관살까지 생조하
면 처자식 때문에 등골 빠지고 뼈골 빠지는 팔자가 될 수 있습니다.
강한 재성에 인성이 맞아죽어 학업 인연도 불리합니다.
학생이면 여학생 꽁무니나 따라다니느라 공부와는 담을 쌓는 꼴이지요.
돈도 여자도 내 인생 말아먹고 나를 잡아먹는 귀신입니다.
음식 탐하면 먹는 것 마다 체합니다. 특히 밖에서 먹는 외식입니다.
하나가 겨우 들어오면 둘이 나가고 심하면 안방까지 뺏길 수 있습니다.
욕심 때문입니다. 욕심이 도둑을 불러들입니다. 사방팔방에 널브러진 재성
들이 혀를 날름대며 유혹하지만 내 것이 아닌데… 함정인데… 관살까지 강
하면 도둑맞고 몸까지 다칩니다. 돈 뺏기고 몸 뺏깁니다.
가까운 사람에게 배신당하기 쉽습니다. 가장 먼저 재성에게 당합니다.
사기에 걸려들기 딱 좋고 꽃뱀에게 걸려들기 딱 좋습니다. 다 욕심 때문입
니다. 돈, 여자 욕심입니다. 정재는 노력으로 살지만 술수 위주로 사는 편
재는 술수로 일어났다가 술수로 망하는 경우가 많습니다.
특히 편재가 강한 기신이면 돈벌이 자체가 전쟁입니다. 험하고 불법적이거
나 변칙적인 무리수가 동원 됩니다. 항상 불안합니다.
여자 팔자면 죽을 힘을 다해 돈 벌어 자신은 한 푼도 못쓰고 서방 먹여 살
리면서 구박에 욕먹고 매 맞는 한심한 팔자가 될 수 있습니다.
내 것 주고 뺨맞는 꼴이요 사랑에 속고 돈에 울고… 그렇습니다.
재성이 많아 골치 아픈 팔자에 운에서 또 재성을 만나면 꿀은 맛도 못보고
벌에 쏘여 팅팅 붓는 한심한 꼴 납니다.
재성운에는 결과에 상관없이 여자가 보이고 돈이 보입니다.

❖ 관살(官殺)…

관살은 힘쓰는 벼슬입니다. 직장이요, 직업이요, 법이요, 규범이요, 통치자요, 감독자요, 관리자입니다. 어깨에 힘주고 폼 잡는 권위요, 체면입니다.
관살이 너무 많으면 여기 저기 걸리적거리는 건 못 봅니다.
요령 있는 정리 정돈은 아니지만 일단 박스 안에 다 쑤셔 넣어 한쪽 구석으로 밀쳐버리고 공간을 넓게 합니다. 재성이 강한 사람과는 좀 다릅니다.
관살이 큰 그릇이요, 주로 일을 하는 직장 그릇이요, 관직 그릇인데 日干이 태약하고 관살이 너무 강하면 오히려 관살이 없는 꼴이라 제대로 된 직장 인연도 없고 있어도 힘들어 지탱하기 어렵습니다.
관살운에 비겁의 희생을 통해 자신의 목적을 달성하기도 합니다.
여자 팔자면 오히려 남편 인연도 남자 복도 없는 팔자가 됩니다.
관살이 호랑이요 귀신이요 저승사자라 이리 터지고 저리 차이는 천덕꾸러기 동네북입니다. 사방팔방이 막힌 창살 없는 감옥에 갇힌 꼴입니다.
특히 편관의 작용인데 남을 물어 죽일 수도 있는 권모술수입니다.
법과 규칙은 잘 지키고 약속 시간도 잘 지킵니다. 강한 복종의식입니다.
일복은 터진 팔자지만 능력도 체력도 모자라고 주변머리도 없어 일을 감당할 수 없으니 끙끙대다가 일에 치여 죽을 수 있습니다. 말단에서 죽도록 일만 하며 골병들다가 누명이나 쓰고 쫓겨나기 쉬운 팔자입니다.
관살(특히 편관)이 태왕한 사람이 죽지 않고 살아있다면 말아먹은 사람일 가능성이 크고 말아먹지 않았다면 죽은 사람일 가능성도 있습니다.
사업은 더더욱 불가합니다. 돈을 벌어도 남의 돈입니다. 바닥을 기어야 합니다. 그렇게 살면 목숨을 부지할 수는 있지만 분수를 넘는 돈이라도 들어오면 재생살(財生殺)이 됩니다. 저승사자를 불러들이는 꼴이라 하루아침에 황천장에 깨 팔러가는 꼴 납니다. 식상으로 다 주어야 살 수 있습니다.
남 주기 아까우면 처자식에게라도 주어야 합니다. 그것이 사는 길이요, 유일한 처방입니다. 배우자 인연도 도루묵이요, 자식 인연도 말짱 꽝입니다.

귀신같은 처자식이 원수라 가정도 지옥입니다.
관살이 혼잡 되면 직장 변동이 심하고 이중성이 보이는데 여자면 결혼할 때 혼란을 부르기도 합니다. 편관이 있으면 눈치가 발달됩니다.
여자 팔자면 관살이 남편이요 벼슬이라 결혼이 벼슬입니다. 자식에 기대고 자식 믿고 살아야 하므로 자식이 없으면 버티기 어렵습니다.
여자 팔자에 관살이 많으면 남자가 여러 번 바뀌는 팔자로 장남에게 시집가 죽도록 고생만 하는 경우도 많습니다.
관살이 너무 많아 골치 아픈 팔자에 운에서 또 관살을 만나면 귀신 소굴로 들어가는 꼴입니다. 관살에 집단 폭행을 당하는 격이라 정신이 혼미해져 하는 일마다 실수요 꼬이기만 합니다.
사업 말아먹고 관재구설까지 따르면서 가정궁이 파탄 나고 온갖 재앙이 쳐들어옵니다. 물론 직장운도 어렵습니다. 상사가 호랑이 귀신 탈을 쓰고 노려봅니다. 좌천 정도로 끝나면 행운입니다. 웬만하면 스스로 물러나는 것이 좋습니다. 버티다가 누명이나 뒤집어쓰고 맨몸으로 쫓겨날 수 있습니다.
몸이 다치거나 건강도 위험합니다. 사고수에도 걸립니다.
필요한 희신 관살이 四柱에 없으면 허관(虛官)이라도 감투를 좋아하므로 사장, 회장이라 불러주면 좋아하는 경향이 있습니다.
편관이 형충되면 취직도 잘하고 그만두기도 잘하는 형상입니다.
여자 팔자에 관살이 형충되면 연애도 잘하고 헤어지기도 잘하는 형상이라 이혼도 쉽게 잘하는 것으로 연결 됩니다.
여자 팔자에 관살이 아예 없으면 남편 인연이 희박한 것이고 있어도 없다고 생각하고 살기도 하므로 남편 위주로 살지는 않는 것입니다.
남편이 있으면서 남편이 잘해줘도 항상 허전하고 외로움을 느끼는 경우가 많습니다. 여자 팔자에 日支 편관이면 남자를 달고 다니는 팔자로 남편의 의심을 유발하기 쉽습니다. 특히 중년 이후입니다.

❖ 인성(印星)…

세상에서 가장 고귀하고 아름다우며 위대한 그 이름 어머니요, 어머니의 품인 고향입니다. 가문(家門)입니다. 양심이요, 도덕이요, 명예요, 체면이요, 참는 인내성입니다. 서류인 문서가 서로 왔다 갔다 하는 매매요, 부동산입니다. 집이요, 학교요, 학업이요, 지식이요, 지혜요, 의복입니다.

소식이요 뉴스가 되는데 정인이면 기다리고 있던 예정된 소식이요, 편인이면 예상치 못한 뜻밖의 소식일 수 있습니다.

문서도 정인은 계획된 문서요, 편인은 뜻밖의 문서가 될 수 있습니다.

인성은 문서라 재성이 없어도 인성이 있으면 재산이 있다고 보는데 부동산 재물이니 오히려 알부자일 수도 있습니다. 이런 팔자에 재성운을 만나면 문서인 부동산을 팔아 현금 재물로 만들기도 합니다.

정인이 정도적 성분으로 바른 공부요, 일반적인 학문이라면 편인은 편도적 성분으로 편향된 특별한 공부요, 특수 분야의 학문이요, 신통력을 비롯한 특별한 기능이나 기술입니다. 순발력 강한 단판승부형입니다.

식상과 재성을 노타이 점퍼 스타일이요 캐주얼 스타일이 비유한다면, 인성과 관살은 넥타이 양복 스타일이요, 제복 스타일이 될 수 있습니다.

정인이 주택이면 편인은 아파트요, 빌라 등에 비유할 수도 있습니다.

육신의 환경 비유를 좀 더 해보면 재성의 환경이 큰 마트나 시장 부근이요, 관살의 환경은 관청 부근이요, 역마지살의 환경이면 역이나 터미널 부근이 되겠고, 인성의 환경은 학교나 교육 시설 부근이 되겠습니다.

그리고 천문화개의 환경이면 종교시설 부근이 되겠지요.

인성이 너무 많으면 변화가 거의 없습니다. 있는 그대로 계속 갑니다.

재성이나 관살이 강한 사람의 눈으로 보면 허파 뒤집어지고 열 받기 딱 좋은 성품입니다. 인성 그릇이 큰 것이고 주로 공부하는 학문이요 지식 보따리로, 서류나 문서 그릇인데 태약한 日干에 인성이 너무 강하면 오히려 없는 인성입니다.

공부운도 문서운도 없으니 쓸모없는 문서, 쓸모없는 공부입니다.
부모에게 의지, 의탁하는 형상이라 자립성이 좀 약해 보입니다.
日干이 좋아서 日干을 위해 生하는 것이 아니라 오히려 日干을 해치기 위해 生하는 못된 계모 성분입니다. 자식을 위한다는 구실로 먹이고 주는 것이 보약이 아니라 상한 불량 식품이나 독약을 먹이는 꼴이지요.
어울리지 않게 큰 집에서 사는 형상이요, 체격에 비해 너무 큰 옷을 입은 형국이요, 처리 능력도 없으면서 산더미 같은 서류를 끌어안고 끙끙 대는 꼴입니다. 많이 배운 학식이 재능인 식상을 헨해 아는 것만 많은 무능력자입니다. 이론으로, 말로는 모르는 것이 없어 실천인 식상이 죽는 것입니다.
따지는 데는 선수급입니다. 아무나 지도편달하려 하고 가르치려 하고 체면만 찾는 양반 행세 체질이라 사업은 더더욱 안됩니다.
편인은 순발력과 재치를 관장하기도 하지만…
먹기만 하고 배설구를 막아버리니 변비가 우려되고 비만을 부르거나 배가 뽈록 튀어 나오기라도 합니다. 물론 게으를 수도 있습니다.
인성이 전혀 없으면 모친 인연이 박한 것이고 엄마의 젖이 모자라 분유로 자라기 쉬워 저항력이 약해 잔병이 많을 수도 있습니다.
여자 팔자면 식상이 파극 되어 자궁이 좁아 출산 시 난산하기 쉽습니다.
인성이 너무 많아 골치 아픈 팔자에 또 인성운을 만나면 밥사발을 엎어 버리는 도식(盜食)이 됩니다. 사업도, 직장도, 건강도 다 엎어지는 운이요, 매사 부도나는 운이라 거꾸로만 갑니다. 고향에서 부르고 어머니가 부릅니다.
고향으로 귀향하거나 낙향하는 운입니다.
인성운을 만나면 동작의 정지 상태가 되고 집안에 들어앉아 갇히는 형상이라 휴직, 정직 등 활동이 멈춰진 상태인 경우로 연결됩니다.
재충전의 공부를 하거나 도(道)를 닦는 등등…

❖ 세대별 시기에 따라

육신의 의미가 달라질 수 있습니다. 길흉은 희기신도 참고해야 합니다.

10대의 인성은 공부에 해당되겠고
20대의 인성은 자격시험이나 취직시험이 되겠고
30대의 인성은 승진시험이나 주택이 되겠고
40대의 인성은 새집 인연이나 매매가 되겠고
50~60대의 인성은 고향 생각이나 귀향 인연이 되겠지요.
여자 팔자에 인성운을 만나면 엄마 생각나고 친정 가고 싶고...

소년기의 편인은...
젖이 부족한 형상이라 성장성이 떨어지고 건강도 약화되는 작용입니다.
표현력의 부족이라 눈치가 발전되고 이공계의 기술쪽 기운입니다.
청년기의 편인은...
매사 지연되고 활동성이 둔화되면서 질병 기운도 나타납니다.
장년기의 편인은...
부동산이나 문서재산 인연이 나타나고 질병 기운도 보입니다.
노년기의 편인은...
활동력이 약화되는 조짐이므로 질병과 연결될 수 있습니다.

소년기의 정인은...
성장 방해나 표현력 방해도 좀 일어납니다.
인문 사회계열 쪽으로 공부 인연이 열립니다.
청년기의 정인은...
학위 문서 자격 등의 의미로 연결됩니다.

장년기의 정인은…
팔짱을 낀 채 벌이는 느긋한 활동이라 임대사업 등입니다.
노년기의 정인은…
말년의 인성은 관살의 식상이 되므로 남자 팔자면 자식의 활동성이 강화되는 형국이고 여자 팔자면 남편의 활동성이 강화되는 형상입니다.
자식이나 남편이 큰소리치거나 잔소리가 심해 불편할 수 있습니다.
자식이나 남편이 앞장서서 다 처리해 주므로 편하기는 하겠지만…

소년기의 재성은…
공부해야 할 시기에 공부에 지장을 줍니다. 돈 문제나 여자 문제로 공부를 할 수 있는 조건, 환경이 방해를 받는 것입니다.
중년기의 재성은…
활발한 사회활동을 할 시기이므로 한창 돈벌이 하는 환경이 펼쳐지는 시기입니다.
노년기의 재성은…
늙은이가 여자를 만난 격입니다. 인성은 인수(印綬/人壽)지요? 수명을 단축할 수 있습니다.

소년기의 비겁은…
형제나 친구 등과 무리지어 어울려 자라는 것이고
청년기의 비겁은…
친구나 경쟁자가 나타나는 치열한 시기가 되는 것이고
장년기의 비겁은…
손재수를 부르는 존재가 나타나는 것이고
노년기의 비겁은…
은퇴한 친구와 어울리는 형상이 될 수 있습니다.

비견에 비해 겁재의 경우 손재나 지출의 기운이 더 강합니다.
비견 겁재가 무리를 지으면... 충동적인 심리가 즉각적으로 발동되어 경솔해지고 대항적이 되어 상황을 무시하는 성분이 폭발합니다. 이것이 재성을 훼해 부수게 되니 재물이 박살나는 것인데 한마디로 건방 떨다가 골로 가는 꼴입니다.

소년기의 식신은...
어린 나이에 놀이와 유흥성이 강하고 성장성이나 표현력이 강합니다.
청년기의 식신은...
편관을 두려워하지 않는 자유분방과 기술, 예술적인 재능의 발휘입니다.
장년기의 식신은...
재물을 만들기 위한 행위나 사업성이 강화되고 부동산 등 터전을 넓히는 등의 투자가 활성화 됩니다.
노년기의 식신은...
평안한 세월을 의미하고 여행, 건강, 수명 등입니다.

소년기의 상관은...
천재성이 발휘되고 재능이 강화되면서 부모에 반항하는 기운입니다.
청년기의 상관은...
유흥성과 예술성이 발휘되면서 가출 등의 기운도 일어납니다.
장년기의 상관은...
관재구설의 작용입니다. 여자팔자면 남편의 덕이 손상됩니다.
노년기의 상관은...
유흥성이 강해 정력과 재산의 낭비입니다. 재산을 사회에 기부하거나 돈을 쓰게 되는 봉사직이나 선출직 감투가 되기도 합니다.

소년기의 편재는…
인성이 파괴되어 공부가 안됩니다. 모친 말도 잘 안 듣고 공부방도 없습니다. 돈만 벌면 된다는 사고방식에 영자 순자와 어울리느라 바쁩니다.
청년기의 편재는…
여자와 어울리고 풍류를 즐기면서 돈에도 정신이 팔려 돈버는 활동성이 강해집니다.
장년기의 편재는…
돈벌이에 엄청 바쁜 시절입니다. 이것저것 할 일도 많아집니다.
노년기의 편재는…
말년에 고질병과 싸우거나 말년까지 재물을 쫓아 바쁜 형상입니다.

소년기의 정재는…
부모로부터 물려받는 경제력이 되고 공부가 방해 받아 적당히 합니다.
청년기의 정재는…
여자가 드는 것이라 애인이 되고 결혼 하거나 경제활동의 환경입니다.
장년기의 정재는…
상속을 받거나 어떤 혜택을 입는 형상입니다.
노년기의 정재는…
안정적인 경제 환경이 되는데 정재가 강하면 나이에 비해 무거운 짐이라 고질병입니다.

소년기의 편관은…
갑작스러운 사고나 세균성 질병을 만나는 형국입니다.
청년기의 편관은…
직장이나 조직 사회를 만나는 것입니다.
여자에게는 남자의 등장이지만 남편감은 아닌 것 같습니다.

장년기의 편관은...
관재를 부르는 것인데 기운을 잘 쓰고 활용하면 명예입니다.
노년기의 편관은...
만년에 호랑이 동네에 자리를 잡습니다. 호랑이(사고; 갑작스러운 질병)를 만나 행동에 제약이 많고 불편합니다. 마비성 질환입니다.

소년기의 정관은...
자신을 안전하게 보호 양육해주는 환경입니다.
청년기의 정관은...
남자 팔자면 조직 사회로 들어가는 것이고, 여자 팔자면 남편감과의 인연으로 연결됩니다.
장년기의 정관은...
명예와 한창 물오른 발전의 기운입니다.
노년기의 정관은...
남자 팔자면 자식의 발전 번영으로 보고, 여자 팔자면 남편의 발전 번영으로 볼 수 있습니다.

육신 자체의 성분으로만 본 것이므로 희기신의 영향을 참고합니다.
평균 수명이 늘어나는 추세이므로 소년기는 20세 이전까지를 보고 청년기는 20~40세 사이를 보고 장년기는 40~60세 사이를 보고 노년기는 60 이후를 봅니다.

15.

식품 五行과 기신 병

木: 간, 담, 신맛, 청록색입니다. 미나리, 시금치 등 푸른색 채소류와 오미자, 매실 등 신맛이 나는 열매입니다. 식초입니다. 국수, 라면 등의 길게 늘어뜨린 면 종류입니다.

木은 간, 담 및 신경계통과 시력을 주관합니다.

木이 고장나면 중풍, 신경통, 말초신경계, 불면증, 정신질환, 편두통, 위산과다, 십이지장궤양, 색맹, 난시, 근시, 약시 등을 부릅니다.

火: 심장, 소장, 쓴맛, 붉은색입니다. 붉은 고추, 당근, 토마토 등 붉은 색의 채소류와 익모초, 씀바귀 등의 쓴 맛 나는 열매와 채소류입니다. 날개 달린 새 종류입니다.

火는 심장, 소장 및 시력 정신계통을 관장합니다.

火가 고장나면 정신질환, 건망증, 불안 초조, 고혈압, 악몽, 안면마비, 류머티즘, 시력약화, 심장병 등을 부릅니다.

土: 위장, 비장, 단맛, 노랑색입니다. 쌀, 보리, 콩, 밀, 조 등의 곡물과 호박, 감초, 식혜 등의 노랑색 열매나 단맛 나는 식품이며 네발로 걸어 다니는 짐승의 육고기 또는 뜨겁게 끓인 탕 종류입니다.
土는 비장, 위장, 소화계통을 관장합니다.
土가 고장나면 소화기, 비만, 구강질환, 빈혈, 안면마비, 당뇨, 배앓이, 전신무력증, 위하수, 탈장증 등을 부릅니다.

金: 폐, 대장, 매운맛, 흰색입니다. 마늘, 생강, 파, 양파 등의 매운 식품 또는 도라지, 더덕, 무우, 배 등의 흰색입니다. 변환 동물인 번데기 종류나 조개, 게 등의 갑각류입니다.
金은 폐, 대장, 피부, 호흡기, 뼈, 근육 등을 관장합니다.
金이 고장나면 피부병 계통의 질병을 부릅니다. 코에 관한 질병을 부르고 폐, 대장, 맹장 쪽이 고장나기도 합니다.

水: 신장, 방광, 짠맛, 검은색입니다. 김, 미역, 다시마 등의 진한 색의 짠 해산물을 비롯해서 짠 밑반찬 종류입니다. 어류입니다.
水는 신장, 방광, 생식기관이며 신경계를 관장합니다.
水가 고장나면 공포증과 식은땀이 흐르고 요통 및 야뇨증을 부릅니다. 귀, 척추, 좌골신경통, 생식기관 질환을 부릅니다. 원기부족에 시달리거나 대소변의 배설에 문제가 생기기도 합니다.

기본적으로, 四柱가 튼튼하고 중화가 잘 되면 건강한 것이고 四柱가 한 쪽으로 심하게 기울어지거나 파괴되어 무너지면 건강이 위험합니다.
음식은 병이 없을 때는 골고루 먹고 병이 있을 때는 가려 먹어야 합니다.

식신(정재)은 끼니를 때우는 주식(主食)으로 볼 수 있고 상관(편재)은 간식이나 기호식품이요, 유흥음식으로 볼 수도 있습니다.
식상은 스스로 만들어 먹는 음식으로 가정식이 되기도 하고 재성은 사서 먹는 음식으로 남이 만든 외식(外食)이 되기도 합니다.
식신은 평소의 일반적인 대중 상품이고 상관은 특별 기획 상품입니다.

닭고기는 음성일까요 양성일까요?
날개달린 새 종류는 火에 배당된다고 했으니 火氣 따라 양성일까요?
닭은 음성 식품이랍니다. 酉金입니다.
양기인 여름 더위가 극성하는 복날에 삼계탕을 먹는 이유이기도 하고 차가운 음성 질환인 감기에 기운을 차린다고 닭고기를 먹으면 오히려 감기 기운을 키우는 위험한 작용을 한다는 것입니다.
속털까지 홀딱 벗은 나체의 몸으로 개다리 소반위에 두 다리를 쩍 벌리고 발라당 드러누운 씨암탉의 모습에서 음기가 충만한 여인의 요염한 자태를 연상하게 되고 그 중에서도 탄력적인 살이 토실토실하게 오른 엉덩이와 허벅지는 특히 먹음직스러운 식욕을 솟구치게 합니다.

어디까지나 기본 성분을 중심으로 구분한 것이고 어느 五行 하나에만 딱 맞아 떨어지게 해당되는 건 아닙니다. 그런 건 없습니다.
상생관계로 연결됩니다.
예를 들어, 심장 기능을 강화하려는 이유로 火에 좋은 식품을 찾을 때는 火를 生하는 木의 식품도 좋다는 것이지요. 한 줄로 정리하면, 철따라 나는 식품을 중심으로 골고루 먹는 것이 가장 좋을 듯합니다.
특효적으로 어느 쪽에만 좋은 식품 같은 건 없다고 보면 됩니다.
신문 방송을 보면 무슨 기적이라도 일으키는 것처럼 특정 식품에 대해서 입에 거품을 물고 떠들어대는 소위 전문가라는 의료 장사꾼들이 판을 칩니다.

이들의 말 다 듣다가는 먼저 배앓이부터 하고 다음으로 배가 터져 죽습니다. 우리 몸의 질병은 상생상극으로 모두 연결되어 있어 완전 독립군은 없습니다. 五行학적으로 설명하면, 火에 병이 생기면 火와 연결되는 木도, 土도 같이 위험해지는 것이지요.
물론 상극되는 水도, 金도 다칠 수 있는 것이고...
가까운 이웃으로 왔다 갔다 하면서 옮기고 퍼뜨리는 합병증입니다.
양성이 강한 팔자는 대체로 밀어붙이다 인생도, 건강도 말아먹기 쉽고 음성이 강한 사람은 환경에 따른 굴신(屈伸)을 잘해서 생명력이 지탱 되는 경우가 많습니다. 골골 백년이랍니다.

식신이 木이면... 음식을 시게 하는 경향이 있고
식신이 火이면... 음식을 쓰게 하는 경향이 있고
식신이 土이면... 음식을 달게 하는 경향이 있고
식신이 金이면... 음식을 맵게 하는 경향이 있고
식신이 水이면... 음식을 짜게 하는 경향이 있습니다.
음식이 너무 시면(木)... 매운맛 나는(金) 식품이나 쓴맛 나는(火) 식품으로 중화를 시키는 것이 좋습니다.
음식이 너무 쓰면(火)... 짠맛 나는(水) 식품이나 단맛 나는(土) 식품으로 중화를 시키는 것이 좋습니다.
음식이 너무 달면(土)... 신맛 나는(木) 식품이나 매운맛 나는(金) 식품으로 중화를 시키는 것이 좋습니다.
음식이 너무 매우면(金)... 쓴맛 나는(火) 식품이나 짠맛 나는(水) 식품으로 중화를 시키는 것이 좋습니다.
음식이 너무 짜면(水)... 단맛 나는(土) 식품이나 신맛 나는(木) 식품으로 중화를 시키는 것이 좋습니다.
강한 맛의 五行을 剋하거나 설기하는 五行을 활용하는 것입니다.

❖ 정신적으로 육체적으로 병이 생기는 원인도

귀신같은 기신의 장난입니다.

❖ 비겁이 기신이면...

형제자매나 동료, 친구가 원수라 그 때문에 병이 생기는 것이고 경쟁에 지쳐 쓰러지는 형상입니다. 비견은 동종업계의 동업자요, 겁재는 강력한 경쟁자입니다.

❖ 식상이 기신이면...

후배나, 제자나, 부하나, 장모나, 처가 문제로 병이 생기는 것이고, 여자 팔자면 자식 때문에 허리가 휘고 병이 생기는 형상입니다.

❖ 재성이 기신이면...

돈 문제나 부친 문제, 마누라나 여자 문제 때문에 생기는 병이고, 여자면 돈 문제나, 친정 부친이나, 시모 때문에 생기는 병입니다.

❖ 관살이 기신이면...

자식 문제나 직장 문제, 관청, 관재 문제로 골병드는 것이고, 여자 팔자면 서방 때문이요, 남자 문제로 생기는 병입니다.

❖ 인성이 기신이면...

주거 문제나 보증, 모친 때문에 골병들거나 병이 생기는 것이고, 여자 팔자면 주거 문제나 보증, 친정 모친 또는 친정 문제입니다.

육십갑자는 달달 외우면서 육신과 육친은 기본만 운용하는 도사님들이 의외로 많습니다. 아무래도 통변의 폭을 넓히기에는 한계가 있을 수밖에 없겠지요. 동서남북, 아래, 위, 좌, 우로 자유자재 돌아가야 합니다.

❖ 인성을 예로 들면,

인성은 인성으로 끝나는 게 아니고 인성의 비겁이요, 관살의 식상이요, 식상의 관살이요, 재성의 재성이 되니 육친으로 연결하면 인성은 나의 모친이면서 조모의 남편이니 조부가 되고, 조모의 애인도 됩니다. 모친의 자매인 이모요, 외숙부가 되고, 아들놈의 장모요, 처가요, 여자 팔자면 딸년의 남편인 사위가 되는 등등입니다.

남자 팔자에서...

인성이 튼실하고 좋으면 자식인 관살의 식상이니 천재적 자식을 둘 수 있는 팔자이고, 마누라인 재성의 재성이니 돈벌이 하거나 돈복 있는 마누라를 만날 팔자가 되는 것이지요.

여자 팔자에서...

인성이 튼실하고 좋으면 인성이 남편인 관살의 식상이니 천재적인 머리를 가진 남편을 만나기 쉬운 팔자이고, 인성은 며느리인 관살의 식상이니 천재적인 두뇌를 가져 다루기 힘든 며느리를 만나기 쉬운 팔자가 될 수 있는 것이고, 재성의 재성이니 부친이 부자이거나, 시어미가 돈벌이 하거나, 돈복이 있어 돈 좀 만지는 시어미를 만나기 쉬운 팔자가 되는 것입니다. 물론, 당사자 본인의 팔자가 우선이고 연결되는 인연이 그렇다는 말입니다.

더운 한여름에 태어나 뜨거운 체질이거나 추운 한겨울에 태어나 차가운 체질인 경우 몸의 상태도 대조적입니다.

한여름에 태어나면…	↔	**한겨울에 태어나면…**
체온이 따뜻합니다	↔	체온이 차갑습니다
몸에 땀이 잘 납니다	↔	몸에 땀이 잘 안납니다
내 쉬는 숨이 강합니다	↔	들이 마시는 숨이 강합니다
맥박이 빠르고 강합니다	↔	맥박이 약하고 느립니다
활동성이 왕성합니다	↔	조용히 있기를 좋아합니다
소화력과 식욕이 왕성합니다	↔	소화력과 식욕이 약합니다
차가운 음식을 좋아합니다	↔	따뜻한 음식을 좋아합니다
수분의 섭취가 많습니다	↔	수분의 섭취가 적습니다
얼굴에 붉은 빛이 돕니다	↔	얼굴에 검은 빛이 돕니다
변비가 잘 생깁니다	↔	설사가 잘 생깁니다
상체에 열 기운을 잘 느낍니다	↔	하체에 찬 기운을 잘 느낍니다
추운 날씨에 잘 견디고 강합니다	↔	더운 날씨에 잘 견디고 강합니다

매운맛, 단맛, 싱거운 맛은 대개 온열성(溫熱性)으로 양에 속하고 신맛, 쓴맛, 짠맛은 대개 한량성(寒凉性)으로 음에 속한다고 하는데… 이것저것 가리지 말고 계절 따라 등장하는 식물성 식품을 골고루 먹으면 되는 것이고 육해공(陸海空)의 동물성 식품을 골고루 먹으면 됩니다.

火는 발산 성분이요, 水는 응축 성분입니다. 작은 불씨 하나가 산을 전부 태울 수는 있지만 큰 산불을 물 한 방울로 끌 수는 없습니다.

생활에서 활용할 수 있는 중요 색상의 특성을 좀 볼까요?

❖ 빨강색…

온도를 높이는 가온(加溫) 효과가 있어 몸을 따뜻하게 하고 활발한 기운을 돌게 합니다. 두려움을 누그러뜨리는 데도 좋습니다. 혈액순환을 원활하게 해주므로 저혈압에도 도움이 됩니다.
육감적이고 자극적인 강력한 에너지를 발산하므로 신혼부부의 침실에 핑크색 조명이나 소품을 두면 좋은 기운이 퍼집니다.
심장 기능이 부실한 사람이 빨강색 내의를 입으면 좋고 발이 동상에 걸리면 빨강색 양말을 신도록 권하기도 합니다.

❖ 주황색…

빨강색과 노랑색의 중간색으로 마음을 편안하게 하고 기분을 명랑하게 만들어 줍니다. 축 처진 마음을 상큼하게 해주고 행복한 느낌을 갖게 하므로 자기 연민이나 억울한 마음을 털어 주고 달래 주기도 합니다.
대장과 소장에 작용해 소화 흡수를 돕고 면역 체계도 강화해 줍니다.
체질이 허약한 아이나 어른에게 모두 좋은데 주황색인 호박이 장 기능을 활발하게 해 준다는 것은 상식 중의 상식입니다.

❖ 노랑색…

가시성(可視性)이 좋습니다. 뇌에 영양을 공급해 정신력과 기억력을 높여 줍니다. 아이디어와 주의력을 향상시키고 뇌 활동을 맑고 민첩하게 만들어 집중력을 높여 줍니다. 장과 연결되어 소화력을 도와줍니다.
창밖에 노랑색 수선화를 심는 것도 좋습니다.
노랑색 음식이나 노랑색 의복 등을 활용합니다.

❖ **초록색…**

이완(弛緩) 작용으로 부교감 신경을 활성화 합니다. 심장에 작용해 몸과 마음이 최상의 상태가 되도록 돕습니다. 음기(陰氣)인 파랑색과 양기(陽氣)인 노랑색이 섞인 색으로 음양이 조화를 이룹니다.

평소에 녹색 채소를 먹으면 소화가 잘되고 속이 편합니다.

❖ **파랑색…**

맥박을 낮춰 침착하게 감정을 다스리고 이성적으로 판단하게 하므로 특히 중요한 결정을 내릴 때는 파랑색 조명 아래서 생각을 다듬는 것도 좋습니다. 몸과 마음의 열을 식히는 냉각 효과가 있으므로 화상이나 염증에 파랑색 천을 감싸고 있으면 열이 내리기도 합니다. 얼굴이 달아오를 때 파랑색 셔츠나 모자를 쓰면 열을 내리는데 도움을 주고 파랑색과 보라색의 중간색인 남색(藍色) 램프는 불면증에 효과가 있습니다.

❖ **보라색…**

뇌를 자극해 직감과 통찰력을 강화시키는 창의성과 아이디어를 관장합니다. 극단적으로 대조를 이루는 파랑색과 빨강색의 결합으로 감각적이고 탁월한 영감력을 일으킵니다.

동양인은 초식성 동물로 진화돼왔고 서양인은 육식성 동물로 진화되어 왔습니다. 동양인의 식성이 초식성에서 육식성으로 급격히 바뀌면서 온갖 새로운 질병이 나타나고 있습니다. 암이나 혈관질환 등등입니다.

건강을 지키는 건 음식이므로 땅에서 나는 것과 바다에서 나는 것, 하늘에서 나는 것을 골고루 먹고 동물성, 식물성을 골고루 먹어야 합니다.

육체와 정신의 결합체인 인간을 五行학적으로 보면 음기(陰氣)인 水는 육체가 되고 양기(陽氣)인 火는 정신이 됩니다.

水를 기본 원재료로 해서 하드웨어(hardware)격인 몸이 먼저 만들어지면 필수 첨가물인 火를 혼합하여 소프트웨어(software)격인 정신이 설치되는 것으로, 음양의 조합에 의한 화학 작용으로 하나의 인격체가 만들어지는 것이겠습니다. 정신과 몸을 묶어 혼백(魂魄)이라고 하지요.

火는 양기요, 정신이라고 했으니 불이 있어야 정신세계를 볼 수 있고, 불이 있어야 정신세계로 들어갈 수 있답니다. 火土의 특성입니다.

불은 밝아서 모든 상황을 한눈에 볼 수 있습니다. 아주 작은 단서를 보고도 숨겨져 있는 이면의 상황을 파악할 수 있는 능력입니다.

기도를 할 때 촛불이 동원되는 경우가 많지요? 기도발을 끌어올리기 위한 방편입니다. 따라서 팔자에 火氣가 많은 사람은 기도에 소질이 있고 기도발도 잘 받는다고 보면 되겠지요.

살아있는 영역은 五行으로 양기에 해당되므로 火氣입니다.

그 반대는 음기로 水氣입니다. 죽어서 간다는 저승으로 들어갈 때 요단강이나 삼도강을 건너야 한답니다. 음의 세계로 들어가는 것입니다.

살아서 하는 기도는 火氣를 강화시켜 어두운 음기의 세계를 밝게 비추어 들여다본다는 의미가 되기도 합니다. 영(靈)적인 영역을 보는 것인데 불이 너무 많으면 눈부심으로 인해 오히려 방해가 될 수 있습니다.

火氣가 너무 많으면 자신의 감정을 참거나 감추지 못하는 경향이 있습니다. 드러내고 발산하는 성향이라 경솔하기 쉬워 손해도 잘 보는 편인데 상대의 말을 끝까지 듣지 못하고 중간에 끊어버리기도 합니다.

직관력과 이해력이 빨라 한마디만 들어도 핵심을 간파하는 편입니다.

불이 지나치게 많거나 적으면 심장이나 눈에 이상이 올 수 있고 불이 많거나 丙丁 火 日干이면 속여 먹기가 쉽지 않은 경우가 많습니다.

동의학(東醫學)을 비롯한 동양 철학에서는 인간을 우주에 비유하지요?
소우주(小宇宙)라고...
그 증거로 제시하는 대칭적인 비유가 있습니다.
하늘에 春, 夏, 秋, 冬의 사계절(四季節)이 있고
인체에는 두 팔과 두 다리인 사지(四肢)가 있습니다.
하늘에 木, 火, 土, 金, 水 기운인 五行이 있고
인체에는 간, 심장, 비장, 폐, 신장의 오장(五臟)이 있습니다.
하늘에 天, 地, 東, 西, 南, 北의 육극(六極)이 있고
인체에는 대장, 소장, 위장, 담낭, 방광, 삼초의 육부(六腑)가 있습니다.
하늘에 북의 칠성(七星)과 존성(尊星) 제성(帝星)인 구성(九星)이 있고
인체에는 눈, 코, 입, 귀, 요도 항문의 9개 구멍인 구규(九竅)가 있습니다.
하늘에 子, 丑, 寅, 卯, 辰, 巳, 午, 未, 申, 酉, 戌, 亥, 십이지(十二支)가 있고
인체에는 십이경맥(十二經脈)이 뻗혀 있습니다.
하늘에 24절기(節氣)가 있고 인체에는 12경맥 좌우 24혈(穴)인 이십사유(二十四俞)가 있습니다.
하늘에 365일을 가리키는 365도(度)가 있고 인체에는 365개의 골절이 있습니다.

하늘땅을 뒤흔드는 천둥 번개는 남녀가 짝짓기 하는 음양 충돌이요, 울부짖는 환희와 분노의 폭발이라고 합니다.
하늘에서 내리는 비는 인간의 눈물이랍니다. 폭우는 통곡이겠지요.
땅 속을 흐르는 지하수는 인체의 혈액과 호르몬이요, 이슬은 인체의 땀방울이면서 바람은 어지러운 증세와 같고...

혹시, 억지로 끌어다 붙인 비유 같은가요?

의술(醫術)은 인술(仁術)인가요? 상술(商術)인가요? 사술(詐術)인가요?
재미있는 것은 매쉬(MASH; 이동야전병원)라는 미국 영화에서 히포크라테스 선서를 히포크리트(hypocrite; 위선자)선서로 비아냥대는 대화가 나옵니다.
부연설명은 하지 않겠습니다. 어쨌거나, 무병장수하는 게 광땡, 장땡이요, 병을 만나도 쉽게 치료되면 팔땡, 구땡입니다.
치료가 어려운 불치의 병으로 고통을 받다가 요절하면 그건 따라지 팔자요, 망통 인생이겠지요.

프로 사기꾼이 되기 위해서는 자기 자신부터 먼저 속여야 하듯이 모르면서 아는 척 큰소리 탕탕 치기 위해서는 자기 자신도 자신이 무식하다는 사실을 모르는 것이 좋습니다.
철저하게 무식하다는 것은 다른 한편으로 보면 복된 일이기도 합니다.
아는 것이 많으면 많을수록 힘들고 괴로움 또한 그만큼 많지요.
행복하고 싶으면 쓸개부터 버리는 것이 좋습니다.

16.

天干과 地支. 육신의 연계

❖ 天干과 地支의 성분비교

天干은 양성(陽性)이고	↔	地支는 음성(陰性)입니다.
天干은 겉, 밖, 표면이고	↔	地支는 속, 안, 이면입니다.
天干은 그릇이고	↔	地支는 내용물입니다.
天干은 노출이고	↔	地支는 비밀입니다,
天干은 자랑이고	↔	地支는 감춤입니다.
天干은 외부, 외면이고	↔	地支는 내부, 내면입니다.
天干은 공식적이고	↔	地支는 비공식적입니다.
天干은 밝음이고	↔	地支는 어둠입니다.
天干은 문명(氣)이고	↔	地支는 물질(質)입니다.
天干은 움직임이고	↔	地支는 고요함입니다.
天干은 생각이고	↔	地支는 행동입니다.
天干은 기획이고	↔	地支는 실천입니다.
天干은 시작이고	↔	地支는 결과입니다.
天干은 계획이고	↔	地支는 결실입니다.

天干은 전반기이고 ↔ 地支는 후반기입니다.
天干은 가상의 환경이고 ↔ 地支는 현실의 환경입니다.
天干은 나가는 것이고 ↔ 地支는 들어오는 것입니다.
天干은 현상이고 ↔ 地支는 본질입니다.
天干은 명예이고 ↔ 地支는 실속입니다.
天干은 얼굴이고 ↔ 地支는 마음입니다.
天干은 몸(상체)이고 ↔ 地支는 몸(하체)입니다.
天干은 손, 발, 피부이고 ↔ 地支는 오장육부입니다.
天干은 정신적이고 ↔ 地支는 육체적입니다.
天干은 사회적인 면이고 ↔ 地支는 가정적인 면입니다.
天干은 의지와 희망, 목표이고 ↔ 地支는 현실적 환경, 조건입니다.

어디까지나 기본 성분입니다. 합충형(合沖刑) 등의 상황에 따라 전혀 엉뚱한 방향으로 흘러갈 수 있습니다.

운에서 天干이 먼저 나타나고 다음으로 地支가 나타납니다.
天干으로 문서운이 들어오면 뜻이 있어 잡고자 하는 목표는 세우는 것인데 地支의 현실 여건이 도와주면 이루어지기 쉬운 것이고, 地支의 협조가 없거나 地支가 방해하면 이루어지기 어려워집니다.
예를 들어, 甲寅이면.. 天干 육신의 꿈과 뜻을 펼칠 수 있도록 地支 육신의 현실 환경이 뒷받침 되고 도와주어 순조롭게 이룰 수 있는 형상입니다.
甲子이면.. 天干 육신의 꿈과 희망을 地支 육신의 현실 환경이 도와주는 것 같기는 하나 子水는 냉수라 한계가 있어 보입니다. 과정에 애로가 따르는 것이고 성취된다고 해도 늦어지거나 힘겹습니다.
甲午 또는 甲辰이면.. 天干 육신의 목표를 地支 육신의 현실 환경이 결정적인 방해를 하는 것은 아니지만 도와주는 것도 아니므로 성취하기 어렵거나 애로가 많은 것이고 성취된다고 해도 일부입니다.

甲戌 또는 甲申이면.. 天干 육신의 꿈과 목표를 세우거나 따라가 보지만 地支의 현실 여건이 방해하므로 이루어지기는 어려운 형상으로 희망과 다른 결과를 만나기 쉽습니다.

天干이 희신인데 地支가 기신이거나 파극 또는 변질되어 배신하면... 일이 잘 되는 듯하다가 뒤틀어지기 쉽고, 힘겹게 성취되거나 성과가 적은 것이며, 될 듯하다가 도로아미타불이 되기도 합니다.

天干이 기신인데 地支가 희신이거나 희신화되면... 거의 포기하거나 어려울 것 같던 일이 성사되거나 엉뚱한 데서 성과가 나타나기도 합니다. 희신인 地支가 변질되어 배신하거나 파극되면 다 잡은 물고기를 놓치거나 빼앗기는 꼴이 되기도 합니다.

운에서 들어오는 天干 地支의 육신에 연결하고 희기신을 봅니다.
天干이 좋아도 地支가 불리하면 결과는 꽝입니다.
예를 들어, 天干이 식상이고 地支가 비겁이면 天干 식상이 地支 비겁으로 바뀌는 것이고 天干 식상이 地支 비겁인 경쟁자나 도둑으로 변하는 것입니다. 地支가 식상이고 天干이 비겁이라도 식상이 도둑으로 변할 수 있습니다. 육신의 특성으로 연결 됩니다. 식상이 변해 비겁이 된다는 것은 아랫사람에게 돈 심부름 시키면 그 돈 가지고 날라 버릴 수 있다는 것이고, 장모나 처갓집 또는 제자나 신도, 후배, 자식 문제로 손재수가 나는 것이고, 이들에게 돈 빌려주면 받기 어려운 것이고, 돈이 나가기만 하면 함흥차사가 됩니다. 식상이 合으로 비겁화 돼도 같은 결과를 만납니다.
어린 식상이 친구인 비겁이 되므로 나이 어린 친구가 많아집니다.
지혜를 도둑맞거나 기계 또는 도구를 도둑맞는 꼴이 되기도 합니다.
자식의 손버릇이 나빠질 수도 있는 것이고...
식상으로 주고 비겁으로 바가지 쓰는 꼴이라 식상으로 재성을 생해서 일확천금을 노리다가 쪽박 찰 수도 있습니다. 도둑놈들만 모여 듭니다.

天干과 地支의 기본 성분이 많이 다릅니다.

天干이 가상의 환경이라면 地支는 눈앞에 나타난 실체요, 현상입니다.

황당하고 엉뚱한 비유인지는 모르겠지만 조선시대를 지배한 공맹(孔孟)의 성리학(性理學) 사상을 유학(儒學)에서 유교(儒敎)라는 종교적 형태로까지 정착시키며 하늘이 내린 불변 불멸의 계시처럼 숭배하면서 서로 싸움질이나 하고 점잖게 뒷짐 지고 헛기침이나 터뜨리며 삼강오륜(三綱五倫)이나 외우고 탁상공론에 정신이 없는 배부른 착취자들의 허황한 요소가 강한 것이 天干적 성분이라면, 현실적으로 당장 해결해야하는 의식주(衣食住) 문제를 찾는 실학(實學)적인 요소가 강한 것이 地支의 성분입니다.

어느 것이 더 중요한 것인지 한마디로 단언하기는 어렵겠지만 안위와 먹고 사는 기본 문제가 해결되지 않으면 말짱 도루묵 아닌가요?

당장 빵 한 조각이 필요한 배고픈 자에게 고상 빠끔한 시 한 구절을 읽어 준다고 배고픔이 해소되는 것은 아닙니다.

불학무식(不學無識)하고 천박한 허당(虛堂)의 좁은 생각인지는 몰라도 학(學)과 술(術)은 균형적이어야 합니다.

이상과 철학은 현실적인 실천이 따라야 빛을 발합니다.

도구 하나 만들지 못하고 쌀 한 톨 생산하지 못하는 공리공론(空理空論)으로는 다 뺏기거나 굶어 죽기 딱 좋습니다.

그렇게 헛기침으로, 패싸움으로 세월 보내다가 임진왜란을 만났습니다.

그리고 식민 살이를 했고 동족 상전으로 피투성이가 되었습니다.

그랬는데... 벌써 다 잊은 듯합니다.

답답합니다.

❖ 인성(印星)과 식상(食傷)의 성분비교.

五行도, 육신도 원칙적으로 서로 잘 묶이는 짝이 있습니다.
五行으로 보면 木火가 잘 어울리고, 金水가 잘 어울립니다.
木火는 양성이고, 金水는 음성으로 동질성이 강합니다.
물론 세부적으로는 이긋나서 엉뚱하게 엮이는 경우가 있지만 본질이 그렇습니다. 서로 상생되는 五行끼리도 잘 어울리는 편인데 火土가 잘 묶이고, 土金이 잘 묶이고, 水木이 잘 묶입니다.
육신으로 보면 식상과 재성이 잘 연결됩니다. 식상생재가 됩니다.
재성과 관살이 잘 연결됩니다. 재생관이 됩니다.
관살과 인성이 잘 연결됩니다. 관인상생이 됩니다.
그리고 인성과 식상이 잘 연계됩니다. 상극관계로 한 다리 건너지요?
식상생재나 재생관이나 관인상생은 익숙하면서도 인성과 식상의 관계는 별 관심이 없는 경우가 많습니다.
그럴 일이 아닙니다. 상반되면서 연결됩니다.
인성과 식상의 상대적인 관계를 비교 정리해 봅니다.

인성은 음성(陰性)이고	↔	식상은 양성(陽性)입니다.
인성은 金水성분이고	↔	식상은 木火성분입니다.
인성은 보수적이고	↔	식상은 진보적이고 진취적입니다.
인성은 넥타이에, 양복 정복 스타일이고	↔	식상은 노타이에, 점퍼 캐쥬얼 스타일입니다.
인성은 부정적이고	↔	식상은 긍정적입니다.
인성은 입력이고	↔	식상은 출력입니다.
인성은 기억이고	↔	식상은 표현입니다.

인성은 저장이고	↔	식상은 노출입니다.
인성은 감추는 것이고	↔	식상은 드러내는 것입니다.
인성은 듣는 것이고	↔	식상은 말하는 것입니다.
인성은 귀가 되고	↔	식상은 눈이 됩니다.
인성은 청각이요, 청력이고	↔	식상은 시각이요, 시력입니다.
인성은 들숨(吸)이고	↔	식상은 날숨(呼)입니다.
인성은 수입이고	↔	식상은 지출입니다.
인성은 받는 것이고	↔	식상은 주는 것입니다.
인성은 배우는 것이고	↔	식상은 가르치고 써먹는 것입니다.
인성은 공부하는 것이고	↔	식상은 활용하는 것입니다.
인성은 이론이고	↔	식상은 실천입니다.
인성은 지식이고	↔	식상은 지혜입니다.
인성은 고지식이고	↔	식상은 융통성입니다.
인성은 연구가 되고	↔	식상은 실행이 됩니다.
인성은 (과)학(學)이 되고	↔	식상은 (기)술(術)이 됩니다.
인성은 내면이고	↔	식상은 외면입니다.
인성은 생각이고	↔	식상은 행동입니다.
인성은 통찰이고	↔	식상은 안목입니다.
인성은 인내가 되고	↔	식상은 발산이 됩니다.
인성은 신중하고	↔	식상은 경솔합니다.
인성은 무겁고	↔	식상은 가볍습니다.
인성은 느리고	↔	식상은 빠릅니다.
인성은 게으르고	↔	식상은 부지런합니다.
인성은 옷을 입는 것이고	↔	식상은 옷을 벗는 것입니다.
인성은 음식을 먹는 것이고	↔	식상은 먹은 것을 배설하는 것입니다.
인성은 살이 찌는 것이고	↔	식상은 살이 빠지는 것입니다.

인성은 지는 것이고	↔	식상은 피는 것입니다.
인성은 슬픔이라 울음이고	↔	식상은 기쁨이라 웃음입니다.
인성은 음지(陰地)가 되고	↔	식상은 양지(陽地)가 됩니다.
인성은 저승이 되고	↔	식상은 이승이 됩니다.
인성은 어둡고	↔	식상은 밝습니다.
인성은 깊은 분석력이고	↔	식상은 빠른 판단력입니다.
인성은 뒤끝이 있는 편이고	↔	식상은 뒤끝이 없는 편입니다.

合으로 돌아가거나 沖으로 무너지면 고유의 성분을 잃을 수 있습니다.

좀 더 솔직하고 현실적인 생각으로 판단해 보면 남녀가 만나서 평생 한 이불 덮고 자야 하는 부부관계는 양쪽이 다 만족하기 어려운 관계입니다.
어느 한쪽이라도 손해 볼 각오가 돼 있어야 부부라는 이름으로 제대로 굴러갈 수 있다는 말입니다.
받을 생각으로 이익 볼 생각 하지 말고 손해보고 줄 생각을 하면 됩니다.
한참을 살아보니 알겠습니다.
우리들의 부모 조상은 당연히 그렇게 알고 살았던 것 같습니다.
그러나 요즘 세상에 그런 손해를 각오하고 사는 사람이 있을까요?
둘 다 조금이라도 손해 볼 생각이 없어 보입니다.
전혀... 아닌데... 그게 아닌데...

콩을 심어서 콩이 나오면 심은 그 콩이 완전히 죽어 없어지고 새로운 콩이 나옵니다. 새로운 콩은 심은 콩과 같은 콩이면서 완전히 다른 새 콩입니다.
새싹을 내기 위해서는 자신은 죽어야 하고 썩어야 합니다.
그렇게 생명은 이어집니다. 죽으면서 다시 태어납니다. 死卽生입니다.

자연 이야기입니다.
그런데, 자연의 움직임이 좀 이상합니다. 자연이 성질을 부리고 있습니다.
인간도 자연이라 자연과는 서로 공존해야 하는데 대립하고 있습니다.
최종적으로 인간이 자연을 이길 수 있을까요? 불가능합니다.
자연의 보복적인 공격은 이미 여기저기서 시작됐습니다.
서구문명의 발전으로 시작된 필연적인 대립이요 싸움이지만 사실은 우리 인간 모두가 공범으로 자연의 적이 되어 가고 있습니다.
인간도 자연이지만 자연의 극히 일부일 뿐입니다.
무모한 싸움입니다.

알고 보니 인생은 지난밤의 한바탕 꿈입니다.
분명히 꿈에서 돌아다니며 다 봤는데 꿈을 깨고 나니 분명히 꿈에서 있던 것이 다 헛것임을 알았습니다.
분명히 꿈에서 금송아지를 얻어 금고 안에 꼭꼭 넣어 두었는데 꿈에서 깨어나 아무리 금고 안을 뒤져봐도 금송아지는 없었습니다.
너무도 꿈이 분명해, 꿈이 진짜인지 꿈을 깬 것이 진짜인지 조차 헷갈립니다.
알고 보니 인생은 커다란 꿈이요 착각입니다.
결국 다 사라지는 허상입니다.
내가 눈을 뜨면서 다 보이던 것이 내가 눈을 감으니 다 없습니다.

17.

육신의 변화 1

壬 甲 甲 丁 남. 2017년생
申 子 辰 酉 ①대운

辰酉 합으로 시작해서 申子辰 합으로 좀 복잡하게 흘러갑니다.
辰土는 酉金과 합을 하면서 다음에 子水와 합을 할 준비를 합니다.
이중 작용이지만 어차피 辰酉 합을 해서 金局으로 다시 金生水 합니다.
모든 기운은 水氣로 모아지고 인성으로 귀결됩니다.

일단 辰酉 합의 작용부터 보겠습니다. 재성이 관살국으로 흡수됩니다.

❖ 재성이 변해서 관살이 되면...

① 재성 관살이 합으로 묶이고 재성이 관살을 생해 관살국을 이룹니다.
   재생관(財生官)이 됩니다.
② 재성은 관살을 키워주고 사라지지요? 재성이 관살로 변하는 것이고 재성이 관살로 바뀌는 것입니다. 관살의 배후에 재성이 있습니다. 마누라(재성)가 日干의 출세(관살)를 위해 몸 바쳐 희생하는 형상이요

재성(마누라)이 관살(자식)을 위해 몸 바쳐 희생하는 형상입니다.
③ 선거에 출마하거나 출세(관살)하기 위해 돈(재성)을 법니다. 재성으로 돈 주고 관살인 벼슬이나 명예를 사는 격입니다. 학생이라도 학생회장이나 간부가 되려고 돈 좀 쓰기도 합니다.
④ 자식놈(관살)을 돈(재성)으로 밀어주어 취직(관살) 시켜주는데 청장년운이므로 처가(재성)에서 취직(관살)시켜주는 격이 되고 마누라 덕에 취직하는 형상이면서 처가에서 큰소리 치고 대장 노릇하는 격입니다.
⑤ 결혼하면 바로 마누라가 임신(관살)하고 총각득자할 수도 있습니다.
⑥ 직장에서 애인이 생깁니다. 재성(여자)과 관살(직장)을 같이 만납니다. 여자면 돈(재성) 번다고 돌아다니다가 애인(관살) 만듭니다.
⑦ 관살이 기신이면 골치 아픕니다. 재생살(財生殺)이 됩니다. 돈이나 여자 때문에 관재나 망신수 생기고 팔자가 꼬이기 쉽습니다. 여자(재성)만 건드리면 임신(관살)이 되거나 여자(재성)에게 뒤통수(관재) 얻어맞습니다. 마누라가 배신합니다. 마누라가 정부와 짜고 日干을 죽이는 형상이 될 수도 있습니다. 日干이 태약하면 정관도 살(殺)이 되어 호랑이요, 질병이요, 귀신이요, 염라대왕이 됩니다.
⑧ 여자 팔자에 관살이 기신이면 시집살이(재성)가 고단한 팔자입니다. 남자가 사주는 밥이나 술(재성) 잘못 얻어먹으면 묶여 코 꿰입니다. 시어미가 보이지 않는 원수입니다. 관살인 귀신 남편을 부추깁니다.

戊申운을 만나게 되면 편재로 시작해서 편관으로 마무리 합니다.
재성이 관살로, 변하는 것인데 문제는 申金이 가만있지 못하고 또 申子辰 水局으로 인성局이 된다는 것입니다. 관인상생입니다.
재성이 관살로, 관살이 인성으로 흘러갑니다. 관살로 마무리 하지 않고 인성으로 연결되어 인성이 최종 목표가 되는 것입니다.
己酉운을 만나면 정재로 시작해서 정관으로 마무리 합니다. 재성이 관살로 변하는 것인데 日干이 재성 己土를 야무지게 움켜쥐고 있습니다.

관살 酉金은 이미 金局으로 돌아선 辰土를 다시 合으로 끌어안고 또 金局을 만들어 더 강해집니다.

이렇게 四柱 내에서 合으로 뭉치고 변하고 운에서 天干이 地支로 가면서 변하고 또 合으로 변하는 등 복잡 다양하게 변해서 좀 헷갈립니다.

과정을 더듬어 최종 종착점을 찾아야 합니다. 종착지의 희기신이 결정하고 마무리 합니다.

申子辰 合에서 먼저 子辰 合되어 辰土 재성이 合으로 사라집니다.
이미 辰酉 合으로 사라진 辰土는 오나가나 희생만 합니다.

❖ 재성이 변해서 인성이 되면...

① 辰土는 合으로 水局이 되어 水氣를 모아 키워놓고 뒤로 물러납니다. 재성이 인성局이 되어 인성을 위해 사라지는 것이고 재성이 인성으로 변하는 형상이고 재성이 인성으로 바뀌는 것입니다.
② 부친이 모친을 위해 희생하는 형상이요, 모친이 부친 역할까지 하는 형상이요, 마누라가 모친을 위해 희생하는 형상이요, 모친이 마누라 역할까지 하는 형상이니 마누라가 모친 같고 모친이 마누라 같습니다.
③ 인성이 용신이면 마누라나 처갓집이 귀인이라 마누라가 집문서 가지고 들어오거나 처갓집에서 집 사주는 형상이 되지만 인성이 기신이면 반대로 처갓집 뒤치다꺼리까지 해야 합니다. 재성이 원수 됩니다.
④ 인성이 용신이면 재성이 나가고 인성이 들어오니 돈이 나가고 문서가 들어오므로 집이나 부동산을 사는 형상이 되고, 인성이 기신이면 반대로 집이나 부동산을 팔아먹는 형상이 될 수 있습니다.
⑤ 유산을 활용하거나 돈을 들여 문화 사업을 할 수도 있습니다.
⑥ 공부(인성)를 해도 경제학(재성)을 전공합니다. 인성局이 되므로 日干이 튼튼하면 경제학 박사까지 기대를 해 볼 수도 있습니다.

⑦ 재물 욕심인 재성이 윤리인 인성으로 바뀌므로 처음 겉으로는 볼 때는 욕심이 많은 사람 같지만 알고 보면 실상은 청백한 사람입니다.
⑧ 재성을 인성으로 바꾸므로 돈으로 조상 족보를 사는 꼴도 됩니다. 재성인 현금이 인성인 문서로 바뀌는 것이니 돈 빌려주고 문서인 차용증 받는 형상입니다. 인성이 기신이면 차용증은 휴지조각 됩니다.
⑨ 재성인 마누라 때문에 인성인 고향을 찾고 부모를 찾는 형상입니다.
⑩ 인성이 일시에 걸리면 뒤늦게 공부하거나 늦게까지 공부하는 형상인데 月支 재성에 기신이면 재수하거나 휴학 경험을 하기도 합니다.
⑪ 남자 팔자에서 재성과 合이 되는 날은 부부관계에서 合이 잘 됩니다. 여자 팔자에서 관살과 合이 되는 날은 부부관계에서 合이 잘 됩니다.
木 日干이 己亥나 戊子를 만나도 재성이 인성으로 변하는 형국입니다.

다음으로 申子辰 合에서 申子 合되어 申金 관살이 合으로 사라집니다.

❖ 관살이 변해서 인성이 되면...

① 관살이 合으로 인성局을 만들어 놓고 인성을 위해 관살은 사라지는 것이고 관살이 인성으로 바뀌는 형상입니다.
② 관인상생 작용입니다. 총명해지고 뛰어난 협상력이 발휘 됩니다. 인성이 용신이면 관살인 원수가 은인으로 변하는 것이고 관살과 인성인 윗사람의 사랑을 받는 형상입니다.
③ 직장이나 관에서 공부 시켜주는 것이고 집도 마련해주는 형상입니다. 공관(사택)이나 관저입니다. 공공주택이고 임대주택입니다. 合으로 묶여 있으므로 내 소유의 집이 아니거나 은행에 저당 잡힌 집입니다.
④ 공부하는 것은 오직 권력을 잡고 출세하기 위해서입니다. 관이 日干을 도우는 형상이니 표창이나 상을 받을 수도 있습니다.
⑤ 관살인 관청에서 후원하는 격이므로 관청에서 부모를 찾아주는 형상이

되기도 합니다. 관인상생의 특징이기도 합니다.
⑥ 제복이나 정복 인연입니다. 관살과 인성은 원리 원칙주의입니다.
⑦ 여자 팔자면 남편이 교육자 인연이므로 선생에게 시집 갈 수 있습니다. 남편이 친정모친처럼 자상하므로 남편의 사랑을 받는 형상입니다. 여자가 친정 모친과 인연이 깊은 것은 잔정에 약한 탓입니다. 친정 모친을 모시고 살기 쉽습니다. 선생과 남자의 구분이 헷갈립니다. 선생이 남자로 보입니다.

子水는 合으로 水局이 됩니다. 水 인성이 水 인성으로 변합니다.

❖ 인성이 변해서 인성이 되면...

인성이 인성으로 변하는 것이니 인성이 많아지고 커지는 것입니다.
집을 두고 또 집을 사는 형상이 되고, 사는 집 놔두고 더 큰 집을 사거나 더 큰 집으로 이사 가는 형상이 될 수도 있습니다. 정인이 있는데 또 정인을 만나고, 집 두고 또 집을 사는 형상이 됩니다.
모친이 강해지니 모친이 좀 설치고 극성스러워지는 경향이 있습니다.

인성의 다른 변화를 보면

❖ 인성이 변해서 비겁이 되면...

보증만 서면 자신이 물어주어야 합니다. 학생이면 책가방이나 책을 잘 잃어버리거나 도둑맞기도 합니다. 선생이 친구로 보이기도 합니다.

❖ 인성이 변해서 식상이 되면...

모친이 어린아이로 보이거나 모친이 철딱서니가 없는 형상입니다.

들어온 것이 바로 나가는 격이니 배운 것은 바로 써먹는 형상입니다.
가르치기(식상) 위해 공부(인성)하는 것입니다.
특히 여자 팔자면 자식 주려고 집을 사는 형상이 될 수도 있습니다.

❖ 인성이 변해서 재성이 되면…

문서가 돈으로 변하므로 뭐든 사 놓기만 하면 돈이 되는 형상입니다.
선생이나 학교에서 자꾸 돈을 가지고 오라고 합니다.
모친이 여자로 보이는 형상이 되기도 하므로 잘못되면 근친상간으로 연결될 수도 있습니다. 집을 산다면 팔아먹기 위해 사는 것입니다.

❖ 인성이 변해서 관살이 되면…

공부(인성)의 목적은 오직 권력을 잡고 출세(관살)하기 위해서입니다.
여학생이면 선생이 남자로 보이니 선생이 애인이 될 수도 있습니다.
남편 주려고 집 사는 형상이 되기도 합니다.
인성이 길신이면 새집 짓고, 새 기업 설립하고, 매매관계에도 유리하지만 인성이 기신이면 집을 지어도 설계 변경이 잦아 고생하거나 준공 검사도 잘 안 나고 비싸게 사서 싸게 팔거나 사기 당하는 등등입니다.

더 연결해 봅니다.

❖ 관살이 변해서 비겁이 되면…

① 친구(비겁) 잘못 만나 직장(관살) 잃고 뺏기고 낭패 볼 수 있습니다.
② 관청 문제로 방해받고 손재 나고 낭패 봅니다. 긴급 수입한 물품을 세관에서 트집을 잡아 붙잡아 놓고 통관을 안 시켜 주는 등등입니다.
③ 日干의 공을 남에게 뺏기는 형국이라 노력은 내가 하고 돈은 엉뚱한 놈이 먹고 엉뚱한 놈이 가로 채는 등등입니다.

④ 관청에서 고지서가 날아오거나 관청에서 돈을 요구합니다.
⑤ 취직 부탁하면 사기 당하고 배신 당합니다. 돈만 날립니다.
⑥ 약혼 했다가 파혼되기도 합니다. 헛 다리 잡는 것입니다. 남자는 비겁 운에 여자는 상관 운에 사기 결혼 당하거나 속아서 결혼 하는 경우가 많습니다. 비겁은 여자의 또 다른 남자입니다.
⑦ 자식이 불효하거나 도둑놈입니다. 자식이 놀고 먹는 무능력자입니다.
⑧ 여자 팔자면 남편이 도둑놈이라 놀고 먹는 무능력자거나 건달입니다.
⑨ 여자 팔자면 남자나 남편이 친구로 보입니다. 연애도 친구 사이로 시작됩니다. 정부(情夫)로 인해 파멸하고 망신 당합니다. 관살이 서방이나 애인이 아니라 도둑놈인 셈입니다.

火 日干이 운에서 癸巳나 壬午를 만나면 관살이 비겁으로 변합니다.

더 연결해 봅니다.

❖ 관살이 변해서 재성이 되면...

① 자식 때문에 여자 생기는 것이니 자식이 장가 보내 주는 꼴입니다. 직장에서 애인 생기는 것이고 자식 때문에 처갓집과 연결됩니다.
② 관청에 의해 돈이 생기는 것입니다. 예를 들어 戊土가 관살이면 땅이요, 관청이지요? 戊土가 火局되어 재성으로 변하면 땅이 재개발 등으로 재성 火로 변해 묵혀 두었던 땅이 돈 덩어리가 되는 것입니다. 공공용지나 관공서 부근 또는 종교시설 부근이면 더 유리합니다.
③ 직장 생활 하다가 사업하는 형상입니다. 예를 들어 戊土가 관살이면 戊土 따라 직장생활 하다가 午戌 火局으로 관살이 재성으로 변해 사업을 하는 것인데 주로 관청 상대 사업 인연입니다. 관청 상대에는 계산이 빠릅니다. 아니면 종교 관련 사업입니다. 융자도 잘 됩니다.

④ 戊土가 관살이면 땅이 돈으로 보이고 관공서가 돈으로 보이고 종교가 돈으로 보이고 자식이 돈으로 보입니다. 돈이 우선입니다. 여자 팔자면 남편 또는 남자도 돈으로 보입니다. 오직 돈입니다.

⑤ 재성에서 관살로 연결 되는 것이 기본 순서지요? 그런데 관살에서 재성으로 거꾸로 흐릅니다. 그래도 관살은 사라지지 않고 살아 있습니다. 재성으로 가서 다시 관살을 生해 만들어 냅니다. 관살이 제자리로 돌아오는 것이니 명예가 돈을 부르고 돈이 명예를 부르고...

土 日干이 운에서 甲子나 乙亥를 만나면 관살이 재성으로 변합니다.

더 연결해 봅니다.

❖ 관살이 변해서 식상이 되면...

① 식상이 희신이면 관청으로 인해 먹을 게 생기고 사업 기회도 생기지만 식상이 기신이면 직장이 없어지고 좌천을 당하는 것이고 관청이나 직장이나 법이 파 놓은 함정에 걸려듭니다. 五行으로는 水도 캄캄하므로 함정이 됩니다. 여자 팔자면 남자나 남편이 파 놓은 함정입니다.

② 관살 때문에 지출이 늘어납니다. 자식이나 직장, 관청 때문입니다. 여자 팔자면 애인이나 남편 때문입니다.

③ 예기치 않은 일이 터집니다. 관살인 법을 따라가면 문제가 없는데 관살을 무시하는 식상을 따라갑니다. 위험한 길로 빠지는 것이고 사고수나 관재를 부를 수 있는 징조입니다.

④ 직장이나 직장 상사 때문에 항상 머리가 아프고 고달픕니다. 식상이 관살을 剋하고 없애므로 취직을 해도 오래 버티지 못하고 자꾸 그만둡니다. 다니는 직장마다 망하거나 사라지기도 합니다. 관살은 인성으로 가야 하는데 식상으로 갑니다. 거꾸로 가는 것이니 매사 거꾸로 가는 역행이라 더 힘이 듭니다.

⑤ 관살인 윗사람에게 변동수가 생깁니다. 윗사람이 윗자리에서 아랫자리인 식상으로 내려앉는 꼴입니다.
⑥ 식상이 많으면 구설이 따릅니다. 五行으로는 火도 구설을 부릅니다.
⑦ 여명이면 남편이 어린애와 같아 철이 없고 하는 짓이 애들이나 하는 짓들이라 조마조마해 불안하고 마음이 놓이지 않습니다. 남편은 남에게 퍼주는 데는 선수입니다. 식상이 기신이면 남편이 버티기 어렵습니다.
⑧ 식상이 많아 기신인 여자와 사는 남자는 되는 일이 없습니다.
⑨ 여자 팔자면 연하의 남자와 인연이 있습니다. 관살이 아이가 되는 것인데 키우며 데리고 살아야 합니다. 무능한 남편이 될 수 있습니다.

좀 더...
비겁이 변해서 재성이 되면 형제나 친구, 동료로 인해 돈 생기는 것이고,
비겁이 변해 인성이 되면 친구나 형제 때문에 공부하는 것이고,
식상이 변해 인성이 되면 자식 때문에 공부하는 것이고,
재성이 변해 인성이 되면 마누라 때문에 공부하는 것이고...
그렇겠지요?

❖ 변하는 것은

三合이나 六合으로 인한 변화도 있고
天干이 地支로 이동하는 변화도 있습니다.
四柱八字 안에서 변하기도 하고 운에서 변하기도 합니다.
결과는 최종적으로 변한 희기신이 결정합니다.

❖ 잠깐,

日干의 아군 또는 적군이 天干에 많이 몰려 있는지 地支에 많이 몰려 있는지에 따라 그 기능에 차이가 좀 있습니다.

예를 들어, 비겁은 모두 日干과 같은 五行이니 日干의 힘이 돼 주는 것 같지만 日干과 어깨를 나란히 한 天干의 비겁은 희신이라도 대부분 日干의 쟁탈적 경쟁자요 실질적인 기신 작용을 더 많이 합니다.

그러나, 地支의 비겁은 기신이 아닌 한 日干의 경쟁자이기 보다 日干의 뿌리가 되고 힘이 됩니다. 地支끼리 보다 天干 끼리의 경쟁이 더 심합니다. 地支는 같은 五行의 다른 地支와 유대를 가지면서 같은 五行의 天干을 받쳐주고 든든한 뿌리가 되지만 天干은 같은 五行끼리도 서로 친하지도 않고 대부분 각각 네 떡, 내 떡 따로 먹는 따로국밥입니다.

즉, 天干의 비겁은 대부분 日干의 경쟁자요 그들끼리의 경쟁입니다.

또한, 天干의 관살은 대부분 다른 天干의 관살과 쟁탈적 경쟁관계입니다.

天干의 재성은 대부분 다른 天干의 재성과 쟁탈적 경쟁관계입니다.

天干의 식상은 대부분 다른 天干의 식상과 쟁탈적 경쟁관계입니다.

天干의 인성은 대부분 다른 天干의 인성과 쟁탈적 경쟁관계입니다.

天干의 실질적 힘은 地支에서 나온다는 말입니다.

18.

육신의 변화 2

壬 庚 壬 丁　남. 2007년생.
戌 午 寅 亥　①대운.

寅亥 合으로 시작해서 寅午戌 合으로 좀 복잡하게 흘러갑니다.
寅亥 合으로 木局을 해서 다시 寅午戌로 火局을 하는 구조인데 寅木이 亥水와 먼저 合을 하므로 습목(濕木)이 되어 火局을 하는 데는 지장을 좀 받을 수 있습니다.

먼저 寅亥 合부터 보겠습니다.

❖ 식상이 변해서 재성이 되면…

① 식상과 재성이 합으로 재성局이 됩니다. 식상은 재성을 생하고 합하면서 크게 키워 놓고 사라집니다. 식상생재(食傷生財)입니다.
② 입이 돈이고 재능이 돈입니다. 아이디어로 돈을 만들어 냅니다.
③ 베풀고 돈을 쓰면 새끼까지 쳐서 돌아옵니다. 먼저 주어야 합니다. 신약하면 주는 대로, 나가는 대로 종치고 함흥차사 됩니다.

④ 신강하면 사업가 팔자입니다. 아랫사람이 돈 빌려주고, 돈 벌어주고, 회사가 어려우면 종업원들이 합심으로 회사를 일으킵니다. 투자하는 대로 재산이 불어납니다.
⑤ 신약하면 사장 그릇이 못되므로 월급살이를 하면서 머리와 재능을 제공하고 그 수수료를 받아먹고 살아야 합니다. 인세(印稅)입니다. 사장 만드는 기계 팔자일 뿐이니 주는 것으로 끝내야 합니다.
⑥ 신강하면 무남독녀와 결혼한 형상이 되어 장모나 처가에서 유산을 받을 수도 있고 장모나 처가에서 사업자금을 대 주기도 합니다. 장모가 마누라 노릇을 하고 살림을 다 해주므로 장모가 마누라로 보이기도 합니다. 심하게 잘못되면 장모와 바람날 수도 있습니다. 신약하면 처가나 마누라에게 종살이 할 팔자입니다.
⑦ 신강하면 손님이 손님을 몰고 오고, 신도가 신도를 끌고 오고, 제자가 제자를 데리고 옵니다. 줄줄이 돈을 불러 옵니다.
⑧ 식상으로 잃어버린 것을 재성으로 도로 찾는 형상이 됩니다.
⑨ 여자 팔자면 자식이 기업가로 성공하는 팔자입니다.

金 日干이 운에서 壬寅이나 癸卯를 만나면 식상이 재성으로 변합니다. 식상생재가 되는 것이고 먼저 투자하면 결실을 거두는 것인데 결과는 조금 다릅니다. 壬寅을 만나면 기대치에 실망을 주지 않을 가능성이 크지만 癸卯를 만나면 결과치에 불만이 있거나 섭섭할 수 있습니다.

壬寅의 상생 작용과 癸卯의 상생 작용의 차이 때문입니다. 壬寅은 서로 좋은 사이로 주고받는 상생력이 크지만 癸卯는 癸水가 주어도 卯木이 고마워하지도 않으니 癸水는 별로 주고 싶지도 않고 卯木은 습목이라 꼭 받을 필요도 없으니 반갑지도 않습니다. 상생력이 약합니다. 식상생재 효과에 차이가 나는 것입니다.

다음으로 寅午戌 合에서 寅午 合입니다.

❖ 재성이 변해서 관살이 되면…

① 寅亥 合으로 水生木으로 강해진 木이긴 하지만 亥水에 젖어 火局으로 가고 싶어도 적과 내통한 전과가 있어 머뭇거립니다.
② 그러나 亥水 식상은 적이 아닙니다. 寅午戌 火局되어 火氣가 너무 강해지면 신약한 庚金 日干이 위험합니다. 두 壬水가 있지만 강한 火局에 쫄아 들어 부실하고 약합니다.
③ 寅木 재성이 火局으로 관살局이 되면 재성이 관살로 흡수되는 것이고 재성이 관살로 변하는 형상이 됩니다.
④ 앞에서 본 재성이 관살로 변하는 형상의 작용이 일어나는 것인데 중년 이후 특히 신약해져서 불안합니다. 재성도 관살도 짐입니다.
⑤ 그래도 식상을 열심히 활용해야 하고 직장 생활을 하는 것이 오히려 좋겠습니다. 재생살이 될 수 있으므로 사업을 하는 것은 위험합니다.
⑥ 남자 팔자에서 재성과 관살이 合이 되어 기신 관살로 변하면 처자식이 공모해서 日干을 공격하고 괴롭히는 격입니다. 마누라가 배후입니다.

金 日干이 운에서 甲午나 乙巳를 만나면 재성이 관살로 변합니다.

다음으로 戌土 인성은 合으로 관살局이 됩니다.

❖ 인성이 변해서 관살이 되면…

① 인성은 인성 본연의 노릇을 하기 어렵습니다. 관살 작용을 합니다. 관살 火 작용을 하다가 다시 火生土 되어 정신을 차리고 인성 노릇을 하고자 하나 이미 불붙은 土가 되어 日干에게 줄 젖이 말랐습니다.
② 뒤늦게 책을 들고 공부에 매달리지만 도움도 안 되고 헛공사 합니다.

③ 인성 집이 불타고 사라졌는데 壬水 덕에 집터는 남아있는 꼴입니다. 金 日干이 운에서 戊午나 己巳를 만나도 인성이 관살로 변합니다.

더 연결해 봅니다.

❖ 식상이 변해서 식상이 되면...

① 장모가 수시로 드나들면서 온갖 간섭 다하고 극성을 부립니다.
② 아랫사람의 변화가 있습니다. 식상이 희신이면 아랫사람의 도움이 있는 것이고 식상이 기신이면 아랫사람의 배신입니다. 부하 직원들이 집단으로 움직입니다. 신약하면 부하나 종업원들이 日干을 가지고 노는 형국이 됩니다. 주객전도입니다.
③ 특히 신약하면 식상은 수렁이요 함정입니다. 알게 모르게 빠져 들고 걸려 듭니다. 이중으로 사기 당하고 배신당합니다. 자식에게라도 걸려듭니다. 자식 이기는 부모 없지요.
④ 관재나 송사가 겹칩니다. 식상이 많은 팔자에 식상운을 만나면 관살이 맥을 못춥니다. 四柱에 관살이 없어도 관살과의 전쟁입니다.
⑤ 잔머리에 잔재주와 잔꾀만 늘어납니다. 식상이 많으면 배운 것이 없어 지식이 얕으므로 요령만 많고 속이 다 들여다보이는 짓을 합니다.
⑥ 자손의 가출수가 보입니다. 자식의 배신이요 자식의 변화입니다.
⑦ 여자 팔자면 자식들이 모여 극성을 부립니다. 식상이 많으면 내 자식 키우기도 벅찬데 조카 등 남의 자식까지 들어와 속을 썩입니다.

金 日干이 운에서 壬子나 癸亥를 만나면 식상이 식상으로 변합니다.
당연히 식상이 강해지는 것이고 식상이 희신이고 희신 재성으로 연결되면 대박입니다. 목표한 식상대로 이루어지는 것이지요.

더 연결해 봅니다.

❖ 식상이 변해서 관살이 되면...

① 장모가 취직시켜 주거나 승진시켜 주는 형상인데 장모가 호랑이로 변하는 꼴이라 좀 무섭습니다.
② 아랫사람이 내 위에 앉습니다. 아랫사람이 먼저 승진하거나 노조 간부가 되어 괴롭히거나 큰 소리 치는 등 내 위에서 군림하고 日干을 쳐내려고 하는 꼴입니다.
③ 관살이 용신이면 부하 덕에 승진하거나 자식 낳고 승진하는 것이고 관살이 기신이면 아랫사람 때문에 관재 나는 등 낭패 보는 것이고 열심히 키워 놓은 아랫사람이 반항하고 협박하고 배신하는 하극상을 일으키는 것입니다. 자식의 반항이요 배신이 되기도 합니다.
④ 식상으로 좋은 일하고 관살로 망신당하거나 관재에 휘말리는 것이고 식상인 언쟁이 관살인 관재로 발전하는 꼴이 됩니다.
⑤ 여자 팔자면 임신되어 결혼하거나 자식 때문에 애인 생기는 것이고 식상이 관살 따라가고 없어지거나 역할을 못하는 것이니 있던 자식이 없어지고 서방만 남는 형상입니다.
⑥ 여자 팔자에서 식상과 관살이 合이 되어 기신 관살로 변하면 자식과 서방이 한 통속이 되어 日干을 공격해 오는 형상이 됩니다. 자식이 서방을 오히려 부추기는 꼴입니다. 자식이 원수요 원인입니다.

水 日干이 운에서 甲戌이나 乙未를 만나면 식상이 관살로 변합니다.
水 日干이 운에서 甲辰이나 乙丑을 만나면 土 관살의 작용력이 좀 약할 수 있습니다. 辰土나 丑土는 水 日干과 한 다리 건넌 친척간입니다.

더 연결해 봅니다.

❖ 재성이 변해서 비겁이 되면...

① 마누라가 동등한 경쟁자 위치에 올라서니 마누라의 자주성이 강해지는 것이고 마누라가 자기 권리를 주장하며 말을 잘 안 듣습니다.
② 마누라의 또 다른 남자를 만들어내는 꼴이라 마누라의 방해가 따르므로 마누라가 배신하고 도망갈 수 있어 이별수가 되기도 합니다.
③ 비겁은 도둑입니다. 재성이 변해 비겁이 되면 돈이 불티나듯 나갑니다. 재성이 형충 되어도 돈이 잘 안모입니다. 부재(浮財, 腐財)입니다.
④ 나간 돈은 돌아오기 어렵습니다. 비겁에 뺏겨 물 건너갑니다.
⑤ 목돈이 푼돈 되기 쉽습니다. 목돈 투자해서 푼돈 만드는 선수입니다. 비겁이 많은 팔자는 제살 깎아먹는 팔자입니다. 신강하면 자신 만만이라 돈 무서운 줄 모르고 날뛰다가 거덜 납니다.
⑥ 재성에 대한 권리자가 또 하나 생기는 꼴입니다. 내 돈, 내 땅, 내 마누라에 말뚝을 박아 놓고 자기 거라고 우기는 꼴이라 미칠 지경입니다.
⑦ 의처증의 발동입니다. 마누라가 딴 서방이나 딴 주머니 찹니다.
⑧ 시댁 식구나 형제들인 비겁에 시달린 마누라의 잔병이 많아집니다.
木 日干이 운에서 戊寅이나 己卯를 만나면 재성이 비겁으로 변합니다.

더 연결해 봅니다.

❖ 재성이 변해서 식상이 되면...

① 식상은 나가는 지출입니다. 마누라의 낭비성이 심합니다. 돈에 발이 달린 꼴이라 돈이 자꾸 나가는 것입니다.
② 기본 순서가 식상에서 재성으로 진행되는 것인데 거꾸로 재성에서 식상

으로 흘러가지요? 매사 역행입니다. 다만 식상이 희신이 되면 다시 재성을 生하므로 거꾸로 가다가 다시 바르게 가는 형상이 됩니다. 오히려 식상생재가 되어 좋아지는 것이고 재성인 마누라가 사라졌다고 하면 돌아올테니 걱정 말고 기다려라 하는 답이 나오는 것입니다.

③ 마누라가 젊거나 어려보이고 머리가 좋으면서 재주가 비상합니다.
④ 마누라가 육영사업에 인연인데 식상이 희신이면 성공하는 것이고 기신이면 실패하기 쉽겠지요.
⑤ 강해진 식상이 관살을 헨해 마누라 간덩이가 커지는 것이고 마누라로 인해 관재 납니다. 재성이 형살에 걸려도 마누라로 인한 관재입니다.
⑥ 마누라는 나가고 장모가 들어오는 꼴인데 새 장모가 자기 딸인 새 여자를 달고 들어올 수도 있습니다. 내 돈 쓰고 구설이 따르기도 합니다.
⑦ 여자 팔자면 돈이 나가고 자손이 생겨 들어옵니다. 식상으로 돈 나가고 식상이 관살을 헨해 서방을 뺏기는 형상입니다.

土 日干이 운에서 壬申이나 癸酉를 만나도 재성이 식상으로 변합니다.

더 연결해 봅니다.

❖ 재성이 변해서 재성이 되면…

① 재산이 늘어나니 변화가 일어납니다.
② 마누라에게 변동수가 생깁니다. 재성이 있는데 또 재성이 들어와 局을 이루는 변동수인데 재성이 희신이면 결과가 좋아지는 것이므로 마누라 말 잘 듣고 마누라가 하자는 대로 하는 것이 좋겠습니다.
③ 재성이 강해지므로 마누라가 억세지고 처가 식구들이 뭉칩니다. 재성이 희신이면 좋지만 재성이 기신이면 마누라 기갈이 세지고 말도 잘 안 듣고 제멋대로가 되기 쉽습니다.
④ 재성은 재성의 비겁이지요? 처갓집의 이사수로 연결되기도 합니다.

⑤ 사채놀이 인연입니다. 편재가 사채놀이에 해당되는데 특히 土 日干에 水 재성이면 일수놀이, 카드깡 등 사채놀이 인연이 강합니다.
⑥ 재성이 희신이면 돈 놓고 돈 먹는 격이라 돈이 돈을 달고 들어오는 것이고 재성이 기신이면 돈이 돈을 달고 나가는 꼴입니다.
⑦ 여자가 여자를 달고 들어오니 여자가 여자를 소개시켜 줍니다. 처궁에 변화가 따르는 형상이라 재성이 기신이면 큰 코 다칩니다.
⑧ 재성이 희신이면 봉급 오르겠지만 재성이 기신이면 직장 퇴직입니다.
⑨ 돈에 대한 집착이 강합니다. 日干이 재성과 合이 되거나 재성의 고지를 깔고 앉아도 돈에 대한 집착이 강합니다.
金 日干이 운에서 甲寅이나 乙卯를 만나면 재성이 재성으로 변합니다.

❖ 변하는 것은

三合이나 六合으로 인한 변화도 있고
天干이 地支로 이동하는 변화도 있습니다.
四柱八字 안에서 변하기도 하고 운에서 변하기도 합니다.
결과는 최종적으로 변한 희기신이 결정합니다.

❖ 天干 地支의 또 다른 작용

육신의 형상이 슴으로 변하는 경우와 天干 육신 형상이 地支 육신 형상으로 변하는 상황을 봤습니다. 더불어, 地支가 원인이 되어 天干으로 표출되고 가리키는 변화도 있습니다.

地支가 天干의 뿌리요, 바탕이 되므로 눈앞에 나타난 가지인 天干 형상의 원인이 地支가 되는 것입니다. 天干 육신 작용이 地支 육신 작용으로 변하는 형상의 개념과 좀 다른 각도로 보는 것입니다.

신수 감정에서 주로 참고합니다.

예를 들어,
乙木 日干이 己卯년을 만나면…　　　　己(편재)… 결과(天干)
　　　　　　　　　　　　　　　　　　卯(비견)… 원인(地支)

육신의 변화 관계로 보면 먼저 天干이 나타나고 뒤따라 地支가 나타나므로 天干 편재가 地支 비견으로 변하는 형상입니다.

그러나, 원인과 결과로 보면… 天干 편재의 형상이 나타나는 것이니 돈 거래가 일어나거나 여자를 만나는 것인데 그 원인으로 地支의 비견인 친구가 얽혀 있다는 말입니다.

친구와 돈 거래하거나 친구 소개로 밖에서 여자를 만나는 등입니다.

乙木 日干이 辛丑년을 만나면…　　　　辛(편관)… 결과(天干)
　　　　　　　　　　　　　　　　　　丑(편재)… 결과(地支)

원인과 결과로 보면… 天干 편관의 형상이 나타나 호랑이를 만나는 격이니 관재가 보이는데 그 원인이 地支의 편재가 될 수 있다는 말입니다.

밖에서 여자 잘못 만나서 당하는 피해가 되거나 뇌물 바치고 걸려 쇠고랑 차는 등입니다.

乙木 日干이 壬辰년을 만나면...   壬(정인)... (결과)
　　　　　　　　　　　　　　　　辰(정재)... (원인)

원인과 결과로 보면... 天干 정인의 형상으로 문서가 보이는데 地支 정재가 원인이 되는 것이니 마누라가 문서 가지고 들어오는 모양입니다.

甲木 日干이 庚午년을 만나면...   庚(편관)... (결과)
　　　　　　　　　　　　　　　　午(상관)... (원인)

원인과 결과로 보면... 天干 편관은 갑자기 얻어맞는 날벼락입니다.
地支 상관이 원인입니다.
상관으로 간 크게 까불고 설치거나 (잔)머리 너무 돌리다가 오히려 낭패를 보는 격입니다.

이렇게 연운이나 월운 또는 일진까지도 참고할 수 있습니다.
기본적으로는 길성과 흉성의 작용을 바탕으로 보지만 희기신의 영향도 받으므로 종합 판단을 해야 합니다.

❖ 여자의 몸값

그냥 흙으로 빚어서 구운 그릇을 토기 또는 옹기라고 하는데… 제법 큰 옹기 독이라도 그 값은 별로 비싸지 않습니다.

그러나 흙에 물소뿔(뼈; bone)을 섞어 구우면 상황이 완전히 달라져 버립니다. 본 차이나(Bone chine; 골회자기(骨灰磁器))라고 하지요?

그 값이 토기와는 아예 비교가 불가능할 만큼 비싼 최고급 자기가 되고 배합률이 높을수록 그 값은 더 비싸집니다. 남자와 여자의 차이로 비교됩니다.

흙으로 대충 반죽해 만들었다는 옹기 남자와 남자의 갈비뼈를 뽑아 만들었다는 100% 본 차이나인 여자와의 몸값 차이를 말합니다.

남자가 아무리 큰소리 쳐도 값이 한참 떨어지는 뚝배기에 불과하다는 말입니다. 음양학적으로 봐도 답은 같습니다.

양성인 옹기는 남성 성분으로 멋대가리도 없고 거칠고 투박합니다.

음성인 본 차이나는 여성 성분으로 예쁘고 피부도 곱고 차갑습니다.

어떤 물건이건 하찮은 것이라고 생각되면 아무렇게나 함부로 취급하게 되지만 비싼 물건인줄 알면 그럴 수가 없지요.

유감스럽지만, 괴팍스러운 창조주의 괴팍스러운 선택이 저지른 치명적 실수입니다. 비싼 여자를 함부로 대하지 말라는 엄중한 비유입니다.

더 나아가, 아내(Wife)에게 순종하면 삶(Life)이 즐겁지만 아내의 뜻을 거스르면 칼(Knife)에 맞는다는… 그래서… 순천자(順天者)는 흥(興)하고 역천자(逆天者)는 망(亡)한다는 말이 뒤집어져 순처자(順妻者)는 흥(興)하고 역처자(逆妻者)는 망(亡)한다로 간 큰 발전을 한 것 같고…

하여간, 남자는 아무리 천하를 호령해도 나이가 들수록 힘이 빠지게 마련이지만 여자는 어찌된 판인지 나이가 들수록 오히려 힘이 솟아납니다.

남자는 좁아지는 어깨의 넓이에 비례해서 흐물흐물 해지고 여자는 펑퍼짐하게 퍼지는 궁뎅이의 넓이에 비례해서 거칠어지고 간덩이도 커지고…

도대체 어떤 쳐죽일 놈이 이따위 장난질을 했는지 조사는 안 해 봤지만 5만원짜리 지폐와 1만원짜리 지폐를 비교해 봐도 압니다.

가장 위대한 대왕인 세종대왕 5장의 값이 평범한 여인네에 불과한 신사임당 여사 1장의 값에 불과합니다. 말도 안되는… 그냥 재미있는 농담으로만 흘려보내기에는 어쩐지 뒷맛이 텁텁한 이야기라 옮겨 봤으나 남자가 밀리는 추세는 멈출 줄을 모릅니다.

하늘은 양이라 남자요, 땅은 음이라 여자인데 하늘의 크기는 무한대라 여유가 있고 아무나 휘저을 수 있지만 음인 땅은 그렇지가 않습니다.

동서고금을 막론하고 인류의 역사를 만든 것은 땅 따먹기 전쟁입니다.

땅값이 천정부지로 치솟는 이유이기도 합니다. 물론, 하늘과 땅의 차이처럼 그 크기와 더불어 수요와 공급의 불균형에서 일어나는 현상이기도 할 것이나 음양학적 관점으로 보면 양인 넓은 하늘이 음인 좁은 땅을 차지하기 위한 쟁탈전이요, 양이 음을 흡취하기 위한 전쟁이요, 암컷을 차지하기 위한 수컷들의 피 튀기는 무한 전쟁입니다.

남자는 공짜로 제공해 주겠다고 나서도 일단 외면부터 당합니다. 온갖 심사, 검사를 통과해야 하고 별도의 뇌물 봉투까지 얹어 주어야 합니다.

그러나 여자는… 그 자체로 통과 됩니다. 주민등록증도 필요 없습니다.

무너진 음양의 부조화가 만들어 내는 숙명적 몸부림입니다.

어쨌거나, 앞으로도 여자의 값은 계속 치솟아 오를 것이 분명하고 남자의 값은 계속 곤두박질 쳐 떨어질 것이 틀림없습니다.

저기, 지금보다 더 끔찍하고 소름 끼치는 미래가 다가오고 있습니다.

19.

얼굴 형상

❖ **생긴 대로 살고 사는 대로 생깁니다.**

얼굴이 둥글게 생기면 둥글게 살고 모나게 생기면 모나게 살지요.
사슴은 사슴으로 살다가 죽고 호랑이는 호랑이로 살다가 죽습니다.
호랑이에게 잡아먹히는 사슴이 불쌍하게 생각될 수도 있겠으나 호랑이도 사슴이 없으면 살지 못합니다. 사슴을 잡아먹는 호랑이가 더 오래 더 잘사는 것도 아니고 잡아먹히는 사슴이 더 못살고 더 짧은 생애를 사는 것도 아닙니다. 오히려 그 반대의 상황이 일어납니다.
사회적이면서 번식력이 좋고 희귀성이 크지 않은 사슴의 개체 수는 크게 줄지 않지만 사회성이 약하고 독립적이면서 번식력까지 약한 호랑이는 멸종 위기를 맞고 있습니다. 장단점은 어디에나 있습니다.
따라서 사슴은 사슴처럼 살다가 죽으면 되는 것이고 호랑이는 호랑이처럼 살다가 죽으면 됩니다. 억울해 하거나 우쭐댈 것도 없습니다.
서로 각자의 사는 방식과 용도가 다를 뿐입니다. 거기서 최선의 지혜를 발휘해 살면 되는 것이지요. 인간도 마찬가지입니다.
잘난 사람은 잘난 대로 못난 사람은 못난 대로 다 용도가 있습니다.
생긴 대로 앉은 자리에 맞게 살면 됩니다.

인간의 얼굴 바탕 모양을 특징적으로 크게 구분해 보면
① ○ 동그랗게 생긴 사람과
② □ 네모나게 생긴 사람과
③ ▽ 역삼각형으로 생긴 사람과
④ △ 삼각형이나 길쭉하게 생긴 사람입니다.

동그랗게 생긴 사람은…
공이나 바퀴처럼 둥글면 잘 구르겠지요? 한곳에 머무르지 못하고 계속 움직이는 특성이 있습니다. 세상살이도 둥글둥글 사는 편이라 원만한 성품으로 남과 잘 다투지 않는 융통성과 상황 적응력도 뛰어납니다.
임기응변도 능하고 분주합니다. 어디로 구를지 모르는 모양이라 방향도 없이 움직이는 배회(徘徊) 형상이 될 수 있습니다. 오동통하게 살이 찌는 편인데 여성이면 토실토실 귀여운 인상이라 이성(異性)에게 호감을 불러일으키기 쉬워 바람기로 연결될 수 있습니다. 낙천적이면서 이성(理性)보다 감성(感性)의 지배를 많이 받고 정력적이라 심하면 방종으로 흐를 위험도 다분합니다. 변하는 시류에 휩쓸려 흘러가는 형입니다.

네모나게 생긴 사람은…
각이 져 구를 수가 없습니다. 유연성과 융통성이 부족하고 말을 해도 공격적(?)으로 던지거나 쥐어박는 듯 내질러 불필요한 다툼이나 분쟁을 부르기도 합니다. 이해하고 포용하고 더불어 사는 성분이 부족하고 고집불통적이라 그로 인한 손해도 봅니다. 임기응변에 약하고 상황 변화에 적응하는 능력이 약합니다. 지조가 있고 배신을 잘 하지 않는 특성은 있습니다.
부지런한 노력가로 일처리 능력 또한 뛰어나기도 합니다.
기분 상태가 얼굴에 바로 드러납니다. 변하는 시류를 따라가지 못하며 끝까지 거부하고 저항하는 형입니다.

역삼각형으로 생긴 사람은…

이마가 넓고 턱이 좁습니다. 코가 오똑하고 예민해 보이는 인상입니다.
밑에서 위로 치솟는 불꽃 모양입니다. 내려갈 줄을 모릅니다.
턱쪽으로 내려갈수록 좁아지므로 내려가기가 어렵고 내려가야 하는 입장이 되면 정신적인 상처와 충격을 크게 받습니다. 정상에 올라가면 내려올 줄도 아는 당연한 연습이 필요합니다.
쓰러질까봐 불안하므로 가만 있지 못하고 계속 돌아다니며 움직입니다.
생각이 많아 우유부단한 점이 있으나 방향성이 분명한 움직임입니다.
넘어질까봐 불안하므로 늘 긴장상태라 신경이 예민하고 날카롭습니다.
건강 면에서도 신경질적인 성품으로 인해 만병을 부를 수 있습니다.
시류에 거부하고 저항하다가 결정적인 때에 합류하는 성향입니다.

삼각형이거나 길게 생긴 사람은…

각이 지지 않고 전체적으로 부드러운 곡선이면서 양쪽 턱 부위가 발달해서 살이 두툼합니다. 얼굴이 긴 사람도 같은 성향으로 보는데 얼굴이 길어도 턱이 뾰족하면 삼각형이 아닌 역삼각형으로 분류됩니다.
높은 곳에서 아래로 흐르고 퍼지는 물의 형상입니다. 올라가는데 어려움을 겪습니다. 갑자기 대박이 터지면 감당이 안되고 적응이 안돼 정신적으로 스트레스를 받습니다. 차분하고 내성적인 편입니다. 집안에만 들어 앉아 있으려고 하므로 움직이지 않아 병을 부를 수 있습니다.
밑이 넓어 안정감은 있으나 현실 안주형에 진취적인 기상이 부족합니다.
일확천금 보다 한두 푼 모으는 재미를 알고 낭비나 허세끼가 적습니다.
특히 얼굴이 길게 생긴 경우 행동이 좀 굼뜨고 정해진 시간에 늦는 경향이 있는데 차분한 장점도 있어 복잡하고 급한 일이라도 서둘지 않고 순서대로 처리합니다. 마음의 굴곡이 적은 것이지요.
시류에 합류하지 않으며 거부도 저항도 하지 않고 은둔해 버립니다.

이마는 양이요 하늘입니다. 턱은 음이요 땅입니다.

만물은 땅을 딛고 살아야 합니다. 동시에 하늘을 모시고 하늘의 심기를 살피며 살아야 합니다. 인간 농사를 비롯한 모든 농사법입니다.

남자는 양이라 위가 넓은 역삼각형 얼굴이 좋고, 여자는 음이라 아래가 넓은 삼각형 얼굴이 좋다고 봅니다.

남자가 아래가 넓은 삼각형 얼굴이면 여자스럽고 여자 짓을 하려고 하며 외곬으로 세상을 보는 경향이 있어 시각이 편협한 면이 있습니다.

여자가 남자처럼 위가 넓은 역삼각형 얼굴이면 남자스럽고 남자 짓을 하려고 하며 땅(마당)이 좁은 격이라 모으는 기운이 약해 남자가 많이 벌어다 주어도 밑 빠진 독에 물 붓는 꼴이 되는 경우가 많습니다.

턱은 의지력을 나타내고 몸으로 보면 엉덩이에 해당 됩니다.

턱에 살이 없고 빈약하면 정신적으로는 물론 주거가 불안정하다고 봅니다. 사교성도 부족하고 성급해서 수입이 있어도 금방 나가버리는 경향이 있다고 봅니다. 반대로, 턱에 살이 두툼하고 윤택하면 여유로움이라 인간관계에서 타협과 조화를 중시하며 재물운도 좋다고 봅니다.

여자가 남자스러운 역삼각형으로 하관이 좁은 얼굴이면서 입이 크면 먹는데 돈을 잘 쓰는 경향이 있고, 눈이 크면 쇼핑하는데 돈을 잘 쓰는 경향이 있으며, 코가 크면 모임 같은데서 폼 잡느라 돈을 잘 쓰는 경향이 있고, 귀가 크면 남의 말에 속아 사기를 잘 당하는 경향이 있으며, 얼굴이 검으면 밖으로 나돌아 다니느라 돈을 잘 쓰는 경향이 있습니다.

얼굴에서 남자는 코를 중심으로 보고 여자는 입을 중심으로 봅니다.

코처럼 돌출되어 튀어 나온 것은 양이요 남자 성분이요, 입처럼 움푹 파이거나 구멍 난 것은 음이요 여자 성분입니다.

남자는 양성(陽性)이라 양기(陽氣)를 먹어야 하므로 코로 받아들이는 공기인 기(氣)를 위주로 살고, 여자는 음성(陰性)이라 음기(陰氣)를 먹어야 하므로 입으로 받아들이는 음식물인 혈(血)을 위주로 살기 때문에 남자는 코가 커야 하고 여자는 입이 커야 하는 것이 정상입니다.

코는 동적(動的)인 남자 성분이요, 입은 정적(靜的)인 여자 성분이므로 남자가 코가 발달하면 발산 활동성이 강해 남자다운 것으로 자부심과 고집이 강하고 돈도 잘 벌고 잘 쓰고 여자 관리도 잘 하는 편입니다.

코가 큰 사람을 설득할 수 있는 사람은 진정한 설득의 달인이 됩니다.

코가 작으면 소심한 성격이라 속으로 끙끙 앓으면서 상대에 맞추므로 스트레스가 따릅니다. 콧등이 불룩하게 솟으면 소화도 잘 안되고 배설 기관의 기능에 문제가 있으며 스트레스로 십이지장궤양에 잘 걸립니다.

콧대가 휘면 인생살이에 기복이 많아 항상 위태위태하고 불안합니다.

내뱉은 말을 뒤집기도 잘하고 일단 덤비고 보지만 포기도 잘 합니다.

콧대가 낮은 사람은 애교 있고 비위가 좋으면서 누구와도 잘 어울리므로 무슨 장사를 해도 잘 적응해서 성공할 수 있지만 콧대가 높은 사람은 도도하고 거만해서 장사와는 잘 맞지 않습니다.

합리적인 고집은 주관이 되고 기울어진 주관은 고집이 됩니다.

코가 붉은 사람은 풍(風)으로 인한 질병에 잘 걸리는 경향이 있습니다.

코끝이 뾰족하면 창이라 공격성이 강하고 코끝이 뭉툭한 사람은 방패라 방어력이 강합니다. 공격력이 강한 사람은 남을 잘 비난하고 포용력이 약해 막상 어려움에 처하면 도움을 받기 어렵습니다.

방어력이 강한 사람은 남을 비난하지 않고 포용하는 성분이라 주위에 사람은 많으나 실속이 없는 경우가 많습니다.

코끝이 쳐진 사람은 느긋한 성격에 초지일관의 뚝심이 있습니다.

코끝이 들린 사람은 상냥하고 엉덩이가 가벼워 진중하지 못한 편입니다.

콧방울이 발달하면 큰 사업가 기질입니다. 넉넉한 재물 창고입니다.

코가 왼쪽으로 비뚤어지면 생식기가 오른쪽으로 비뚤어졌다고 봅니다.
코의 상태를 보고 폐(肺)의 상태를 알 수도 있습니다.
남자를 상징하는 코와 여자를 상징하는 입 사이를 인중(人中)이 연결하므로 인중은 남자와 여자를 이어주는 다리가 됩니다. 생식기입니다.
남성의 씨앗을 받아 키우는 밭인 여성의 인중이 길면서 골이 파이지 않으면 자궁이 넓고 헐렁해 정충을 포섭하는 힘이 약하다고 보므로 자녀의 수가 적거나 조산(早産) 유산(流産)을 하는 경우가 많은 편입니다.
여자의 인중이 비뚤어지면 자궁이 비뚤어진 것이요 자궁이 비뚤어지면 산도(産道)가 비뚤어지는 것이니 출산에 문제가 있으므로 난산(難産)이나 제왕절개 수술수가 있습니다. 인중에 상처가 있으면 자궁에도 수술수가 생기기 쉽습니다. 인중이 길면 참을성이 강하고 느긋한 성격이라 장수하는 상이고 감정의 기복이 적지만 애교가 없는 편입니다. 물론, 인중이 짧으면 인중이 긴 사람의 반대 성품과 형상이 나타나겠지요.
코끝 좌우에서 입가로 길게 뻗은 법령(法令)이 길고 분명하면 수명도 길고 일 처리도 분명하다고 봅니다.

입이 크면 사교적이요 남의 사정을 잘 알아주는 사람이고, 입이 작으면 남의 일에 냉담한 이기주의자가 많다고 보기도 합니다.
입술이 두툼하면 욕망을 드러내고 추구하지만 입술이 얇은 사람은 욕망을 감추고 억제하려는 경향이 있다고도 봅니다.
얼굴색이 검은 편이면서 입이 발달하면 먹을 걸 찾아 다녀야 하므로 돈 벌이하러 돌아다녀야 합니다. 얼굴색이 흰 여자는 집안에 들어앉아 있으려고 하지만 얼굴이 검으면 밖으로 나돌아 다니려고 합니다.
여자가 입이 크게 발달하면 흡수 관리성이 강해 여자스러운 것으로 남자가 벌어온 돈을 잘 굴리고 모으며 살림을 잘 하는 형상입니다.
반대의 형상도 있지요. 남자가 코보다 입이 발달하면 여자스러운 남자로 먹는 것 좋아하고 소심하고 불안 증세가 있고 배짱도 없으면서 욕심이 많고 여자 짓을 잘 하는 경향이 있으며 여자가 입보다 코가 발달하면 남자스러운 여자로 남자 짓을 하며 활동적 이라 나돌아 다니며 스스로 돈도 벌고 가장(家長) 노릇을 하거나 남자를 이겨 먹으려고 하는 경향이 있습니다.
남자의 코는 아래로 약간 누르는 형상이 좋고 여자의 코는 위로 약간 들리는 것이 좋습니다. 코를 대장으로 보는데 코가 아래를 내리 누르면 아랫배의 자궁을 누르는 형상이 될 수 있습니다.
여자의 입술은 좀 두툼해야 생식기 부위도 두툼하고 건강하며 주는 걸 잘 받아먹고 음혈(陰血)을 돋우어 써 먹을 수 있습니다.
남자의 입술은 좀 얇은 편이라야 욕심이 적고 여자에게 잘 주고(?) 양기(陽氣)를 돋우어 써 먹을 수 있습니다. 좀 위험하긴 하지만…
아랫입술이 윗입술에 비해 나온 사람은 윗입술과 뜻이 잘 맞지 않아 직업을 잘 바꾸는 경향이 있습니다. 아래 위가 어긋나는 것인데 아래쪽이 더 나서는 하극상 모양으로 볼 수 있습니다.
치아가 흔들리거나 내려앉으면 정력이 약해졌거나 정력을 과도하게 소비한 것으로 판단합니다. 뼈, 골수(骨髓)의 낭비입니다.
웃을 때 잇몸이 드러나는 사람은 실속을 잘 못 차리는 사람으로 봅니다.
여자스러운 여자이거나 여자스러운 남자는 머리를 잘 굴려 사랑도 머리로 계산적으로 합니다. 사랑은 가슴으로 해야 하는데…

예쁜 여자를 좋아하는 남자의 눈은 여자의 얼굴을 잘 보고 착한 남자를 좋아하는 여자의 눈은 남자의 마음을 잘 들여다봅니다.
받아먹는 걸 좋아하는 여자는 대개 눈이 큰 경우가 많습니다.
눈이 커야 일단 예쁘게 보이기도 하지만 눈이 크면 눈치도 빠릅니다.
여자가 눈이 작으면 눈치도 없는 편이고 잘 받아먹지도 못하는 것인데 대체로 눈이 작으면 겁이 없는 경우가 많습니다.

남자는 눈이 작고 겁이 없어야 하지만 여자가 눈이 작고 겁이 없으면 좀 곤란하지 않을까 싶습니다.

남자의 눈은 작아야 잘 보고 여자의 눈은 커야 잘 봅니다.

눈꼬리가 올라간 사람은 포용력이 부족한 편이고 눈꼬리가 내려간 사람은 포용력이 있는 편입니다.

눈꺼풀이 두툼하게 잘 발달하면 강한 부동산 인연으로 연결됩니다.

눈썹의 끝 부위인 천이궁(天耳宮)이 두툼하고 윤기가 있으면서 잘 발달되면 이사만 가면 재산이 불어납니다. 역마궁(驛馬宮)입니다.

눈 바로 밑의 살집인 누당은 활동력과 정력을 표출합니다. 본능적인 욕구를 나타냅니다. 나이가 들어 누당이 쳐지면 정력도 감퇴됩니다.

눈과 눈 사이로 코가 시작되는 부위인 산근(山根)이 높으면 경쟁심이 강해지고는 못사는 사람으로 시시비비를 끝까지 가려야 합니다.

특히 여자의 경우 남자스러운 기운이 강해 부부궁이 좋지 않습니다.

산근에 금이 간 남자는 생식기에 금이 간 형상으로 남성 기능의 고장을 의미합니다. 부부생활의 불만족이 자기 팔자 탓인줄도 모르고 여자를 자꾸 바꿉니다. 남녀 불문하고 30대 중반 큰 환란을 만납니다.

산근에 금이 간 여자는 하늘과 땅이 갈라지고 떨어진 형상이라 부부 인연이 멀다고 봅니다. 멀리 떨어져 사는 것인데 남편과 붙어살면 몸이 아프다가 떨어져 살면 또 말짱합니다.

원칙적으로 결혼을 한 사람이 결혼을 안 한 사람보다 오래 살지만 결혼을 해도 부부 금슬이 나쁘면 오래 살기는 어렵다고 봅니다.

처녀의 화장은 주로 돋보이는데 중점을 두고 유부녀의 화장은 주로 감추고 가리는데 중점을 둡니다. 따라서, 처녀의 화장은 애정궁인 눈꼬리 부위에 포인트를 주는 경향이 있고 유부녀의 화장은 자식궁인 눈꺼풀에 포인트를 주는 경향이 있습니다.

처녀는 사랑을 만나기 위해 눈꼬리 부위에 꼬리를 달아 흔드는 것이고 이미 사랑을 만난 유부녀는 남자보다 자식이 더 소중하기 때문입니다.
임신을 하기 전의 여자는 남자를 끌어오기 위해 예쁘고, 임신을 하면 남자의 접근을 막고 태아를 보호하기 위해 기미가 끼는 등 미워집니다.
이마의 색이 밝고 깨끗하면 긍정적이고 희망적인 생각을 가진 사람이고, 이마의 색이 좋지 않으면 부정적이고 암울한 생각을 가진 사람입니다.
얼굴이 붉은 것은 심장의 火氣가 겉으로 노출 발현된 것으로 봅니다.
희비쌍곡선(喜悲雙曲線)이라 어디로 튈지 종잡기가 어려운 사람으로 신뢰하기 어렵습니다. 여기 저기 나서서 참견하고 시비를 일으키는 화근 덩어리가 될 수 있습니다. 도화살과 같이 봅니다. 남녀 불문하고 불필요한 정이 많아 주색으로 집안을 거덜낼 수 있어 기피하는 상입니다.

여자의 이마가 넓고 코가 발달해 남자스러우면 사회적 활동성이 강한데 그만큼 사회적인 성공운도 따릅니다. 여자가 사회적으로 성공한다는 것은 여자 영역인 가정을 등지고 남자 영역인 사회로 나가 싸우면서 거친 세파를 이겨야 한다는 의미로 팔자가 세다는 말과 같습니다.
이마가 넓고 깨끗하면서 풍성하면 상하의 관계가 좋은 편입니다.
이마에 잔주름이 많으면 근심 많고 남 치다꺼리 하다 볼일 다 봅니다.
자신의 일 뿐만 아니라 주변의 사소한 일에도 신경을 쓰는 것입니다.
이마는 생각인데 이마에 주름이 많다는 것은 생각이 많다는 것이고 생각이 많으니 생각을 안 해도 되는 것까지 생각해야 하는 것이지요.
늙어서 주름이 고우면 오장(五臟)이 건강하게 살았다는 뜻이므로 무난하고 아름다운 인생을 살았다고 볼 수 있겠습니다.
영감을 얻고 싶으면 생각을 많이 하라고 하던가요?
우울하고 싶지 않으면 생각을 적게 하는 것이 좋습니다.

귀의 상태로 신장을 판단할 수 있습니다. 신장은 생식기입니다. 신장을 내신(內腎)이라고 부르고 생식기를 외신(外腎)이라고 부릅니다.

귀를 숨기는 여성은 집안에 들어앉아 살림하는 것을 좋아하고 생식기를 가리는 것을 좋아하며 귀를 드러내는 여성은 집 밖으로 돌아다니기를 좋아하고 생식기를 드러내고 노출하고 싶어 합니다.

귀가 높게 붙어 있으면 허리와 등이 잘 아프고 귀가 낮게 붙어 있으면 허리와 엉덩이가 잘 아픈 특징이 있습니다.

귀가 크면 좀 둔한 편이고 귀가 작으면 좀 예민한 경우가 많습니다.

주로 밖에서 활동하는 남자의 귀는 집 안의 소리를 잘 듣고 주로 집 안에서 생활하는 여자의 귀는 집 밖의 소리를 잘 듣게 돼 있습니다.

따라서 남자의 귀는 커서 둔한 것이 좋고 여자의 귀는 작아서 예민한 것이 좋습니다. 남자의 작은 눈은 잘 보고 여자의 작은 귀는 잘 듣습니다. 남자의 큰 귀와 여자의 큰 눈은 둔하기 때문에 멀리 보지 못하고 바로 앞의 것만 보는 근시안(近視眼)인 경우가 많습니다.

귀가 코보다 높으면 주로 보좌역에 어울리며 귀가 코보다 낮으면 주로 지배하는 우두머리 기질입니다.

귀가 크면 열등감으로 인해 남을 지배하려 하고 아부에 약한 편입니다.

남자의 귀가 유난히 작으면 끈기가 없고 사소한 일에도 깜짝깜짝 잘 놀라는 경향이 있습니다. 마음이 여리고 과감한 추진력이 부족합니다.

귀가 크면 행동이 느리고 둔한 경우가 많고 귀가 작으면 빠르고 민첩하며 예민한 경우가 많습니다.

여성의 귀가 아래쪽으로 붙어 있으면 질(膣)은 앞으로(위로) 붙어 항문과의 거리가 멀어지고 출산 시 난산(難産)의 위험이 따르기 쉽습니다.

귀가 위쪽으로 붙어 있으면 질은 뒤로(아래쪽으로) 붙어 항문과의 거리가 가까워지고 출산 시 순산(順産)하는 형상으로 봅니다.

뼈의 근본인 광대뼈가 발달하면 수컷 성품과 수컷 체질로 몸의 뼈대도 발달하고 건강 체질로 보며, 광대뼈가 약하면 암컷 성품과 암컷 체질로 몸의 뼈도 약하고 부드러운 경우가 많습니다.
수컷은 수컷다워야 하고 암컷은 암컷다워야 하는데 수컷이 부드러우면 거기서 화병이 생기고 암컷이 강하면 거기서 화병이 생깁니다.
남자의 놀이터는 집 밖이고 여자의 놀이터는 집 안인데 암수가 바뀌면 남의 놀이터에서 놀아야 하기 때문입니다.
광대뼈가 두드러지게 발달되면 뼈 빠지게 몸으로 일하며 살아야 합니다.
여성의 광대뼈에 기미가 낀 것은 자궁에 때가 낀 격입니다. 자궁의 기능에 문제가 있고 자궁 속에 나쁜 물질이 쌓여있다는 말입니다.

머리카락은 나무입니다. 나무는 습(濕)한 곳에서 무성하게 자랍니다.
뜨거운 사막에서는 나무가 자랄 수 없지요.
성(性)관계는 습(濕)에서 일어납니다. 습도가 높아야 나무가 잘 자라는 것이고 머리카락이 많을수록 성기능도 활발, 건강합니다.
머리카락이 희소하면 기질이 억세고 거칠어 좀 남자스럽습니다.
머리카락은 여자의 생식기관인 혈(血)의 상태를 나타내고 남자의 생식기관인 신장 상태를 드러냅니다.
여성의 머리카락은 부드러워야 생식기가 부드럽습니다. 여성의 머리카락이 지나치게 억세고 굵으면 음욕(淫慾)이 강하지만 머리카락이 굵어도 푸석푸석하고 건조하면 음혈(陰血)의 부족으로 활액(滑液)이 말라서 부부 생활에서 통증을 유발하므로 불리합니다.
남자의 머리카락이 억세거나 검거나 머리숱이 많으면 생식기능이 활발하다는 증거입니다. 정력과 연결됩니다.
곱슬머리는 뻗어나가지 못한다는 말이고 뻗어나가는 힘이 약하다는 말 이므로 생각이 많고 계산이 많아 정면 돌파가 어려운데, 깐깐한 완벽 주의자

기질이 있습니다. 반대로 말총머리는, 온건한 모습을 해도 속으로는 치고 나가려는 기운이 강합니다. 성질나면 물불 가리지 않습니다. 말총머리에 코까지 발달해서 남자스러운 여자는 자존심이 강하고 한 성질 살아있는 것인데 곱슬머리로 파마를 하면 개떡 같은 성질머리를 어느 정도 좀 누그러뜨릴 수 있습니다.

머리카락을 빳빳하게 세우면 주변의 시선에 신경을 쓰는 것으로 보고 머리카락을 내리는 것은 자신의 생각에만 충실한 형상으로 봅니다.

평소에 머리를 내리고 있다가 갑자기 머리를 세우면 마음에 드는 이성이 생기거나 강한 욕망의 목표가 생긴 것으로 볼 수 입습니다.

자궁과 머리는 연결되어 있습니다. 여성이 배란기가 되면 두통이 잦은 편이지요? 임신을 원한다는 징조입니다.

남녀 불문하고 음기인 水氣와 양기인 火氣가 조화롭게 잘 어우러져야 건강장수한다고 보는데 특히 양성인 남성은 水氣가 火氣보다 약간 더 많아서 여유 있고 무거우며 좀 무뚝뚝한 편이 좋고, 음성인 여성은 火氣가 水氣보다 약간 더 많아서 부지런하고 상냥한 것이 좋습니다.

남자가 火氣가 더 크면 양기가 너무 강해 너그러움이 부족한 것이고 여자가 水氣가 더 크면 음기가 너무 강해 남자를 유혹하기 어렵습니다.

눈이 크면 火氣가 많은 것이고 귀가 크면 水氣가 많은 것입니다.

얼굴이 검은 것은 햇빛을 흡수하는 것이고 얼굴이 흰 것은 햇빛을 반사하는 것입니다. 남자는 얼굴이 검은 쪽으로 가는 것이 좋고 여자는 얼굴이 흰 쪽으로 가는 것이 좋습니다.

집 밖으로 나가 활동하면서 돈을 벌어야 하는 남자가 얼굴이 희면 기가 약하고 집안에 있기를 좋아하는 모양이 되어 흠이 될 수 있고 집안에서 살림하며 아이를 길러야 하는 여자가 얼굴이 검으면 기가 세고 밖으로 나가 싸돌아다니며 활동하기를 좋아하고 남자를 이겨 먹으려고 하므로 흠이 되는 것입니다. 따라서 얼굴이 흰 남자가 얼굴이 검은 여자와 결혼해 살면 공처가가 되기 쉽고, 얼굴이 검은 남자가 얼굴이 흰 여자와 결혼해 살면 애처가가 되기 쉬워 음양이 조화롭게 돌아가는 것입니다.

만약에 얼굴이 흰 남자와 얼굴이 흰 여자가 결혼해 살면 둘 다 활동성이 약해 들어앉아만 있으려고 하므로 죽도 밥도 안되는 것이고, 얼굴이 검은 남자와 얼굴이 검은 여자가 결혼해 살면 두 사람 다 기가 세고 집 밖으로 나돌아 다니느라 바쁘므로 가정이 불안하고 자식이 외롭습니다. 이치가 그렇습니다.

검은 빛이 나는 여자를 섹시한 여자라고 하지요? 그러나 가정적이 되기는 어렵습니다. 애인 감으로는 좋을지 몰라도 마누라 감으로는 좀…

인간을 비롯한 모든 동물 곤충의 수컷들이 특히 머리를 싸매고 애로를 겪는 것은 암컷의 시도 때도 없는 변덕 때문입니다.

불행히도, 조물주께서 암컷의 표준 사용설명서를 만들어 놓지 않았습니다. 하긴, 그런 게 있다고 해도 소용이 없을 것 같기는 하지만… 워낙 머리 좋은… 그래서 암컷 관리가 어렵습니다. 쉬운 것 같으면서도 어렵습니다.

남성은 코와 귀를 위주로 생기고 여성은 눈과 입을 위주로 생깁니다.
코와 귀의 공통점은 움직이지 못한다는 것이니 식물성 성향이고 눈과 입의 공통점은 움직일 수 있다는 것이니 동물성 성향입니다.
식물은 움직이면 죽으니 자리를 자주 옮겨 앉는 것이 불리하고 동물은 움직여야 먹고 살 수 있으므로 많이 옮겨 다녀야 합니다.
식물은 음성(陰性) 작용을 하고 동물은 양성(陽性) 작용을 합니다.
여자를 꿀 꽃에 비유하고 남자를 꿀벌에 비유하지요?
결혼 전은 여자는 가만있고 남자가 여자를 찾아다니고 쫓아다닙니다.
남자는 동물적인 행세를 하고 여자는 식물적인 행세를 하는 것입니다.

그러나 결혼을 하면 남자는 가만있고 여자가 남자 집으로 옮겨 옵니다. 여자가 동물적이 되고 남자는 식물적이 되는 것인데 여자가 꿀벌로 변하고 남자는 꿀꽃으로 변해 동물과 식물의 위치가 바뀌고 꿀꽃과 꿀벌의 위치가 바뀌는 것입니다. 원칙적으로 그렇다는 말입니다.

시대가 바뀐 지금은... 모르겠습니다.

눈은 밝은 낮에 주로 일하고 귀는 어두운 밤에 주로 일합니다.

남자는 시각이 발달하고 시각에 예민하여 집 밖에서 눈으로 보며 살고 밝게 보여주는 노출에 약해 잘 벗는 꽃뱀의 유혹에 잘 넘어 갑니다.

여자는 청각이 발달하고 청각에 예민하여 집 안에서 귀로 들으며 살고 음침한 분위기의 음악에 약해 침침하고 느끼한 목소리로 분위기 잡는데 능한 제비에 잘 당합니다. 눈은 속을 들여다보는 창문입니다.

눈이 크면 잘 놀라고 잘 삐지고 짜증도 많습니다. 또한 눈물이 많고 화려한 생활을 추구하면서 정에 잘 이끌리고 속마음을 쉽게 드러내 보입니다.

감성파입니다.

눈이 작으면 감정의 기복이 크지 않고 소박한 생활을 추구하면서 속마음을 잘 내보이지 않습니다.

순처녀는 얼굴의 솜털이 뽀송뽀송 살아 있다가 비처녀가 되면 얼굴의 솜털이 사라지는 경향이 있습니다. 따라서 솜털이 벗겨진 비처녀가 화장을 잘 받는 편입니다. 화장을 잘 받으면 비처녀일 가능성이 큽니다.

화장이 진하다는 것은 감출 것이 그만큼 많다는 것으로 볼 수 있고 세상의 때를 덕지덕지 쳐 바른 꼴로 볼 수도 있습니다.

화장을 잘 못하거나 화장이 약한 것은 감추고 가릴 줄을 모르는 순수파로 볼 수 있고 세상의 때가 덜 묻었다는 의미와 세상 적응력이 약하다는 의미가 될 수도 있습니다.

기쁨을 나누면 배로 커지고 슬픔을 나누면 반으로 작아진고 했던가요?
이제 아니랍니다.
기쁨을 나누면 오히려 상대의 질투를 유발하고 슬픔을 나누면 오히려 나의 약점을 드러내어 불리해진답니다.
세상인심이 참 많이도 변했습니다.

여성의 몸에서 하트 ♡ 모양을 한 곳은 입술과 유방과 엉덩이입니다.
하늘(얼굴)에 있는 하트는 입술 모양으로 바로 ♡ 서 있지만 땅(몸)에 있는 하트는 유방과 궁둥이 모양으로 거꾸로 △ 서 있습니다.
모두 사랑을 하는데 사용하는 곳들입니다.
이 세 부위가 두툼하게 발달한 사람은 정력을 낭비하지 말아야 합니다.
여성의 눈썹 상태를 보면 생식기관의 건강 상태를 짐작할 수 있습니다.
소인 상법으로 보면 눈썹은 양쪽 다리요 미간(眉間)인 인당(印堂)은 가랑이에 해당됩니다. 따라서 여성의 인당이 넓으면 정조 관념이 약하다고 보는데 콧등까지 심하게 꺼지면 더 심하다고 봅니다.
가랑이 사이에 생식기관이 있으므로 인당에 흉터가 있으면 생식기에 흠집이 있거나 불임(不姙)을 부른다고도 봅니다.
보조개는 젊어서는 재능과 인기를 부르는 작용을 하지만 말년의 고독을 부르기도 합니다.

❖ 남북통일.

동서(東西)간에는 일정한 지점이 없고 극(極)이 없는데 남북(南北)간에는 일정한 지점이 있고 극(極)이 있습니다.

남극(南極) 북극(北極)은 있어도 동극(東極) 서극(西極)은 없습니다.

동서 간에는 헤어져도 다시 만나기 쉽지만 남북 간에는 한번 헤어지면 다시 만나기 어렵다는 의미일까요?

독일은 동서로 나뉘었다가 쉽게 다시 만나 통일이 됐는데 우리는 남북으로 헤어져 어려워지는 건 아닌지…

五行으로 보면 남북은 水火로 상극이지만 한반도의 五行상 위치가 동방木이요 휴전선이 38도선으로 3.8 木이니 水生木 木生火로 상생 연결 시켜준다고 희망을 가졌었는데… 그러고 보니, 베트남도 남북으로 분단되었다가 통일 되었지요?

그런데… 전쟁을 해서 결국 水剋火로 북쪽이 남쪽을 이겨 흡수 통일했습니다. 한편으로는, 이방(離方)인 남방火에 자리 잡아 태방(兌方)인 미국 서방金까지 火剋金으로 물리치고… 그렇다면? 한반도는…?

탄허스님의 예언으로는 여자 임금이 나오고 2~3년 후에 통일이 된다고 했으니… 2016~2017년인데… 아니면… 2020~2021…?

여자 임금이 임금 노릇을 못해서 무효가 되는 것인지…

20.

몸의 형상

사람의 얼굴상과 몸상과 마음상 등을 보는 방법은 많습니다.
사람의 심성(心性)을 바탕으로 겉과 속을 크게 3가지로 분류합니다.
① '소나무' 같은 사람입니다.
　겉으로 보이는 나무의 길이 만큼 뿌리가 뻗습니다.
　나무의 키가 10m이면 뿌리의 길이가 10m 정도입니다.
　겉과 속이 같은 사람으로 분류 됩니다.
② '선인장' 같은 사람입니다.
　겉에서 보면 엄청 크지만 그 뿌리의 길이는 1/10 밖에 안됩니다.
　키가 10m라면 뿌리는 1m 정도 밖에 안된다는 말입니다.
　겉과 속이 다른 사람이요, 겉은 화려하지만 속은 빈 강통이나 빈 쭉정이 같은 사람으로 분류됩니다. 위험한 사람입니다.
③ '잔디' 같은 사람입니다.
　겉으로 보면 땅에 그냥 붙어 있는 것 같으나 그 뿌리는 이어지고 이어져 한없이 길지요. 키가 1m라면 그 뿌리는 5m, 10m가 됩니다.
　지나치게 겸손한 실속파이지만 오히려 무서운 사람입니다.

남자는 역삼각형 얼굴이 좋고 여자는 삼각형 얼굴이 좋다고 했지요?
체형에서도 마찬가지로 남녀의 특성으로 구분이 됩니다.
삼각형(△) 체형과 역삼각형(▽) 체형입니다.
궁둥이 위주로 발달한 삼각형은 음형(陰形)인 여성의 기본 체형이요, 어깨 위주로 발달한 역삼각형은 양형(陽形)인 남성의 기본 체형입니다.
여성의 체형이 양형인 역삼각형으로 생겨 궁둥이에 살집으로 형성된 볼륨이 없고 빈약하면서 어깨가 넓으면 생식기관의 기능 부실이라 여성의 제1 임무인 자식 생산성에 문제가 있습니다.
그런데, 희한하게도 대부분의 남성들은 이런 여자를 날씬 빠꼼하다는 이유로 선호하는 경향이 있습니다. 비쩍 마르고 날씬한 여자가 대부분 성질머리도 더러운 경우가 많은데... 이런 여성은 가정적이 되기도 좀 어렵습니다.
궁둥이가 작아서 가볍게 흔들고 다니기에 딱이라 결혼을 해도 밖으로 싸돌아다니며 활동을 해야 하고 돈벌이해야 합니다. 머리에 든 쓰레기를 제거하지 않으면 고약한 성깔부터 얼굴에 나타납니다.
반대로 남성의 체형이 음형인 삼각형으로 생겨 궁둥이가 푸짐하고 어깨가 빈약하면 머리통 기능이 부실한 오리궁둥이 남자가 됩니다.
음기가 강한 변강쇠 형으로 볼 수도 있겠지만 하드웨어(hardware)는 강한데 소프트웨어(software)가 약한 격으로 머리가 텅 빈 꼴입니다.
미련 곰퉁이 아니면 아무 생각 없이 꿀꿀 먹고 자는 돼지 형입니다.

양은 외부에서 음을 보호하고 음은 내부에서 양을 지킵니다.
양은 음에 뿌리를 두고 있고 음은 양에 뿌리를 두고 있으므로 양은 음에 의존하고 음은 양에 의존하는 상호 보완관계입니다.
음양은 서로 보충해야 하는 그리움의 관계라 만나야 결실을 맺습니다.
음은 음을 밀어내고 양은 양을 밀어냅니다.
음은 양을 좋아해 찾아 헤매고 양은 음을 좋아해 찾아 헤맵니다.

음양은 서로 남이 아닌 짝이요 필연적 배필 사이로 봐야 합니다.
인체에서 음양의 뿌리는 날숨(呼)과 빨아들이는 들숨(吸)인 호흡(呼吸)입니다. 호(呼)와 흡(吸)이 남인가요? 콧구멍으로 바람이 들어가지 않으면 죽습니다. 콧구멍으로 들어간 바람이 나오지 않아도 죽습니다.
음양도 마찬가지입니다. 따로 떨어져 생각할 수 없습니다.
생명의 씨앗인 남자는 밭인 여자를 만나야 씨앗을 틔울 수 있는 것이고 밭인 여자는 남자로부터 씨앗을 받아야 틔워서 싹을 키울 수 있습니다.
태생적인 질병이 남녀 상사병(相思病)이요, 남녀는 태생적인 병신입니다.
각각 반쪽인 정자와 난자가 따로 태어나기 때문입니다.
자의(自意)에 의해 만날 수가 없어 자동적으로 생기는 그리움 병입니다.
정자가 꼬리를 흔들며 헤엄쳐 난자를 찾아가야 합니다.
난자는 꼬리가 없어 스스로 정자를 찾아갈 수가 없습니다. 정자가 접근 신호를 보내고 옆구리를 찔러 충동질을 하면 주위에 습기가 충만해지고 여기에 난자가 몸부림치다가 미끄러져 정자를 맞이하게 됩니다.
정자의 꼬리는 내부 이동용으로만 사용되는 것입니다.
처녀에게는 외부에 노출된 꼬리가 필요합니다. 남자 유혹용입니다.
어느 동물이건 꼬리는 궁둥이의 맨 위쪽에 달려 있지요? 처녀 궁둥이가 위로 올라붙은 것은 사방팔방 잘 보이게 꼬리를 치기 위함입니다.
출산을 한 유부녀 궁둥이는 아래로 쳐져 있습니다. 더 이상 동네 소란스럽게 꼬리를 칠 필요가 없기 때문입니다. 궁둥이가 넓적하게 퍼지고 처지면 처녀가 아니라는 증좌이기도 합니다.
여성의 음기(陰氣)가 강할수록 궁둥이가 올라붙습니다. 꼬리를 치려면 궁둥이를 최대한 치켜 올려 같이 흔들어 주어야 합니다. 여성이 궁둥이를 많이 흔들며 걷는 것은 꼬리를 흔들어 냄새를 최대로 풍기려는 의도적인 작업인데… 뭔가를 강력히 필요로 하고 있다는 뜻이지요.
여자가 혼기가 훨씬 지나서도 결혼을 못하는 것은 꼬리를 치지 못하는 것이요 냄새를 풍기지 못하는 탓입니다. 꼬리를 흔들어 풍성한 꽃향기를 내뿜으며 퍼뜨려야 벌도 나비도 부르게 돼 있는데 향기가 없는 꽃이라 아무도 찾지 않는 것입니다. 향기란 여성스러운 미소입니다.
정자는 시원한 물에서 놀아야 활발하고 건강하며 난자는 따뜻한 물에서 놀아야 성숙하고 건강합니다. 자동 중화 작용으로 남자는 땀을 많이 흘려 몸을 시원하게 하고 여자는 땀을 적게 흘려 몸을 따뜻하게 합니다.
여자가 땀을 지나치게 많이 흘리면 생리가 제대로 분비되지 않습니다.
궁둥이는 음기인 물의 저장 창고요 씨앗의 발아실(發芽室)입니다.
궁둥이가 투실투실하고 큰 암컷은 수컷을 잘 녹이고 잘 잡아먹습니다.
그런데도 수컷은, 죽음을 부르는 짓인 줄도 모르고 암컷의 궁디 사용권을 얻기 위해 평생을 뛰고 구르고 달리며 목숨을 건 전쟁을 치릅니다.
남녀 불문하고 입술과 궁둥이가 풍성하게 발달된 사람은 특히 오래 살고 싶으면 정력을 과도하게 낭비하지 않는 것이 좋습니다.
부부관계는 시원한 물과 따뜻한 물을 섞어 중화를 이루는 화학 작용입니다. 음양의 중화입니다. 만물을 생육하는 자연의 이치입니다.
겨울과 여름 사이인 봄과 가을의 음양 중화 작용으로 봄에 씨앗을 심고 가을에 열매를 맺어 추수를 합니다.
음기가 강해 궁둥이가 크게 발달한 여성은 아무리 복잡하고 붐비는 곳이라도 일단 궁둥이부터 들이밀고 봅니다. 유부녀 또는 비처녀라는 증거이기도 합니다. 만원 버스나 지하철을 타보면 압니다.
기회에 민감해서 상황에 따라 변화할 줄도 알고 어려움도 잘 헤쳐 나간다는 말과도 일맥상통합니다.
물론 양성이 강해 어깨가 발달된 남자는 어깨부터 들이밀지요.
남녀 불문하고 뜨거운 양을 좋아하면 음성이 강한 체질이고 차가운 음을 좋아하면 양성이 강한 체질이라고 보면 됩니다.

씨앗은 단단하면서 속이 알차야 합니다.
봄에 싹을 틔워야 하는데 씨앗이 물렁하면 겨울을 이겨내지 못합니다.
남자의 살이 물렁하면 양기 부족입니다. 마른 장작이라야 잘 탑니다.
물에 뜨는 씨앗은 쭉정이라 싹을 틔우지 못합니다. 남자의 뼈대가 부실하면 양기 부족입니다. 내실(內實)이 허한 것인데 남자가 정력제를 찾는 것은 부족한 뼈 속의 골수(骨髓)를 채우기 위한 간절한 작업입니다.
밭은 부드러우면서 풍성하고 색이 좋아야 합니다.
단단한 땅에는 씨앗이 뿌리를 내리지 못합니다. 여자의 살결은 부드러워야 합니다. 단단하거나 거칠면 불임(不姙)을 부르는데 피부색이 나빠도 씨앗에 영양 공급이 원활하지 못해 임신이 어려운 경우가 많습니다.
씨앗은 자신의 처지와 자신의 길을 알고 최선을 다합니다.
땅에다 아무렇게나 떨어뜨려 거꾸로 처박혀도 싹은 바로 올라옵니다.
씨눈이 땅속을 향하게 심어도 싹은 땅위로 올라옵니다.

음성인 여자는 수렴하고 끌어당기는 속성으로 받기 위해 태어난 동물이고 양성인 남자는 발산하는 속성으로 주기 위해 태어난 동물입니다.
본시 양(陽)은 진액을 만들고 음(陰)은 진액을 보관 간직합니다.
남자는 진액을 만들 줄만 알면서 간직할 줄을 모르고, 여자는 진액을 만들 줄은 모르면서 간직할 줄만 압니다.
남자는 주는 동물이라 채워야 줄 수 있으므로 항상 채우려고 하니 정력제를 많이 찾는 것이고 여자는 받는 동물이라 항상 비워 두어야 하므로 소화제를 많이 찾습니다. 남자는 주기 위해 모읍니다. 돈을 벌어다 주고 자식을 낳기 위해 씨앗을 줍니다. 씨앗을 준다는 것은 뼈의 골수(骨髓)를 주는 것입니다. 진액을 뽑아서 쏟아 붓는 것이지요.
그래서 남자가 일찍 죽습니다. 남자는 여자를 위해 있고 여자는 남자를 위해 있다지만 현실적으로는 이렇게 불균형이 일어납니다.

결과적으로 보면 남자는 대부분 몸을 너무 많이 써먹어서 병이 오고 여자는 대부분 머리를 너무 많이 굴려 병이 옵니다.
남자는 뼈 빠지게 모아서 주느라 지쳐 병이 생기는 것이고 여자는 받기에 바빠 병이 생기는 것입니다.
여자는 마음이 착해 잘 주는 남자를 찾는다고 바쁘고 남자는 얼굴이 예뻐 주고 싶은 마음이 생기는 여자를 찾기에 바쁩니다.
반대로 받아먹기 좋아하는 남자도 있고 주기 좋아하는 여자도 있지요?
받아먹기 좋아하는 남자는 잘 주는 마음씨 착한 여자를 찾고 주는 것 좋아하는 여자는 잘 주는 마음씨 착한 남자보다 받아먹는 걸 좋아하는 얼굴 잘생긴 남자를 찾는 경향이 있습니다.
남자가 바람을 피우는 것은 여자가 자꾸 더 받아먹으려고 앙탈을 부리며 바가지를 긁기 때문인 경우가 많습니다. 주기 싫어지는 것이고 밖으로 나가 딴 데다 줘 버리는 것이 바람입니다.
똑똑한 여자는 멍청한 남자가 주고 싶어지도록 재주를 부리며 살고 멍청한 남자는 똑똑한 여자에게 골수를 뺏기는 맛에 취해 죽어갑니다.

머리는 하늘이고 몸체는 땅입니다. 남자는 하늘이고 여자는 땅입니다.
목은 하늘과 땅 사이요, 남자와 여자 사이로 배우자와의 사이입니다.
목이 좀 심하게 길다는 것은 하늘과 땅 사이가 좀 심하게 멀다는 말이고 배우자와의 사이가 좀 심하게 멀다는 말입니다.
목이 긴 여자는 결혼을 해도 이별하거나 별거 또는 주말 부부로 사는 등 남편과 같이 살지 못하는 경우가 많습니다.
이런 여자는 남편과 같이 있으면 정신적으로도 불편 불안하고 여기 저기 몸이 아프기도 한데 그러다가 남편과 헤어지면 또 말짱합니다.
남녀가 만나는 친구와 연인의 경계는 입술입니다.
입술과 입술의 경계가 가까울수록 연인 사이가 되는 것입니다.

여성의 유방과 궁둥이가 풍성하고 윤택하면 성적 욕구가 강합니다.
먹고 싶은 것이고 임신 욕구이므로 정액을 받으면 기분이 좋아집니다.
이를 적절히 해결하지 못하면,
1. 얼굴의 살이 파입니다.
2. 눈에서 빛이 납니다. 먹을 것을 찾는 것입니다.
3. 두통이 생깁니다. 신경이 먹는 쪽으로 돌아갑니다.
4. 몸이 추웠다 더웠다 합니다. 안정적 균형을 잃은 것입니다.
5. 짜증을 많이 냅니다. 불안하고 안절부절입니다. 심하면 정신적인 질환 증세로 발전할 수 있습니다.

궁둥이는 여자의 것입니다.
따라서 남자는 궁둥이가 작아야 하고 여자는 궁둥이가 커야 합니다. 남자 궁둥이는 작고 가벼워서 여기 저기 돌아다니며 돈을 벌어다 여자에게 바쳐야 하고, 여자 궁둥이는 크고 무거워야 한번 퍼질러 앉으면 일어날 줄 몰라 집안에 들어앉아서 살림하고 집을 지킬 수 있습니다.
여자가 살림도, 가정도, 자식도, 정조도 지켜 주기를 바라므로 남자는 궁둥이가 큰 여자를 좋아합니다. 다만 궁둥이가 튼실한 여자는 성적 욕구나 기능이 강하므로 이에 대한 대책이 필요합니다.
남자의 엉덩이가 작으면 부지런하기는 하지만 돌아다니며 바람도 잘 피웁니다. 남자의 궁둥이가 넓고 크면 나가서 돌아다니지는 않고 집구석에 들어앉아 여자스러운 짓을 하므로 여자가 대신 벌어먹어야 합니다.
남자다운 남자는 대체로 어깨가 넓고 궁둥이가 좁습니다.
여자다운 여자는 대체로 어깨가 좁고 궁둥이가 넓습니다.
사자는 어깨가 넓고 발달돼 있으면서 궁둥이가 좁고 빈약한 반면에 사슴은 어깨가 좁고 궁둥이가 넓게 발달 돼 있습니다.
남자는 어깨가 넓어 기세가 강해야 하고 여자는 어깨가 좁은 것이 좋습니다.
남자의 어깨가 좁으면 여자다운 것이고 세상을 헤쳐 나갈 기세가 약한 것입니다. 여자는 남자를 방패삼아 나가야 하는데 여자의 어깨가 넓으면 남자다워 스스로 세상을 헤쳐 나가려고 하는 기질입니다.
팔자가 드세다는 뜻이고 사는 게 좀 험하고 고생스럽다는 의미입니다.
여자의 얼굴이나 몸이 남자다우면 풍파를 직접 부딪치게 마련입니다.
여성은 음이라 음이 극도에 이르면 강해진 음기가 음인 아래에서 양인 위로 치고 올라가는 특성이 있습니다. 당연히 아래에 있는 음부는 위축되고 위에 있는 유방은 크게 퍼지고 확장되는 것이지요.
남성은 양이라 양이 극도에 이르면 강해진 양기가 양인 위에서 음인 아래로 밀고 내려가는 특성이 있습니다. 당연히 위에 있는 어깨와 가슴과 유두는 쪼그라들어 위축되고 아래에 있는 생식기는 늘어집니다.
남성의 기운은 위에서 아래로 내려가므로 생식기가 아래에 매달려 있고 여성의 기운은 아래에서 위로 올라가므로 유방이 위에 매달려 있습니다.
여성의 몽글몽글 순두부 같은 젖가슴은 남자의 성적인 노리개(?)가 되기도 하므로 유방을 크고 몽실몽실하게 키우는 것은 성적으로 써 먹으려고 하는 짓입니다(호박씨 까는 내숭쟁이는 절대 아니라고 우기겠지만).
궁둥이에 비해 유방이 심하게 크면 넘어져도 앞으로 잘 엎어지는 경향이 있습니다. 물론 유방에 비해 궁둥이가 더 크면 뒤로 잘 넘어집니다. 무게의 균형이 쏠리는 쪽으로 잘 넘어지는 것입니다. 너무 커도 불편하고 너무 작아도 신경 쓰입니다.
유방이 너무 작은 여성은 남의 시선 때문에 고민하고 유방이 너무 큰 여성은 생활에 불편해서 고민합니다. 유방은 크지만 유두가 심하게 작거나 함몰되면 인중도 짧은 경우가 많은데 자식운도 박하고 모성애(母性愛)도 약하다고 봅니다.

머리가 큰 사람은 무엇이든지 자기 멋대로 하고 싶어 하고 머리가 작은 사람은 남의 의견에 잘 따릅니다. 머리가 큰 사람의 의견을 따르는 것이 가정이나 사회의 평화를 유지하는데 좋습니다.

남자는 머리가 커야 남자답고 여자는 머리가 작아야 여자답습니다. 남자는 하늘(머리) 기운인 양성이고, 여자는 땅(궁둥이) 기운인 음성이기 때문입니다. 여자가 머리가 크면 남자 말을 잘 안 듣고 제멋대로입니다.

남자가 머리가 작으면 줏대가 없어 남의 의견을 잘 따르고 부지런합니다. 아이가 머리가 굵어지면서 말을 잘 안 듣는 것도 같은 맥락입니다.

태어날 때도 남자 아이는 머리만 나오면 몸은 저절로 빠져 나오지만 여자 아이는 머리가 나온 후 궁둥이가 나올 때 한 번 더 고생을 합니다.

남자에게는 머리가 둘 달려있다고 하지요?

남자의 머리를 양두(陽頭)라고 하고 남자의 생식기를 음두(陰頭)라고 합니다. 양두는 혈액을 머리 쪽으로 보내 정신을 만드는 역할을 하고 음두는 피를 생식기 쪽으로 보내 정액을 만드는 역할을 합니다.

양두인 머리는 드러내야 하고 음두인 생식기는 감추어야 합니다.

양두인 머리를 드러내지 못하면 갑갑해서 속병이 생기는 것이고 음두인 생식기를 감추지 못하면 음란병(사고?)이 생기는 것입니다.

남자는 주기 위해 태어났고 여자는 받기 위해 태어났다고 했지요? 남자의 손은 주는 손이므로 두껍고 튼튼해야 하고 여자의 손은 받는 손이므로 부드럽고 가늘어야 합니다.

여자의 손이 남자처럼 두껍고 튼튼하면 여자가 남자 같은 것이고 남자의 손이 여자처럼 얇고 부드러우면 남자가 여자 같은 것입니다.

받는 손이 너무 크고 두툼하면 주기 싫은 것이고 주는 손이 부드럽고 작으면 쫀쫀하게 주려고 해서 받기 싫습니다.

남자 같은 여자는 물건을 잘 잃어버리고 임신에도 불리합니다.

자동차에 비유하면 양성인 사자는 앞부분에 힘이 몰린 전륜구동(前輪驅動) 형인 셈이고 음성인 사슴은 뒷 부위에 힘이 몰린 후륜구동(後輪驅動) 형인 셈입니다.
앞 쪽의 어깨에서 세상을 헤쳐 나가는 힘이 나옵니다. 공격성입니다.
어깨가 발달한 사람이 세상을 적극적으로 사는 것이고 어깨가 좁으면 세상살이에 소극적인 면이 있어 성취가 좀 더딘 경향이 있습니다.
적극적인 성향이 지나치면 잘 나서는 성향으로 나타납니다.
몸이 크고 키가 크고 뚱뚱하다는 것은 남자를 말하는 것이고 몸이 작고 키가 작고 말랐다는 것은 여자를 말하는 것입니다. 동물도 마찬가지로, 암소보다 황소가 체격이 크고 암사자보다 숫사자가 체격이 더 큽니다.
먹이를 경쟁자로부터 지키거나 싸움은 숫사자가 더 잘하지만 먹이를 사냥하는 것은 암사자가 더 잘하지요? 싸움은 힘으로 하지만 먹이 사냥은 머리로 하기 때문입니다. 새끼를 키우는 암컷의 생활력입니다.
남자는 체격의 근본인 어깨로부터 수월하게 내려오면서 자라고 여자는 체격의 근본인 궁둥이로부터 힘겹게 쌓아 올라가면서 자랍니다.
따라서 남자의 키와 체격이 더 크고 여자의 키와 체격이 더 작습니다.

여성은 몸(肉; 살)이 부드럽고 약한 대신 탱글탱글하고 차지면서 쫄깃쫄깃해 똘똘하고 머리가 좋지만 남성은 몸(肉; 살)이 억세고 실한 대신 퍼석해 좀 띨띨하고 멍청한 편입니다. 남성은 양성인 외면은 남자답지만 음성인 내면은 오히려 여자다운 면이 있습니다.
남자는 외강내유(外剛內柔)하고 여자는 외유내강(外柔內剛)하다는 것인데, 겉이 남자다우면 속은 여자답고 겉이 여자다우면 속은 남자답다는 말입니다. 남자의 얼굴은 각지고 강하게 생겼지만 속마음은 부드럽다는 말이고 여자의 얼굴은 각이 없고 부드럽게 생겼지만 속마음은 강하고 독하다는 말입니다.
어려워 보이는 남자를 다스리기는 쉽습니다.

오히려 부드러워 보이는 여자의 상냥한 웃음을 조심해야 합니다.
여자의 나이와 몸무게는 국가 비밀이라는 억지를 부리면서 감추고 호박씨 까는 잔머리가 습관화 되어 스스로 착각을 일으킨 나머지 자신의 나이가 몇 살이나 되는지 몸무게가 몇 근이나 되는지 조차 잊어버립니다.
남자는 음식을 먹고 얻은 기운을 대부분 생식기관으로 보내지만 여자는 음식을 먹고 얻은 기운을 대부분 머리로 보냅니다.
따라서, 남자는 몸은 발달하지만 큰 머리에 영양 공급이 부족하니 머리가 텅 비어 둔하고 멍청한 것이고 여자는 몸은 연약하지만 작은 머리에 영양 공급이 넘치니 머리가 충실 똘똘하게 발달해 팽팽 돌아가는 것입니다.
그 결과적 증거는 많습니다. 머리가 지나치게 잘 돌아가면 정신 질환을 부르기 쉽지요? 헤까닥 돌아버려서 바보가 되기는 하지만 원천적인 바보는 돌아 버리기도 어렵습니다. 꽃을 꽂고 돌아다니는 정신이상자와 종교에 너무 빠져 미친 짓을 하다가 인생 종치는 사람들 중에는 남자보다 여자가 월등히 많습니다. 무속인도 남자보다 여자가 훨씬 많지요? 너무 잘 돌아가는 머리를 너무 많이 돌려서 그렇습니다.
하여간, 남자는 머리가 둔해 재주를 부리지 못하므로 한 우물을 파고 생각도 멀리, 깊이 하지만 머리 좋은 여자는 한 우물을 파지 못하고 변화무쌍하면서 생각이 너무 많은데 깊이는 오히려 좁고 얕습니다.
여기서, 몸은 발달했지만 머리가 둔한 남자의 멍텅구리적 착각이 일어납니다. 남자가 여자를 거느리며 통제 관리한다고 큰소리 탕탕 치며 우쭐대지만 사실은 여자가 남자를 거느리고 관리한다는 말입니다.
남자는 절대 여자를 잡아먹지 못합니다. 여자가 남자를 잡아먹습니다.
서화담이 콧대 높은 황진이를 꼬셔서 함락시킨 것이 아니라 사실은 황진이가 서화담을 유혹해서 가지고 놀다가 잡아먹었다는 말입니다.
사랑을 관리하고 조절하는 심장부터 남녀가 다릅니다.
남자는 얇은 유리 심장이지만 여자는 두꺼운 철판 심장입니다.

남녀 사이가 뒤틀려 서로 부딪치면 남자 심장은 크게 파괴되어 상처가 깊고 넓지만 여자 심장은 말짱합니다. 여자에게 남자는, 가까울 때는 서방으로도 보이고 옆 지기로도 보이지만 가슴을 닫아버리면 5촌 시당숙보다도 더 멀리 느껴지게 마련입니다.

여자는 다리를 붙여 합치고, 남자는 다리를 벌리는 것이 원칙입니다.
여자가 다리를 벌리고 앉는 것은 처녀가 아니라는 뜻이고 여자가 다리를 꼬고 앉는 것은 문을 굳게 걸어 잠근 형상입니다.
남자가 다리를 꼬고 앉는 것은 시원찮은 남자라는 뜻입니다.
몸이 비대하면서 가슴이 크면 인심이 후하고 주는 손이 큽니다.
몸은 마른데 가슴이 크면 잔머리 도사요 받아먹는데 귀신입니다.
궁둥이가 작고 좁은 여자는 이 남자 저 남자 옮겨 다니며 남자의 골수를 빼 먹고 결국 남자를 잡아먹는 위험한 요물 상입니다.

낮의 햇볕은 정력을 고갈시키고 밤의 달빛은 정력을 보강시킵니다.
몸은 상하(上下), 좌우(左右), 전후(前後), 표리(表裏)의 균형이 중요합니다.
여자의 전후 균형을 잡는 축은 가슴과 궁둥이가 되고, 남자의 전후 균형을 잡는 축은 등과 배입니다. 남자의 좌우 균형은 쌍방울이 잡습니다.
가슴과 궁둥이의 균형이 무너지면 어깨가 아프고 허리가 아프고 목도 뻣뻣해집니다. 궁둥이에 비해 가슴이 크면 넘어질 때 앞으로 엎어지는 경향이 있다고 했지요? 따라서 유방 확대 수술을 한다면 궁둥이도 균형을 맞추어 같이 확대 수술을 해 주는 것이 좋겠습니다.
남을 지나치게 의식하는 사람은 몸을 앞으로 웅크리는 습관이 있고 자신을 지나치게 앞세우는 사람은 몸을 뒤로 젖히는 습관이 있습니다.

인생무상(人生無常)이라지요? 알고 보면 인생은, 무상한 것도 아니고 무상하지 않은 것도 아니랍니다.
마음이 어둡고 부정적이면 무상한 것이고 마음이 밝고 긍정적이면 무상하지 않은 것입니다. 부정적인 것도 아니고 긍정적인 것도 아닙니다.
변해야 할 때 변하지 못하면 부정적이 되는 것이고 변해야 할 때 변할 줄 알면 긍정적이 되는 것이지요. 알고 보면 간단한 이치입니다.
'고질병'에 점 하나만 더해 주는 친절을 베풀면 '고칠병'이 되는 것이고 '빚'에 점 하나만 더해 주는 배려를 하면 '빛'이 됩니다.
'불가능'을 뜻하는 'Impossible'도 점 하나 더하고 한 걸음 쉬면 '가능하다'는 뜻의 'I'm possble'이 됩니다. '어디에도 꿈은 없다(Dream is no where)'는 간단한 변화로 '꿈은 바로 여기에 있다(Dream is now here!)'가 됩니다.
만사 일체유심조(一切唯心造)랍니다.

만나는 순간 이별이 시작됩니다. 태어나면서 죽음이 시작되는 것이고…
사는 동안 수많은 이별의 희비(喜悲)가 춤을 춥니다. 허당(虛堂)도, 글썽글썽 울면서 매달려 봤지만 단 한 번도 습관화 된 이별을 붙잡지 못했습니다. 그래서 뒤늦게 결정했습니다. 이별이라는 말을 먼저 꺼내는 인연과는 미련 없이 이별해 주는 것이 좋습니다.
그러나 삶과의 이별을 할 때는 신중해야 하겠습니다.
들어보니, 투신자살을 하면 죽을 때 눈알이 터져 버린다고 합니다.
목을 매달아 자살하면 똥오줌이 쏟아져 범벅이 된다고 합니다.
이렇거나 저렇거나 결과가 달라지는 것은 아니지만…
똥이 된장이 되는 것도 아니고 된장이 똥이 되는 것도 아니지만…
그래도 이왕이면…

길을 가다보면 소도 만나고 개도 만납니다.
우리 인생이 그렇지요. 별의 별 인연들과 이리 저리 얽히고 설키고...
안 봐도 될 것을 억지로 보려고 할 필요는 없습니다.
온갖 오사리잡것들의 온갖 잡스러운 쓰레기 장면들만 더 보게 되니 마음만 썩고 곪아들어갑니다.
몰라도 될 것을 억지로 알려고 할 필요도 없습니다.
알아봐야 혈압만 오르고 두통만 심해집니다.
나이가 많으면 걱정이 많고 걱정이 많으면 잔소리가 많아집니다.
많이 안다고는 하지만 쓸데없는 것들도 많습니다.
오래 살아 경험이 많다는 늙은이의 지식이 부질없는 꼰대짓으로 쓰레기 대접 받는 경우도 많습니다.
나이가 적으면 겁이 없어 만용을 부리기 쉬운 것은 오래 살지 않아 경험이 부족한 탓인 경우가 많기는 합니다.
어쨌거나, **세**상살이가 아무리 아쉬워도 **네**상살이가 되지는 않습니다.
살아보니... 그랬습니다.

21.

삼재(三災) 귀신 탈

팔자 장사를 하면서 삼재를 많이들 팔아먹지요?
방울을 흔들어 점을 치는 무속인은 물론 四柱를 뽑아 감정한다는 철학원에서도 마찬가지입니다. 심지어 절에서까지 삼재 부적이나 삼재풀이 기도라는 걸 미끼로 짭짤한 수입을 올립니다. 문화재로 등록되어 정부의 지원과 보호를 받는 고색 찬란한 천년고찰에서 석가모니 부처님 생신이라는 사월 초팔일에 대량으로 인쇄된 삼재부적이라는 걸 산더미처럼 쌓은 좌판을 벌여놓고 팔아먹는 짓을 보고 코흘리개 아이들의 동전을 노리는 동네 구멍가게를 연상했습니다.
그 정도의 푼돈은 이웃 무속인들에게 양보해도 될 것 같은데…
삼재라는 게 뭔가요?
삼재팔난(三災八難)이다 뭐다 해서 무시무시한 귀신이라도 쳐들어오는 것처럼 겁을 주기도 하는 이따위 술법으로 답답한 중생을 위협해 돈이나 뜯어먹는 행위는 분명 사기짓입니다.
삼재풀이라는 건 돈벌이 수단이 아닌 무속적 전통 문화의 일부일 뿐인데 워낙 그 뿌리가 깊어 아무리 설명을 해도 덮어놓고 겁을 먹고 두려워하므로 허당(虛堂)도 이제 지쳐 포기한 상태입니다만…

일반적으로 통용되는 '띠'삼재입니다.

띠 글자를 三合해서 나오는 五行을 설기하는 方合 삼년을 말하는 건데… 이거 정말 아무 의미 없습니다. 띠를 본인으로 보던 당사주 시절에나 써 먹던 술법 같기도 하므로 특히 현대의 음양오행법으로 보면 더욱 정신 나간 짓입니다. 삼재기간에 흉사를 만난다고 해도 그건 삼재와는 아무 관계가 없는 것이고 명리학적으로 답이 나옵니다.

밤을 새워 머리에서 쥐가 나는 노력으로 외워놓은 삼재법이 버리기 아깝다면 차라리 다른 방법을 활용해 볼 수도 있습니다.

용신삼재법입니다.

용신은 힘이 있어야겠지요? 용신이 木이라면 木을 설기하는 火가 삼재입니다. 巳午未 方合 삼년입니다. 용신이 설기되는 것이니 용신이 약해진다고 볼 수 있습니다. 좋을 거 없겠지요. 결론으로 정리합니다.

명색이 명리학을 연구한답시고 큰소리치거나 도 닦는 스님이라고 거들먹거리는 사람이라면 삼재 같은 엉터리 술법은 버리는 게 좋습니다.

그런 바퀴벌레 설사하는 소리 같은 헛소리 말고도 살펴야 할 내용이 너무 많은 거대한 비밀창고가 사주명리학입니다.

비슷한 경우로 원진살도 있습니다. 누구한테나 들이대면 대부분 그렇다고 고개를 끄덕이지요?

대장군방위나 삼살방위 등을 팔아먹는 것도 그렇고 멀쩡히 잘 있는 귀신을 불러내거나 조상 산소를 물고 늘어져 장난을 치는 등등…

일종의 바넘효과(Barnum Effect)에 의존하는 것인지는 모르겠으나 밝은 정신으로는 이따위 술법으로 혹세무민(惑世誣民)하여 순박한 중생들을 겁주고 벼룩 간 빼 먹는 짓을 해서는 안 됩니다.

혹시 삼재에 걸려 피박에 독박 왕창 썼다는 사람 있으면 四柱 제공 부탁합니다. 대장군방위나 삼살방위로 이사 가서 벼락 맞거나 귀신한테 귀싸대기 야무지게 맞았다는 사람 있으면 역시 四柱 제공 부탁합니다.

❖ 귀신(鬼神) 이야기

좀 더 해보겠습니다.

귀신과 우호적이면서 각별하고 끈끈한 유대관계를 유지하는 듯한 대부분의 무속 점술인들께서는 일단 귀신부터 들이대고 보지요?

아무데나 아무 조상귀신이나 마구 끌어들입니다. 전통 문화적인 측면에서 이해할 수도 있겠으나 정도가 좀 심합니다. 종교도 저승에 의지해 연명하다 보니 이제 완전히 귀신 꼬봉으로 전락해 버린 듯 하고…

정신을 가다듬어 역학적으로 생각해 보면

어떤 五行 육신 육친이 日干을 괴롭히거나 해코지 하면 귀신입니다.

전설의 고향 주인공으로 하얀 소복에 머리를 풀어헤치고 입에다 피 묻은 칼을 물어야 귀신이 되는 건 아니고 골치 아픈 귀신 짓을 하면 귀신이 되는 것이지요. 그렇게 보니 귀신에는 두 부류가 있습니다.

눈에 보이는 귀신과 눈에 보이지 않는 귀신입니다. 눈에 보이는 귀신은 살아있는 귀신이고 눈에 보이지 않는 귀신은 죽은 귀신입니다.

죽은 귀신은 신경 쓸 것 없습니다. 세상을 살면서 경계해야 할 정말 무서운 귀신은 살아있는 귀신입니다.

명리학적으로는 기신(忌神)입니다. 日干에게 짐이 되거나 日干의 앞길을 막는 존재입니다. 그 중에서도 무서운 귀신이 편관 기신입니다.

여자 팔자를 감정할 때 '흠~ 귀신같은 서방 만나 고생 좀 하겠수~?' 하면 기신 편관이 눈을 부릅뜨고 대문 앞을 지키고 있는 四柱입니다. 귀신보다 더 무서운 귀신입니다.

❖ 남자 팔자에서 편관이 기신이면...

자식이 귀신이요, 직장이 귀신이요, 상사가 귀신이요, 일이 귀신이요, 경찰관이 귀신입니다. 자식이 원수라 자식이 눈앞에 얼씬거리기만 해도 머리끝이 쭈뼛쭈뼛 서고 재생관(財生官) 되어 마누라까지 심장을 덜컹거리게 합니다.
직장 상사가 무섭고 일이 무서워 직장 출근길이 지옥길입니다. 법이 무서운 형상이므로 준법정신은 강합니다. 파출소 앞만 지나가도 긴장이 됩니다.
다만, 막다른 골목으로 몰리면 오히려 법이고 나발이고 이판사판 다 뒤엎어 버릴 수도 있습니다. 더 이상 잃을 것도 내려 갈 곳도 없으면 까짓 거 목숨도 별거 아닙니다. 가장 무섭습니다.
그래서 노숙자가 시비 걸면 일단 피하는 것이 좋습니다.

❖ 여자 팔자에서 편관이 기신이면...

서방이 귀신이요, 남자가 귀신이요, 직장이 귀신이요, 직장 상사가 귀신입니다. 남편이 원수라 꼬라지만 쳐다봐도 울화통이 치밀거나 극도의 긴장으로 솜털 마저 숨을 죽입니다. 버릴 생각만 하고 버릴 연구만 합니다. 남편이 다가오면 풀어져야 할 몸이 오히려 경직되고 굳어버립니다.
편관은 자식인 식상의 재성이라 며느리입니다. 며느리 전화만 걸려 와도 심장이 덜커덩 내려앉습니다. 운에서까지 겹쳐 들어오면, 기력이 빠지거나 원인도 불분명한 통증으로 몸이 아프기도 하고 몸을 다치거나 심하면 신병(神病)이라는 이름의 고통이 찾아오기도 합니다.
약도 없는 접신(接神)이라는 정신 질환입니다.
되는 일이 없습니다.

요망한 귀신들을 五行으로 연결해서 정리해 보겠습니다.

❖ 木 귀신...

편관이 木이거나 木이 기신인 경우입니다.

木 귀신에 막혀 갇힌 팔자요, 木에 해당되는 五行 육신 육친에 막혀 골병드는 팔자입니다. 목 매달아 죽은 귀신이거나 몽둥이에 맞아죽은 귀신이거나 나무에서 떨어져 죽은 귀신입니다. 주로 土가 다칩니다.

허리가 다치고 입이 다치고 위장 장애가 나타납니다. 입술이 갈라지거나 트도록 일해야 하고 허리가 부러지도록 일해야 먹고 삽니다. 위산과다나 위궤양이 생기고 위암으로 발전되기 쉽습니다.

木인 인정이 많아 신용인 土가 죽을 수 있어 인생길이 가시밭길이 되기도 합니다. 土가 흔들리면 땅이 흔들리는 것이고, 바닥이 흔들리는 것이고, 침대가 흔들리는 꼴이라 불안이 따르는 형국입니다. 심하면 인생이 완전히 붕괴됩니다. 앉은 토대가 흔들리거나 무너지는 것입니다.

나무 조심해야 합니다. 나무가 귀신이요 인정 때문에 일을 망칩니다. 집안에 나무 한그루를 심어도 탈이 나고 가구 하나를 잘못 들여놔도 우환이나 사고가 생기는 등등인데 가구를 옮기고 앉은 자리가 바뀌는 이사에도 적용됩니다.

木은 신경계통이라 신경을 좀 많이 쓰면 土인 입술이 부르트는 경향도 있습니다. 木이 너무 강해 金이 역극 되어 망가지면 치아가 들뜨기도 합니다. 木에 해당되는 五行 육신 육친이 사람 잡습니다.

木 귀신을 제압할 능력이 있거나 설기 설득할 수 있는 五行 육신 육친을 동원해서 구원을 청해야 합니다. 용신을 활용하는 것입니다. 모든 방면에서 동원해야 합니다. 그래야 살 수 있습니다. 너무 힘들면 木 귀신에게 살려달라고 매달리는 굿이라도 하고 싶겠지만 아무리 생각해봐도 그건 좀 아닌 것 같고...

❖ 火 귀신...

편관이 火이거나 火가 기신인 경우입니다.

火 귀신에 막혀 갇힌 팔자요 火에 해당되는 五行 육신 육친에 막혀 골병드는 팔자입니다. 화재나 폭발사고로 죽은 귀신이거나 약물 중독으로 죽은 귀신입니다. 총에 맞아죽은 경우도 해당됩니다.

주로 金이 다칩니다. 뼈가 다치고 피부가 다칩니다. 뼈가 부서지거나 뼈골이 쑤시도록 뼈 빠지게 일해야 합니다. 피부가 갈라지고 찢어지도록 일해야 합니다. 火인 예의를 찾다가 金인 의리가 날라갈 수 있습니다.

金으로 열매 맺어 결실을 보고자 하나 열기가 너무 강해 열매가 곪아 터집니다. 죽 쑤어 개주는 격이요, 다 된 죽에 코 빠뜨리는 꼴입니다.

불이 귀신같은 원수요, 예의 찾다가 일을 망칩니다.

무조건 불 조심해야 하고 뜨거운 물도 조심해야 합니다. 전기도 불입니다. 전자 전기제품 관리 잘 해야 합니다. 발전소, 충전소, 변전소, 주유소 등의 근처에 사는 것도 위험합니다. 가정에서 사용하는 도시가스 또는 LP가스나 부탄가스 등등은 물론이고 건전지 등도 위험합니다.

심하게 뜨겁거나 건조하면 火인 혀가 갈라지기도 합니다. 火 귀신에 위장인 土가 말라 갈라지면 위액이 부족해서 소화불량을 부르고 위염이나 위암으로 까지 발전될 수도 있습니다. 水가 말라 정력이 메마르게 되고 기력이 약해집니다. 기억력도 쇠퇴해집니다. 불같은 성질이 일냅니다. 밝은 대낮이 귀신이고 여름이 귀신입니다. 멀건 대낮에 눈 뜨고 당합니다. 열정적인 성품이 귀신입니다.

火에 해당하는 五行 육신 육친이 사람 잡습니다. 火 귀신을 제압할 능력이 있거나 火 귀신을 설기 설득할 수 있는 五行 육신 육친을 동원해서 구원을 요청해야 합니다. 답답하다고 무당이나 땡초를 찾을 필요는 더더욱 없습니다. 자나 깨나 불조심이요, 불귀신 조심해야 합니다.

❖ 土 귀신...

편관이 土이거나 土가 기신인 경우입니다.

土 귀신에 막혀 갇힌 팔자요, 土에 해당되는 五行 육신 육친에 막혀 골병드는 팔자입니다. 매몰 사고로 죽은 귀신이거나 암으로 죽은 귀신입니다.

가장 먼저 水가 다칩니다. 스테미너가 무너집니다. 물이 다치는 것이고 피가 탁해져 엉기는 어혈입니다. 水는 배설물이요 오물이니 똥오줌입니다. 水는 밤입니다. 똥오줌 쌀 틈도 없이 밤잠을 설쳐가며 일해야 합니다. 똥구멍이 찢어지게 일해도 먹고 살기에 아등바등입니다. 흙탕물이 갇혀 썩습니다.

몸에서 썩는 냄새가 고약하게 나기도 합니다. 아니면 썩는 냄새가 진동을 하는 환경입니다. 水는 지혜요, 꾀인데 꾀를 부려도 더러운 꾀를 부리는 형상입니다. 더러운 피로 태어난 탓입니다. 土귀신 흙귀신 탓입니다. 토기 등 골동품을 집에 들여놓고 사단이 벌어지기도 합니다.

장마철에 옹벽 관리도 잘 해야 합니다. 火土 귀신이 미쳐 날뛰면 위장인 土가 발광을 해 위 확장증이나 위 무력증을 부르는 것이고 土가 마르고 타서 환장을 하면 위암으로 연결되기 쉽습니다.

土귀신에 지혜요 스테미너인 水가 다치면 지혜가 깨져 멍청해지기 쉽고 정력도 꽝이 됩니다. 멍청한 상태에서 기력까지 없으니 가정생활도 사회생활도 어려워지는 것이지요. 土에 해당하는 五行 육신 육친이 사람 잡습니다. 土귀신에 둘러싸이면 깊은 산으로 끌려 들어가기도 합니다. 종교 쪽이나 무속 쪽으로 흘러가는 것입니다.

무조건 土를 잡아야 합니다. 강제 진압이 안되면 土를 설기하고 살살 꼬드겨서라도 해코지를 못하게 해야 합니다.

급하면 무당을 앞세워 산신제(山神祭)라도 지내고 싶겠지만...

글쎄요...

❖ 金 귀신...

편관이 金이거나 金이 기신인 경우입니다.

金 귀신에 막혀 갇힌 팔자요 金에 해당되는 五行 육신 육친에 막혀 골병드는 팔자입니다. 교통사고로 죽은 귀신이거나 도검류 또는 총기를 비롯한 흉기에 의해 죽은 귀신입니다. 중금속에 중독되어 죽은 귀신입니다.

木부터 다칩니다.

간이 다치는 것이고, 머리가 다치는 것이고, 수족이 다치는 것이고, 신경이 다치는 것입니다. 쇠붙이나 기계, 자동차 귀신에 머리가 다치는 것이고 팔다리가 다치는 것이고 신경이 다쳐 중풍을 만나기도 합니다. 머리가 빠지는 탈모 현상이 일어나 젊은 대머리가 되기도 합니다.

金 귀신에 木인 신경이 다치면 두통, 골통, 치통, 근육통, 생리통 등의 온갖 만성 통증에 시달립니다. 의리인 金에 인정인 木이 다칩니다.

팔다리가 부러지도록 일해야 합니다. 머리가 다 빠지도록 일해야 하고 박이 터지도록 일해야 먹고 살 수 있습니다.

金인 열매가 너무 많이 매달려 木인 나뭇가지가 부러지는 꼴입니다.

과도한 욕심이 화를 부릅니다.

특히 녹슨 쇠붙이를 집안에 두는 것은 금물입니다. 가구류를 비롯해서 쇠로 된 제품은 무조건 멀리하는 것이 좋습니다. 도검류 등 쇠로 된 장식품도 위험합니다. 몸에 지니는 악세사리도 쇠붙이로 된 것은 피하는 것이 좋습니다. 金에 해당하는 五行 육신 육친이 사람 잡습니다.

金을 잡아야 합니다. 金을 잡아 누를 방도를 찾든지 안되면 金을 살살 꼬셔서 내편으로 만들기라도 해야 합니다. 내편까지는 어렵더라도 최소한 적이 되는 일은 막아야 합니다.

대문간에 대나무 꽂은 집 찾을 생각부터 하지 말고...

❖ 水 귀신...

편관이 水이거나 水가 기신인 경우입니다.

水귀신에 막혀 갇힌 팔자요 水에 해당되는 五行 육신 육친에 막혀 골병드는 팔자입니다. 물귀신입니다. 물에 빠져 죽은 귀신이거나 추위에 얼어 죽은 귀신입니다. 술독에 빠져죽은 귀신이거나 약물 음독으로 죽은 귀신 입니다. 火가 다칩니다. 물에 불이 꺼지는 것입니다. 눈이 다치는 것이고 혀가 다치는 것이고 예의가 다치는 것입니다.

심장이 꺼져 정지되는 것입니다. 눈알이 튀어 나오도록 일해야 먹고 살 수 있습니다. 혓바닥이 갈라지거나 빠져 나오도록 일해야 합니다.

장마의 물 폭탄에 천지 사방에 홍수요 캄캄합니다. 꼼짝없이 갇혀 옴짝달싹 못하고 하늘만 쳐다보는 꼴입니다.

수족관이나 분수를 집안이나 사업장에 설치하는 것도 위험합니다.

물인 水귀신에 위장인 土가 유실되면 위궤양을 부르고 위암으로 연결될 수도 있습니다. 만성 위장병입니다.

水 물귀신에 정신인 火가 다치면 멍해지거나 정신이 오락가락해집니다. 심하면 정신질환을 부릅니다. 어두워 귀신들의 놀이터가 되기 쉬우므로 귀신들이 활개를 치는 접신(接神) 기운도 강해진다는 말입니다.

水에 해당되는 五行 육신 육친이 사람 잡습니다.

어두운 밤이 귀신이고 추운 겨울이 귀신입니다. 水를 제압할 구원군을 찾아야 합니다. 아니면 水를 설기해서 살살 달래기라도 해야 합니다.

쓸데 없이 귀신 장사꾼에게 매달리지 말고...

❖ 극비(極秘) 공개 !!

무당님들이나 무당스러운 땡초(땡추)님들께서는 귀신 이야기를 그럴 듯하게 잘도 엮어내시는데... 순수한 학문적 관점으로 명리학을 연구하시는 독자님들께서는 솔직히 좀 아쉽기도 하지요?
귀신과 짝짜쿵해서 도사 소리도 좀 듣고 싶고 그런데... ?
죽은 이후의 귀신 살이를 들여다 볼 수 있는 초특급 비밀을 공개합니다.
비밀스러운 귀신 살이라 비밀스럽게 독자님에게만 은밀히 귀띔 하는 것이니 절대 외부에 누설하지 마시고...
죽으면 극락천당 가게 해 달라며 기도들 많이 하지요?
예수님 수염을 잡고 늘어지기도 하고, 부처님 곱슬머리를 붙잡고 매달리기도 하고, 헌금이다 보시다 해서 적잖은 뇌물까지 바쳐가며 허망한 짓인 줄 뻔히 알면서 허망한 짓들을 하니 허당(虛堂)도 허망한 소리 좀 해 보겠습니다. 어차피 허당(虛堂)이니...
억지로 끌어다 붙이는 건 마찬가지니 멋있게 고깔 쓴 무당님 신세 질 것도 없이 죽은 사람의 저승살이는 四柱에 다 나와 있습니다.
죽은 이후의 대운 연운을 보면 됩니다.
대운은 몇 백 년, 몇 천 년도 연결해서 볼 수 있지요? 죽은 이후의 나이에 해당하는 대운의 상황으로 귀신 저승살이의 길흉을 보면 됩니다.
으잉? 믿기지 않으신가요? 대한민국은 자유민주 국가입니다.
어차피 헛소리 하는 건 그들이나 허당(虛堂)이나 마찬가지 아닌가요?
그 이상은 잘 모릅니다.
어쨌거나, 예수님, 하나님 은혜(恩惠)와 석가님, 부처님 가피(加被)가 충만하시기를 바랄 뿐입니다. 두루두루... 거룩하게...

22.

신살(神殺)의 응용

❖ 역마(驛馬), 지살(地殺)

寅申巳亥입니다. 말을 바꿔 타며 여기저기 옮기고 움직이는 기운입니다. 역마는 타의성(他意性)이 강하고 지살은 자의성(自意性)이 강합니다.

역마는 먼 곳이고 지살은 가까운 곳입니다. 새로운 환경을 만나 동분서주하는 형상입니다. 전공과 직업의 연계성이 약해 전공 따라가기도 어렵고 전공도 직업도 이것저것 잘 바꿔어 한 우물을 파기는 어려운 성분입니다. 같은 판매업이면 판매 상품의 종목이라도 바뀝니다. 변화가 심한 것인데 子午卯酉 왕지를 만나 合으로 연결되면 본색이 변해 전혀 엉뚱한 쪽으로 가기도 합니다. 일생동안 서너 번 정도 이상은 직업이 바뀌기 쉽습니다. 형충이 되면 깨지거나 뒤집어져 다치는 변동수입니다. 형이 되면 길이 뒤엉켜 헷갈리는 것이니 헤매다가 사고 나는 격이고, 沖이 되면 길이 무너지고 파괴되어 일어나는 사고수입니다. 희용신의 영향을 받습니다.

예를 들어, 운이 좋을 때 역마 지살이 형충되면 헌 차를 새 차로 바꾸는 경우가 될 수 있겠지만 운이 나쁠 때 역마지살이 형충되면 사고수라 새 차가 박살나서 헌 차가 될 수도 있다는 말입니다.

❖ 겁살(劫殺).

寅申巳亥입니다. 겁재 성분과 비슷합니다. 형액(刑厄)입니다.
겁탈이라 뺏거나 빼앗기는 도둑 성분이 강합니다. 강탈, 강간 작용으로 도둑의 종류가 다양합니다. 돈이거나 물건이거나 명예이거나 마음이거나 몸이거나 사랑이거나... 다른 어느 신살과 겹치는지를 참고할 필요가 있습니다. 역마지살과 겹치면 길 가다가 도둑맞는 것이고 망신과 겹치면 끼 부리다가 강탈이나 강간이라도 당하는 것이고...

❖ 망신(亡身).

寅申巳亥입니다. 감추어 둔 비밀이나 밑천이 드러나는 것인데 갑자기 드러나는 것이고 자의가 아닌 타의에 의하거나 강제로 드러나는 형상입니다. 드러나는 밑천은 다양합니다. Me Too 운동에 걸리는 이성 문제가 될 수도 있고 아니면 탈세 등의 사회적인 문제가 될 수도 있습니다. 부끄러운 곳이 드러나고 망신당하는 것인데 옷을 벗는 꼴이 되므로 젊어서는 이성문제가 될 수 있을 것이고 노년으로 들어가면 질병으로 병원에서 옷을 벗을 수도 있습니다. 심하면 저승 열차 탑승입니다.
강제 탈의(脫衣) 당하는 것입니다.

❖ 도화(桃花).

子午卯酉입니다. 년살(年殺)이라고도 합니다. 프로의 끼를 의미합니다.
화려하게 꾸미고 치장하여 사람을 끌어 모으는 유인기술입니다. 남의 눈을 현혹하는 속임수이기도 합니다. 역시 옷을 벗거나 노출의 의미도 있지만 망신과는 달리 자의에 의한 것이고 꼭 이성문제로 연결되는 것도 아닙니다. 특히 나체도화나 욕지(浴地)로 연결되면 음탕한 끼가 다분하다고 보는데 그렇게만 보면 위험합니다. 옷이나 덮은 것이 거추장스러워 평소에 벗고 지내는 것을 좋아할 수는 있습니다. 인성이 도화면 옷을 예쁘고 화려하게 입는 경향이 있습니다. 꾸미는 장식이나 인테리어 등으로 연결되고 속살을 드러내는 행위로 연결되면 의료계입니다.

子午卯酉는 주인공이요 중심인 왕지라 성분이 단순합니다. 옆을 돌아보지 않고 한 우물을 파는 기질입니다. 전공이나 주업의 특성을 벗어나지 않고 연관된 쪽으로 새끼를 쳐 나갑니다. 양인살에 걸리기도 합니다.

❖ 화개(華蓋).

辰戌丑未입니다. 묘고지입니다. 마무리하고 정리해서 덮어두고 새로운 길을 모색하는 형국입니다. 모으고 가두고 보관하는 성분이 강합니다. 이것저것 중첩되고 복잡하게 모아놓은 만물상 형태인데 심하면 잡동사니 창고가 될 수도 있습니다. 전공도 이것저것 복수 전공이요, 직업도 이것저것 잡탕 성향입니다. 이것저것 하다가 안 되면 처음으로 돌아가기도 합니다. 종교 딴따라 무속성이 강합니다. 고독성입니다.

※ 辰戌丑未 묘고지가 沖이 되면 개고(開庫)된다고 해서 창고가 열리므로 갇혀있던 天干이 튀어나와 작용을 한다고 보는데 그럴까요?

상황에 따라 다릅니다. 예를 들어, 丑未 沖이면 未土의 지장간에서 丁火가 튀어나와 火 행세를 한다는 것인데...
그러면 丑土의 지장간에 있는 癸水는 안 나오나요?

❖ 재살(災殺).

子午卯酉입니다. 수옥살(囚獄殺)이라고도 합니다. 갇히는 감옥살입니다. 감옥 가거나 납치 또는 감금을 당한다고 보는데 광의적(廣義的)인 해석이 필요합니다. 활동이 위축되는 것이고 활동의 범위가 제약되는 기운입니다. 머리를 써서 해결, 탈출해야 하니 꾀돌이에 해당됩니다.

어느 궁위(宮位)인지 어느 육신 육친인지를 연계해서 보면 다양한 이면을 볼 수 있습니다. 물론 희기신 작용도 봐야 합니다.

예를 들어, 시에 역마지살이 있으면 밖에서 술을 마셔도 한자리에서 끝장을 보지 않고 이집 저집 자꾸 옮겨 다니며 마시는 버릇이 있는 것이고 재성이 역마지살이면 돌아다니며 돈벌이를 하거나 여자를 만납니다.

떠돌이거나 나돌아다니는 것을 좋아하는 발발이 여자를 만날 가능성도 있습니다. 또한, 기신 겁살로 연결되면 밖으로 돌아다니다가 분실 도둑맞는 것인데 망신과 역마로 세 가지 작용이 겹쳐 일어나기도 합니다.

12신살 중에서도 천살, 육해, 반안, 월살, 장성 등은 별 의미가 없으므로 무시해도 좋습니다. 신살 너무 좋아하면 귀신 천국 됩니다.

❖ 12신살 외에

무시하거나 놓쳐서는 안되는 신살 몇 가지를 더 정리해 봅니다.

신살은 귀신이 아닙니다. 기운입니다. 수많은 신살을 다 들이댈 필요도 없고 의미도 없습니다. 중요하다고 보여지는 신살 몇 가지 중에서 인연 가는 대로 응용하면 됩니다. 신살이라고 다 흉한 것도 아닙니다.

신살이 용신인 경우 해당 분야로 진출하면 유리할 수도 있습니다.

四柱가 튼튼하고 버틸 힘이 있으면 기분 나쁜 신살을 만나도 걱정할 필요가 없는데 엉뚱하게도 해당 육친이 걸려들기도 합니다.

운이 좋을 때는 흉신이 잠복되어 엎드려 있다가 운이 나쁠 때 나타나 四柱를 뒤집어 엎거나 휘저어 난장판을 만들어 버리기도 합니다.

❖ 양인살(羊刃殺).

子午卯酉입니다. 겁재입니다. 음 日干까지 양인살을 붙이기도 하는데 양 日干의 양인살만 참고하는 것이 좋을듯 합니다. 너무 강해서 살성(殺性)으로 연결된다고 봐도 됩니다. 성격이나 기질이 강하고 기운이 한 쪽으로 편굴되어 문제를 일으킵니다. 겁재의 특성으로 재성을 날려버리는 것입니다.

돈을 날리고, 부친을 날리고, 마누라를 날리고, 남편과 맞장 뜨는 성분이라 화합이 어려운 것인데 뺏고 빼앗기는 겁살적인 도둑입니다. 빼앗는다고 해도 뒤탈이 따르므로 경계 대상입니다.

도둑이 얼씬거리므로 눈을 크게 부릅떠야 합니다. 힘자랑하거나 힘쓰다가 탈나는 사고입니다. 걸릴 것 없는 질주로 연결되기도 하므로 비밀이 들통나거나 배신을 부릅니다. 운에서 양인을 만나면 조용히 넘어가기 어렵습니다. 70% 이상은 탈이 납니다.

신약하면 내가 다치기 쉬운 것이고, 신강하면 남이 다치기 쉽습니다. 어느 쪽이든 다칩니다. 70%가 별거 아닌 것 같지요? 위험합니다.

파란만장의 풍파를 부르므로 험한 인생살이를 암시합니다. 칼이요, 강력한 무기입니다. 휘두르면 어느 쪽이든 피를 볼 수 있지만 잘 관리하면 군경이나 소방직 등 제복을 입는 MIU(Man In Uniform) 쪽으로 인연이 연결되기도 합니다. 아니면 잔인성이 필요한 칼을 다루는 직업입니다. 의료계, 주방, 역학, 법조계 등등입니다. 권위와 형액의 양면성입니다.

양인이 沖을 만나도 위험합니다. 자존심이 상처를 받아 일 납니다.

칼싸움이 벌어집니다. 세상살이에서 쎈 놈은 건드리지 않는 것이 좋은 것이고 너무 쎈 사람은 평소에 머리를 숙이는 연습이 필요합니다.

戊土에는 午火가 양인이지만 겁재인 丑未도 양인으로 볼 수 있습니다.

天干 地支로 겁재가 동주하면 양인살 기운이 더 강해질 수 있습니다.

庚金에 辛酉 또는 甲木에 乙卯 등입니다.

月柱 양인이면 양인격이라고 하지요? 가장 강한 양인이라 얼굴 모양부터 좀 다릅니다. 뼈골이 강하게 두드러진 사각형으로 모가 나고 다부져 보이면서 나이에 비해 좀 늙어 보이는 경우도 많습니다.

❖ 백호살(白虎殺).

辰戌丑未입니다. 개성이 강한 편입니다. 일부 무속 점술인들은 한 많은 귀신으로 연결시키기도 합니다. 피살입니다. 주로 사고에 연계 되는데 피를 부르거나 피를 만지는 곳에는 모두 걸립니다. 사람을 살리기도 하고 죽이기도 하는 성분입니다.

특히, 丁丑이나 癸丑은 탕화살(湯火殺)과도 겹쳐 죽어도 자살을 하거나 뜨거운 물 또는 불에 의한 사망 등으로 험한 죽음을 부른다고도 봅니다.

乙未나 丙戌은 자기 묘지에도 연결됩니다. 天干에 해당하는 육신 육친이 입묘되면서 백호 영향을 받는다는 것입니다.

地支가 合으로 변질되면 백호의 작용이 약화된다고도 봅니다.

쎈 놈은 건드리지 않는 게 좋다고 했지요? 沖을 만나면 험한 상황을 만나기 쉽습니다. 칼이 춤을 춥니다. 호랑이가 열 받고 미쳐 날뛰는 형상이 벌어지는 것입니다. 四柱가 잘 돌아가면 군경 등으로 제복을 입거나 사람을 살리는 활인활생 작용을 합니다.

의료계, 주방, 역학 등등입니다.

❖ 괴강살(魁罡殺).

辰戌입니다. 상대를 제압하려는 카리스마에 강한 두목성 기질입니다.

개성 강하고 총명하면서 달변가이기도 한데 극과 극의 성분이라 고립적으로 흘러 인생을 그르치기 쉽습니다. 평탄한 인생은 어렵습니다.

힘 쎄거나 기갈 쎈 놈은 힘자랑 기갈자랑이 하고 싶겠지요? 폼도 잡아야 하니 유니폼 입고 어깨에 힘주는 군경 기질에 인연이기도 합니다. 힘을 과시하고 힘쓰고 싶은 것은 양인과 닮은 점이 있습니다. 대장입니다. 통반장이라도 해야 직성이 풀리고 학창시절은 하다못해 줄반장이라도 하는 등 하여간 장(長)을 해야 합니다.

여자의 경우, 여자스럽기 보다는 남자스러운 면이 더 강한 중성 기질입니다. 학교를 가도 주로 남녀공학에 인연입니다. 여자 四柱가 신강하거나 관살이 튼튼한 용신이 돼도 남녀 공학으로 가거나 남자와 대등하게 어울리는 편으로 강하게 사는 경우가 많지요. 여걸 성향으로 군경 또는 운동선수 체질입니다.

남편을 깔아뭉개는 기운이 강해 과부살이라고 불리기도 합니다. 남편이 있어도 힘을 쓰기 어렵습니다. 강한 마누라 기운에 눌려 무능력자이거나 작첩이나 하면서 마누라 변두리를 서성이는 경우가 많습니다. 시댁과도 불화하고 남편이 있어도 남편에 기대지 않는 성향입니다. 안에서나 밖에서나 대장이 돼야 하므로 자신이 벌어먹거나 사회 활동을 합니다. 표면적으로는 강한 면이 잘 보이지 않는 경우가 많습니다. 겉모습만 봐서는 인물도 제법 있으면서 애교스럽고 상냥해서 착각을 하거나 속아(?) 넘어가기 딱 좋은 경우가 많습니다.

壬戌은 백호 괴강 성분을 다 가지고 있다고 봅니다.

양인이나 백호와 마찬가지로 沖을 조심해야 합니다. 다 무너지는 형국이 되어 파란을 부르기 쉽습니다.

❖ 삼형살(三刑殺), 형살(刑殺).

寅巳申...

지세지형(持勢之刑)입니다. 힘자랑하고 기세자랑 하다가 다치는 살입니다. 역마지살의 형이라 길이 엉켜 헷갈리는 것이고 분쟁이나 사고수, 수술수로 연결됩니다. 분쟁은 분탈의 사촌이라 배신으로 발전합니다. 특히 巳申 형의 배신성이 강한 작용을 합니다. 合에서 형으로 변질되는 것입니다. 寅巳형은 사고와 화재로 연결되기도 합니다.

寅申은 沖으로 봅니다. 바로 들이받아 버리니 크게 무너집니다.

무은지형(無恩之刑)이라고 보기도 합니다.

丑戌未...

무은지형(無恩之刑) 또는 배은지형(背恩之刑)입니다. 은혜를 원수로 갚는다는 배신입니다. 사고수나 분쟁수인데 특히 육친간이나 부동산에 연결 됩니다. 수술수입니다. 같은 五行이 형으로 沖으로 박치기 합니다. 土에 해당하는 육신 육친이 다치는 것이고 무너지는 것이니 비, 위장이 고장이 나는 것이고 허리 쪽에 탈이 납니다. 여성이면 생식기관 또는 자식 문제로 탈이 나기도 합니다. 丑未는 沖으로 봅니다. 지세지형(持勢之刑)으로 보기도 합니다.

자형(自刑)...

辰辰 午午 酉酉 亥亥... 여러 가지 복잡한 해석을 하지만 별 의미는 없고 두 글자가 모여 강해지는 것이라 속을 썩이거나 상대하기가 부담스러운 형상입니다. 해당 육신 육친으로 인해 머리 아프거나 고통을 당하기 쉽다는 정도로만 보면 될 듯합니다. 형의 본질은 힘의 작동입니다.

子卯형...

癸卯와 같은 작용입니다. 비와 바람이니 비바람을 부른다고 보는데 풍파를 의미합니다. 주고받는 水와 木의 만남이지만 주려고 해도 반가워하지 않고 받을 필요도 없는 사이입니다. 춥고 냉랭합니다. 생식기관의 질병이나 수술수로 연결되는데 주로 여성인 경우에 심하다고 봅니다. 당연히 부부 관계도 꽝이지요. 추우면 얼고 굳는 환경이라 지나치면 신경 계통에 마비를 부를 수 있습니다. 자율신경도 작동이 안 됩니다. 변태적인 성향과 예의가 없고 제멋대로라 그로 인한 풍파도 부릅니다.

무례지형(無禮之刑)이라고 합니다.

※ 寅申巳亥, 子午卯酉, 辰戌丑未 네 글자 중에서 3글자가 모이면 일단 살 기운이 일어납니다. 서로 치고 받고 이리 저리 튀다가 적당히 끼워 맞추며 화해하는 모습입니다. 어긋난 것을 맞추는 것입니다. 전문 기술이 되고 의료, 법무, 세무 등등 특수한 조정 능력입니다.

※ 형충파해(刑沖破害)라고 해서 파살(破殺), 해살(害殺)까지 불러들이는 사람이 있지만 그런 건 아닌 것 같습니다. 당사주를 보거나 육효 육임 등의 역점에서는 몰라도 적어도 사주명리학에서는 이런 잡살(雜殺)까지 다 끌어들일 필요가 없을 듯합니다.

❖ 급각살(急角殺)

寅卯辰월의 亥子, 巳午未월의 卯未, 申酉戌월의 寅戌, 亥子丑월의 丑辰입니다. 신체의 부자유를 의미합니다. 年柱에 걸리면 수족 불구자로 태어날 수도 있는 등 발육 장애로 연결됩니다. 물론 형충과 겹치면 가능성이 더 커지겠지요. 특히 급각살과 연계되어 수족에 해당되는 식상 木이 깨지면 수족에 이상이 올 가능성이 더 커지는 것입니다.

四柱가 너무 얼면 신경이 굳는 작용까지 하고 四柱가 뜨거우면 약한 뼈가 녹아서 더 문제가 될 수 있습니다. 年柱 외의 궁위에서 걸리면 살다가 다치기 쉬운 형상이 되는데 급각살 하나로만 보고 단정하기는 어렵고 주위 환경을 참고해서 종합 판단을 해야 합니다.

❖ 천문성(天門星).

戌亥입니다. 하늘의 문과 연결됩니다. 고독한 성분이기도 합니다. 아는 게 많은 만물박사 성분이고 평소에 아는 소리도 잘 합니다. 직관력과 예지력입니다. 종교 무속 역학적입니다. 꿈을 잘 꾸거나 꿈이 잘 맞는 등 특이성이 강합니다. 기도나 고사 등으로 연결해 보면 산신재 등은 戌일이 좋겠고 용왕재 등은 亥일이 좋겠지요?

❖ 탕화살(湯火殺).

丑午寅입니다. 뜨거운 불살이요 뜨거운 물살입니다. 화공약품 종류도 해당

됩니다. 불이므로 火局을 이루거나 火氣가 강할수록 더 영향을 준다고 봅니다. 화상이나 총상을 입을 수도 있고 약물 중독이나 음독할 수도 있고 미쳐버릴 수도 있다고 봅니다. 의사, 약사, 소방직 등에 인연이고 화공약품이나 독극물 등 위험물을 취급하는 쪽입니다. 화재(火災)나 수재(水災)를 만날 수도 있다고 봅니다. 한약을 달이는 탕제입니다.

❖ 현침살(懸針殺).

甲午申辛卯입니다. 뾰족하고 날카로운 침살, 칼살입니다. 침술을 비롯한 의료계나 군경 또는 주방, 이미용, 바늘, 재봉사, 못, 목수 등입니다. 역학에도 인연입니다. 干支로 현침이 같이 걸리면 작용력이 더 강하다고 봅니다. 甲午, 甲申, 辛卯 등입니다.

❖ 공망(空亡).

있으되 없는 것과 같으니 비어 있다는 말입니다. 五行은 있어 분명히 작용을 하는데 육신 육친의 작용이 희미하고 박하다는 것입니다.
예를 들어 인성이 공망이면 모친 자리가 비거나 구멍이 난 격입니다.
예를 들어 日支가 공망이면 배우자 자리가 비거나 구멍이 난 격입니다.
없으니 갈구하는 것이고 빈 육신 육친 자리를 채우려는 욕망이 일어나겠지만 쉽지가 않은 형상으로 보는 것입니다.
공망 글자는 운에서 沖해도 크게 흔들리지 않는다고도 봅니다.

등등 . . .

참 많지요?

이 외에도 온갖 신살들이 넘쳐납니다. 모조리 끌어 모으면 신살의 종류가 3백가지 정도 된답니다. 너무 많이 알면 어지럽기만 할 뿐 이로울 게 없습니다. 지금까지 살펴 본 신살들도 너무 많습니다.

쓸데 없이 신살을 끌어 모아 귀신놀이 하다가 귀신 앞잡이 흉내 내는 돌팔이가 되기 딱 좋습니다. 귀신은 없습니다.

아니, 있다고 믿으면 있겠지요. 헛것이라도 보일 수 있습니다. 환청, 환각입니다. 그러나 없다고 믿으면 없습니다. 그렇잖아도 머리 아픈 세상살이에 쓸데 없이 귀신까지 만들어가며 신경 쓸 필요가 있을까요?

"신살을 연구해 보니 그때그때 마음대로 황당하게 만들어 낸 것이라 만약 이것을 근거로 운명을 보았을 때 바른 것이 틀린 것으로 나오는 경우가 있기 때문에 길흉을 판단하기가 매우 어렵더라."
-명리약언(命理約言)- 진소암(陳素菴)

"괴이한 격(格)과 상이한 국(局) 그리고 신살 납음의 모든 명목은 쓸데없는 일을 좋아하며 망령되이 만든 것으로 명리의 좋고 나쁨을 알아내는 관건이 아니니 만약 이것을 근거로 명리를 논하면 반드시 바른 것이 잘못 된 것이 되고 옳은 것이 그릇된 것으로 되니 길흉의 이치가 혼미하고 어둠에 빠져 밝혀내기 어려워지리라."
-적천수주해(適天髓註解)- 임철초(任鐵樵)

❖ 귀신의 본거지는 종교와 무속입니다.

오랜 역사를 가진 거대 집단이거나 신생 집단이거나를 막론하고 모든 종교나 민속 전래의 무속은 사실상 철저히 미신적(迷信的, 迷神的)이면서 철저히 귀신적(鬼神的)입니다. 환각(幻覺) 또는 착각(錯覺)의 세계를 창조해 멀쩡한 영혼을 마비시키고 끊임없는 세뇌(洗腦)로 우민화(愚民化)해서 끌고 다니는 귀신이지요.

물론 그들은 절대 아니라고 박박 우기겠지만… 영혼이다 뭐다 해서 아무리 고상 찬란하게 포장, 위장한다고 해도 어차피 저승 이야기, 귀신 이야기요, 덮어놓고 엎드려 조아리는 맹신(盲信, 盲神)입니다.

그런데, 무속은 민속스럽고 소박하며 솔직하기라도 합니다. 문제적 문제는, 너무 커버려 아무도 건드리지 못하는 거대한 글로벌 기업 종교입니다.

머리 좋은 인간들이 창조하고 발전시킨 배타적 저승 장사 집단입니다.

인간 사회를 지배하기 위한 또 하나의 수단으로 진화 발전한 변종 정치단체이면서 지상 최대요 인류 최대를 자랑하는 수상한 패밀리입니다.

이왕 판을 벌였으니 좀 더 떠들어 보겠습니다.

한세상 살다보면 이것저것 걸리는 데가 많고 여기저기 할 말이 많지만 그 중에서 정말 할 말이 많으면서 또 그만큼 조심스러운 영역이 종교관련 이야기가 아닌가 싶습니다.

오죽하면, 가까운 사이를 유지하고 싶으면 종교나 정치 이야기는 대화의 소재로 삼지 않는 것이 좋다는 말까지 있습니다.

오로지! 믿고 따르기만 하는 충성스러운 친위군단 같은 집단이라 잘못 건드렸다가 걸려들기라도 하면 뼈도 못 추릴 것 같은… 그래서 평소에 궁금증과 의심증이 근질근질해서 몸살을 앓던 허당(虛堂)도 조심조심하면서 기회를 엿보다가 임종(臨終)을 거의 코앞에 둔 이제서야 용기를 내어 이렇게 위험한(?) 짓을 하려 합니다.

대 철학자 칸트(Immanuel Kant)께서 일갈(一喝) 했답니다.

'모든 종교는 도덕성을 전제로 한다.'

108번 옳은 말씀이고 당연한 말씀입니다. 뒤집어 말하면, '도덕성을 잃은 종교는 종교가 아니다.'로 연결될 것입니다.

오히려, 일반적인 무게보다 더 높은 수준의 도덕성이 요구되는 영역이지요. 진실스럽지 못한 거짓을 교묘한 입질, 글질로 위장한 헛소리질로 먹고 사는 현대의 기업종교, 권력종교, 정치종교가 도덕적이던가요?

아무리 떼를 쓰고 억지를 부려도 위선의 가면을 쓰고 허위와 거짓 편에 선 도덕은 더 이상 도덕적일 수 없습니다.

아이러니하게도, 허당(虛堂)이 종교에 대해 본격적으로 의심을 가지기 시작한 것은 그들의 뻔뻔스러운 충고 때문이었습니다.

그들은, 양쪽 볼떼기에 가득 감춘 자신의 탐욕은 가만 놔두고 쥐뿔도 가진 것도 없고 바라는 것도 없는 허당(虛堂)더러 다 내려놓으라고 했습니다.

어깨위에 얹어 놓은 보따리를 내려놓으라는 것이었습니다. 보따리?

보따리라니... 보따리고 나발이고 뭐든 있으면 다 가져가라고 했더니...

마음에 날아든 먼지 하나를 털어 버리라는 말이라고 했습니다.

이따위 먹지도 싸지도 않는 신선들이나 나불댈듯한 오묘한(?) 문자나 소리들을 창조해 퍼뜨리며 연약한 인간의 혼을 흔들고 휘젓습니다.

그 뒤에는 거룩한 뭔가가 있을 것 같은 마취성 냄새를 대량 살포하면서 만사를 다 해결해 줄 것처럼 오직 자기들만 믿으라고 했습니다.

이렇게 황당한 강요를 당하면서 정신을 가다듬고 생각해 보니 말도 안되는 말놀음이요 오히려 사람 복장 터지게 하는 장난질이었습니다.

먹고 살아야 하고 그러기 위해서는 터전이 있어야 하니 인간 세계나 동식물 세계나를 막론하고 욕심과 그로 인한 분쟁은 있게 마련입니다.

그래서 권력이 형성되고 그것이 어느덧 질서가 되고...

그 권력은 당연히 금력(金力)과 색력(色力)이 가장 중요한 목표입니다.

종교사회도 어차피 인간 모임이니 다를 것 없겠다는 생각이 들다가도 또 한편으로는 적어도 종교이니까 그래서는 안된다는 생각으로 바뀝니다.
종교가 무엇인가요.
깊이 알지도 못하고 고급스럽고 유식한 말로 설명할 능력도 없지만, 인간으로 태어난 감사의 마음으로 인생의 근본을 생각하고 인간의 도리를 지키면서 보다 인간다운 삶을 추구하는 보람스러운 길을 찾기 위해 먼저 고민한 선배를 스승으로 다리를 놓아 존경을 뛰어넘는 신앙의 대상으로 삼고 의지하면서 안녕과 평화를 찾는...
아니면, 어떤 초인간적 또는 초자연적인 상상물인 절대자의 힘에 의존해 인간 생활의 고뇌를 해결하고자 하는 문화(?) 체계의 하나...?
하여간, 뭐... 그런 저런 비슷한 거 아닌가요?
이렇거나 저렇거나 간에 사실상 답은 다 나와 있습니다.
헛소리를 성스럽게 색칠하고 종교라는 거룩한 간판으로 위선의 가면을 덮고 질긴 생명력을 유지 발전시키며 오랜 세월을 이어 온 인류의 전투적 역사물이요 역사적 문화물일 뿐이라는...
이것이 최대한 예를 갖추어 존중하는 태도로 본 거대 종교의 정체입니다.
죽을 때까지 살아보면 압니다.
천국 극락을 꿈꾸는 거창스러운 망상이 아니라 그냥 무탈 무사하게만 사망하고 싶은 단순 소박한 희망뿐이라는 것을...

심호흡을 하고 간덩이를 좀 크게 부풀린 다음 묻겠습니다.
일부 어떤 사람들에게는 무엄하기 짝이 없는 질문이거나 무례한 시비요, 분통 터지게 하는 망발로 들릴지도 모르겠습니다. 그렇거나 말거나, 부드럽고 점잖은 아부성 형용사들을 강제 동원한 문자 장난질로 분장해 마음에도 없는 억지스러운 표현으로 속이지는 않겠습니다.
특히, 엄숙하고 거룩한 모습으로 치장하고 높은 자리에 앉아 큰 기침하며 폼 잡는 일부(?) 살찐 종교 사업가 장사꾼들에게 묻습니다.
하나님의 씨(?)를 받아 태어났다니 구름으로 태어났는지 바람으로 태어났는지는 모르겠으나 하여간 출생년도까지도 애매모호한 어느 어느 날, 어느 어느 마굿간에서 성스럽게 태어났다고 현장 동시 촬영이라도 한 것처럼 장엄한 분위기의 아름다운 영상으로 스토리를 만들고, 전지전능한 하나님의 독생자요 왕이라고 우기면서 온갖 고상하고 있어 보이는 화려 발랄한 모습으로 요술을 부리는 신(神)의 행세를 하며 확인 할 수도 없는, 뜬 구름 뒤에서나 벌어질 듯한 아리송한 이야기들을 요상 찬란하게 펼쳐 현혹한 바닥의 골수 팬(fan)들을 몰고 다니다가 자신의 생명 하나도 부지하지 못한 채 겨우 30대 초반에 반역죄(?)를 뒤집어쓰고 피를 흘리며 요절(夭折)(?) 했다는 그분께서...
도대체 뭘 어떻게 했다는 것인지... 하나님의 외아들로 태어났다지요?
전지전능하다는 하나님은 어째 소중한 외아들 하나 살리지 못했는지...
만인(萬人)의 죄를 대신 뒤집어쓰고 갔다고 했습니다.
그렇다면 남은 만인은 어때야 하나요? 만인의 세상살이가 행복하고 세상이 밝고 맑아져야 하는 것 아닌가요? 더 이상의 갈등도 없고, 죄인도 없고, 사기꾼도 없고, 살인도 없고, 감옥도 없고...
그리고 잔인한 집단 살상(殺傷)놀이인 전쟁은 더더욱 없어야 하고... 하나님의 아들로 하나님을 대신해서 인류를 구원하기 위해 왔다지만 구원은커녕 자신이 먼저 일찍감치 사형당해 죽어 버렸습니다.

죽은 지 며칠 만에 시신이 흔적도 없이 사라졌다는데 이것을 두고 또 죽었다가 부활해서 승천했다고 합니다.
사실이라면, 고통 받는 백성들을 두고 혼자 몰래 하늘로 도망친 꼴입니다. 심지어, 다시 살아나 하늘로 떠났다고 증거도 없는 요상 발랄한 소리를 사방팔방에 나발불고 다녔다는 'Ｍㅏ Ｒｌ Ａㅏ' 라는 창녀 제자가 사실은 그 분의(숨겨둔?) 비밀 마누라였다는 비밀스러운 소문도 들립니다.
역학적으로도 해석되지만 춘성스님의 말씀처럼 부활은 딱 하나 뿐입니다. 새벽 寅시에 일어나는 수컷의 화려한 부활쇼입니다.
그런데 깨달음을 얻었다는 또 다른 한분께서도 수상하기는 마찬가지입니다. 깨달아서 도(道) 터지겠다며 부모 형제는 물론 처자식까지 버리고 가출해서 부하들을 모아 걸식하며 몰고 다니다가 무슨 숲 속 나무 밑에서 객사(客死)(?)했다는 그가 도대체 무얼 했다는 것인지…
아, 심오한 진리를 깨달았답니다. 그 진리가 무엇인가요?
특별히 깨닫고 자시고 할 것도 없이 하늘 땅이 108번 박치기를 해도 세월은 흐른다는 것과 태어난 모든 생명은 죽는다는 것 뿐입니다. 그것이 진리의 전부입니다. 도(道)라는 것도 마찬가지로 누구나 다 아는 뻔한 이야기입니다. 사람이 당연히 가는 길이 도(道)입니다.
너무도 당연한 이야기를 쓸데 없이 어렵고 어지럽게 늘어놓는 요망한 말장난, 글장난으로 인간을 구제한답시고 정신을 흔들어 놓습니다.
엄청 더 심오하게 들리는 해탈(解脫), 도탈(度脫)도 마찬가지입니다.
번뇌의 굴레에서 벗어나 근심 걱정 없는 편안한 상태에 놓이는 것이 해탈이요, 도탈이라는 것인데… 그래서 허당(虛堂)이 연구해 봤더니, 해탈하는데는 딱 두 가지 방법이 있었습니다. 가장 확실한 방법은 죽는 것입니다. 그리고 또 하나의 방법은 헤까닥 돌아버리거나 아무 생각 없는 바보, 천치, 등신이 되는 등 제정신을 완전히 잃는 것인데…
이 방법은 말로는 쉽지만 자의적 실천은 거의 불가능합니다.

그 외에는 방법이 없습니다. 눈 말똥말똥 뜨고 살아 있는 상태로 먹고 싸면서 해탈 했다는 인간이 있다면 99.99%거짓말입니다.

진리의 '말씀'들이라면서 말도 안되는 이런 허황된 말장난 처방으로 순박한 중생들을 속여 왔고 계속 속이고 있습니다.

두 양반 모두, 알아듣지도 못할 달콤 짭짤한 소리와 보이지도 않고 볼 수도 없어 확인이 불가능한 엉뚱한 세상 이야기만 소설처럼 꾸며서 떠들다 갔습니다. 알고 보니 죽은 후의 또 다른 세상인 저승을 들여다보고 천당, 극락, 지옥을 조사 연구했다는 것입니다. 이렇게 황당무계한 소리를 하면서 중생을 이끌고 제도했다는 것인데…

글쎄요, 누구를 어떻게 제도하고 이끌었는지 모르겠으나 중생은 어제도 헤매느라 정신없었고, 오늘도 정신없이 헤매고 있습니다.

갈수록 더 치열해지는 세상살이 경쟁에 숨이 찹니다.

그런데도, 당장 현세의 인생 이야기는 없고 내세 이야기 저승 이야기 뿐입니다. 시도 때도 없이 절이나 받아먹으며 있지도 않은 저승 팔아먹는 뻔뻔한 짓 좀 그만하고 살아있는 현실 문제나 해결 좀 해 줬으면 좋겠는데…

생각 같아서는 적폐청산 신고센터에 고발이라도 하고 싶지만 그분도 또 다른 그분도 심지어 염라대왕까지도 찔리는 데가 많은지 입을 굳게 다물고 종적을 감춰버린 데다가 증인이 될 만한 인간들은 이미 골수까지 세뇌되어 오히려 앞잡이 노릇을 하는 판이라 어찌 할 수가 없습니다.

저승이 있다고 칩시다. 하나님이 있고, 신(神)이 있고, 예수님, 부처님이 있다고 칩시다. 심지어 전지전능(全知全能)해서 우주를 창조하고 인간을 비롯한 만물을 다 만들었다고 칩시다.

그런데, 그놈의 전지전능은 어떻게 현세에는 통하지 않고 죽어서만 통할까요? 입장 곤란하거나 할 말이 없어 말문이 막히면 부처님, 주님, 알라의 뜻으로 얼렁뚱땅 건너뛰거나 믿음이 부족해서라는 무당스러운 질책으로 두리뭉실 넘어가지 말고 좀 와 닿는 답을 해 줬으면 좋겠습니다.

태양이 지구를 도는 줄만 알았던 그때 그 시절 같으면 또 몰라도 이제 그 신비로운 자연의 실상도 대부분 드러나고 세상만사 웬만한 의문은 거의 밝혀진 마당에 아직도 술 취한 도깨비 딸국질 하는 소리를 거룩한 말씀으로 다듬어 떠들고 있습니다. 시국이 어느 시국인데…

인류 역사의 선배 중에서 스승이요 성인으로 공자, 석가, 예수 세 분을 지목하기도 합니다. 아, 아닙니다.

어느 한 분은 다른 두 분과 같은 대등한 반열에 놓고 비유하면 골수 추종자들 난리 버꾸통이 벌어집니다. 씨(종자)부터 다르답니다.

다른 두 분은 그냥 아무나와 똑 같은 인간의 자식으로 태어났지만 특별히 성스러운 그분은 부친이 특별히 성스러운 하나님이라고 해서… 약혼자인 남자가 엄연히 눈을 뜨고 있었는데도 그분의 모친께서 하나님의 성령이라는 요상 발랄한 뭘 받아 그분을 낳았다는 것입니다.

성령(聖靈)인지 성령(性靈)인지 간에 하여간 하느님의 씨(종자)를 받았다는 말 아닌가요?

그것이 사실이라면, 그분의 모친께서 약혼자를 두고 하나님과 바람피우고 연애하고 얼라리꼴라리 간통을 해서 그분을 낳았다는 말이 되는데…

하나님도 웃기는 양반입니다. 처녀도 많은데 하필 다른 남자와 약혼까지 한 여자를 건드려서 임신까지 시키고…

어쨌거나, 그분도 육신을 가진 사람으로 태어났다니까 하는 말입니다. 암컷이 수컷의 정자를 공급 받지 않고 자식을 잉태하고 낳는다는 것은 하늘과 땅이 열두 번 박치기를 해도 있을 수 없는 일이기에 하는 말입니다. 아니면 사기 치는 것이고…

미륵불 구세주가 온다거나 그분이 구름을 타고 세상에 다시 온답니다. 이렇게 대책 없이 계속 큰소리치면서 세월만 보내고 답이 없으니, 재림한 미륵불이니 구세주니 하며 그분들을 사칭하는 후배, 제자 되시는 거룩한 사기꾼들께서 잊을 만하면 여기저기서 성스럽게 머리를 쳐들고 나타나 세상을 어지럽히고 시끄럽게 합니다. 자가발전 능력이 출중하고 매스컴 활용술이 뛰어난 큰(?) 제자님들은 대부분 죽어서 또 다른 그분 대접을 받고 심지어 눈 뜨고 살아 있는 그분이라며 온갖 거룩한 이름으로 떠받드는 등 별별 짓들을 다합니다.
정신(正信, 正神?)은 무엇이고 미신(迷信, 迷神?)은 무엇인가요?
내가 믿으면 정신이고 내가 안 믿고 남이 믿으면 미신인가요?
나의 믿음은 신앙(信仰)이고 남의 믿음은 미신이다?
미신을 사전적으로 해석하면 맹신(盲信)입니다. 논리적으로 설명하기 어려운 덮어놓고 식의 맹목적인 믿음이 미신 아닌가요?
정말정말 어이없는 것은, '할렐루야'를 외치며 무슨 초능력이라도 있는 것처럼 예언 언사라는 걸 하고 안수(按手)라는 황당한 짓을 능청스럽게 벌이면서, 자기들과는 친 형제간이나 다름 없는 무속인들을 미신쟁이라며 배척하고 사주명리학을 비롯한 역학을 미신이라며 입맛을 쩝쩝 다시는 것입니다.
사실은 그들의 하는 짓이 대표적 미신 집단의 행태 같은데도 얼굴 두꺼운 억지를 부립니다. 이런 경우를 자가당착(自家撞着)이라고 하는지 어떤지는 모르겠으나 하여간 어이가 없습니다. 그 양쪽 사이에 무슨 차이가 있는지 허당(虛堂)은 잘 모릅니다.
적어도 역학에서는, 특히 사주명리학에서는 형체도 없는 저승 팔아먹는 정신 나간 짓은 안합니다. 살아 있는 현세 이야기를 합니다.
사주명리학은, 살아있는 이승에서 천당 극락을 찾는 자연이치학이요, 자연과학입니다. 어느 종교의 큰 집회를 가보면 무당이 벌이는 푸닥거리 굿판을 현대적으로 크고 거창하게 꾸며 놓은 것 같은 기묘한 분위기입니다.
기도회라기 보다 시끄러워 정신없도록 만들어 놓고 사람의 혼을 흔들어 세뇌시키는 굿판 같다는 말입니다. 이런 분위기에 함락되지 않으면 심장에 피가 돌지 않는 사람이 됩니다.

아니, 마귀에게 매수당한 사람이므로 마귀를 쫓아내는 구마의식(驅魔儀式)부터 치러야 할 사람 취급 당하기 딱 좋습니다.

전통 굿판은 고리타분한 순수 국산이요, 구닥다리 민속적인 행사이고, 거대한 종교 의식은 국제적으로 공인된 수입 굿판이라 좀 더 고상하고 고급스러운 것인지는 모르겠습니다.

심지어, 북한의 김가 일족까지도 이들 집단이 하는 짓을 따라 합니다. 신으로 받들어지는 그분들이 김가 집단의 스승이요, 모델이 되어버린 꼴입니다. 신(神)이 되어 신도나 백성을 광신(狂信)의 함정으로 끌고 들어가 노예 아닌 노예(?)로 삼아버리는 수법이 신기하게도 닮았습니다. 닥치고! 따르라! 입니다. 스스로 유일 신(神)들의 경쟁이라 서로는 철저히 경계하고 배척하면서... 다시 강조하지만 진정한 종교라면, 먼저 인간적이고, 도덕적이고, 정의로워야 합니다. 그 도덕과 정의는 '내로남불'식의 자기들만 옳고 자기들에게만 유리한 이기적이고 선택적인 도덕이나 정의가 되어서는 더더욱 안되는 것이고...

어디까지나 무식 찬란한 허당(虛堂)의 개인적인(?) 생각이지만, 이런 저런 거 끌어 모아 종합해서 정리해 보니 이런 결론이 나왔습니다.

인류 역사상 가장 일찍 창업되어 온갖 수난에도 망하지 않고 수천 년 동안 발전에 발전을 거듭하여 지구상에서 가장 거대한 기업 집단으로 성장한 것이 세계적인 대형 종교 집단이 아닌가 싶습니다.

그분들은 당연히 거대한 기업을 창업한 위대한 창업주가 되는 것이고.

창업 정신은 지금과 좀 달랐는지 모르겠습니다.

인간을 인간답게 살도록 계몽하고 깨우치게(?) 하는 정신 사업을 목적으로 시작됐을 것이라는 짐작을 해봅니다. 여기에, 사업을 확장하고 조직을 키우기 위한 방편으로 사랑과 자비와 평화라는 창대하고 고급스러운 사훈(社訓)이 번쩍이는 깃발을 내걸고, '저승'이라는 기발빠꼼하면서도 가장 효율적인 상품을 고안해서 배포하는 등 천재적 창의력을 창출 접목한 것으로 추정됩니다.

그러나, 후계자들에게 경영권이 넘어가면서 뭔지 모르게 변질된 것은 아닌지... 문전걸식을 하다시피 동가숙 서가식으로 온갖 고난을 극복하며 정신 사업을 일으킨 창업주와 달리 대를 이으면서 나날이 번창하고 돈과 권력이 모이자 사랑이니, 자비니, 평화니 하는 창업 정신은 겉포장일 뿐 이것을 미끼로 본격적인 장사꾼 기질을 발휘한 배타적, 이기적, 철면피적 이익집단으로 진화 발전을 이루게 된 것이 아닌가 하는 짐작입니다.

이렇게 사업화가 되다보니 영역 확장을 위해 전도라는 고상한 명목으로 신도들을 영업사원으로 교육시켜 아무에게나 껌딱지처럼 달라붙어 피곤하게 하기도 합니다. 정말 이해가 안되는 것은, 피 냄새가 진동을 하는 가장 배타적이요 전투적인 종교 집단일수록 더 크게 번창해 왔고 지금도 번창 중에 있다는 것입니다.

큰소리 치는 종교일수록 그 역사는 대부분 분열과 전쟁의 역사요, 좀 심하게 솔직한 표현을 하면 살육(殺戮)의 역사입니다.

특히 세계 인구의 거의 절반을 차지하는 신도를 거느렸다는 두 종교의 성장 역사를 보면 적나라한 그림이 나옵니다.

뿌리가 같은 듯 한데도 서로 적대시하며 음모와 암투의 분쟁을 일삼고 총칼을 든 종교간 또는 종파간의 피비린내 나는 전쟁이 끊일 날이 없었으며 지금도 그 거룩하고(?) 성스러운(?) 역사는 이어지고 있습니다.

극단적인 이기성과 패거리성이 결합된 광신(狂信) 집단의 행태입니다.

성전(聖戰)이라고 하던가요? 이름도 엄숙하게 갖다 붙입니다.

그분들을 앞잡이로 내세우고 간판만 걸면 돈이 들어오고 폼도 나는 너무도 쉬운 멋진 사업이다 보니 어느덧 스스로에 취해 신(神)이 되고...

나누어 가지기는 더더욱 싫고... 그래서 신들의 영역 전쟁이 계속되고...

이 철면피 장사꾼들이 평화를 외치고 이웃을 사랑하라고 부르짖습니다.

오른쪽 뺨을 때리거든 왼쪽 뺨도 내밀라는 친절한 충고까지 하면서...

사랑하라고 합니다. 주라고 합니다.
자비로우라고 합니다. 욕심 부리지 말라고 합니다.
놓으라고 합니다. 버리라고 합니다. 비우라고 합니다.
실천할 수도 없는 말도 안되는 말이요, 사기꾼들의 단체 방귀소리 같지만 그래도 한편으로는 또 고상한 뭔가가 있어 보이기도 합니다.
비운다는 것은 아무것도 없는 텅 빈 허공(虛空)을 만든다는 말입니다.
허공은 누구에게 얻어맞아도 아프지 않습니다. 피도 나지 않습니다.
거기다 어떤 놈이 똥물을 끼얹는다고 해서 더러워지는 것도 아닙니다.
때린 놈만 헛심을 써서 맥 빠지고 똥물을 뿌린 놈만 지저분해집니다.
손뼉도 둘이 마주쳐야 소리가 나듯 상대방의 주먹도 그에 맞서거나 맞아주는 대상이 있어야 파괴력이 발휘됩니다. 천하장사 이만기가 만 가지 기술과 힘을 동원해 벽을 밀어 붙여도 벽이 그 미는 만큼 물러나 버리면 천하장사의 힘은 허공에 머물 뿐 벽에 미치지 못합니다. 혼자 헛심만 날릴 뿐입니다.
비운다는 것이 말처럼 쉬운 게 아니지요.
그렇게 해야 한다고 부르짖는 그자들부터 그렇게 못합니다. 절대로... 화려한 가식으로 치장한 사기꾼, 위선자일수록 오히려 더 큰 소리로 사랑과 자비를 강조하며 요란법석을 떠느라 '주둥이'에 불이 날판입니다.
해인사 팔만대장경도 모르면 빨래판이나 마찬가지라는데, 성경, 불경, 코란을 덮어놓고 달달 외운다고 천당 극락 가는지는 몰라도, 염불이 열불인지 성경이 소경인지도 모르는 무지랭이들은 굳이 강요하지 않아도 착하게 살고 정직하게 열심히 사는데 종교로 먹고사는 일부(?) 또는 대부분(?)의 인간들 뒷구멍에서는 푹푹 썩는 위선의 악취가 진동을 하는 경우를 많이 봅니다.
그러면서, 시집 장가도 안 가본(?) 성직자라는 젊은 사람이 나이 지긋한 신도들 앞에서 엄숙하고 거룩한 인생 강의까지 합니다. 배도 먹은 만큼 부른 법이고 산도 오른 만큼 보이고 오른 만큼 아는 법인데...

무위자연(無爲自然)이라, 억지가 아닌 자연 그대로를 말합니다. 인위적인 가공이나 덧칠을 하지 않은 있는 그대로를 말합니다. 보고 싶은 대로가 아닌, 봐 달라는 대로가 아닌, 보이는 대로를 말합니다. 진정한 종교라면 그래야 합니다.

간단히 생각하면 됩니다. 유식하고 어려운 말과 글에 홀려 헷갈릴 거 없습니다. 넉넉하고 평화로운 세상살이란, 하나 덜 먹고 하나 더 주면 되고, 한 마디 더 듣고 한 마디 덜하면 됩니다.

그것이 만물의 영장이라는 인간의 삶이요, 인간의 도리입니다.

더 주는 그 하나는 있어도 그만, 없어도 그만입니다.

덜하는 그 한 마디는 해도 그만, 안해도 그만입니다.

그런데도 세상에는 무리를 해서라도 더 가지려는 사람들이 압도적으로 더 많습니다. 배우려는 사람은 드물고 전부 가르치려고만 합니다.

고백합니다. 허당(虛堂)은, 그분들의 예배당, 법당에 수 삼년씩 드나들면서 나름대로 심각하게 고뇌하며 매달려 봤습니다. 그럼에도 불구하고, 타락한 허당(虛堂)의 믿음이 부족한 탓이거나 마귀의 장난인지 몰라도 이미 세상을 떠나신지 오래인 그분들과는 통성명은 커녕 아예 만날 수도 없었고 사실상 그분들을 잘 모릅니다.

유감스럽게도, 그분들 또한 허당(虛堂)을 알 턱이 없겠지요. 당연히... 다 그분들의 말씀도 아니고 대부분 후배 제자들이 부풀려 기록한 듯한 경전도 열심히 읽고 심지어 기본 항목은 암송까지 했었습니다.

물론, 지금은 단 한 구절도 기억하지 못합니다.

그리고 이제, 그 허상(虛像)들을 다 접고 다 덮었습니다.

죽을병에 걸리거나 인생 말기에 죽음을 겁먹고 천당 극락 가겠다며 종교에 매달리는 경우가 많다는데 허당(虛堂)은 오히려 거꾸로 가고 있는 셈이지요. 사실은 말년에 뒤늦게나마 정신이 든 것이긴 하지만...

그분들과 허당(虛堂)과는 의견이 다른 구석이 너무 많았습니다.
정직하고 순진무구한 삶을 살았던 사랑하는 부모 형제가 특별한 죄도 없이 그토록 고통스럽게 죽어서는 안 된다는 것이 허당(虛堂)의 소박한 의견이었지만 그분들은 모르는 척 입 닫고 외면했습니다.
알고 보니, 그분들과는 아무 관계도 없는, 아무것도 아닌 일이었습니다.
그분들도, 참 성가시고 고단하시겠다는 생각이 들어 안쓰럽기는 합니다.
구석구석에서 도둑놈들 사기꾼들까지 포함한 수많은 인간들이 밤낮을 가리지 않고, 시도 때도 없이, 계속 그 이름을 불러대고 있습니다.
그냥 불러대기만 하는 것도 아닙니다. 자꾸 뭘 달라고 조르면서 바짓가랑이를 붙잡고 늘어집니다.
어쨌거나, 힘 빠진 그분들은 이제, 까마득한 후배 제자들의 이윤 추구를 위한 사업상 필요에 의해 앞세워지고 이용당하는 얼굴마담으로 전락한 것 같은... 솔직한 생각입니다. 급할 것 없습니다.
좀 처지는 것도 좋고 좀 쉬엄쉬엄 가는 것도 좋고 가끔은 놓치기도 하고 좀 헝클어지는 것도 좋습니다. 지는 것도 좋고 잃는 것도 좋습니다.
집착이 병이라 병을 부르므로 인연에서든 인사에서든 매사에 너무 매달리면 피곤합니다. 좀 헐렁하게 살면 그것이 여유로운 삶입니다.
지구상에는 크고 작은 신(神)들이 참 많습니다. 신(神)의 나라라는 인도에는 인구보다 더 많은 숫자의 신들이 있다는데 우리도 만만찮지요?
그러나 그런 소소하고 민속적인 잔챙이 신들은 순박하고 순수합니다.
문제는 국제화 되고, 영업화 되고, 기업화 되고, 배타적이고, 전투적이고, 이기적이고, 철면피적인 초대형 글로벌 종교 집단입니다.
허당(虛堂)의 솔직한 생각은 이렇습니다.
그분도, 그분도, 그분도 다 저승을 미끼로 한 미신(迷信, 迷神)의 창조주일 뿐입니다. 그분들도 누구나와 똑같이 육신으로 태어나고, 죽었고, 죽은 후에는 아예 소식 조차 없습니다.

다른 점이 있다면, 죽은 인간 중에서 가장 두뇌가 비상하고, 생각을 많이 하고, 깊이 하고 창조력이나 리더쉽이 뛰어난 점이라는 생각이 들긴 하지만 그렇거나 말거나 그분들은 아침 저녁으로 절이나 받아먹을 뿐 우리를 잊은 지 이미 오래 됐습니다. 신(神)은 없습니다. 자연의 섭리(攝理)가 신입니다.

저승도 없습니다. 저승이 없으니 천당, 극락, 지옥도 없습니다.
모두 천재적인 머리를 가진 인간들이 만들어 놓은 허구요, 함정입니다.
내 생명을 그분들이 주었나요? 내가 태어나고 살아가는데 도대체 무슨 힘을 보탰다고 초대장도 없이 슬그머니 나타나 주인 행세를 하며 지도편달 한답시고 이래라 저래라 끌고 다니려 합니다. 누가 그분들 소개해 달라고 사정하며 등 떠밀기라도 한 것처럼 끼어들어 허파 뒤집어지게 합니다.
일용할 양식을 누가 주나요? 스스로 챙겨먹지 않으면 굶어 죽습니다.
화려 거룩하기 짝이 없는 허망한 소리로 먹고사는 그들은 그들의 주인인 어떤 신(神)이 주는 양식으로 먹고 산다고 큰 소리 치겠지만 그것도 알고 보면 신도들 주머니나 털어 먹는 짓이고... 아닌가요?
거창함이 심하게 지나치면 반드시 허황된 허풍으로 이어지게 마련입니다. 지구 어느 구석에 붙어 있는지도 모르는 이스라엘인지 저스라엘인지 하는 엉뚱한 나라 역사는 달달 외우면서 자기 조상에게는 절 한 번 하는 것도 거부하는 정신 나간 짓을 하느라 새벽잠 설칠 것 없이 굳이 신(神)을 찾고 싶으면 부모, 조상을 찾으면 됩니다. 거기서 왔습니다.
부모, 조상 없는 나는 없습니다. 부모, 조상의 소중한 선물이 나입니다.
내가 없는 하늘 땅이 무슨 소용이며 금은보화가 무슨 소용인가요.
있지도 않은 저승타령, 천당 극락 지옥타령 좀 그만하고, 잘 있는 귀신들을 자꾸 불러내어 성가시게 하는 짓들 좀 그만하고, 안 그래도 답답한 인생들을 들쑤셔 벼룩 간 빼 먹는 짓들 좀 그만하고, 우주를 거느리기라도 한 것처럼 요망한 헛소리들 좀 그만하고, 차라리 그냥 가만 놔뒀으면 좋겠습니다.

손톱 절반만큼의 양심이나 양식이라도 있어 부끄러운 줄 안다면 솔직한 고해성사라도 하는 게 도리 일듯 한데 그럴 기미도 보이지 않습니다.
부모, 조상이 나를 탄생시킨 조물주요, 신(神)입니다.
죽어서 주민등록은 물론 호적부까지 파서 옮겨버린 그분들에게 매달릴 일이 아닙니다. 우주 만물은 그 누구도 아닌 자연(自然)의 창조물이요, 진화물이지 그분의 춘부장(?)께서 만든 것이 아닙니다.
아니, 조물주는 만인 만물의 조상이지 그분만 만들어낸 것도 아닙니다.
모든 것은 자연의 엄중한 법칙에 따라 생멸(生滅)할 뿐입니다.
섭섭하고 아쉽기는 하지만 우리 인간도 그중의 하나일 뿐이고…
그 이상도 그 이하도 아닙니다.
허당(虛堂)은 오늘도, 달달한 믹스커피 한잔 마실 수 있어 참 좋습니다.

그런 사람이 있는지 없는지 모르지만…
혹시라도, 정말로 도덕적이고 희생적인 삶을 살면서 만인을 위해 만인의 모범이 되는 사회 활동을 하는 종교지도자가 있다면 그분에게 정중히 사과합니다.

❖ 또 다른 귀신들이 있습니다.

합법, 불법을 가리지 않고 백성들 등쳐 먹는 일부(?) 공직 도둑들입니다. 백성의 생사여탈권을 쥐고 있는 진짜 무서운 합법 귀신들입니다.

판검사 등, 일부(?) 끗발 있는 고급 공무원 및 특수 공기업원들이고 대표적인 악귀(惡鬼) 취급을 받는 국회의원이라는 괴물 무리들입니다.

시중에 유행어가 있답니다. 사돈 삼을 때, 양반 상놈 따질 것 없이 그 집안에 정치한다고 설치는 인간만 없어도 기본적인 양반 집안은 되니 안심하고 사돈 삼아도 된다고...

택시 운전기사께서 손님에게 들은 이야기라며 들려준 말입니다.

그 기사님의 말씀에 의하면 정치꾼들은 국가의 공식 쓰레기들이랍니다. '시정잡배'라는 말도 국어사전에서 없어지고 대신 '정치잡배'라는 말로 바뀌었다는 사실(?)도 최신 뉴스라며 들려줬습니다.

호위호식, 잘 먹고 잘 살면서, 어려운 이웃이 죽이라도 먹는지 굶는지 조차 모르고 아예 관심도 없던 놈이 어느 날 거창한 깃발을 들고 등장합니다. 내가 국회의원이 되고 도지사, 시장이 되고 대통령이 되면, 논밭을 갈아엎어 버리듯 세상을 완전히 갈아엎어 정의가 바로 서고 다 같이 잘 사는 사회로 만들겠노라고 목구멍에서 피가 튀도록 외칩니다.

그러나 그 놈도 당선만 되면 어찌된 판인지 먼저 앞에서 사기쳐 먹던 그놈과 똑같은 놈이 돼버립니다. 그렇게 위대하던 국가도 국민도 표가 필요할 때 외에는 씹다 버리는 껌이 됩니다.

이제, 국회의원 연습생이요, 새끼 국회의원격인 지방의회 의원들까지 국회의원 흉내를 내며 위엄 넘치는 회의실에서 폼 잡고 큰소리치는 연습을 하느라 정신이 없습니다. 그자들의 사설(邪說)을 들으면 어지럽습니다.

순박한 백성들이 듣기에는 속이 시원하도록 스트레스를 풀어주고 이제 뭔가 좀 될 것도 같습니다. 그동안 속아만 왔던 지난 경험을 생각하면 긴가민가

하면서도 어찌나 화려비까하게 포장을 잘해서 쏟아내는지 시큰둥하게 듣다가도 어느새 넋을 잃고 열광하느라 아래턱이 내려앉을 판입니다.

그들의 말과 행동이 가식적이라는 것을 너무도 잘 알면서도, 절반은 거짓이요 나머지 절반도 헛소리라는 것을 그동안의 체험적 경험으로 알면서도, 그러면서도 또 귀를 기울이는 것입니다.

사는 게 답답해서지요. 솔직히 가끔은 좀 기대고 싶어지기도 합니다.

이 뻔뻔스러운 선동꾼들의 선동 연설을 들으면 거짓말 같은 정말 같기도 하고, 정말 같은 거짓말 같기도 해서 도무지 정신을 차릴 수가 없습니다. 속고 당하기만 한 지난날을 기억하면서, 치매 걸릴 때까지는 절대 잊지 말고 정신 바짝 차리자고 다짐하다가도, 때가 오면 어찌된 영문인지 바로 치매끼가 발동되어 멍텅구리처럼 또 같은 짓을 하며 또 그렇게 당하고 당하기를 되풀이 합니다.

도둑맞는 것도 한번 맞으면 도둑놈 잘못이지만 같은 도둑을 두 번 맞으면 도둑맞은 사람 잘못이라고 하지요? 우리가 그 꼴입니다.

요강을 열두 번 씻고 닦아도 요강일 뿐 밥그릇이 되는 것은 아닌데…

무슨 독립군 우두머리라도 되는 양, 정의의 화신 같은 표정으로 나라의 번영과 발전을 위하고 국민의 안위와 풍요한 행복을 위해 뼈라도 갈아 바칠 것처럼 거품을 물던 인간이, 개인적인 욕망만 달성하면 그날부터 비아그라가 목구멍에 걸렸는지 모가지에 뻣뻣한 힘이 들어가고 군림하기 시작합니다.

무슨 용뿔이라도 잡았는지 스스로 위대합니다. 드디어 맛보기 시작한 권력의 달콤함에 젖어 계속 그 길을 가기 위해 발버둥을 칩니다.

욕하면서 배우고 싸우면서 닮더라는 속담을 증명이라도 하려는 듯 어떤 놈이든 거기에 들어가 휩쓸리면 흰말 궁둥이인지 백말 엉덩이인지 구분이 안 되고 그놈이 그놈이 됩니다.

이들은 또 끼리끼리의 '끼끼 법칙'에 의해 동업자인 같은 도둑놈들끼리만 어울려 낮에는 고급 식당에서 이것저것 몸에 좋다는 것만 골라 배가 터지도록 잡수시고 해가 지면 인간 말종들의 썩는 냄새가 진동을 하는 룸싸롱인지 개싸롱인지 하는 으슥한 구석에 퍼질러 앉아 해롱대며 푹푹 썩어 문드러진 손으로 썩은 계집 엉덩이나 더듬으면서, 돌아가는 시국을 비판하고 정의와 윤리와 질서가 무너져가는 현실이 너무도 걱정스러워 개탄합니다.
백성을 등쳐 먹는데 이력이 난 큰 도둑놈들일수록 국가와 국민을 방패막이로 앞세우고 사회 정의를 외치며 부정부패의 척결을 부르짖는 특성이 있지요? 한참을 살아보고 알았습니다.
정의를 부르짖는 놈 치고 진정 정의로운 놈이 없었고, 양심을 입에 달고 사는 놈 치고 진정 양심 있는 놈이 없었습니다.
그들의 국가와 국민은 필요할 때만 가지고 노는 노리개일 뿐이고 그들이 말하는 사회 정의나 부정부패는 일반적이고 사전적인 의미와는 그 의미가 전혀 달랐습니다. 말은 같으나 뜻은 딴판입니다. 똑 같은 사안이라도 그들이 저지르는 건 정의요, 남들이 저지르는 건 부정입니다.
'내로남불'이라고 하지요? 선택적 정의를 말합니다. 아전인수적 정의요, 그들만의 우월적 정의요 그들만의 이기적 정의입니다.
하여간, 떠들어대는 꼬라지를 보면 마치 전생에 나라를 구하거나 정말 독립운동이라도 한 놈들 같습니다. 멧돼지 종자를 물려받았는지 늑대 피를 수혈 받았는지, 아니면 하이에나와 끈끈한 의형제라도 맺었는지 못 먹는 게 없는 잡식성에, 한번 물었다 하면 놓지도 않습니다. 아닙니다.
멧돼지와 하이에나와 늑대의 삼종 삼중 교배로 태어난 괴물 같습니다.
위선과 탐욕을 대충 반죽해서 만들어낸 치명적 화학 독극물 같습니다.
음식도 잘못 먹거나 과식하면 뒤 마후라가 막혀 탈이 나기 마련인데 어찌된 판인지 이놈의 인간들 소화기관은 까딱없습니다.
어쩌다 먹은 게 목구멍에 걸려 들통이라도 나면 착한 반성을 하는 척 쌍판떼기 분칠 색깔만 살짝 바꾼 후 잠시 고개를 숙이고 화려한 연기를 펼칩니다.

어떤 놈은 큰 절까지 넙죽이며 뼈를 깎는 심정으로 반성하고 개과천선(개과 동물이 천사나 선녀가 되는 것?) 하겠노라고 입술을 앙 다무는데...
글쎄요, 하도 많이 들어본 말이라 그놈의 뼈는 도대체 얼마나 두껍기에 계속 깎아낼 뼈가 남아 있기라도 한지 그것도 궁금하지만, 뼈를 깎아내고 또 깎아내겠다고 침통한 표정으로 사기 연기를 펼치면서 뒤로는 이빨을 갈아 댑니다. 다 해먹는데 재수 없어 자신만 걸렸다고 치질 걸린 바퀴벌레 설사하는 소리를 변명이라며 늘어놓습니다.
아주 아주 나쁜 어떤 놈이 고자질을 하는 바람에... 배신당했다고... 돈은 받아 잡쉈지만 아무 대가도 없는 순수한 후원금이라고... 어떤 놈은 고개를 숙이기는 커녕 머리통을 똑바로 쳐들고 대듭니다.
독립운동 하다 왜놈 경찰에 잡히기라도 했는지 비장한 표정으로 호소(?)합니다. 탄압이라고, 탄압 당하고 있다고...
검은 권력과 검은 재물 욕심에 치명적으로 감염된 불치적 인간들입니다.
이 낯짝 두꺼운 인간들이 대한민국을 운영합니다. 어느 분야건, 대부분의 도둑놈들 사기극에는 그럴 듯한 조직이 있게 마련입니다.
배후에 주범이 있고 각본에 따라 움직이는 종범이들이 따로 있지요.
그리고 분위기를 만들어내는 들러리들이 주위를 서성이게 마련입니다.
정상적인 인간의 판단력을 마비시키는 최면 기술자들의 조직입니다.
그런 조직 중에서도 합법적인 조직이 정치 분야이면서 우리 모두 알게 모르게 가담해서 맹활약 중인지도 모르겠습니다.
사실은, 대체로 이기적이고 욕심에 사로잡힌 사람들이 사기에 잘 걸려드는 특성이 있기는 합니다. 물론, 당연히, 부끄럽게도, 거기에는 허당(虛堂)도 포함 됩니다.
사방팔방에 신경을 안 쓰는 것이 스스로를 지키는 길임을 알겠으면서도 그게 잘 안됩니다. 신경을 쓰면서 안 쓰는 도리는 더더욱 모르겠고...

뻔뻔한 철면피들에게 건방진 충고 한마디 합니다.
올라가려고만 하면 심장이 터져 죽거나 숨이 차 죽습니다.
산을 오를 때도 정상을 오르기 전 마지막 고비인 깔딱고개에서는 잠시 멈추고 숨고르기를 하며 점검을 해야 합니다.
꼭, 바람이 어디서 얼마나 불어오는지를 기상청에 물어봐야 알 수 있나요?
잘 나갈 때 조심해야 합니다. 올라갈 때까지 올라가면 내려올 일만 남습니다. 조심해야 합니다. 등산 사고도 하산할 때 많이 일어납니다.
때가 되면 내려놓아야 합니다. 스스로 천천히 걸어서 내려오면 안전합니다. 그렇지 않고 머뭇거리거나 계속 붙들고 있으려고 발버둥 치면 강제로 내려와야 합니다. 추락하는 것이지요. 크게 다칩니다. 높이 올라갈수록 낙차(落差)가 커 추락할 때의 충격 또한 그만큼 더 큽니다.
아무리 잔머리 굴리고 잔재주 부려도 터질건 터집니다.
분수를 잃고 설치면, 물고기가 물에서 익사할 수도 있고 원숭이가 나무에서 떨어져 뇌진탕으로 죽을 수도 있습니다.

어렵게 마련된 자리에 이왕 터진 봇물이니 좀 더 시끄럽게 요란을 떨어 보겠습니다.

대한민국의 국회의원이 되거나 높은 공직 자리에 앉을 수 있는 자격 조건이 있답니다. 석·박사 학위 논문은 위조하는 것이 좋고, 교통위반은 많이 할수록 유리하며, 주민등록 위장 전출입 경력은 필수 항목이고, 부동산 거래 시 매매 금액을 낮추는 다운 계약으로 세금을 떼먹거나 이중국적으로 장난질 치는 가족이 있는 등은 선택이며 이 외에도 도덕적 법률적으로 온갖 잡스러운 시궁창 쓰레기 경력을 쌓아야 한다는 것인데…

유식한 문자로 요약해 보니… 자가당착, 침소봉대, 견강부회, 부화뇌동, 아전인수, 내로남불, 표리부동, 안면몰수 그리고 오리발 등등입니다.

이렇게 두꺼운 낯짝들이 뒤엉킨 무리들이 서로 밀어주고 끌어줍니다.

정신 멀쩡한 백성은 혈압 터져 졸도하거나 임종(臨終)할 판입니다.

온갖 화려 찬란한 헛공약과 위장된 정의로 포장한 선동꾼들에게 놀아나 박수치고 춤추며 환호하는 우리의 어리석음이 있기는 합니다.

투표를 하다가도 순간적으로 제정신이 돌아오면 슬그머니 화가 납니다.

지금, 나라와 국민을 위해 투표를 하는 것인지 아니면 어떤 도둑놈 어깨에 힘 실어주고 출세시켜 주려고 투표를 하는 것인지… 아~!

이제 와서 정신 차리고 다시 생각해보니, 환불조차 불가능한 배급받은 상품권을 들고 백화점에 갔다가 판매원의 화려비까한 사탕발림 말솜씨에 그만 넋을 잃고 넘어가 값비싼 고가의, 진짜라고 우기는 가짜 물건을 바가지 왕창 쓰고 덜렁 사버린 꼴로, 우리는 항상 그렇게 투표를 해버렸습니다. 어쩔 수가 없었습니다.

내용물을 자세히 들여다보고 확인해 볼 수도 없습니다. 마음에 들지도 않는 물건을 어쩔 수 없이 강매 당하는 딱 그런 찝찝한 기분이긴 하지만 판매대 위에는 성한 물건은 하나도 없고 온통 화려한 포장으로 위장된 썩고 병든 물건들뿐이라 고르고 자시고 할 수도 없습니다.

그렇게 버스는 지나가고 돌아서서 뒷설거지에 또 뼈골이 빠집니다.
똥 밟은 땡초처럼 구시렁 궁시렁 맥 빠진 탄식이나 늘어놓으면서, 후회 후회 하다가도 때가 오면 또 그러고 그럽니다.
처방이라고는 '감옥' 밖에 없는데 이 약마저 전혀 듣지 않고 오히려 병증을 더 크게 키우는데 사용하는 인간들이 대부분입니다.
아닙니다. 이놈 저놈 전부 똑 같은 놈들이라 사실은 어디다 고발하거나 일러바칠 데도 없습니다. 고양이에게 생선가게를 통째 맡긴 꼴입니다.
감옥이라는 곳도 그렇습니다. 교도소(矯導所)라고 하지요.
바로잡아 이끄는 곳이라? 글쎄요. 과연 몇 놈이나 거기 들어가서 반성하고 바른 인간이 되어 나오는지는 모르겠으나 대부분은 이빨을 갈고 복수의 칼을 갈거나 아니면 고참 선배 도둑놈, 사기꾼, 강도, 강간범 등으로부터 그 수법을 전수받고 나온다고 합니다. 교도소(矯導所)가 아니라 교도소(敎盜所)입니다. 도둑놈 교육장입니다.
하여간, 수억 원, 수십억 원, 수백억 원 해 먹은 큰 도둑놈들은 집행유예니 뭐니 해서 풀려나는데, 그 이유 한번 또 희한한 걸작 코미디입니다.
국민의 화합을 위해서라는 뻔뻔스러운 넉살 변명을 늘어놓기도 하고 그동안 사회에 끼친 공적(?)을 참작해서 어쩌고 줄 터진 깽깽이 우는 소리를 아무렇지도 않게 나불대기도 합니다.
그러나, 불쌍하게도, 실수로 또는 배가 고파 몇 만 원, 몇 십만 원 먹은 바보 멍텅구리 등신 같은 백성은 감옥에서 눈물 섞인 한숨이나 짓습니다.
90원 가진 놈이 10원 가진 자의 것을 빼앗아 100원을 채우기 위해 눈에 불을 켭니다. 벼룩의 간까지도 그냥 놔두지 않습니다. 그러니, 만만한 서민은 아무리 피땀 흘려봐야 가진 놈들의 종이요, 호구요, 봉일 뿐입니다.
격차는 갈수록 벌어집니다. 콩이 열 번을 구른다고 해도 한번 구르는 호박을 따라 잡을 수 없습니다. 그러면서도 콩보다 작은 깨를 내려다보며 슬픈 위안을 삼습니다.

'민주', '인권' 등 민주적이고 인권적인 이름에도 유감이 많습니다.
노조(노동조합)인지 망조(망국조합)인지 하는 무서운 단체가 있습니다.
보기에도 섬뜩한 붉은 띠를 박박 깎은 머리통에 두르고 죽창(竹槍)에 폭탄 같은 화염(火焰)병으로 무장해서 세상을 온통 난장판으로 만들기도 했습니다. 오죽하면 저럴까 싶어 안타까운 생각도 했었는데…
알고 보니 대부분 대한민국에서 월급 많이 받고 대우 잘 받는 최상류층의 살찐 귀족 월급쟁이들이 벌이는 습관적 행사였습니다.
그리고 이들은 정말 대우받지 못하는 불쌍한 노동자들은 죽거나 말거나 오직 자신들의 이익만 채우겠다고 그 난리들을 피우고 있었습니다.
뒤로는 임시직이나 하청업체의 임금을 깎는 짓을 해서 자신들의 월급을 자꾸 올리는 이 현상을 그들은 정의라고 합니다.
나에게 이익이 되고 우리 편에게 유리하기만 하면 덮어놓고 정의랍니다. 기존의 질서에 반항하고 뒤집어 엎어버리면 무조건 정의랍니다.
이들이 정치도, 재판도, 행정도 하고 심지어 남북통일까지도 다 합니다.
근로자 단체가 아니라 종합 정치단체입니다. 그래서는 안된다고 하면, 그게 아니라고 하면 탄압이라며 입에 거품을 물고 덤빕니다.
말을 들어주지 않으면 세상을 아주 마비시켜 버리겠다고 윽박지릅니다.
오직 자기네들만이 정의요, 자기네들만이 법이며, 다른 소리를 하는 자들은 모두 쳐 없애야 하는 반민주적 적폐라는 것입니다.
乙이라고 우기면서 甲보다 더 심한 甲질을 하는 것이고, 약한 피해자라고 아우성을 치면서 또 다른 가해자가 되는 것이고, 권력자를 규탄하면서 어느새 또 다른 권력자로 둔갑해 세상을 휘저으며 군림합니다.
물론 노조라고 다 그런 것은 아니지요.
정말 힘들고 배고파 거리로 뛰쳐나오는 노동자들도 있을 것입니다.
살아남기 위해 기업과 함께 불철주야 땀 흘리며 노력하는 노조도 많을 것입니다. 일부 살찐 귀족노조, 권력노조 이야기입니다.

근로자의 권익을 위한다는 누구도 감히 토 달기 어려운 거창한 깃발을 앞세우고 심심하면 세상을 휘젓고 뒤엎으면서 자신들이 먹고 사는 터전인 기업이 철천지 원수요, 매국노라도 되는 양 협박하고 밖으로 내쫓는데 혈안입니다. 기업의 잘잘못을 가리지도 않습니다. 덮어놓고입니다.
머지않아 우리가 중국으로 막노동 일자리 찾아가야 하는 날이 올지도 모른다는 걱정의 소리에 맥이 탁 풀어집니다.
이들에게는 항상 '민주'라는 아무도 시비 걸기 어려운 이름이 붙습니다. 남이야 죽건 말건, 자신들만의 이익에 반하면 전부 적(敵)이고 독재고, 자신들만의 이익을 위해 세상을 뒤엎는 것은 민주라는 것입니다.
민주화 운동이라는 것도 결과적 실상을 보니 편 가르기 운동이었습니다. 역사적으로 우리를 힘들게 한 것은 다 편 가르기 때문이었는데…
그렇게 임진왜란을 겪었고, 식민살이를 했고, 동족간의 총질로 나라가 초토화 됐었는데… 또 그 길을 가려고 하는지… 독재에도, 긍정적인 독재가 있고 부정적인 진짜 독재가 있습니다.
비유를 하자면, 박정희처럼 3천만 명을 먹여 살리기 위해 방해꾼 3천명을 통제하던 독재가 있고, 김일성 일족처럼 한 가문의 혈통족을 위해 몇 천만 명이 종이 되어 희생되어야 하는 독재가 있습니다. 이것이 같은가요?
진짜 독재자에게는 아부질 경쟁하느라 도끼자루 썩는 줄도 모르면서…
아, 생각났습니다. 평생 입에 거품을 물고 대한민국과 박정희를 저주하며 거리를 누비던 골수 반골인 백머시기 라는 늙은이가 있습니다.
이 영감탱이 죽을 때가 되어 제정신이 돌아온 것인지 실토했답니다.
"박정희는 우리 같은 사람 3만명을 못살게 탄압했지만 3천만 국민을 먹여 살렸는데 김영삼 김대중은 3천만명을 못살게 했다."고…
진실을 외면한 죄가 너무 크고 많아 지옥 갈 걱정에 뒤늦게나마 겁이 났나 봅니다. 하여간 이들은, 권력을 잡기 위해 '민주'를 팔아먹은 '민주 장사꾼'들이었습니다.

하긴, 수백만 명의 주민을 굶겨 죽이고 살아있는 주민의 입을 틀어막고 생각조차 마음대로 할 수 없도록 통제, 감시하는 북한 김가 일당의 집단조차 그 이름에 '조선민주주의인민공화국'이라나 뭐라나 해서 '민주'라는 말이 버젓이 붙어 있으니 말문이 막히기는 합니다.
그놈의 '민주'니 '민주투사'니 하는 말만 들어도 경끼(驚氣)가 날 것 같아 이제 넌덜머리가 난다는 사람까지 생겨났습니다.
'민주' 장사로 '정의' 장사로 잡은 권력이 남긴 것이 무엇인지 생각이 있고 눈과 귀가 밝은 알 만한 사람은 다 압니다.
돌이켜보니, 만고의 독재자요 민족의 역적이라도 되는 양 씹어대는 박정희는 밤잠을 설치며 혼신을 바친 끝에 보릿고개를 시원하게 날려 버렸는데...
소위 민주 대통령이라며 거들먹거리던 자들은 그때 무슨 짓을 했던가요. 오직 정권을 잡기 위해 겉으로는 민주주의를 외치고 독재타도를 소리 높여 부르짖으며 잘살아보자고 땀 흘리는 국민을 선동해 헷갈리게 하면서, 맹신 패거리들을 몰고 다니며 훼방질에 밤낮을 모르던 그들이, 경부고속도로를 만들면 나라가 망할 것처럼 입에 거품을 물던 그들이, 그 고속도를 달리며 제 놈이 잘나 배곯지 않고 잘 살게 된 것처럼 거들먹거리는 꼬라지를 보면서 두 눈에서 피가 튀려고 했는데...
아직도 그런 패거리들이 똘똘 뭉쳐 나라를 지배합니다.
대한민국은 사실상 국회와 민주노총과 전교조라는 세 단체가 운영한답니다.
이들이 하는 짓들을 빗댄 말이 시중에 흘러 다닌답니다.
살찐 국회는 정치를 말아먹고, 살찐 민주노조는 경제를 말아먹고, 살찐 전교조는 교육을 말아먹는다는 등등... 108% 동의합니다.
물론, 그들 패거리들은 절대 아니라며 눈에 불을 켜고 덤비겠지만...
특히, 서민을 앞잡이로 민주와 인권을 방패막이로 앞세우면서...

인권이라는 것도 그렇습니다.

불법 도박장의 현장을 조사하기 위해 경찰관들이 쳐들어가 몽둥이를 휘둘렀다가는 문책을 당한답니다. 과잉수사로 인권을 침해한 죄라던가?

막가파 무리들이 설치는 불법 도박의 소굴을 덮치면서, 사전에 허락을 받고 예의 바르게 인사하며 들어가서 조사 좀 받아 주시옵고 잡혀 주십사 하고 사정하고 부탁이라도 해야 할 판입니다.

아무리 인권 시대라고 하지만 무슨 놈의 이따위 인권이 있는지... 국민이 주인이라는 대한민국의 인권이라는 것이 참 한심합니다.

권력과 재력이 빵빵한 자들의 인권은 있어도 가난하고 빽도 없어 밑바닥을 기는 백성들에게는 인권이고 나발이고 구경조차 하기 힘듭니다.

밟은 놈의 인권은 있어도 밟힌 자의 인권은 없습니다.

맞아 죽은 자의 인권은 없어도 때려죽인 놈의 인권은 시퍼렇게 살아있어 그것이 그렇게도 중요하답니다.

불법 시위로 도심가를 마비시키는 놈들의 인권은 있어도 그로부터 피해를 당하는 경찰관이나 시민의 인권은 없습니다.

세상을 뒤엎고 제풀에 개판을 치다가 다치거나 죽는 놈의 인권은 있어도 그것을 막다가 죽거나 다치는 경찰관의 인권은 없습니다.

경찰관이 도둑놈을 잡다가 도둑놈이 다치기라도 하면 인권 침해가 되고 경찰관이 다치기라도 하면 과잉 수사나 과잉진압으로 일어난 사고일 뿐 그 경찰관은 오히려 문책을 당하는 황당한 일이 벌어지는 세상입니다.

평소에 그렇게도 민주와 인권을 부르짖으며 여기저기서 튀어나오던 사이비 민주투사 인권론자들이 저지르는 행태입니다.

세상을 뒤엎는 시위로 화염병을 폭발시켜 경찰관이 죽으면 살인자가 아니라 민주 열사가 되고 국가 유공자가 되어 정부에서 보상금과 연금까지 두둑히 챙겨 먹습니다. 이 기막히고 억장 무너지는 현상들을 더 이상 늘어놓는 건 악성 고혈압을 유발하는 지능적 고문이라 그만둡니다.

죄 없는 국민 수십 명을 이유 없이 죽인 악질 중의 악질 살인범도 그 알량한 인권 때문에 사형을 집행하지 않는답니다.
오히려 세금을 처들여 독방을 독채로 별채로 별장처럼 제공하면서 아무도 건드리지 못하게 고이 모셔 놓고 하루 세끼 꼬박꼬박 먹여주고 재워주고 보호한답니다. 거기다, 우짜든지 만수무강하시라고 운동도 시켜 드리고...
인권이라는 이름으로 범죄자를 보호하고 범죄를 부추기는 꼴입니다.
죽은 자의 인권은 없고 죽인 놈의 인권은 당당하게 활보합니다.
그렇게 인권을 부르짖으면서도, 김일성, 김정일, 김정은 같은 미친 망나니를 제 할애비보다 더 떠받들고, 수많은 주민이 굶어 죽어 나가거나 지옥을 탈출하다가 잡혀 총살을 당해도 북한 동포들의 인권에 대해서는 말 한마디 못하고, 오히려 해괴한 논리를 늘어놓으며 억지를 부리는 사이비 인권 운동가들이 판을 칩니다. 남북의 화합을 위해서? 민족의 화합을 위해서?
급성 치질 걸린 바퀴벌레가 트림하는 소리를 뻔뻔스럽게 늘어놓습니다.
그것이 북한 동포들과의 화합인가요? 미친 개망나니 조폭집단 같은 정권과의 범죄적인 화합일 뿐입니다.
그것은 오히려, 눈감아주고 비난을 막아주고 도와줄 테니 뒷걱정 말고 더 열심히 더 잔혹하게 북한 동포를 탄압하라는 격려가 될 뿐입니다.
목구멍이 찢어지도록 '반전(反戰), 반핵(反核)'을 부르짖던 놈들이, 주한 미군에 배치되어 있던 핵무기를 철수해 버렸는데도 오히려 북에서는 핵무기를 만들고 미사일을 쏘아대자 어느새 슬그머니 '반전(反戰) 평화(平和)'로 구호가 바뀌고 있었습니다. 아니겠지만...
혹시라도, 뒤로 훈장이나 뭐라도 좀 받아먹은 건지... 절대 아니겠지만... 혹시라도, 대한민국을 바치고 그 보답으로 핵무기의 노예로 '백두산 혈통'의 노예로 살면서 대한민국을 '조선인민공화국' 남부 출장소로 만들어 붉은 완장차고 출장소장이라도 해먹고 싶어 그러는지... 절대 아니겠지만...

이런 저런 위험한 소리를 간 크게 함부로 떠들다가 큰일 난다고 걱정하는 분도 있지만, 까짓, 맘대로 하라지요.

만고의 반민족 적폐라며 SNS라는 현대적 인민재판장에 올려 단도질을 하거나 아예 쳐 죽여야 한다고 난리부르스에 탭댄스까지 추며 길길이 뛰겠지만 까짓, 맘대로 하라지요. 이제 이 세상 유통 기한도 거의 끝나고 살날도 얼마 남지 않았으니 겁날 것도 아쉬울 것도 없습니다.

심지어, 새마을운동까지도 적폐(積弊)라며 지워버리겠다는 이 정신 나간 세상에 무슨 미련으로 눈치까지 봐 가며 구질구질하게 더 살고 싶으리까. 본 대로, 들은 대로, 느낀 대로 떠드는 것입니다.

70 평생을 속고 속으면서 살아온 체험적 노파심 때문입니다.

이렇게 밝은 눈과 귀를 가지고 맑은 정신으로 지나치게 솔직한 걱정을 하는 것이 죄가 된다면... 그것도 어쩔 수 없는 일입니다.

세상 돌아가는 모양을 보면서 열 받을 때 마다 더 분통이 터지는 것은, 염라대왕님의 부당한 처사입니다.

죄 많은 인간들을 모조리 잡아다가 불가마에 처넣고 튀겨버리든지 해야 할 텐데 어떻게 된 내막인지 그들은 큰소리 탕탕 치면서 활개를 치고, 죄 없이 열심히 사는 착실한 무지랭이 들이 오히려 병이 들거나 사고로 고통을 당하면서 불쌍하게 살다가 불쌍하게 죽어갑니다.

이 문제를 바로 잡아 달라고 올린 탄원서 고발장만도 산더미처럼 쌓여 있을 텐데도 감감 무소식이요, 답이 없습니다. 무언가 크게 잘못된 것이지요.

답답하기도 하고 수상한 냄새가 진동을 하는지라 눈치 빠르고 협조적인 귀신 몇 명을 풀어 은밀히 뒷조사를 좀 해 봤습니다.

알고 보니, 살생부(殺生簿)를 점검해서 유통기한이 끝난 인간들이나 죄지은 놈들을 저승으로 불러올려 처리하는 일을 주관하시는 염라대왕께서 워낙 연로하시어 정신이 오락가락 한데다가 시력까지 흐릿한지라 자세히 살피지도 않고 아무데나 대충 쿡, 쿡 찍어 잡아가고 있었습니다.

거기다, 염라대왕의 장기집권으로 인한 부정부패가 만연해 저승사자들까지 장난질을 쳐 엉뚱한 사람이 잡혀가 곤욕을 치르는 어이없는 현상이 벌어지고 있었습니다. 명백한 직무유기요, 직권남용이요, 업무태만입니다.
예수님인지 부처님인지 알라인지 하는 거룩한 분들도 마찬가지입니다.
온 세상은 물론 저승까지도 마음대로 주무르고 인간을 책임질 것처럼 큰소리 탕탕 치시더니 지금 어디서 무얼 하고 있으신지...
떠나신 지가 언제인데 가타부타 소식 한 자 없습니다.
그런데도, 인간의 영역이 전혀 닿지 않는 머나먼 곳에서 벌어지는 일들이라 어디다 고발할 수도 없습니다. 생각 같아서는 탄핵 촉구 촛불 시위라도 벌이고 싶으나 그럴 수도 없어 한탄만 합니다.
할 말이야 많고 많지만 혈압이 위험수위까지 치고 올라와 이제 그만 하겠습니다. 시간도 별로 없습니다.
더디게 오고 가던 세월이 이제 서두르기만 합니다.
살아보니 세월의 속도는 나이에 비례했습니다.
시속 30Km의 여유로운 속도로 천천히 흐르던 30대 시절의 세월이 70대가 되니 시속 70Km의 빠른 속도로 빠르게 흐릅니다.

그런 사람이 있는지 없는지 모르지만...
혹시라도, 오로지 국가와 국민의 안녕과 복지를 위해 개인의 이익이나 영달을 뒤로하고 진정한 양심과 정의를 먹고살며 활동하는 정치인이나 민주 인권 운동가가 있다면 그분에게 정중히 사과합니다.

23.

四柱 해설 1

甲 戊 辛 辛   　　己 戊 丁 丙 乙 甲 癸 壬   여. 52년생
寅 寅 丑 卯   　　酉 申 未 午 巳 辰 卯 寅   ①

박근혜 전 대통령 탄핵 문제를 두고 四柱쟁이들도 탄핵이 되느니 안되느니 다양한 해설들을 내 놓으면서 설왕설래가 많았습니다. 戊戌일이라고도 하고 癸丑시라고 보는 사람도 있는 것 같은데 전후 사정을 보면 戊寅일 甲寅시가 맞는 것 같습니다.

유명인들의 경우 공개된 생년월일을 위주로 간명하므로 확인되지 않는 여러 四柱가 난무하는 문제가 있어 조심스럽습니다.

이 四柱가 맞다면, 戊申대운 丙申년에 국회에서 탄핵되고 丁酉년에 헌법재판소의 결정으로 파면이 확정됐습니다.

그런데 四柱를 좀 어렵게들 풀어헤쳐 놨습니다.

유식한 문자들을 잔뜩 늘어놓아 헷갈리게만 하고...

탄허 스님이 베트남 전쟁의 종말을 五行학적으로 예언하면서 어렵게 설명했나요? 단순 명쾌하게 결론 냈습니다. 간단 부르스 !!

❖ 첫째,

뾰족 바위들이 늘어서고 숲이 울창하게 우거져 음침한 큰 산에 웅크리고 있는 외로운 호랑이 형상이라 여자 팔자로는 더더욱 평탄한 인생을 살 범부(凡婦)로 보이지는 않습니다. 丑월 겁재로 튼튼하게 태어나고 머리도 좋지만 차가운 냉기(冷氣)가 돌고 일시의 편관이 좀 벅차게 느껴집니다. 중년 이후의 욕심이 과하게 발동됩니다. 관살 木의 무게에 日干인 산이 무너져 붕괴될 위험이 있습니다. 허리 고장이라도 납니다.

壬辰년에 관살 方合으로 대통령에 당선되기는 했지만 너무 큰 감투를 좀 억지스럽게 짊어진 형국입니다. 특히 후반의 위험입니다.

癸巳년에 청와대로 이사를 했으나 寅巳형이라 조짐이 좋지 않고 癸水가 戊癸 合으로 日干의 멱살을 잡고 흔드는 것도 신경 쓰입니다.

❖ 둘째,

戊申대운도 문제입니다. 관살 甲寅과 沖으로 대형 박치기를 합니다.
일시라 앉은 자리 또는 활동처가 변동되는 것인데 많이 흔들립니다.
沖으로 인한 변동은 강제적인 변동이 되기 쉽고 비겁 戊土가 식신 申金을 데리고 들어와 관살과 들이받는 상관견관(傷官見官) 작용을 일으킵니다. 꼭 상관이 정관과 맞붙어야 상관견관이 되는 건 아닙니다.
비겁인 戊土는 사라지고 申金이 전쟁을 합니다. 전쟁을 일으킨 戊土는 입 싹 닦습니다. 주위관리 잘해야 합니다.
통통한 비견 戊土는 누구일까요?

❖ 셋째,

丙申년입니다. 丙火가 들어와 희망을 가져 봅니다. 그런데... 또 申金 식신을 달고 들어와 연달아 충돌하고 丙火 자신은 상관 辛金과 연달아 合하느라 정신없습니다. 두 辛金이 丙火를 낚아채버립니다.
식상은 아랫사람입니다. 손발이 묶이는 것이고 아랫사람이 사단을 일으키는 것이고 재능이 마비되는 것이고 재능을 도둑맞는 것입니다.
日支 앉은 자리와 時支 활동처가 박살납니다. 청와대입니다.
판단력에 문제도 생깁니다. 寅申 沖으로 튀어 나온 丙火가 힘을 쓸 것 같지요? 역시 두 辛金이 대기 중입니다.

❖ 넷째.

丁酉년입니다. 역시 뿌리 없이 들어오는 丁火는 辛金과 전쟁만 벌이다 힘없이 꺼집니다. 酉金은 卯酉 沖으로 제대로 상관견관이 됩니다.
年支 정관을 밀어냅니다. 부모 조상이 물려준 명예마저 박살냅니다.
조상 얼굴에 먹칠하는 형국이 됩니다. 酉丑 金局으로 상관은 더욱 기세가 오르고 戊土 日干의 뿌리인 丑土는 소리 없이 사라집니다.
日干 戊土의 허무한 붕괴입니다.

더 이상의 복잡한 설명이 필요한가요?
이제 정리해서 답을 내면 됩니다. 딱 한마디로… 이것저것 다 끌어다 붙여 봐도 유리한건 없습니다. 사판으로 참고하는 국민 여론도 좀 그렇고… 50:50은 어렵습니다.
그러나 30:70을 가지고 망설이거나 더듬는다면 곤란하지 않을까 싶습니다.
심지어 四柱로 봐서는 탄핵이 안된다고 단언하는 사람들도 있었습니다.
그 사람들의 해설을 뒤늦게 들어봤지만 머리가 텅 비어 둔한 허당(虛堂) 으로서는 도무지 어렵기만 하고 알아먹을 수가 없어 이해하는 걸 포기했습니다. 상식적으로 봐서, 세상살이에는 명쾌하고 솔직한 것이 좋습니다.
진심은 통하게 돼 있고 진실은 결국 드러나게 돼 있습니다.

❖ 인생살이에서

90점, 90%에 만족하는 것이 좋습니다. 어차피 무모한 욕심인 100점, 100%의 무거운 짐에서 벗어나는 것이 현명한 삶을 사는 지혜지요.
욕심이 지나치면 건강만 다치게 되고 건강을 다치면 만사 허사입니다.
인생이 깨집니다. 어차피 세상살이에는 100점도 100%도 없으니 완벽한 것도 없고 완벽할 수도 없는 것이고요.

四柱 감정을 할 때 명심해야 할 게 있습니다.
애매모호(曖昧模糊)함을 단순명료(單純明瞭)하게 정리하는 것입니다.
四柱를 분석하는 것은 2~3초 안에 끝내야 합니다.
단칼에 쳐야 합니다. 칼날을 내밀지, 칼등으로 건드려 봐야할지 우물쭈물 하다가는 폼 나게 길러놓은 수염만 경련 일으킵니다.
3초 이상 더듬으면 헷갈리기 시작합니다.
이것도 같고... 저것도 같고...
그야말로 '같기도(道)' 닭다가 날 샙니다.
물론 심층 연구로 내공이 쌓여야 가능한 일이면서 직관력이 발휘되어야 합니다. 공부는 좀 어렵게 해도 실전에서는 더욱 그러합니다.
무엇이건 무슨 일이건 결과물은 간단합니다. 간단하기까지 복잡한 과정이 있을 뿐입니다. 우리네 인생도 그렇지요?
아직 안죽어봐서 잘은 모르지만 죽음도 마찬가지입니다.
죽음을 위한 전주곡으로 험한 고통을 겪지만 마지막 죽음의 숨을 거두는 것은 순간입니다. 사주명리학도 마찬가지입니다.
복잡하고 어렵게 분석하지만 답은 명료하게 정리해서 내 놔야 합니다.
무슨 말인지 알아듣기도 어려운 유식한 문자지식을 유식하게 늘어놓는 말장난으로 듣는 사람 짜증나게 하지 말고...

특히 신수를 볼 때 운에서 들어오는 天干 地支의 상태를 잘 봐야 합니다. 뿌리 없이 들어오는 天干이 四柱에서 뿌리를 내리지 못하면 어렵습니다. 폼만 잡다가 무너집니다.
地支의 조력이 없는 天干은 모양만 그럴듯한 허수아비라 말짱 도루묵입니다.
이론적으로는 분명 길(吉)한 쪽인데 현실은 흉(凶)인 경우도 많습니다.
이래서 이판사판(理判事判)이 필요합니다.
글자에만 매달리면 위험하다는 말입니다. 글자에 빠져 헤매지 말고 인생을 봐야 하고 자연과 세상의 이치를 봐야 합니다.
木 기운이 활발한 봄은 뭔가 꿈틀거리면서 솟아나는 움직임입니다.
火 기운이 활발한 여름은 솟아나서 벌어지고 뻗어 나가는 모양입니다.
金 기운이 활발한 가을은 뭔가 움츠리고 떨어지는 형상입니다.
水 기운이 활발한 겨울은 엉기고 응축, 응고되어 굳으면서 들어앉아 쉬거나 갇힌 격입니다.

도사 노릇 한다는 게 쉬운 건 아닙니다. 다 알 수도 없습니다.
완벽한 도사 노릇을 할 수 있는 역학적 이론도 없고 귀신적 수단도 방법도 없다는 말입니다. 물론, 이것저것 다 끌어 모아 쭉~ 늘어놓거나 말을 많이 하면 어디서든 걸려들기는 하겠지요.
예를 들어 캄캄한 어둠속으로 들어가는 기운을 감지했다고 합시다.
어두워 빛을 못 보는 것이고 밝은 햇빛을 못 보는 것이니 감옥에 들어가거나, 병원에 입원을 하거나, 납치를 당하거나, 신체적으로 맹인이 되거나, 하여간 되는 일이 없어 캄캄하고 막막하다는 말입니다.
여기서 족집게 도사 욕심에 '올해 깜방 갔었지?' 했다가 헛다리 잡으면 급성 뇌졸중 내지 부분 마취 상태로 들어갑니다.
대부분 포괄적인 답으로 두루뭉실 치고 들어가지요.
'햇빛이 안보이네?' '왜 이렇게 어두워?'

❖ '파레토 법칙'.

'불균형의 법칙' 또는 '20대 80의 법칙' 또는 '2대 8의 법칙' 등으로 다양하게 불립니다.

이탈리아 경제학자 빌프레도 파레토(Vilfredo Pareto)는 어느 날 개미를 관찰했습니다. 모든 개미가 열심히 일하는 줄 알았던 파레토는 그날 전체 개미의 20%만이 열심히 일한다는 사실을 알게 되었습니다.

소일거리 삼아 완두콩을 심은 텃밭에서는 전체 완두콩 가운데 80%가 20%의 콩깍지에서 열린다는 사실도 발견했습니다.

파레토는 이런 자연 현상을 보고

어떤 결과의 80%는 20%의 원인에서 비롯된다는 사실을 깨달았습니다. 그런데 그의 연구는 거기서 끝난 게 아니었습니다. 파레토는, '부(富)'의 불평등 현상을 연구하면서도 이 수치가 들어맞는다는 사실을 발견한 것입니다.

즉, 전체 인구의 20%가 전체 부의 80%를 차지하고 있다는 통계입니다.

이것은 어느 나라를 조사해도 시대가 달라져도 변함이 없다고 하는데 오늘날 사회나 기업 또는 개인의 삶에서 파레토의 법칙으로 설명할 수 있는 몇 가지 예를 들기도 했습니다.

- 성과의 80%는 집중해서 일한 20% 시간에 이뤄진다는 것입니다.
- 노동자들의 20%가 노동의 80%를 생산한다는 것이고
- 프로 운동선수의 20%가 대회 상금의 80%를 받는다는 것이고
- 교칙 위반 사례 가운데 80%는 20%의 학생들이 저지른다는 것이고
- 전화통화의 80%는 자주 전화하는 20%의 사람과 통화한다는 것이고
- 학교 수업 내용의 80%를 이해하는 학생은 전체의 20%라는 것이고
- 책 내용의 핵심은 책 지면의 20% 안에 있다는 것이고

◗ 백화점의 20%의 고객이 전체 매출의 80%를 쇼핑한다는 것입니다.
투자하는 시간만큼 결과가 나오기를 기대하고 그래야 공정하다고 생각할지 모르지만 파레토의 법칙에 따르면 꼭 그런 것만도 아니라는 것이 현실적인 사실로 드러난 증거라고 할 수 있겠습니다.

시험문제의 80%를 풀 때 필요한건 핵심 지식의 20%라는 '80/20 법칙' 책을 쓴 리처드 코치(Richard Koch)는 파레토의 법칙에 관한 전문가인데 그가 대학교에 들어갔을 때 한 교수가 이렇게 말했다고 합니다.

"재미 삼아 읽을 때 말고는 절대로 책을 처음부터 끝까지 읽지 마라.
공부하기 위해서 책을 읽을 때는 처음부터 끝까지 읽지 말고 먼저 그 책이 무엇을 전달하려고 하는지 요점부터 파악해라.
그러니 결론을 먼저 읽고 나중에 서론을 보고 결론을 본 뒤에 다시 관심 있는 부분을 봐라."

그 교수의 말은 결국 책의 20%밖에 안되는 분량 속에 책 한 권에서 찾을 수 있는 가치의 80%가 다 담겨 있다는 뜻이었습니다.

이 충고를 듣고 과거의 시험지를 분석한 리처드 코치는 시험 문제의 80%는 해당 과목의 핵심 지식 20%만 알면 풀 수 있다는 사실을 알게 되었고 이 사실을 참고하여 학습 효율을 획기적으로 높인 그는 시간을 많이 쓰면서 열심히 공부하는 동료들보다 훨씬 좋은 성적으로 졸업할 수 있었다고 합니다. 학생이 열심히 공부했는데도 성적이 오르지 않는다면 좀 더 현명하고 지혜로운 방법을 찾아보라는 충고로 들립니다.

무턱대고 열심히만 하지 말고 지혜롭게 공부하라는 말이겠지요.
밤새워 공부한다고 당연히 100점을 받는 것은 당연히 아니고, 늦게까지 일한다고 해서 회사에서 무조건 승진하는 것도 아니고, 새벽부터 밤늦게까지 가게 문을 열어 놓는다고 해서 손님들이 줄지어 몰려오는 것도 아니라는 말입니다.

세상에는, 열심히 사는 사람들로 가득하고 부지런한 사람들이 넘쳐나는데도 안타깝게도 그것만으로 꿈을 이룬 사람은 생각처럼 많지 않답니다.
무언가를 이루기 위해서는 '성실함'이 꼭 필요하긴 하지만 이제는 거기에 플러스 알파(+α)가 반드시 있어야 한다는 말입니다. 그래서 생각나는 것이 지식과 지혜입니다. 세상은 지혜로 산다는...
인간을 선악(善惡)의 심성(心性)으로 분류하면 착한 최선질형(最善質形) 인간이 10% 정도 되고 나쁜 최악질형(最惡質形) 인간이 10% 정도 된답니다. 합이 20%지요?
20%가 서로 주거니 받거니 하며 전체를 통제, 지배, 관리하고 나머지 80%는 주도하지 못하면서 왔다 갔다 대세에 맡기고 따르는 일반 대중이요 보통인 중간질형(中間 質形) 인간이라는 것인데...
여기서, 지도자가 착한 성인군자형 인간으로 최선질형이면 10%의 최악질형이 머리를 들지 못하므로 80%의 일반대중은 삶이 편해지는 것이고 지도자가 나쁜 소인배 인간이면 10%의 최악질형이 판을 치는 세상이라 최선질형은 아예 입 닫고 숨어버리므로 80%의 일반대중은 고통에 빠진다는 말입니다. 언제나 군자보다 소인배가 많다는게 문제지만... 100세 시대라고 하지요? 100년의 20%면 20년입니다.
성장 시절 20년이 나머지 80년을 책임진다는 뜻으로도 들립니다.

아무리 높아도 아무리 비싸도 하늘 밑구녕입니다.
할 수 있다고 믿으면 할 수 있는 것이고 할 수 없다고 믿으면 할 수 없는 것이고... 만성 비젼 상실증에 걸려 그냥 흘러가지만 말고 스스로 다짐하고 또 다짐하는 연습이 필요합니다.
'할 수 있어?' 가 아닌, '할 수 있어!' 로.
긍정적인 사람은 '봄은 내년에도 온다'고 하고 부정적인 사람은 '겨울은 내년에도 온다'고 합니다.

일단 시작해야 합니다. 방귀 터진 김에 싸버리듯, 일단 시작하면 계속 가게 돼 있습니다. 출발의 중요성입니다.
오늘 시작하지 않으면 내일도 쉬어야 합니다.
오늘 걷지 않으면 내일은 뛰어야 합니다.
어리석은 사람은 항상 내일 바쁩니다.
그만 할까요?
충고나 비난이 아픈 것은 그것이 옳기 때문인 경우가 대부분입니다.

죽음에는 선후배가 없습니다. 누구나 요절할 수 있습니다.
익은 감만 나무에서 떨어지는 건 아니지요.
시퍼런 땡감도 떨어질 수 있습니다.
사는 게 몸부림이라 고해(苦海)이긴 하지만...
그래도, 살겠다고 몸부림치는 것이 죽음 보다는 나을 것 같아서 정신줄이라도 붙잡고 매달려 봅니다.
아무리 생각해 봐도 억울해서... 다른 사람은 몰라도 내가 죽는다는 것이...
진짜 뭔가 잘못된 것만 같고 그러려니 하고 받아들이자니 멍청한 짓인 것 같고... 원효대사라는 고승께서 상여를 뒤따르며 슬피 우는 가족들을 보며 중얼거렸다지요?
'내가 일찍이 뭐라고 했던가. 죽기 싫으면 세상에 태어나지를 말았어야지... 당연히 가야할 길을 가는데 뭐 그리 애달프게 우는고... 나무아미타불...'

죽기 싫지요? 죽지 않는 방법이 두 가지 있답니다.
자손을 많이 두어 생명의 끈을 계속 이어가게 하는 것.
이름이 영원히 살아있게 하는 것. 석가, 예수, 공자, 이순신... 처럼.
죽어도 없어지지 않는 놈이 제일 오래 사는 놈이라지요?(道德經)
힘들 때 가슴의 불을 켜는 사람이 있고 힘들 때 가슴의 불을 끄는 사람이 있습니다.
가슴의 불을 끄는 것은 포기하는 것입니다.
세상살이가 억울하고 분한가요?
살고 싶으면 그런 건 다 설거지 해버리는 것이 좋습니다.
마음의 평화는 바로 내 가슴속에 있습니다.
물고기가 물의 시원함을 알까요?
아마도... 모를 겁니다.
시험에서 맨날 빵점을 받는 놈은 빵점에 익숙해져 또 빵점을 받아도 아무 생각 없이 잘 먹고 잘 잡니다. 그러나 맨날 백점 받던 놈이 어쩌다가 한 문제 틀려 99점을 받으면 밥맛을 잃고 잠을 이루지 못합니다.

닭을 잡을 때는 날개를 잡고 토끼를 잡을 때는 귀를 잡아야 하듯 사람을 잡을 때는 마음을 잡아야 합니다.
맞습니다. 사는 지혜입니다.

24.

四柱 해설 2

庚 甲 己 丁　　　辛 壬 癸 甲 乙 丙 丁 戊　남. 57년생
午 午 酉 酉　　　丑 寅 卯 辰 巳 午 未 申　④

어떤 사람으로 보이나요?
두꺼운 돋보기를 쓰고 이 사람의 팔자 그림을 그려 봅니다.

1.

너무 약합니다. 양간(陽干)으로 큰 나무 행세를 하고 있으나 인성도 비겁도 없는 가을 고목입니다. 뿌리가 들어와도 金에 잘리고 火에 불탑니다. 부모 형제 없는 천애고아격이요 의지처가 없으니 집도 절도 없는 꼴입니다. 비쩍 말라 허우대만 멀쩡한 빈 쭉정이라 입만 살아서 나불대는 무능력자입니다. 건드리면 쓰러집니다. 대운도 도와주지 않습니다.

2.

강한 金 기운이 지배하는 초년을 지나면 강한 火 기운이 중년 이후를 지배

합니다. 金과 火는 상극관계라 사람도 환경도 중년을 기점으로 급변하는 형국입니다. 생활도 달라집니다. 성질도 개떡 같아집니다.

3.

강한 金 관살의 지배를 받는 중년 이전은 착실하고 합리적인 사람 행세를 하지만 강한 火 식상의 지배를 받으면서 변질됩니다. 분목(焚木) 형상이 되어 또라이로 변할 수 있습니다. 인성 水氣가 절대적인 용신이지만 구경도 할 수 없습니다. 대운도 도와주지 않고 약만 올립니다.

4.

時干에 庚金 편관이 있습니다. 다 자란 가을 甲木을 잘 다듬어 재목을 만들 수 있을 것도 같지만 허망한 꿈일 뿐입니다. 庚金 또한 날카로운 도끼가 되는 것이 아니라 강한 火氣에 녹아내립니다. 아니면 日干 甲木을 쪼개서 불구덩이 속으로 밀어 넣어 버립니다. 日干을 완전히 죽이는 것이지요.
불붙은 甲木 日干의 성질만 더러워집니다. 庚金은 원수입니다.
대문밖에 성질이 불같은 동네 건달이 지키고 있어 甲木이 밖에만 나가면 이마를 툭툭 치므로 스트레스만 받습니다. 밖에 나가기가 두렵습니다.
사회 활동이 엄두가 나지 않습니다. 앞길을 방해하는 훼방꾼 때문에 미칠 지경입니다.

5.

甲己로 정재와 합입니다. 뿌리가 없으니 제 자리에 앉지도 못하고 부친 자리에 서 있는 마누라를 끌어안고 놓치지 않기 위해 발버둥을 치지만 문간을 지키고 있는 庚金이 시도 때도 없이 합을 방해합니다. 己土 재성이 도망갈까봐 안절부절입니다. 己土를 꼼짝 못하게 붙잡고 있는 것은 정력이 넘쳐서가 아니라 오히려 반대입니다. 불안증으로 시도 때도 없이 마누라를 폭력으로 강간합니다. 의처증입니다.

6.

日支 時支 午火에 재성 己土를 묻어 놓고 甲己 合을 합니다. 마누라를 불구덩이 속에 가두어 놓고 태우며 달달 볶습니다. 마누라가 돌아버릴 지경이지만 合으로 묶여 도망을 가지도 못합니다. 관살 酉金이 재성 己土에 매달려 있지요? 자식 때문입니다. 마누라는 특히 중년 이후에 심한 우울증이나 정신 질환을 부르기 쉽습니다. 여자로서, 인간으로서 영혼 없이 살아야 합니다.

7.

정관격이라 공직이나 직장운을 타고났다구요? 천만의 말씀입니다.
日干이 너무 약해 감당이 안 됩니다. 오히려 공직이나 직장운이 없습니다. 체력 부족이요, 능력 부족이요, 추진력 부족이요, 끈기나 인내 부족입니다. 중년 이전은 힘들어도 이 직장 저 직장을 전전했겠지만 중년이 지나면 그마저도 어렵습니다.

8.

인성 水氣가 없으니 학업운도 없고 공부하려는 의지도 없습니다. 참을성도 없습니다. 책상에 앉아 있지도 못합니다. 그러나 강한 식상의 특징이 나타납니다. 아는 것 많은 혼자 과똑똑이입니다. 이불속에서 재벌도 되고 장관도 되는 격인데 마음대로 안 되니 세상을 향한 반항심도 강해 여차하면 폭발합니다. 폭발하면 눈에 보이는 게 없습니다.

9.

지금까지 설명한 그대로 살아왔고 살고 있는 사람입니다.
알콜 중독에 마누라를 외출도 못하게 하고 심지어 기초 화장품인 로션조차 못 바르게 하면서 가두어 놓고 수시로 폭언과 폭력을 휘두르며 강간을 일삼는답니다. 직장도 물론 없답니다.
자식 하나 있는 놈도 아비에게서 돌아 섰다네요.

10.

사람 노릇 할 수 있을까요? 마누라가 지옥을 벗어날 수 있을까요?
어렵습니다. 대운도 계속 약만 올리다가 돌아섭니다.
癸卯 대운은 보무도 당당하게 인성이 양인을 데리고 나타나지만 卯酉 沖으로 환란만 부릅니다. 부러진 칼을 휘두르며 설치다 크게 다치거나 쓰러지기 딱 좋습니다.
壬寅 대운도 마찬가지입니다. 寅木은 午火에 멱살이 잡혀 火局으로 불길만 키우고 壬水는 어차피 흉내만 내다가 끝납니다.
이 사람이 죽어야 가정도 가족도 살 수 있습니다.
안타깝지만... 팔자가 이렇게 돌아가 버리면 전지전능하다고 큰소리 탕탕치는 하나님도 어떻게 할 방도가 없습니다.

사람답게 살려면 기본적으로 일단 四柱가 튼튼해야 합니다.
물론, 너무 강하면 그에 따른 흉이 큰데 특히 비겁이 너무 강한 경우입니다.
기갈 세고 폭력적이면서도 결정적인 순간에 간이 쪼그라져 꼬리를 내리거나 뒷걸음치는 등의 비굴성을 보이기도 합니다. 여자도 잘 바뀝니다.
대부분 좀 잡스러운 여자들인 경우가 많기는 하지만...

❖ 내로남불 씨리즈...

내가 약속 시간을 어기면 사람이 그럴 수도 있는 것이고 남이 약속 시간을 어기면 사람이 그럴 수는 없는 것이고...

나는 형제간에도 챙길 건 챙겨야 하고 내 자식들은 형제간에 서로 도와가며 우애롭게 살아야 하고...

내 딸이 애인이 많으면 워낙 인기가 좋기 때문이고 남의 딸이 애인이 많으면 행실에 문제가 있는 것이고...

내 딸은 시집가더라도 자기 생활을 가져야 하고 며느리는 시집 왔으니 당연히 내 집 풍속을 따라야 하고...

내 딸이 말이 많으면 붙임성이 있는 것이고 남의 딸이 말이 많으면 좀 수다스러운 것이고...

내 딸은 남편을 휘어잡고 살아야 하고 며느리는 남편에게 순종하며 쥐어 살아야 하고...

내 딸이 부부싸움을 하면 부부간에도 따질건 다져야 하고 며느리가 부부싸움을 하면 여자가 참아야 하고...

사위가 처가에 자주 오는 것은 당연한 것이고 내 아들이 처가에 자주 가는 것은 줏대가 없는 것이고...

딸이 친정부모에게 주는 용돈은 길러준데 대한 보답이고 며느리가 친정부모에게 주는 용돈은 남편 몰래 빼돌린 것이고...

내 아이가 눈치가 빠르면 영리하기 때문이고 남의 아이가 눈치가 빠르면 약삭 빨라서이고...

내 자식이 어른한테 대드는 것은 자기주장이 뚜렷한 것이고 남의 자식이 어른에게 대드는 것은 버르장머리 없이 키운 탓이고...

남이 내 아이를 나무라는 것은 이성을 잃은 행동이고 내가 남의 아이를 나무라는 것은 어른 된 도리로 타이르는 것이고...

내 아이가 대학 입시에 낙방하면 워낙 경쟁이 치열했기 때문이고 남의 아이가 대학 입시에 낙방하면 실력이 없으니 당연한 것이고...

내가 아이의 학교를 자주 찾으면 높은 교육열 때문이고 남이 아이의 학교를 자주 찾으면 지나친 치맛바람이고...

내 아들이 상을 받으면 실력이 뛰어나기 때문이고 남의 아들이 상을 받으면 누구에게나 다 주는 상을 받은 것이고...

내 아이가 어디 가서 맞고 오면 쫓아가서 때린 아이를 혼내줘야 하고 내 아이가 어디 가서 남의 아이를 때리고 오면 아이들 싸움에 무슨...

❖ 감사하게도

아침에 눈을 떠 보니 아직 살아 있습니다.
어제도, 그제도, 수많은 사람이 쓰러지고 죽었는데도 허당(虛堂)은 아직 살아남은 것입니다. 욕심이 한줌 생겼습니다.
꼭 필요한 경우가 아니면 서둘러 죽을 것까지는 없다는 생각이 슬그머니 들었습니다. 생사의 자연 법칙에 대항하거나 맞붙자는 게 아닙니다.
죽을 때가 되면 주변에 폐만 끼치는 어리석은 짓은 하지 말고 죽음 앞에 깨끗이 항복하고 죽어주는 것이 도리라는 평소의 생각에는 변함이 없습니다.
언젠가 정말 죽을 필요가 있고 꼭 죽어야 할 때가 오면, 그때는 미련 없이 죽어 주기로 하고 염치없지만 그때까지는 좀 더 살아 보기로 한 것입니다.
아주 짧은 시간이라도 좋습니다.
그래서, 이 책을 준비한 이유이기도 합니다.

솔직히 고백합니다.
한때는, 백년 정도 살아볼까 하는 황당한 욕심을 가진 적도 있었습니다.
그런데... 세계 인구가 70억을 돌파했다는 소식을 듣고 욕심을 접었습니다.
이제 80억을 바라본다지요?
대한민국 인구가 줄어든다는 걱정에 신경이 좀 쓰이기는 하지만 그렇다고 해도 이 세상 유통 기한이 지난 늙다리들은 오히려 짐만 될 뿐이라는 착한 생각이 들어 백년 인생을 과감히 포기한 것입니다.
영원히 살 수 있는 것도 아니고 몇 백 년을 살 수 있는 것도 아니면서 까짓 몇 년, 몇 십 년을 더 살거나 덜 산다고 해서 특별한 의미가 있는 것도 아니라는 생각도 물론 했습니다.
어차피, 아수라장(阿修羅場)인 세상에... 만인의 환호를 받으며 탄생한 것도 아니고 정신없이 대충 태어나 엎어지고 구르며 살아왔고 이제 택도 아닌 헐값에 아무렇게나 허물어져 떠날 생명입니다.

주인공도 아닌, 그렇다고 조연도 아닌 날품팔이 엑스트라 인생이라 더더욱 그렇습니다.
잉여인간으로 태어나 끔찍하게 말아먹은 이번 생애는 어차피 실패작이니 미련 붙들고 매달릴 것 없이 그렇저렇 살다 마무리 짓고 가는 거지요.
물만 흘러야 하는 건 아닙니다. 세상 만물은 흘러야 합니다.
밥먹고 꼰대질이나 하며 세월에 매달리는 허망한 짓은 하지 말고 떠날 때가 되면 비켜주고 떠나야지요. 어차피 떠나야 할 사람이니...
자리를 비워준다고 그 자리가 비는 것도 아닙니다.
누군가가 또 채워 줄 테니 뒷걱정은 안 해도 될 듯합니다.
그 다음은 모르겠습니다. 그건 남는 사람들이 알아서 할 일입니다.
삶의 세상도 제대로 모르는 허당(虛堂)이 죽음 이후를 어찌...

인간의 운명? 미래를 예견하고 안내하고 해결까지 하겠다고?
낯 간지러운 헛소리 참 많이 하고 살았습니다.
지나고 보니 부끄러움만 한 짐입니다. 잡은 줄 알았던 것들도 다 순간 일뿐 세월의 거센 물결에 휩쓸리고 떠밀려 과거로 추억으로 흩어져 버렸습니다. 몸도 마음도 구석구석 금이 가고 망가져 무너지고...
이제 남은 거라고는 아무것도 없습니다. 아, 방금 옆을 돌아보니 늙고 병들어 아무도 탐내지 않는 마누라 딱 1명이 용케 남아 있습니다.
가진 게 많으면 아까워 죽을 때 힘들까봐 일부러 그런 건 전혀 아닌데도 어쩌다 보니 이렇게 됐습니다. 그래서 허당(虛堂)입니다.
아직 만나보지 못한 내일은 아무도 모릅니다.
인간의 생로병사를 연구한답시고 부모 형제와 처자식까지 버리고 가출했던 어느 분도 살아있는 인간의 현실적인 고통은 외면한 채 깨달음이니 해탈이니 하는 무슨 소린지 알아들을 수도 없는 허망한 처방만 잔뜩 늘어놓고 극락 지옥이라는 사후 세상을 만들어 겁을 주는 무책임한 헛소리를 거룩하게 떠들다 늙어 죽었고 죽은 후에는 아예 소식도 없습니다.

말없는 하늘을 등에 업고 큰소리치며 짧은 생애를 살다가 젊디젊은 겨우 30대 초에 사형 당해 비참하게 요절한 어느 분도 마찬가지지요?

영혼? 육신이 죽으면 다 꺼지고 없어질 거품입니다.

세월이 스치듯 지나갑니다.

내일에 속고 내년에 속으면서 살아 온 70년 세월을 뒤돌아보니 다 부서지고 흩어져 흐릿한 흔적조차 찾기 어렵습니다.

저만치 다가오는 미래를 더듬어 보기는 하지만… 글쎄요…

아무래도… 기대할 수 없는 미래인 것 같고…

대 문호 괴테(Johann Wolfgangvon Goethe)선생은 83세에 죽으면서 82세에 희곡 '파우스트(Faust)'를 최종 완성했다는데 이제 겨우 70대 중반을 내딛는 허당(虛堂)은…이러고 있습니다.

戊戌 末

虛 堂

권말 부록

길흉 간이점단법

(吉凶 簡易占斷法)

	상담　　용건
子	재화출입(財貨出入). 구재(求財). 대차(貸借). 계획(計劃)
丑	음신(音信). 서신(書信). 소식(消息)
寅	혼인(婚姻). 약혼(約婚)
卯	대인(待人). 여행(旅行). 외출(外出). 이사(移徙)
辰	방문(訪問). 내객(來客)
巳	분실(紛失). 도난(盜難)
午	도주(逃走). 가출(家出). 실종(失踪)
未	계획(計劃). 소망(所望). 취직(就職). 시험(試驗)
申	소송(訴訟). 관재(官災). 분쟁(分爭)
酉	질병(疾病). 우환(憂患)
戌	매매거래(賣買去來). 가격(價格). 계약여부(契約與否)
亥	임신(姙娠). 출산(出産)

甲 乙 丙 丁 戊 己 庚 辛 壬 癸 甲 乙 丙 丁 戊 ‥‥‥
○ ○ ○ ○ ○ ○ ○ ○ ○ ○ ○ ○ ○ ○ ○ ‥‥‥
◇ ◇ ◇ ◇ ◇ ◇ ◇ ◇ ◇ ◇ ◇ ◇ ◇ ◇ ◇ ‥‥‥

상담 시간 地支를 甲에 붙여 상담 용건(표表)에 해당되는 地支까지 天干 순으로 순행하여 해당 용건 地支에 어떤 天干이 붙는가를 보고 그 天干과 용건 地支를 합한 후 내방 시간의 地支를 합합니다.

※ 점시(占時)는 지역별 정확한 실제 시를 적용합니다(만세력 참고).

※ 같은 시(時)에 여러 점단을 하는 경우 끝에 첨부한 차객법(次客法)을 운용합니다. 해설은 天干 순으로 찾은 다음 地支 순으로 찾습니다.

甲子子: 좋다. 다 잘 되겠다.
- ♠천시, 지리, 인화(天時, 地理, 人和)를 얻어 만사 협력 화합하며 기쁨을 얻는다. 소망이나 계획은 진행시켜도 좋을 것이다. 수하인(手下人)의 존경을 받고 재화(財貨)를 얻는 기쁨은 아래에서 위로 올라오는 상(象)이다.
- ♠경영하는 일은 순조롭게 진행되고 목적은 무난히 달성될 것이다.
- ♠재화 순리(財貨 順利)를 구하는 일은 상당한 이익을 얻는다.
- ♠영업, 대차(貸借) 또는 계획, 희망하는 일은 거의 모두 일거양득의 기쁨을 얻고 자금조달이나 임금(賃金)도 회수될 것이다.
- ♠구재지사(求財之事)는 동방, 남방이 길방(吉方)이며 크게 애쓰지 않아도 목적 달성된다. 甲午 일에 기쁜 일이 있으리라.

甲丑丑: 좀 늦어지나 반드시 온다.
- ♠통신이나 음신(音信)은 좀 늦어진다. 그러나 전언(傳言)의 경우는 있을 수 있다. 좀 늦어지더라도 꼭 음신은 있을 것이다.
- ♠문장(文章), 서류, 문화적 용건은 좀 늦더라도 꼭 입수(入手)된다. 점단일(占斷日)이 辰, 戌일이면 많이 연체되고 庚, 申일이면 음신(音信)이 빨리 온다.

甲寅寅: 순조롭고 결과가 좋겠다.
- ♠혼담은 순조롭게 이루어질 것이다. 그러나 재물 손실이 많겠다.
- ♠타인에게 의뢰하더라도 지체하지 말고 성혼(成婚)하는 것이 좋다.
- ♠이 혼담이 성립되면 부부화목과 부귀를 얻을 것이다.

甲卯卯: 순풍에 돛단배 격이다.
- ♠형제, 친구, 동업자, 동지 모두 의사소통 협력을 얻을 수 있는 희망이 있다.
- ♠순풍행주(順風行舟)와 같이 외출 및 여행 등에 거의 목적 달성하고 만사이득이 될 것이다. 출행(出行)에 있어 도중재난(途中災難)에

걸리는 일 없이 목적지에 도착하여 환대를 받을 것이다.

♠대인(待人), 음신(音信)은 마음속에 원할 때에는 상응하여 오리라.

♠방문, 회담(會談), 구재(求財), 상매(商賣) 등은 거의 길조다.

甲辰辰: 곡절이 있겠으나 결국 뜻대로 될 것이다.

♠방문해도 심적으로 피로하고 심신이 바쁘다. 그러므로 목적달성은 만사 우여곡절이 있으나 결국은 성사된다. 양쪽 모두 생각하는 정을 잃지 않고 있기 때문이다. 혹 寅일이면 쉽게 면담할 수 있으며 서로 만족한 의사교환이 가능하다. 무슨 일이건 지성으로 추진하면 늦더라도 되겠으니 성급하게 서두르지 말라. 동방 혹은 寅일에 만족하게 목적이 달성될 것이다.

♠기다리는 사람은 올 것이나 야간이면 도중에서 돌아간다.

甲巳巳: 내부자(內部者) 소행이다. 찾게 된다.

♠실물이나 도난은 거의 집안사람이나 종사원 또는 내용을 잘 아는 자의 소행이다. 빨리 손을 쓰면 반 정도는 찾을 수 있으나 만약 지체되면 하나도 찾을 가망이 없다.

♠결국은 서북방에서 반은 찾는다. 사취(詐取) 당한 경우도 같다.

甲午午: 스스로 귀가하거나 연락이 온다.

♠실종을 점단(占斷)할 경우 남방에서 찾을 수 있다. 또는 자기 스스로 나타날 조짐도 있으나 방해가 생기기 쉬운 상(象)이다.

♠점단일(占斷日)이 辰, 戌일이면 수년 후가 아니면 나타나지 않으며 본인은 고통스러운 생활을 하고 있을 것이다. 午 .未일에 가출하였을 경우 자기 스스로 귀가하거나 연락이 있다.

甲未未: 방해로 지연되니 성심성의를 다해야 한다.

♠계획하는 일이 처음에는 방해가 생겨 만사 의혹으로 결정이 어려울 것이다. 망동하면 손해만 될 뿐 아무런 성과도 얻지 못한다. 참는 끈기의 정신력으로 서두르지 말고 지성으로 일을 추진해 나가면 훗

날 빛을 보리라.
- ♠목적 달성이 어렵거나 작은 성과에 불과하고 또한 지연될 가능성이 많다.

甲申申 : 내 탓으로 생긴 사건이지만 화해(和解)가 된다.
- ♠쟁송사건은 재물 혹은 타인을 놀라게 한 일이 원인이 되어 타인의 농락에 의해 발생한 것이다. 처음에는 다소 차질이 생겨 불리하겠으나 점차 호전되어 유리한 방향으로 전환되어 결국은 화해 또는 불기소(不起訴) 될 것이다. 辰, 子일에는 자연스럽게 화해가 되겠다.
- ♠어떤 사건이건 어제는 유정(有情), 오늘은 숙원(宿怨)으로 변하여 타인의 중상모략으로 악화되나 결국은 호전되고 선흉후길지상(先凶後吉之象)이다.

甲酉酉 : 악운(惡運) 때문이나 신불(神佛)에 기원하면 낫겠다.
- ♠노인 혹 소아의 병환은 쾌유되기 어렵다. 그 밖의 병은 한때 염려스러운 상태가 있을지라도 회복이 되겠다.
- ♠원래 악운으로 인하여 발병한 것이라 손재가 많을 것이다.
- ♠1병의 원인은 땅을 파거나 묘지를 건드린 것이 원인이므로 집안을 청결히 하고 신불(神佛)에 기원하면 병은 쾌유되고 기쁨이 온다. 壬, 癸일에 건강을 찾으리라.

甲戌戌 : 노인의 방해가 있으나 이익이 크다.
- ♠매매는 순조롭게 성립되며 상당한 이익을 얻겠다. 중간에 노인이 한때 방해하는 일이 있겠으나 결국 뜻대로 되겠다.
- ♠丑, 寅생 또는 丑, 寅 방위에서 더욱 재리(財利)가 많으리라. 일반적인 매매 상담은 성립되고 수량은 대체로 많겠다.
- ♠매매에 따른 이해는 상담 시(商談時)의 생각대로 하여 길(吉)하다.
- ♠원매자(願買者)를 구하면 쉽게 나타난다. 상담은 순조롭게 이루어지겠다. 파는 경우 또한 같다.

甲亥亥: 귀한 자녀를 순산(順産)한다.
- ♠태점(胎占)의 경우 점단(占斷)이 어려운데 의뢰인이 처음 발설한 말이 남(男)이면 아들이요, 여(女)이면 딸로 판단한다.
- ♠난산(難産), 산액(産厄)은 없을 것이다. 子, 寅, 卯일에 경사가 있다.
- ♠현귀(賢貴)한 아들을 회임(懷妊)한다. 임신 중 근심걱정은 없다.

甲戌子: 아직 시기가 아니다. 기다려야 한다.
- ♠매매(賣買)는 어느 쪽이건 비용과 노력을 들여도 성립은 어렵다. 최소의 목적은 어렵게나마 성립하나 큰 목적은 가망이 없다. 신중을 기하지 않으면 손재만 하고 기회도 빨리 오지 않겠다.
- ♠신규 사업 착수를 위한 일은 기다리는 것이 현명하다.
- ♠상담은 아직 시기가 빠르며 기회를 보는 것이 중요하다. 행운은 후(後)에 기대 된다.

甲亥丑: 수재(秀才)이고 출세할 아이지만 맡겨 길러야 한다.
- ♠임신 중이며 남아를 출산하나 양육이 어렵겠다.
- ♠만일 편처(偏妻)라면 아무 일 없이 잘 자란다. 아니면 타인에게 의뢰하여 양육하는 것이 좋겠고 잘 기르면 성장하여 수재로 가문을 빛낼 것이다.

甲子寅: 지체는 되겠으나 이익이 크다.
- ♠괘상(卦象)은 길(吉)하나 다소 지체 되겠다. 그러나 성의를 갖고 노력하면 증식(增殖)이 성숙하는 것처럼 결실을 얻게 되겠다. 재리(財利)를 구하면 임차(賃借) 어느 쪽이든 이익을 얻으리라.
- ♠다소 지장은 있으나 뜻대로 재리(財利)를 얻을 것이다.
- ♠자금조달은 처음에는 어려우나 순조롭게 얻어진다.
- ♠자금회수는 일부만 가능하다.

甲丑卯: 곧 소식이 온다. 조금만 기다려라.
- ♠먼 곳에서 오는 음신(音信)은 좀 늦어지나 조만간 음신을 받게 된다.

가까운 곳 음신은 좋은 소식을 얻고 일순중(一旬中)의 십일(十日)간(間)에 올 것이다. 혹 寅, 辰일이면 좋은 소식이 집으로 오겠다.
♠계획하거나 희망하는 일의 소식은 일순(一旬) 중 좋은 음신(音信)이 있을 것이니 조용히 기대하고 있는 것이 좋으리라.

甲寅辰: 다른 곳을 골라도 되겠고 성사되면 아주 잘 살게 된다.
♠빨리 대화를 진행시키면 혼담은 성립된다. 만일 성립되지 않으면 빨리 다른 곳에서 구하는 것이 좋고 늦으면 반복해도 되지 않는다.
♠결혼이 성립되면 가문이 번영하고 부부 화합한다.
♠중매인(中媒人)이 선량하면 만사 신뢰해도 좋으나 의심이 생기면 반복해도 성립은 어렵겠다.

甲卯巳: 무엇이든 다 좋게 된다.
♠원근 어느 쪽이나 여행, 외출이 양호하고 여행 중 유정한 사람을 만나 친하게 된다.
♠신사(新事), 구사(舊事) 모두 목적을 이루며 대인(待人) 먼 소식도 언젠가는 오리라.
♠여행, 출행(出行), 대인(待人), 음신(音信) 모두가 뜻한 대로 된다. 대인(待人)은 오게 될 것이고 모든 일이 옛것은 새것으로 바뀐다.
♠명암(明暗) 즉 선악(善惡)이 불원간 좋은 일로 변한다. 지난 일이 다시 와도 평안하리라.

甲辰午: 동쪽 윗사람을 만나라.
♠방문, 남녀 간 어느 쪽이건 상위자(上位者)를 만나면 이득이 있겠다. 동방이 좋고 주객 모두 협력과 이익을 얻으리라. 무슨 목적을 품고 있다면 꼭 후원을 얻을 수 있을 것이다. 희망 사항은 잘 이루어진다. 상위자를 방문하면 댁(宅)에서 만날 수 있고 담화는 유리하게 진행 될 것이다. 아랫사람은 내방이 있겠다.

계획하는 일은 부탁에 상응하는 길조가 보인다.

甲巳未: 동남간을 알아보라.
- ♠분실, 도난, 절취 도망한 것. 모두가 오리무중이고 판단이 어렵다. 작은 단서라도 발견하면 찾을 수 있다.
- ♠동남방으로 탐문하면 卯, 辰일에 찾을 수 있으리라.

甲午申: 무사하고 종교 방면의 친지에게 가 있다.
- ♠가족의 실종인데 신변은 무사하며 외국으로 간 것은 아니고 친지에게 숨어 있다. 사원이나 종교인 주변을 찾아보는 것이 좋겠다.
- ♠돌아오고 싶으나 돌아오기는 어려울 것이다.
- ♠빨리 찾으면 무난히 찾을 수 있다. 오랜 친구나 은인의 집이리라.

甲未酉: 손해가 크고 자칫 헛수고일 듯하다.
- ♠계획 추진 사항은 방해를 받아 노력과 비용의 손해가 있으나 결과적으로 목적은 달성하게 되겠다.
- ♠모두가 연목구어격(緣木求魚格)으로 비관적이다. 서둘러 보아도 졸렬한 결과가 초래되고 만사 공허하게 되기 쉽다.

甲申戌: 내 꾀로 결국 이기겠으나 화해가 되겠다.
- ♠소송사건은 처음에는 방해가 있으나 뒤에는 이기게 될 것이며 결과적으로 화해가 되겠다.
- ♠1원고로 소송하면 상대가 맞소송으로 맞설 징조가 보이며 처음에는 형세가 불리할 것이나 결국은 이기게 된다. 중도에 화해 협상 제의가 있으면 수락하는 것이 좋겠다.
- ♠승리의 이유가 모두 내 쪽의 책모(策謀)에 의한 것임을 유의하라.

甲酉亥: 年支(띠) 반대쪽 절에 가서 모래를 퍼다가 집 안팎에 뿌려라.
- ♠고용인 혹은 자녀의 병환으로 자유롭지 못하며 가장도 병환의 염려가 있다. 사기악급(邪氣惡急)이 침범하고 있기 때문이다. 의약치료 외에 집안을 정결히 하고 신불(神佛)에 분향기원하면 병귀(病鬼)

는 점차 물러날 것이다.
- ♠병자의 생년지지(生年地支; 띠)의 반대 방향(沖 방위)에 있는 사원에서 청정한 모래를 구하여 집 안팎에 뿌려라.

乙丑子: 좋은 소식이 곧 온다. 기대해도 좋다.
- ♠음신(音信)은 좀 늦어질 징조가 보이나 일순(一旬) 중 후반에는 원근(遠近)을 불문하고 도착하며 음신은 좋은 소식이고 정신이 명쾌하게 되겠다. 또는 귀인의 도움으로 좋은 일을 보게 된다.
- ♠어떤 일이든 공허한 것이 없고 기대할 만한 음신(音信)이리라

乙寅丑: 성사될 것이다. 좋은 배필이다.
- ♠기대하지 않았던 혼담이 성립되겠고 결혼 후 경사가 끊이지 않으며 부부화합 하겠다.
- ♠평지를 걷듯 안전한 평생 쾌락의 좋은 징조다.
- ♠부부동심(夫婦同心), 부창부수(夫唱婦隨), 화목지상(和睦之象)이다.
- ♠망설이지 마라. 약혼만 성립되면 춘풍이 불어오는 상(象)이다.

乙卯寅: 다 뜻대로 된다. 기다리는 사람은 午, 未일에 온다.
- ♠외출, 여행 모두 계획소망이 거의 이루어지겠으며 면회를 구하여도 뜻대로 될 것이고 외출에서 좋은 소식을 얻게 된다.
뜻한 대로 행하여 이득이 있을 것이다.
- ♠볼일이나 관광, 여행에 아무 방해 없이 도원경(桃源境)을 보리라.
- ♠대인(待人)은 원근(遠近) 불문하고 올 것이다. 가까운 곳 사람은 午, 未시에, 먼 곳에 있는 사람은 午, 未일에 스스로 올 것이다. 타인은 이익을, 육친은 희소식을 가지고 올 것이다.

乙辰卯: 원하는 것은 무엇이든 잘될 것이다.
- ♠방문하면 상화하목(上和下睦)의 기쁨을 얻겠다.
- ♠무슨 일이건 좋다. 추진하는 것이 좋다. 다소 지연될 수 있으나 반드시 이롭다. 申일, 酉일, 酉시에 방문하면 뜻을 이루리라.

♠방문하면 면회 가능하며 대인(待人)은 오전 중은 좋을 것이다.

乙巳辰: 남쪽에 있으나 찾기가 어렵겠다.

♠실물 도난, 어느 것이나 찾는다는 것은 거의 어렵다. 물을 엎은 것과 같아 다시 돌아오기는 어렵다.

♠도난 분실은 남방에서 찾을 희망이 있으나 완전할 수는 없다.

乙午巳: 찾기 어렵겠다. 사람의 꼬임에 빠졌다.

♠실종인은 중간인의 농락 때문에 가출한 것이다. 즉 선동에 편승하여 남방으로 달아났다. 물품, 재물을 갖고 나갔으면 백사장에 묻어 놓은 것처럼 찾기가 어렵다.

♠午, 未일에 찾아보는 것이 좋겠다. 가출한 까닭은 가족과의 이견 또는 타인의 꼬임에 의한 것이다.

乙未午: 때를 기다려야 한다.

♠계획하는 일은 뜻과 마음이 혼란해 급하게 성립되기는 어렵겠다. 성공이 어렵다. 본분(本分)을 지키고 시기를 기다려라.
심신이 바쁘게 노력해도 효과를 얻기 어렵다.

♠꽃은 봄이 되어야 피는 법이라 때를 기다려 계획하면 성공한다.

♠목적 달성은 어려우며 혹 이루어지더라도 작은 성공이다.

乙申未: 서두르되 윗사람과 의논해야 한다. 어차피 치러야 할 문제다.

♠소송이나 관사(官事)는 거의 손해가 많고 일이 확대될 것이다. 염려는 크게 하나 실효는 적겠다.

♠상위자(上位者) 혹은 집안 어른의 후원과 지도를 받아 대처하는 것이 상책이다. 그러면 관송사(官訟事)는 다소 가벼워지리라.

♠무슨 일이건 서둘러 방책을 강구하는 것이 필요하다.

乙酉申: 완쾌가 어렵겠다.

♠허리, 위의 병이다. 병은 점점 악화되어 완쾌를 기대하기 어렵다. 십 중 칠팔은 약간 호전되나 완쾌는 어렵다.

♠生年地支(띠)의 제오위(第五位) 地支 방위에서 의사를 구하라.
그리고 제7위(第七位) 방위의 신불(神佛)에 기원하면 호전되리라.
예를 들어, 子年生의 경우는 제5위(第五位) 地支는 辰 방위(方位)
로 즉, 동남이며 제7위(第七位) 地支는 午 방위로 남방이다.

乙戌酉: 규모가 크고 유리하다. 순조롭다.

♠매매 교역은 클수록 유리하게 회전되며 물품은 클수록 이익이 많다. 大, 中, 小 어느 것이나 일에 상응한 효과를 얻을 기회다. 진전시켜서 좋을 것이다.

♠길상복록(吉祥福祿)의 상(象)이다. 길중(吉中)에 배신이 있을 수 있으나 작은 재난이라 걱정할 건 없다.

♠사는 매물(買物)에 유리하다. 상담은 순조롭게 이루어지며 시세는 보합이나 앞으로는 뛰어 오르겠다.

乙亥戌: 적선한 덕으로 남아를 얻으리라.

♠원래 적선한 덕이 있어 명주 같은 남아를 얻겠고 모자 모두 건강한데 양육에 다소 어려움은 있겠다.

♠기쁨은 寅, 申일에 있겠다.

乙子亥: 정신을 맑게 하면 다 잘 된다.

♠재리(財利)를 구하여 반드시 목적을 달성한다. 어떤 일이건 돌연히 길조가 나타나 성취를 보게 된다. 壬, 癸일이나 子, 辰일에 목적을 달성하게 되며 귀인의 후원을 얻게 될 것이다.

♠때로는 재록(財祿)이 없는 것 같으나 심기일전하여 계획을 세우면 가능하다.

♠자금, 차입금은 뜻대로 조달되고 대금은 회수된다.

乙亥子: 壬, 癸일에 출산하고 남아이다. 가운(家運)이 융창할 것이다.

♠임신하였다면 득남하겠다. 난산의 위험은 없다.
출산 후 가정은 날로 융창할 길조이다.

♠선조(先祖)의 감응(感應)이 있다. 신앙이 있다면 태만히 하지 말라. 壬, 癸일에 출산하리라.

乙子丑: 일이 어렵겠다.

♠재물을 구하여도 뜻대로 되지 않는다. 매사 의심이 생겨 진퇴를 결정할 수 없다. 재물을 구하여 재물로 인해 차질이 생기는 상이다.

♠재물을 구하여도 불가능하다. 결국 본분을 지키며 기다릴 수밖에 없다. 寅일이면 작은 성취는 얻겠고 辰일이면 만사가 공허로 끝나겠다. 재운(財運)이 없는 것이다. 누구도 원망하지 말고 후일을 기약하는 것이 현명하겠다.

♠자금이나 차입금 모두 조달이 불가능하다.

♠대금의 회수도 어렵겠다.

乙丑寅: 지금 소식이 오고 있는 중이다.

♠음신(音信)의 유무를 단정하기가 어려운 상(象)이다. 혹 음신이 있다면 寅, 卯일에 도달하겠다.

♠음신(音信)은 좋은 일은 적고 불만(不滿)스러운 음신이겠다.

♠寅, 卯일에 점단(占斷)한다면 음신은 가까운 날 곧 도달한다. 즉 음신은 오고 있는 중이다.

乙寅卯: 진행하여 성과가 있겠다. 아주 좋다.

♠결혼이나 약혼은 진전시키는 것이 좋다. 양가(兩家) 모두 의기 상통하고 화기애애하며 서로 기뻐하는 상(象)이다.

♠홍도(紅桃) 백이(白李)와 같이 생기(生氣)가 넘치며 주위의 협조가 있으므로 성립은 의심할 바 없다.

♠결혼 후 백년해로는 물론 양가 모두 대길하며 만사 안심하고 진행시켜도 좋겠다.

乙卯辰: 크게 생각지 마라.

♠여행의 목적이 작은 일이면 성취되나 큰 소망이면 성취가 어렵다.

당시의 명운(命運)에 순응하라.

♠매사 망설임이 따르게 된다. 양자택일의 분기점에 이르게 된다는 것이다. 또한 과거사 혹은 재기재흥(再起再興)의 징조가 보인다.

♠대인(待人)은 오게 되며 이득을 갖고 온다. 혹 물품의 증정을 만나는 기쁨이 있겠다.

♠면회를 구할 경우 목적은 작은 성취리라.

乙辰巳: 계획을 고쳐라. 되는 일이 없다.

♠방문, 배알 모두 헛수고요 후회만 남게 되며 매사 용두사미다.

♠남에게 구하는 것 보다 자신에게 구하는 것이 현명하겠다. 계획을 고치고 때를 기다리는 것이 최선의 방책이다.

♠방문해도 부재중이라 목적 달성은 어렵겠다.

♠내객(來客)은 있으나 이득이 없다.

乙巳午: 집안 식구의 짓이다. 분실한 것일 수도 있다.

♠가족으로 인해 분실, 도난당한 것이다. 욕심으로 인하여 은혜를 배반한 소행이다.

♠실물은 놔둔 장소를 잃어 버렸기 때문이다. 언젠가는 찾게 된다. 원래의 위치를 찾아보는 것이 중요하겠다.

♠실물이나 도난은 빨리 찾아보면 酉일에는 발견할 것이다. 불연이면 단서라도 얻게 될 것이다.

乙午未: 서쪽으로 갔는데 찾기가 어렵겠다.

♠정이 날로 소원해진다. 발견하거나 대면 시기를 판단하기 어렵다. 더욱 음신(音信)도 시일이 경과함에 따라 멀어진다. 손이 닳도록 찾아도 만나기 어렵겠다. 서방으로 달아났다.

♠寅, 申일에 점단(占斷)하였으면 속히 발견된다. 혹 寅월이나 寅일에는 돌아오겠으나 꼭 기대하기는 어렵겠다.

乙未申: 꼭 된다. 그러나 빨리는 안된다.

♠계획은 늦더라도 꼭 만성(晩成)한다. 소망하는 일이나 계획은 거의 목표하는 바를 뜻대로 이루게 될 것이다.
♠목적은 달성할 것이나 급하게 되지는 않는다.

乙申酉: 방책을 윗사람과 급히 세우면 다 잘 된다.
♠관사(官事)나 소송 모두가 증거와 책임이 애매모호하여 일이 마무리가 되지 않는 상(象)이다. 누구의 원조나 귀인의 조력을 얻는다면 관재(官災)는 물러나고 위험한 다리를 무사히 건너게 되어 걱정은 기쁨으로 변하리라.
♠그러므로 급히 방책을 강구하는 것이 유리하다.

乙酉戌: 신불(神佛)에 기도하는 수밖에는 없다.
♠병환의 전도가 불안하여 생사를 판단하기 어렵다.
물에 동전을 띄우려고 애쓰는 것과 같은 상(象)으로 간병에 심혈을 다하는 정성이 필요하며 조금 차도가 보이거든 신불(神佛)에 천우신조(天佑神助)를 기원하면 혹 영험을 얻을 수도 있으리라.

乙戌亥: 뜻대로 안되는 운세이다.
♠매매는 거의 실리(失利)가 적고 오히려 손실을 당하기 쉽다.
타인으로 인해 망설이고 혹 속임수에 빠질 징조도 보인다.
그러나 본업이 아닌 부업이라면 작은 이익은 얻을 수 있겠다.
♠풍랑으로 바다가 거칠어 항해가 어려운 상(象)이다. 허욕을 버리고 본분을 지켜 손실을 예방하는 것이 상책이다.
♠매사에 방해가 생기기 쉽다. 방침을 변경하고 영리를 다시 한 번 점검해 보는 것이 좋겠다.
♠매매는 어느 쪽이건 보고 넘기는 것이 유리하다.
♠시세는 오르락내리락 하고 나의 매물은 원매자(願買者)가 붙지 않는다.
♠상담은 순조롭다고 전망되며 망설임은 불리하다.

丙寅子: 반드시 성립된다. 인연이 좋다.
- ♠주위의 상부상조를 얻어 혼인은 반드시 성립된다. 혼인 후에는 부부화합하고 좋은 가정 이루리라.
- ♠약혼이 성립되면 천우(天佑)를 얻어 부부의 전도는 행복을 얻는다.
- ♠경사(慶事)는 빨리 거행하는 것이 좋다.

丙卯丑: 북방은 해롭다. 다른 곳은 좋다.
- ♠외출, 여행, 이사 등 모두 동방은 길(吉)이요, 남방은 작은 성취요, 서방은 흉(凶)하다. 북방은 노력해도 효과가 없다.
- ♠명, 리(名, 利) 모두 양난지상(兩難之象)이라 매사 지체될 것이다.
- ♠대인(待人)은 오지 않는다. 멋 곳에서는 아직 올 예정을 못하고 있는데 대인(待人), 음신(音信)은 혹 동방이라면 올 수도 있다. 외출도 또한 동방이라면 나가도 무방하겠다.

丙辰寅: 분명한 목적을 세워 방문하라. 성과가 크다.
- ♠목적을 세워 방문하면 큰 효과를 거두어 성취한다. 거의 연체되는 일 없이 순조롭게 진행될 것이나 때로 하배(下輩)의 방해를 받겠다.
- ♠매사 결과는 걱정할 것 없다. 서로 친(親)하는 가운데 복을 얻는다.
- ♠상위자(上位者)나 존장(尊丈)을 방문하면 면담이 가능하며 유리하나 재하인(在下人)의 경우는 불리하다.
- ♠내방(來方)을 요청하면 약속을 깨고 오지 않는다. 객(客)이 온다고 해도 이익은 기대할 수 없다. 저녁 시간 후라면 유리하게 전환될 수 있다.

丙巳卯: 보관 잘못으로 잃었다. 내방자(來訪者)의 소행이다. 급히 서쪽을 탐색하라.
- ♠실물은 자신의 보관실책으로 잃은 것이다.
 내방자(來訪者)에 의한 소행이니 임방(壬方; 북방) 또는 서방을 찾아보면 발견할 수 있을 것이다.

♠도난이면 급히 서방으로 탐색하고 빨리 손쓰면 찾을 수도 있다. 그러나 늦으면 은닉되어 발견하기 어렵다.

丙午辰: 가정불화로 타인과 같이 나갔는데 子 방위나 卯 방위에 숨었다.

♠도주자는 타인과 함께 동반 도주한 것이며 부평초와 같이 떠돌아 다니고 있으며 子 방위나 卯 방위에 숨어 있다.

♠혹 辰, 戌 방위를 돌아보면 소식을 알 수 있고 불연(不然)이면 음신(音信)이 올 것이다. 그리고 뒤에 돌아올 것이다.

♠가정불화가 원인인데 도주한 후 의지할 곳이 없다.

丙未巳: 잘 되겠다. 순조롭다.

♠소망과 계획하는 일은 크게 형통하겠다. 아무 장애 없이 순조롭게 진전 되겠다. 때로 음인(陰人)에 의한 방해가 있을 징후가 있으나 대단한 일은 아니다.

♠목적은 완수되며 순조롭게 이득을 얻겠다.

丙申午: 돈 쓰는 수밖에 없다. 그러면 유리해진다.

♠도량(度量)이 협소한 것이 발단이 되어 소송이나 관재(官災)가 일어난 것이다. 피차 동일한 심정이므로 사건이 발생하게 되는 것이며 모두 고통을 주는 화(禍)가 침범하고 있다.

♠깊이 생각하고 돈으로 해결하려고 하면 만사 유리해진다. 상대를 경시하지 말고 대응해야 한다.

丙酉未: 귀신침범이다. 정성껏 기도하라.

♠병환과 원인 거의가 내외 귀신의 발동에 의한 것이다. 한기(寒氣)와 열(熱)이 왔다 갔다 하며 차도가 왔다 갔다 한다.

♠선조(先祖)를 지성으로 제사로 모시고 신불의 기도에 매진하면 병귀(病鬼)는 물러나리라. 시각은 酉시를 활용하라. 그리하면 申, 酉 일에 가서 차도가 있을 것이다.

丙戌申 : 이익이 크겠으나 소극적인 방침으로 하라.

♠상거래, 매매, 계약 등은 거의 성립되며 모두 상당한 이윤을 올릴 수 있겠다. 예를 들면 동매서매(東買西賣)로 이익(利益)이 많고 당시 판단대로 매매를 하면 유쾌할 정도로 이득을 보겠다. 그러나 너무 망설이거나 이익만을 노리고 돌진하면 뒤집어져 손재가 있을 것이니 기회를 보고 소극적으로 처리해 나가는 것이 현명하다.

♠가격 전망은 상승하겠으니 매입하는 쪽이 유리하다.

♠상담은 성립된다. 재고품은 원매자가 있겠다.

♠매매가 진행되는 중에 가격은 최고로 상승하리라.

丙亥酉 : 壬, 癸일에 처음 만난 사람의 남녀에 따라 아들 딸을 구별하라.

♠임신 여부가 확실치 않다. 임신 중이라 해도 남녀를 판단하기가 어렵다. 임신이면 천우신조(天佑神助)로 안산(安産)한다.

♠남녀의 판별은 壬, 癸일에 처음으로 상봉하는 타인이 남자면 아들이요, 여자면 딸로 판단하라.

♠음덕을 쌓은 가문이므로 가운 융창 안락하리라.

丙子戌 : 어렵다. 아랫사람의 방해가 있겠다.

♠재물을 구하여 목적을 달성하기 어렵다. 자금이 조달될 것으로 예상하고 만반의 계획을 세웠으나 뜻대로 되지 않는다. 자금조달을 위해 동분서주해도 얻기 어렵다. 설사 해결된다 해도 결과는 구설과 고통이 될 뿐이다.

♠사용인(使用人), 수하인(手下人) 등 타인의 일로 인해 방해가 되고 구설이 생긴다. 피해가 우려되니 삼가고 조심하라.

♠금융 자금조달은 거의 목적을 달성하기 어렵다.
대금 또한 회수가 불가능하다.

丙丑亥 : 남쪽에서 기쁜 소식이 있다.

♠남방에서 기쁜 음신(音信)이 오겠다. 온 가족이 흔쾌하리라.

♠남방 이외의 곳은 다소 늦어질 것이다. 역시 기쁜 소식일 것이나 경미한 것이다.

♠소식에 의하여 가내에 경사가 생기겠다.

丁卯子: 모든 것이 새롭고 이익이 되겠다.

♠동풍이 불어 새싹이 나오는 상(象)이다. 즉 송구영신(送舊迎新), 새로운 일이 시작될 징조이다.

♠여행이나 외출은 다소 난점이 있을 것이다.
길흉상반(吉凶相半)이며 목적은 반 정도 달성되겠다. 외출이나 여행 도중에 지체되고 저해가 생기기 쉬우므로 곧바로 가는 것이 상책이다.

♠대인(待人)이나 음신(音信)은 오겠으나 좀 늦어지겠다. 오는 것은 적으나 그것이 이익이 되겠다. 육친이 오면 함께 즐거운 경사가 있겠다.

丁辰丑: 만사형통한다.

♠귀인을 방문하면 정으로 맞을 것이며 만사 성공하겠다. 후원을 구하는 일, 타인 의뢰의 건, 그밖에 어떤 목적이라도 통달하겠다.

♠상하를 막론하고 다 좋으며 면접 담화를 하는 가운데 좋은 기회를 얻게 되며 영리의 기반이 되겠다.

♠방문하면 면담이 가능하며 방문 목적은 유리하게 전개되리라.

♠내객(來客)을 기다리는 경우는 빠른 시간 안에 오게 된다.

丁巳寅: 도둑맞은 것이고 또 도둑맞을 것이다.

♠악인(惡人)에 의해 절취 당한 것이다.

♠운명적인 손재수이다. 타인의 발설 혹은 대화에서 단서를 얻게 될 가능성이 있다.

♠또한 파재(破財), 실물, 도난 등을 겹쳐서 당할 징조가 있어 신중한 경계를 요한다.

丁午卯: 멀리 가려고 하나 가까운 곳에 있다.
♠가족의 실종을 감정해보면 이는 정신착란, 또는 오해 때문에 타향으로 달아난 것이다. 마음은 원방(遠方)으로 갈 의지가 있으나 몸은 가까운 곳에 있다.
♠사람이 와서 알려줄 것이다. 壬, 癸일에 발견할 수 있으리라.
♠가출 후 시일이 오래 경과했으면 병(病)으로 고생하고 있다.

丁未辰: 엉뚱한 계획이나 나중에 큰 이익이 된다.
♠계획이나 도모하는 일이 처음은 애로가 있다가 뒤에 풀리는 상이다. 한사람의 힘으로는 성취하기 어렵고 협력자나 후원자를 얻으면 유리하겠다.
♠처음에는 망상(妄想)에 가까운 일이 두뇌와 화학적 연구에 의하여 뒤에는 명리(名利)를 달성하고 크게 이익을 얻겠다.
♠처음에는 목적을 달성하기 어려울 것 같으나 뒤에는 형세가 변화하기 때문에 끈기 있게 노력하는 것이 중요하겠다.

丁申巳: 원한 때문에 일어난 일이다. 무겁다.
♠관재, 소송 사건은 거의 원한 때문에 일어난 것이다. 더욱 이 사건은 타인의 고자질이나 모략에 의한 것이므로 점점 근심과 화환(禍患)은 무거워 지는 상(象)이다. 따라서 손재와 정신적 손상이 많다.
♠내외(內外) 주위 사람들과의 불화합 때문에 번민한다.
♠戊일이나 酉일에 해결의 서광이 보이니 때를 놓치지 말라.

丁酉午: 위험하다. 치료에 최선을 다해야 한다.
♠노인이나 소년의 병이다. 병세는 낙관을 불허하며 충분한 의료를 요한다. 표면상은 고통이 적은 것 같으나 병은 악화될 징조가 보이므로 명의(名醫)와 양약(良藥)으로 치료하고 간병에 전념하라.
♠酉, 戌일에는 소강(小康)을 얻을 것이나 이 날부터 병세가 악화될 경우에는 구사일생의 가능성 밖에 없다.

丁戌未: 여자가 제공하는 정보에 전력하여 이익이 크다.
- ♠상업, 매매 어느 것이나 순조롭게 성취되며 많은 이득을 얻겠고 남방의 거래는 이익이 더욱 많겠다. 또한 그 대부분은 여인에 의하여 동기(動機)가 조성되겠다. 단, 속히 차선을 수습하는 것이 좋다. 그리고 맹진(猛進)은 삼가야 하며 다소 가격경쟁이나 가격의 이견(異見)은 예상되나 결국 순조롭게 성립되며 이익을 얻으리라.
- ♠매매는 천정가(天井價)에 가깝다. 그러므로 파는 쪽이 유리하다. 재고품은 매출(賣出)하는 것이 좋으며 원매자(願買者)도 있겠다.

丁亥申: 신불(神佛)에 정성으로 기도하라. 아이를 낳으면 운세가 펴진다.
- ♠임신이 어려운 상(象)이다. 임신이 될 때는 亥, 申일에 크게 놀라는 일이 생겨 寅일에 난산(難産)하게 되겠다.
- ♠정성으로 신불(神佛)에 기원해야 한다. 신앙의 덕으로 악기가 사라지면 차차 산난(産難)은 없어지겠다. 자녀출산 후는 구름이 걷히고 명월을 우러러 보는 것처럼 가정에 화기(和氣)가 충만되겠다. 신앙의 힘과 평생의 신조에 기대하라.

丁子酉: 선수를 치고 나가야 한다. 늦으면 안된다.
- ♠재화(財貨)를 구하려 한다면 신속히 노력하고 활동한다면 목적은 달성될 것이나 혹 늦어지면 지체되는 상태이며 노력해도 효과는 없다.
- ♠상대를 선제(先制)하여 성과를 얻는 상(象)이므로 선수를 쓰라.
- ♠영업상의 차입, 금융 관계는 모두 신속히 활동하면 목적을 달성할 수 있으나 이에 따른 시비나 구설이 예상되므로 모든 일이 불안한 상태이다.

丁丑戌: 기다리지 마라. 온다 해도 시원치가 않다.
- ♠음신(音信)은 오지 않는데 모든 일이 착오가 생겨 늦게 도착하는 수도 있겠다.

♠음신(音信)이 온다 해도 명리(名利)에 관계되는 일은 마음에 흡족한 것은 없겠다.

♠희소식을 기다리는 것은 시기상조이다.

丁寅亥: 좋은 인연이다. 축복받는 부부가 될 것이다.

♠인연으로 서로 도와 혼인이 성립되겠다.
申, 酉일에 결정되겠다. 원래 이 혼약은 천정배필(天定配匹)로서 인연에 따라 맺어지는 배합이라고 보는 것이 좋겠다.

♠결혼 후는 백년 화합을 얻게 되고 금슬이 좋고 기쁜 경사가 있을 것이다.

戊辰子: 사리사욕을 품지 말고 대의정도(大義正道)를 유지하면 길(吉)하다.

♠면담을 주선해줄 소개자를 만나게 되어 우연한 기쁨이 있겠다. 그러나 이기적인 생각과 자세로 임하면 면담성과는 기대할 수 없다. 대아(大我)를 위한 공익정신으로 지성으로 임한다면 방문 성과는 있겠다. 그러나 급히 서두르지는 말라.
상대는 아직도 의혹을 품고 있다.

♠방문하면 기다리는 일이 있으므로 면담할 수 있다. 선사(善事)일 경우 목적 달성 되지만 사리사욕이 앞서면 성취하기 어렵다.

♠내객(來客)은 오고 있는 중이나 좀 늦어지겠다.

戊巳丑: 공직자나 동네 불량배의 짓이고 동쪽 土, 나무 밑을 찾아보라.

♠실물, 도난 어느 것이나 타인의 힘에 의하여 시간은 오래 걸리겠으나 발견은 되겠다.

♠공직자 또는 인근 도배(徒輩)의 악의에 의해 물건을 없앨 가능성이 있다. 동방을 검색하여 보라. 타인의 내통이나 구전(口傳)으로 단서를 얻게 될 것이다.

♠土나 木의 아래를 찾아보면 대개는 발견되겠다.

戊午寅: 묶여 있는 상태이다. 다른 방법이 없다.

♠실종, 도망자는 숨어 있을 곳이 없어 동분서주, 심신이 극도로 피곤하고 초췌하다. 후회하는 정(情)이 있어 돌아오고 싶으나 사람에 의해 저지당하고 있으므로 자유행동이 어렵다.

♠극도로 궁한 나머지 자멸 행위를 할 징조가 있으나 빨리 뉘우치면 스스로 돌아올 수도 있겠다. 기다리는 방법 밖에 없다.

戊未卯: 처음에는 나쁘나 뒤에는 좋게 될 것이다.

♠계획하는 일은 선흉(先凶) 후길(後吉)의 상(象)이다. 만사 처음에는 운세가 트이지 않아 성과가 적으나 전도(前途)가 불안하더라도 심지(心志)를 굳게 하고 전진한다면 좌절되는 일이 있더라도 마침내는 성취할 수 있겠다. 혹 辰일에 지정한 경우는 중도에 근심할 일은 없으나 단, 목적은 늦게 성공하게 된다.

♠처음은 좀 곤란이 있겠으나 뒤에는 춘풍이라 목적이 달성되겠다.

戊申辰: 내가 불리하니 인내하라. 상황이 유리해진다.

♠상대에게는 유리하고 나에게는 불리하게 되는 상(象)인데 무슨 일이건 인내와 지구전으로 임하면 유리해진다.

♠만사 지체되는 것은 피할 수 없다. 화해함이 현명하고 이롭다.

戊酉巳: 가택신(家宅神)에 기도하고 북쪽에서 약을 써라.

♠병증의 경과는 불안한 상태의 가중이다. 여인 또는 사용인의 신변에 병환이 붙어있는 상(象)이다.

♠子, 丑일부터 병상은 조금씩 차도가 있겠는데 가신(家神)에 기원하고 북방의 의약을 쓴다면 병세는 점차 호전되리라.

戊戌午: 여의치 않다. 포기하고 기다리는 것이 상책이다.

♠매매, 무역, 경영, 사업 등 거의가 마음이 산란해지거나 지장이 초래되어 순조롭지 않다. 매매는 이익이 없고 계약이 불이행 되는 일이 많으니 만사를 보고 넘기는 것이 현명하다.

♠달이 지나면 작은 일은 이루어지나 큰일은 이루기 어렵다.

이익이 큰 쪽을 쫓다보면 오히려 손재만 초래하게 되겠다.
본분을 지키고 큰 욕심을 버리는 것이 좋다.
♠매매 공(共)히 역상(逆商)을 하는 것이 유리하다. 전도(前途)는 불규칙한 보합(保合)이다. 상담은 순조롭지 못하겠고 상품의 구득은 가능하지만 원매자(願買者)는 만나기가 어렵겠다.

戊亥未: 어렵다. 마음을 비우고 관음기도 하라. 기적이 기대된다.
♠임신이 어렵다. 임신이 된다 해도 우려와 기쁨이 공존하는 상이다. 산액(産厄)이 있어 모자(母子) 함께 한때 위험 상태에 놓이게 된다.
♠태교(胎敎)와 양생(養生)의 뜻을 버리고 일찍 관음(觀音)을 신앙(信仰)하여 무사를 기원하면 기적을 얻을 수 있을 것이다.

戊子申: 최선을 다하면 여자의 도움으로 일이 되나 급하면 안된다.
♠노력과 하는 일이 지력(知力)을 다한 덕으로 성사되겠으나 급히 서두르면 실책하게 된다. 험로를 달리는 차와 같아서 천천히 가야 하니 노력한다면 후에는 반드시 뜻대로 빨리 달릴 수 있으리라.
♠상하(上下), 내외(內外)가 모두 화합하고 노력하면 여인이나 음(陰)의 후원자를 만나리니 급하게 서두르지 말고 목적을 달성하는 데만 진력하라.
♠자금, 금융, 거의 작은 성공은 가능하나 큰 성공은 어렵겠다. 자금의 회수도 또한 같다.

戊丑酉: 좋은 소식이 온다. 조금만 기다려라.
♠신경을 쓰며 음신(音信)을 기대하는 상(象)이다. 마음속으로 소망하고 있는 것을 기대하고 있다. 기다리는 음신(音信)은 지금 오고 있다. 곧 도착하게 될 것이다.
♠음신이 오면 화향(花香)이 옷소매를 스치는 것처럼 행복한 소식을 맞게 되어 기쁨이 겹치겠다. 이윤 가화(佳話)의 좋은 음신이리라.

戊寅戌: 정혼(定婚)은 안되겠고 먼저 동지를 구하라. 그러면 도움이 되리라.

♠마음속으로는 정해져 있으나 성립은 되지 않는다. 재삼담합하게 될 징조이다. 고로 비용과 노력이 소모(消耗)된다.

♠서로 깨닫고 알게 된다. 꽃나무 가지에 동풍이 불어오는 상이다. 약혼이 좀 늦어질 징조이나 진행시켜 나가면 성취되고 남녀 모두 길응(吉應)하게 되겠다.

戊卯亥: 급히 가는 일에 장애가 있는 것은 당연하나 오히려 돈이 생기겠다.

♠급하게 생각이 떠올라 외출 또는 여행을 하게 된다. 중도에 다소의 난관이 있겠고 소소한 재해는 예상되나 대수로운 것은 아니며 힘써 근신(勤愼)하고 노력한다면 목적을 달성하게 된다.

♠중도에서 방해가 생기면 득재하는 기쁨이 있겠다.

♠대인(待人)은 중도에서 뜻을 변경할 조짐이 보이지만 만약 오게 되면 재화(財貨)의 기쁨이 있으리라.

己巳子: 집에 왔던 여자의 소행이다.

♠자택을 방문하였던 여인이 절취하여 땅에 묻어 감추었다. 마음에 집히는 곳을 찾아보면 원위치로 돌아오게 될 것이다.

♠계속하여 유사한 피해가 예견된다. 집안 단속을 잘해야 하며 방심은 금물이다.

己午丑: 찾지 마라. 스스로 오게 된다.

♠마음에 표리가 있어 배은망덕하고 도주한 것이다. 하늘은 돕지 않는다. 급히 찾아보아도 헛수고이며 시간이 지나면 스스로 뉘우치고 돌아올 것이므로 기다리는 방법 밖에 없다.

♠처음은 소식을 전하고 뒤에는 스스로 돌아올 것이다. 찾아다니는 것은 노력만 허비하는 것이니 찾지 말라.

己未寅: 마음을 다시 가다듬어라. 좋게 변한다.

♠계획하는 일은 조석으로 정신만 허비하게 된다.
낙화유수와 같이 전도(前途)는 근심스러운 상태이나 돌연히 변하여 좋게 된다. 비관이 변하여 환희가 되는 것이다. 그러므로 심기일전 추진해 나가는 것이 좋겠다.
♠끈기 있게 의지를 굳게 갖고 목적 달성을 위해 노력한다면 좀 늦을 수는 있어도 꼭 성취를 보게 될 것이다.

己申卯: 아랫사람이 조종을 받아 일으킨 일이나 무시하지 않으면 인간적으로 해결되겠다.
♠공소(公訴), 관사(官事), 쟁송(爭訟) 모두가 사용인이나 수하인이나 여인의 도발적인 사건으로서 다소의 파란과 기복은 있겠으나 결국은 확대되지 않고 종결을 보게 될 것이다.
♠상대를 경시하지 말고 인간적으로 해결한다는 방침으로 나간다면 이유여하를 불문하고 반드시 타개되겠다.
♠수하인, 사용인, 여인에 의한 사건이 아니라도 이들이 뒤에서 조종하는 즉, 강박적인 의사가 존재하고 있다.

己酉辰: 반드시 쾌유되겠으니 간호를 잘 하라.
♠병상은 가벼우나 우려와 기쁨이 공존하는 상(象)이다.
午월이나 午일에 이르러 점차 치료되는 병세로 호전, 촌퇴척진(寸退尺進; 한치후퇴 한자전진)의 보조로 쾌유되겠다.
♠정신 차려 간병하고 정양(靜養)하라. 병상은 길어지나 꼭 치료된다.

己戌巳: 이익이 있다. 잘해 보라.
♠교역, 상품 매매 등 모두 상당한 이윤을 얻을 수 있을 것이다.
♠상기(商機)를 얻어 순조롭게 진행될 것이다.
비는 그치고 하늘은 쾌청한 것처럼 가는 곳에 이익이 따른다.
적은 방해는 있겠으나 문제될 것은 없으며 子, 丑일에는 점점 이익을 보게 되리라.
♠보합시세이나 전도는 상승할 것이므로 매입(買入)하는 방침으로 진행하는 것이 좋겠다. 상담은 순조롭게 될 것이다.

♠상품은 원매자(願買者)가 있으나 급하게는 되지 않는다.

己亥午: 콩 심은 데 콩 나고 팥 심은 데 팥 나게 된다.

♠대체로 적덕지가(積德之家)에서는 현자(賢子)를 출산하며 불선(不善)한 가문에서는 악명을 남길 자식을 얻을 인연이다.
신앙심이 깊고 음덕을 쌓은 가정에서는 옥동자를 출산하고 가운(家運)이 영창(榮昌)하며 양육(養育)하면 길조가 있으리라.

♠아직은 옥석을 판단할 수 없으므로 그저 하늘의 뜻에 따르는 것이 현명하다. 운명의 성쇠에 따라 분기(分岐)가 되리라.

己子未: 방해가 있겠으나 꾸준히 나아가라. 아랫사람이 속을 썩이겠다.

♠재화(財貨)나 이익을 추구하여도 불안정한 상(象)이다.
타인이나 부하 때문에 방해가 발생하기 때문이다. 그러나 만사 성의와 인내로 일에 임하면 운명은 개척되고 이루리라.

♠丑일은 모든 일에 길일(吉日)이다. 무슨 일이건 용기와 끈기로 추진한다면 재리(財利)를 얻는다. 상업상의 이익도 호운(好運)이다.

♠사용인이나 부하에게 괴로움이 있다.

♠자금, 차입금 모두 소액(少額)은 조달되나 큰 금액은 불가능하다. 또한 대금의 회수도 되지 않겠다.

己丑申: 소식이 없다고 원망하지 말고 있으면 큰 기쁨이 오게 된다.

♠음신(音信)을 기다리는 상(象)이다. 그러나 음신은 오지 않는다.

♠음신(音信)이 오지 않아 체념했을 때 홀연히 좋은 음신은 올 것이다. 내용은 복록(福祿)과 기쁜 일이며 희망과 소망이 성취되는 문서가 올 것이니 가정에 기쁨이 넘치리라.

♠처음에는 멋진 산수화(山水畵)와 같은 아름다운 것이고 뒤에는 홀연히 문서 도달하여 그림을 비추어 주는 기쁨이 있겠다.

己寅酉: 선입견을 버리면 좋은 부부가 된다.

♠약혼은 급하게 성립될 길조이나 늦어지면 이루어지지 않는다.

늦을 때에는 타인의 방해가 생기기 쉬운 운세이다.
- ♠약혼을 한다 해도 도중 타인의 모략에 의해 파경의 불행이 우려되므로 이점을 주의하는 것이 좋겠다.
- ♠혼인 후 처음에는 서로 정의(情意)가 합치되지 않는 것처럼 보이나 세월이 갈수록 부부는 잘 융합될 것이므로 중도의 난관을 잘 극복해야만 백년해로 하리라.

己卯戌: 무슨 일이든 일단 진전시켜라. 다 잘될 것이다.
- ♠원방출입(遠方出入)이나 여행에 아무 방해 없이 목적지에 도착하게 되며 이익을 얻는 기쁨을 얻거나 기쁨의 원천(源泉)이 조성될 것이다. 일진춘풍이 나룻배를 건네게 도와주듯 여정이 쾌적하다.
- ♠명리(名利) 모두 성취할 수 있는 대길조의 점단(占斷)이다.
- ♠대인(待人)은 원방(遠方)에서 와서 재복(財福)을 부른다.

己辰亥: 먼저 약속부터 하라. 좋은 관계가 기대된다.
- ♠서로 면담이 있는 관계이므로 더욱 깊이 친하게 될 기회이다. 서로 알게 된지는 얼마 안되나 금후 깊은 우의를 가지게 되겠다.
- ♠방문의 목적이 양다리를 걸치는 것처럼 한다면 성립되지 않는다.
- ♠방문하려 하면 먼저 약속을 하고 가는 것이 좋으며 그렇지 않으면 부재중이거나 면회가 안 되어 재방문해야 할 것이다.
- ♠甲子 일이나 甲申 일이라면 백사(百事) 모두 목적을 달성하리라.
- ♠내방자(來訪者)는 없을 것이나 멀리서 약속이 되어 있는 사람은 올 것이다.

庚午子: 서쪽에 있으나 오지도 않고 찾지도 못한다. 체념하라.
- ♠실종자는 서방에 있으나 용이하게 발견되지 않으며 돌아올 의사도 없다. 오래도록 행방이 아득할 것이다.
- ♠시일이 지나면 생사를 알 길이 없으므로 단념하라(방법이 없다).

庚未丑: 어렵다고 포기하지 말고 인내하면 곧 궤도에 오르게 된다.

♠성공을 추구해도 이루기 어렵다. 그러나 성의와 인내로 도모한다면 지연되더라도 목적을 달성하게 된다.
♠한번 순조롭게 일이 풀릴 때에는 기쁜 일이 거듭되며 만사 천우신조를 얻어 귀인의 인도로 원조를 얻을 길조이다.
후원자를 얻어 반드시 힘이 되겠다.
♠목적의 달성은 늦으나 한번 궤도에 올라서기만 하면 모든 일이 순조롭다.

庚申寅: 걱정할 것 없다. 화해 분위기가 있으면 응하라.
♠관사(官事)나 쟁송(爭訟)은 중대한 것이 아니며 작은 일이므로 정력을 소모하는 다툼으로까지는 이르지 않을 것이다.
♠경우에 따라 조정 화해의 의사가 있을 때에는 나가서 응하라.
♠파재(破財), 출비(出費), 능욕(凌辱)을 당할 흉조가 있기는 하나 구름은 걷히고 명월이 천하를 비추는 상이므로 근심할 일은 없겠다.

庚酉卯: 가택신(家宅神)을 진압하는 것이 급하고 침으로 고쳐야 하겠다.
♠병증은 동방의 사귀(邪鬼)를 침범한 까닭에 병은 심해지고 있으니 즉시 집안에서 치료하는 수법을 쓰라.
♠寅, 申일에 병은 물러갈 것이다. 침구(鍼灸)로 치료하라.

庚戌辰: 서둘러야 한다. 영속성이 없다.
♠매매, 교역사업 등은 진행함으로써 만사 성과를 올리게 되겠으나 늦어지면 이익은 없겠다. 무슨 일이든 빠를수록 좋으며 태만을 경계해야 한다. 동방의 거래인은 점점 양호하게 되겠다.
♠수하인이나 사용인의 실패가 있을 것이나 그것은 작은 일에 불과하다. 상거래는 양호할 것이나 방심은 금물이며 모든 일에 신중을 기하지 않으면 안된다.
♠가격 전망은 상승할 것이 예상되나 영속은 없다. 기회를 기다리는 것이 좋으며 재고품은 원매인(願買人)이 있으니 속히 결정하지 않

으면 위약(違約)이 초래될 것이다.

庚亥巳: 남아를 낳겠고 기도를 잘 하라. 움직이는 것은 해롭다.
♠귀한 남아를 출산하겠는데 평소 건강에 소홀하여 분만에 어려움이 예상되므로 태교에 신중을 기하라.
♠임신 중에 이동하거나 경거망동의 징조가 있으니 매사 신중을 기하지 않으면 안된다.

庚子午: 크게 계획하지 말라. 성의가 필요하다.
♠재화(財貨)를 구하는 일은 타인 또는 타동적인 힘에 의존하는 것이 좋으며 계획보다 적게 성취되더라도 감수하라.
♠모든 일이 타인에 미혹되는 상(象)이라 남가일몽이기 쉽다.
♠무슨 일이든 선난(先難)이 있으므로 성의로 임하면 뜻을 이루리라.
♠자금, 금융 모두 순조롭지 못하며 대금 회수도 어렵다.

庚丑未: 생각과는 다르다. 申, 酉일이 아니거든 포기하라.
♠음신(音信)은 없다. 생각은 멀리 달리고 있으나 어렵다. 그러나 申, 酉, 子, 辰일에는 좋은 음신(音信)이 있겠다.
♠점단일(占斷日)이 申, 酉일 아니면 음신이 올 희망은 거의 없다.

庚寅申: 혼인이 안되겠고, 된다 해도 해로하기 어렵다.
♠혼인의 성립은 지난하다. 모두 허사, 허언이 많고 진실이 없다. 또한 결혼을 한다 해도 화합이 안되며 서로 원수 대하듯 하게 된다.
♠부부가 반목하지 않더라도 생리사별의 우려가 있다.

庚卯酉: 가만히 있는 것이 상책이다. 도모하지 말라.
♠무슨 일이건 결과는 허망하게 된다. 이러한 때 망동한다면 결과적으로 재해(災害)가 발생하여 심신이 괴로워질 것이다.
♠조용히 있어도 재환(災患)이 생기기 쉬운 운세이므로 미동만 해도 손실이요, 만사 뜻을 이루기 어려우니 본분을 지키라.
♠출행(出行), 여행의 생각은 있으나 동(動)할 수 없게 된다.

♠대인(待人)은 출발도 하지 않은 상(象)이다. 오기 어렵다.

庚辰戌: 오해 안받는 것이 다행이니 제휴하되 소극적 자세를 보여라.

♠처음부터 자신을 의심하거나 마음의 불안정 또는 여러 가지 망설임으로 방문한다 해도 이익이 없다. 흉한 상(象)이다. 진퇴를 결정하기 어렵고 도리어 오해만 사게 될 흉조이나 다행히 상대방과 서로 제휴하면 의외의 복운을 잡게 되겠다. 그러나 함부로 꾀한다면 졸책(拙策)이 되어 목적은 성취되기 어렵다.

♠방문해도 부재중이리라 목적을 달성하기 어렵고 다만 후일을 약속하고 돌아오게 될 것이다.

♠내방객(來訪客)은 이른 시간이면 올 것이나 늦어질 경우는 도중에서 변경하여 내방(來訪)하지 않을 것이다.

庚巳亥: 물속을 찾아라. 여자가 발견하게 될 것이다.

♠실물은 타인으로 인해 절취 당한 경우이며 수변(水邊), 하수구, 다리 밑 또는 수중(水中)을 찾아보는 것이 양책(良策)이다.
또는 여성에 의해 발견될 가능성이 있다.

♠절도는 1인 소행이 아니고 사정을 잘 아는 자이다.

♠수중(水中)에 있을 경우 깊은 곳에 있으므로 어려운 감이 없지 않으나 심혈을 기울여 탐색하면 반드시 원위치로 돌아오리라.

辛未子: 지금은 때가 아니다. 후일을 기약하라.

♠계획하는 일이 없더라도 불리하며 목적은 달성하기 어렵다.

♠굳게 본분을 지킨다면 해는 없다. 때를 기다리는 것이 현명하다.

♠풍파가 험악하다. 강을 건너는 일은 어렵다. 목적은 성취하기가 어렵다. 그러나 강한 의지와 끈기로 노력하면 후에 이루리라.

辛申丑: 선수를 치되 삼자(三者)의 조정에 응하라.

♠쟁송은 오래 걸리며 사건은 여러 갈래로 번져 확대될 조짐이 있다. 무슨 일이든 기선을 제압하고 조리정연하게 진행한다면 이유는 서고

유리하게 될 것이다.

♠삼자(三者)의 조정중재가 있을 때에는 이에 응하여 해결하는 것이 좋다. 물심양면의 피해가 있었으나 금후 점점 확대될 가능성이 있으므로 화해하는 것이 결국은 이기는 것이 되겠다.

辛酉寅: 동방 토신(土神)에 기도하고 북두칠성에 기원하라.

♠여성의 질환이다. 동방의 동토(動土) 즉 토신(土神)을 범하여 타병(他病)을 병발(倂發)할까 두렵다. 병세는 일시 악화되어 가족들을 놀라게 할 것이나 동방 토신에게 제(祭)를 올리고 감사하며 그밖에 성진(星辰) 북두칠성에게 기원하면 병은 평정될 것이고 가정은 예전처럼 명랑청신(明朗淸新)하게 될 것이다.

♠대소(大小)를 불문하고 손실이 적지 않을 것이다.

辛戌卯: 기회를 잘 보아야 하고 대량적(大量的)인 일은 불가하다.

♠매매, 무역 등 모두가 수변인(水邊人)이나 심씨(心氏), 지씨(池氏) 등과 거래를 개시하게 됨으로써 이익을 얻게 된다. 작은 일이라도 방심 태만함이 없이 경영하는 것이 긴요하다.

♠신규사업을 착수코저 할 때는 천시지리(天時地利)를 성찰하고 계획해야 하며 경솔하게 착수하면 비용손재가 오랫동안 가중되리라.

♠매매, 거래 모두 아직은 때가 아니다. 현재 시세는 머지않아 보합시세가 될 것이다. 상담은 성립되나 대량거래는 불가능하다. 매입하려고 할 때에는 곧 기회를 얻게 되리라.

辛亥辰: 아직 익지 않았다. 신명(神明)께 기도하라.

♠얻으면 무성(茂盛)하나 과실(果實)이 무거워 가지(枝)를 상하는 형상이다. 아직 근심걱정이 있다

♠천지신명에게 평안을 기원하라. 그리하면 비로소 길응(吉應)하여 현자(賢子)를 얻게 될 것이다.

辛子巳: 뜻에 맞지 않는다. 작은 것을 착실하게 가꾸어라.

♠재리(財利)를 얻기 위해 힘들게 노력해도 결과는 얻지 못하리라. 천리(天理)에 순응하면 작은 재물은 수중(手中)에 들어온다. 그러나 재물을 얻는 것으로 인하여 구해(仇害)가 일어나기 쉬운 운세이며 타인(他人)의 질시(疾視)를 받게 될 것이다.

♠무슨 일이든 재리(財利)를 추구하면 홀연히 근심이 생기게 될 것이므로 이러한 때에는 조용히 있는 것이 좋다.

♠자금과 차입금은 작은 성공은 가능하나 큰 성취는 되지 않는다. 임금회수 역시 뜻대로 되지 않겠다.

辛丑午: 단념하라. 기대가 안 된다.

♠음신(音信)은 오지 않는다. 장래에 올 희망도 거의 없다.

♠상대방에서 차질이 생긴 것이므로 번민하지 말고 만사 인내로써 때가 오기를 기다리는 것이 좋을 것이다.

♠해가 지는 형상이라 음신(音信)은 단념하는 것이 좋겠다.

辛寅未: 인연이 아닌 듯하다. 굳이 서두를 필요가 없다.

♠타인으로 인해 방해가 생겨 혼인은 성립될 것 같지 않으나 만약 점단일(占斷日)이 申, 酉일이라면 성립될 수 있겠다.

♠결혼을 한다 해도 처음은 잘 화합이 되지 않는다. 중도에 가서야 차차 완화되어 나중에는 서로 이해 화합이 이루어지겠다.

♠타인으로 연유하여 부부의 결합이 파괴될 우려가 있다. 따라서 이 혼담은 길흉(吉凶)이 상반(相半)이다.

辛卯申: 손해만 나겠다. 기대하지 마라.

♠출행(出行), 여행, 대인(待人) 등 모두가 주저하며 진전이 없다. 소망이나 계획하는 일은 진행하려 해도 지지부진하게 된다.

♠대인(待人)은 동방, 북방인은 위약(違約)하고 오지 않을 것이다.

♠만사 정신을 가다듬고 신중을 기하지 않는다면 재물 손실만 초래하게 된다. 무슨 일이든 반응은 늦어진다.

辛辰酉: 모두 잘 되겠다. 전력을 다하라.
♠상하 모두 회견(會見)을 하여 순리를 얻겠다.
♠멀리 헤어졌던 사람을 상봉하는 즐거움과 같이 재화를 구하는 일이나 계획하고 있는 일에 대한 상담은 순조롭게 마무리 되며 서로 협조하게 된다. 면담은 옛정을 따뜻하게 하며 평화롭게 화기(和氣) 넘치는 면담으로 시종(始終)되겠다.
♠방문하여 즐거운 심정으로 면담하고 모든 목적은 달성될 것이다.
♠내객(來客)은 약속이 되어 있다면 늦더라도 오게 된다.

辛巳戌: 집 식구 짓이다. 동북쪽 구석을 살펴라.
♠실물은 집안 식구의 소행이다. 타인에게 의심이 생겨 외부인 심중으로 찾아보아도 찾기는 어렵겠다.
♠집 안의 동북쪽 구석 주변을 탐색하면 찾을 수 있을 것이나 때에 따라서는 헛수고가 될 수도 있을 것이다.

辛午亥: 여자 구설이 걱정된다. 집나간 사람은 서쪽에 있다.
♠실종인은 가출하면서 물건이나 재물을 가지고 서쪽 방위로 갔다. 庚, 辛의 서방을 탐색하면 빠를 때는 잡을 수 있을 것이나 늦을 때에는 타인의 손으로 넘어가 버렸다.
♠음인(陰人) 여인과의 다툼이나 구설이 생기기 쉽겠다.

壬申子: 유리하고 장차의 바탕이 될 것이나 인간적인 호소에는 응하라.
♠소송, 관사(官事) 모두 이유가 유리하므로 급히 서두르지 않아도 좋다. 그리고 해결의 광명이 보인다. 하천에 맑은 물이 많이 흐르는 상(象)이다. 때를 얻었기 때문에 물은 흐리지 않는다.
♠모든 이유가 유리하나 의외의 리(理)가 있는 법이므로 인정에 유념하는 것이 좋겠다. 송쟁(訟爭)은 오히려 장래 유리한 동기를 잉태할 수도 있을 것이다.

壬酉丑: 노인은 어렵고 소아는 일어난다. 조상에 제사하라.

♠병은 소아나 노인의 병인데, 소아는 쉽게 회복되겠으나 노인은 십중 팔구 사별하게 될 우려가 많으므로 양의(良醫)를 찾아 양약(良藥)으로 치료에 전념하라.

♠우려의 어두운 운이 가시지 않았으니 조상에 제사하고 매사에 지성으로 신덕(神德)에 기원하며 적선을 행하라.

壬戌寅: 협력심만 가지면 모든 일이 형통한다.

♠상업으로 득재(得財)할 가장 좋은 운세이다. 모든 일에는 순리가 있는 법이니 동심협력(同心協力)을 하면 재(財)의 소망을 이루리라.

♠매매는 모두 진행하여도 좋다. 기쁜 일이 거듭되겠다.

♠상담할 때 마음 내키는 대로 매매하여도 좋다. 재고상품은 원매인(願買人)이 있겠고 물품매입을 하려고 하면 뜻대로 되리라.

壬亥卯: 큰 길상(吉象)이다. 참 좋겠다.

♠하사(何事) 불문하고 大 길조가 있을 상(象)이다. 임신하면 귀한 아들을 얻고 모자 모두 안강하며 비상한 기쁨이 있을 것이고 빈부를 막론하고 앞길이 열리고 출세함은 물론 가운(家運)이 영창(榮昌)하고 효심돈독(孝心敦篤)한 현자(賢子)를 얻겠다.

♠항상 천우신조를 얻고 있으므로 가족 모두 신앙심이 깊다.

壬子辰: 친구에 의해 재복이 있겠다. 친구를 잃지 말라.

♠타인의 도움을 받아 재(財)를 구하는 것이 좋겠다. 여름에는 지인에 의해 재원(財源)이 발복(發福)하리라. 지우(知友)의 도움 없이는 구재취리(求財取利)는 어렵고 손실뿐이다.

♠만사 침체되며 아직은 때가 아니다. 아무리 활약해도 달성이 어렵다. 잘 고려하여 퇴보의 방침을 세우는 것이 좋겠다.

♠남방에서 희소식 또는 기우적(奇遇的)인 소식이 와서 재원(財源)이 조성(造成)될 수도 있겠다.

♠임금은 남방 또는 동방일 경우 회수가 가능하다.

壬丑巳: 기다리지 마라. 오지 않는다.
- ♠음신(音信)은 오지 않는다. 온다 해도 늦기 때문에 무슨 일이든 의심이 생긴다. 그러나 때가 늦어지면 먼저 소식을 전하고 뒤에 내방(來訪)하거나 귀가(歸家)한 다음 음신이 있겠다.
- ♠십중팔구(十中八九)는 음신이 올 때가 아니다. 기다리지 말라.

壬寅午: 내 생각대로 결정해야 좋다. 방해를 극복하라.
- ♠혼담에는 좋을 것이나 타인의 중상모략이나 방해가 있기 쉬우며 모처럼의 좋은 인연을 놓칠 징조가 농후하다. 쌍방 모두 심경을 평정하게 하고 타인의 중상에 신경 쓰지 않고 결혼한다면 백년해로의 행복을 얻겠다. 서로 굳은 결심만 할 수 있다면 혼인은 성립되리라.
- ♠타인의 방해가 예상되므로 잘 타개해야 한다.

壬卯未: 시기를 조절하라. 속도를 늦추라.
- ♠여행이나 외출은 평안하겠으나 대인(待人)은 좀 지연되어 오겠다.
- ♠모든 일에 신속만을 위주로 하면 목적 달성은 어렵고 때를 잘 보고 행한다면 성공한다. 대인(待人)도 오지 않을 것이며 와도 늦다. 무엇이든 시기를 기대해야 한다.

壬辰申: 늦추는 것이 좋다. 서둘러도 되지 않는다.
- ♠방문하여도 면담은 불가능하다. 면담하게 되더라도 목적 달성은 안 되며 시간만 허비하게 되겠으므로 냉정하게 사기를 기르고 시기를 기다려 방문하는 것이 현명하겠다.
- ♠내객(來客)은 있으나 마음이 안정되지 않아 변경을 보게 될 것이다.

壬巳酉: 집안에 있다. 寅일에 발견한다.
- ♠실물은 집안에 있으며 밖으로 나간 것은 아니다. 발견되지 않더라도 의기소침할 것까지는 없을 것이다.
- ♠寅일에는 발견될 것이나 혹 정체되면 쉽게 발견되지 않을 수 있다.

壬午戌: 혼자 고민하다 나갔고 피곤해 있다. 후에 온다.
- ♠심중에 고민이 있어 가출한 것이다. 원방(遠方)으로 달아난 것이 틀림없고 타인에 의해 감금되거나 아니면 유혹에 걸려 심신이 피로할 조짐이 있다.
- ♠시간이 지나면 평정을 찾고 壬일이나 酉일에 음신(音信)이 있거나 귀가하겠다.

壬未亥: 모든 일이 순조롭다. 최대한 노력하며 윗사람을 찾아라.
- ♠계획하는 일이나 구재(求財) 등 처음은 정체될 상이지만 점차로 성과가 있겠다. 구재(求財), 소망, 모두 시기에 따라 이루리라.
- ♠귀인의 보살핌이 있어 성취의 실마리가 잡히며 점단일(占斷日)이 子, 丑일이면 노력과 비용이 적게 들면서 진전이 있을 것이다.
- ♠목적은 달성되고 모든 일이 순조롭다.

癸酉子: 북쪽의 신불(神佛)에 기도하라. 壬일이나 辰일부터 좋아진다.
- ♠병세는 아직 절정에 이르지 않았으며 점차로 악화될 조짐이므로 우수는 끝나지 않았다. 병증은 壬일이나 辰일부터는 차차 병(病)이 퇴보(退步)하게 되겠다.
- ♠양약(良藥)을 복용하여 병세가 고비를 넘기면 점차 가벼워지겠다.
- ♠북방이나 동남방에 양의(良醫)가 있다. 北쪽의 신불(神佛)에 기원하라.

癸戌丑: 계속되는 이익은 없게 되니 서둘러 마무리 하라.
- ♠상매(商賣), 재운(財運) 모두가 좋고 경영이 순조로우며 모두 뜻한 대로 되겠으나 모든 일을 신속하게 처리하는 것이 좋으며 지체하면 효과는 감소한다.
- ♠만인의 협조와 자신의 활발한 노력으로 이익은 날로 증가하리라.
- ♠가격이 상승일로일 때에는 매매원결(賣買遠決)로 전매이익(轉賣利益)을 보는 것이 좋으며 상담은 성립되나 급히 진행시키는 것이

상책 이고 좋은 가격은 계속될 수 없겠다.

癸亥寅: 남아이다. 큰 인물이 될 아이다.
- ♠남아를 임신하겠고 장차 수재(秀才)로 큰 그릇이 되겠다.
- ♠출산의 기쁨은 申, 子, 辰일에 있을 것이다.

癸子卯: 마음대로 진행해도 실패가 없는 좋은 운이다.
- ♠귀인의 후원이나 형제나 붕우(朋友) 또는 동지의 협력으로 이득을 얻게 되겠다.
- ♠업무상의 금전대차, 출자 등은 깊이 고려하지 않고 진행하여도 거의 길(吉)하게 된다.
- ♠자금, 금융은 중개자를 통함으로써 성립하며 대금회수도 사용인에게 대행청구(代行請求)를 시키면 후에 회수되겠다.

癸丑辰: 포기하라. 기력이 없다.
- ♠음신(音信)을 기다려도 상대방이 연체하고 있기 때문에 내신(來信)의 희망은 없다.
- ♠태양은 서산에 기울고 심사는 처량하다. 만사 체념하라.

癸寅巳: 해로할 수 없고 인연이 아닌데 미련 두거나 맺을 필요는 없다.
- ♠혼담은 방해가 있어 성립이 어려우나 혹 귀인이 중매하는 경우는 성립될 수 있다. 그러나 결혼 후 서로 정이 융화되지 않아 애정을 상하게 될 징조가 있다.
- ♠하늘을 우러러 탄식하며 눈물을 흘리는 상(象)이다.
  귀인의 후원과 교훈을 얻게 되면 부부가 성심성의를 다할 때 비로소 춘풍의 화기처럼 화합을 이루리라.

癸卯午: 온다 해도 피곤할 뿐이다. 간다 해도 무익이다.
- ♠여행, 출입은 원근(遠近)을 불문하고 도로무익(徒勞無益)하다.
  인생의 행로간난(行路艱難)을 생각하게 하니 헛돈만 쓸 뿐 허망하다.
- ♠대인(待人)은 거의 오지 않을 것이다. 혹 온다고 해도 무익하다.

내객(來客)은 정신적 소모만 초래하겠다.

癸辰未: 그냥 혼자 지내라. 찾아봐야 손해만 난다.
- ♠누구를 방문하든 면담이 어려운데 면접이 되더라도 목적은 달성하기 어렵다. 마음고생과 손재만 초래될 것이므로 다른 방책을 고려하든가 아니면 독서삼매(讀書三昧)나 즐기는 것이 유익하리라.
- ♠내객(來客)은 있으나 이익은 적을 것이며 덕으로 맞이하면 작은 이익은 얻을 수 있을 것이다.

癸巳申: 가까운 사람에게 당한다. 그러나 선처하는 것이 좋다.
- ♠분실, 도난은 가까운 친지의 고의에 의하여 당하게 된다.
  재물의 손모는 거듭되기 쉬우며 더욱 가장(家長)의 심사(心思)를 상(傷)하게 되겠다.
- ♠좋은 온정으로 선처하는 외 다른 방법은 없다.

癸午酉: 배신자이다. 찾을 길이 없다.
- ♠의리를 망각하고 타인의 꼬임으로 가출한 것이다.
  마침내는 음신(音信)이 있겠으나 이미 배은망덕한 소행을 저지른 자(者)이므로 자연에 일임하고 방기하는 수밖에 없다.
- ♠가정의 암담함이 한탄스럽다. 집안 식구의 실종(失踪)은 찾을 길이 없다고 보며 생사의 정도도 판정하기가 어렵다.

癸未戌: 시기를 더 기다려라. 서두르지 마라. 때는 반드시 온다.
- ♠소망, 계획하는 일은 아직 때가 오지 않아 십중팔구(十中八九)는 이루어지지 않는다. 사람에게 의뢰하면 오히려 손실과 헛돈만 쓴다.
- ♠때가 올 때까지 심로(心勞)하지 말고 급히 서두르지 말라.
  모름지기 좋은 운이 올 때까지 기다리는 것이 현명하다. 앞으로 한 번 행운이 오면 순풍에 돛을 달게 되겠으나 모든 일에 목적 달성이 어려운 상(象)이다.

癸申亥: 비용만 나는 싸움이다. 비용을 줄이고 자중하는 수밖에 없다.

♠관사(官事), 송사(訟事) 모두 비용의 소모가 많다. 더욱이 정신적인 고통이 중첩되기 때문에 한을 품게 될 것이다. 그저 친한 사람의 원조를 기다려 선처하면 길(吉)하게 되겠다.
♠스스로 수양하고 자중자애하고 번뇌를 가볍게 하고 손실을 줄이는 방책을 고려하는 것이 현명하리라.

충분히 익히고 실전 경험으로 내공을 쌓은 후 자신감을 가지고 찔러 버리면 맞고 자신이 없어 우물거리면 빗나가는 것이 역점(易占)의 특징입니다.

최초인 ↓	子	丑	寅	卯	辰	巳	午	未	申	酉	戌	亥
二차인 ↓	卯	申	巳	戌	未	子	酉	寅	亥	辰	丑	午
三차인 ↓	戌	亥	子	丑	寅	卯	辰	巳	午	未	申	酉
四차인 ↓	丑	午	卯	申	巳	戌	未	子	酉	寅	亥	辰
五차인 ↓	申	酉	戌	亥	子	丑	寅	卯	辰	巳	午	未
六차인 ↓	亥	辰	丑	午	卯	申	巳	戌	未	子	酉	寅
七차인 ↓	午	未	申	酉	戌	亥	子	丑	寅	卯	辰	巳

❖ 점시(占時) 차객법(次客法)

※ 午시에 만난 첫 손님이면 午시를 그대로 적용하면 되고
※ 午시에 두 번째 손님이면 酉시로 점단합니다.
※ 午시에 한 손님만 만나면 午시로 점단하고 다음 손님을 未시에 만나면 未시로 점단합니다.
※ 면접 상담이거나 전화 상담이거나 상담 시작의 시간입니다.

사주통변 핵심강의록

2019년 7월 8일 인쇄
2019년 7월 15일 발행

저 자 • 이 동 규
　　　　(010-7516-6108)
발행자 • 성 정 화
발행처 • 도서출판 이화
　　　　대전광역시 중구 대종로505번길 54
　　　　(선화동 229-2번지)장현빌딩 2층
　　　　TEL. (042) 255-9708
　　　　FAX. (042) 255-9709

ISBN 978-89-6439-159-4 93150

〈값 28,000원〉

※무단복제나 복사는 금합니다.
※잘못 만들어진 책은 바꾸어 드립니다.